천도소원
天道溯源

Evidences of Christianity

천도소원

天道溯源, Evidences of Christianity

초판인쇄 2024. 04. 05
초판발행 2024. 04. 10

지은이 윌리엄 마틴(William A. P. Martin, 丁韙良)
옮긴이 김현우 · 설충수 · 송의원 · 이고은
감 수 문석윤

펴낸곳 동서지행포럼
등 록 제 2019-000089호
전 화 02-705-1602
이메일 ewkaforum@gmail.com
주 소 서울특별시 용산구 청파로 40 삼구빌딩 16층 1602호(한강로3가)
제 작 도서출판 소망(T. 031-976-8970)

ISBN 979-11-979570-1-7 93230
책값은 뒤표지에 있습니다.

"이 책은 고(故) 설진훈 장로님의 귀한 헌신과 후원으로 제작, 출판되었습니다."

천도소원
天道溯源

Evidences of Christianity

윌리엄 마틴 지음

김현우 · 설충수 · 송의원 · 이고은 옮김

문석윤 감수

동서지행포럼

□ **일러두기** □

1. 이 책은 미국 북장로교 선교사 윌리엄 마틴(William A. P. Martin, 丁韙良)이 영파(寧波)에서 발행한 초간본을 한국어로 번역한 것이다. 절녕화화인서방간(浙寧華花印書房)에서 1854년 간행되었으며 현재 네덜란드 라이든대학 도서관에 소장되어 있다.

2. 1854년 초간본은 총 3권 22장으로 구성되었으나 1858년본부터 '以五行爲證'(상권2장)과 '論三位一體'(하권10장)가 추가되어 총 24장이 되었다. 이렇게 추가된 두 장은 본책 부록으로 첨부하였다.

3. 성경구절을 인용한 부분은 번역문에 각주를 넣어 출전을 장절로 표시하였고, 특별한 설명이 필요한 경우에만 성경 원문을 넣었다.

4. 한문 원문은 독자의 편의를 위해 의역한 곳도 있으며, 특별한 의미가 있는 원문은 번역문에 한자를 병기하였다.

5. 원문에 달린 각주는 판본 차이를 설명하기 위한 것이며, 번역문에 달린 각주는 단어 설명이나 인용문을 표시하였다.

6. 중국 지명은 한국 한자음으로 표기하는 것을 원칙으로 하였으나, 해제에서는 중국어 표기법을 따랐다.

■그림1 천도소원(1854) 라이든대학 소장

■그림2 윌리엄 마틴의 초상(1901년)

출처: Wikipedia, "William Alexander Parsons Martin"

■그림3 마틴(가운데)과 중국인 학생들

출처: Wikipedia, "William Alexander Parsons Martin"

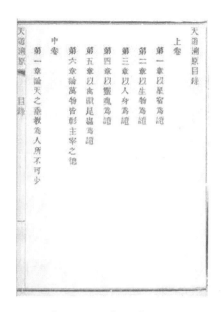

■그림4 초간본(1854) 목차 일부

■그림5 1858년본 목차 일부 (상권 2장 '以五行爲證'이 추가되었다)

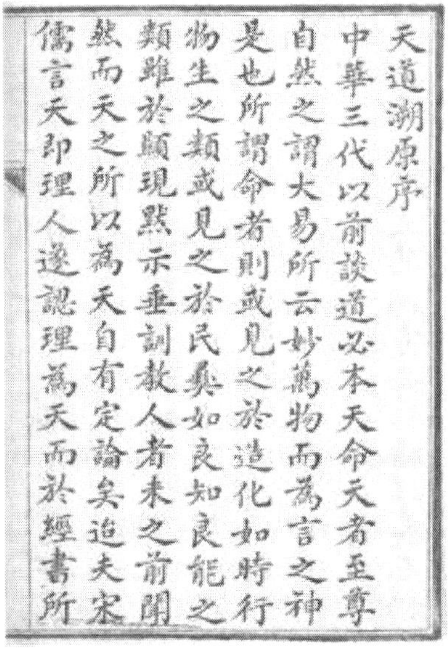
天道溯原序
中華三代以前談道必本天命天者至尊
自然之謂大易所云妙萬物而爲言之神
是也所謂命者則或見之於造化如時行
物生之類或見之於民彛如良知良能之
類雖於顯現黙示垂訓敎人者未之前聞
然而天之所以爲天自有定論矣迨夫宋
儒言天即理人遂認理爲天而於經書所

■그림6　천도소원(1854) 서문 일부

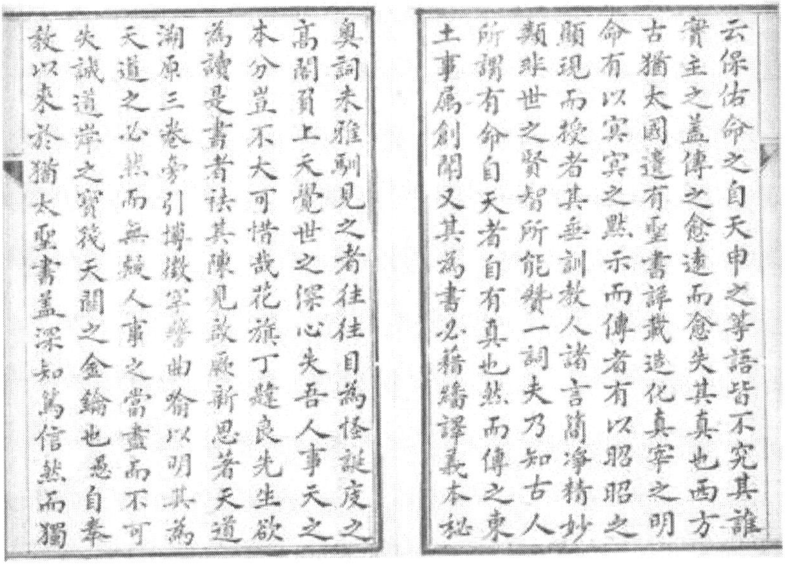
云保佑命之自天申之等語皆不究其誰
實主之蓋傳之愈遠而愈失其真也西方
古猶太國遺有聖書詳載造化真宰之明
命有以寔寔之黙示而傳者有以昭昭之
顯現而援者其垂訓敎人諸言簡淨精妙
類非世之賢智所能贊一詞夫乃知古人
所謂有命自天者自有真也然而傳之東
土事屬創聞又其爲書必藉繙譯義本秘
奧詞未雅馴見之者往往目爲恠誕庋之
高閣罔上天覺世之深心失吾人事天之
本分豈不大可惜哉花旗丁韙良先生欲
爲讀是書者祛其陳見啟厥新思著天道
溯原三卷旁引博徵罕譬曲喻以明其爲
天道之必然而無疑人事之當盡而不可
失誠道岸之寳筏天閣之金鑰也愚自奉
敎以來於猶太聖書蓋深知篤信然而獨

■그림7　천도소원(1854) 서문 일부

■그림8 천도소원(1858) 일본국회도서관 소장

■그림9 천도소원직해(1907) 홍콩중문대학교 소장

옮긴이의 말

이 책은 각각 한국과 중국에서 신학, 철학, 기독교철학, 한국문화학을 연구하며 신앙의 뿌리를 고민하던 네 사람이 만나 번역하게 되었다. 각자 이 책을 만나게 된 계기가 흥미롭다. 먼저 김현우는 언젠가부터 이 땅의 1세대 그리스도교인들이 어떤 사연으로 '야소'(耶蘇)를 믿게 되었을까 궁금해 책을 뒤적이기도 하고, 때론 고향 인근의 사라져 버린 반촌(班村)에 수소문하던 중 이 책을 만났다. 설충수는 한국에서 신학을 전공하며 우리 신학은 무엇일까 고민하다 20년 전 중국에서 공부를 시작했는데, 개신교 목사로서 천주교의 마테오 리치 이후가 여전히 궁금하였다. 그래서 박사논문에서 개신교의 19세기 신명논쟁을 다루며 마틴을 알게 되었고, 미국 북장로교 선교사이면서 동문관 등에서 중국 지식인과 교류하며 기독교를 변증했던 그의 노력에 관심이 생겨 『천도소원』을 만났다. 송의원은 기독교철학을 공부하면서 유교와 기독교 비교연구에 관심을 가졌는데, 당시 학계 주류이던 명말청초 서학서보다 개신교 문헌에 대한 갈증이 있었다. 그러다 예수회 선교사처럼 대작을 저술한 정위량(丁韙良)을 알게 되었고, 그의 행적을 좇다가 『천주실의』와 비견될 만큼 동아시아 지식인들에게 영향력을 끼친 『천도소원』을 알게 되었다. 이고은은 박사과정 중이던 2017년 어느 날 한국학중앙연구원 장서각에서 『덕혜입문』 자료를 입수하려고 마이크로필름을 대여했다가 『천도소원』을 발견하였다. 왠지 모를 아우라가 느껴지는 데다가, 『덕혜입문』과 목차가 비슷한 것이 중요해 보여 함께 복사해두었다.

이렇게 각자 경로로 『천도소원』을 접한 네 사람이 어떻게 만나서 공동번역에 임하게 되었는가? 먼저 송의원이 10년전부터 '막연한 절박함 때문에'『천도소원』1906년판본의 번역초고를 완성했고, 그걸 설충수에게 보여주었다. 설충수는 그 원고를 보고 이제 이 책을 제대로 읽을 때가 되었구나 생각하였다. 한편 김현우는 '머리통을 쥐어박으며' 혼자 『천도소원』 한문 원문을 타이핑하며 씨름하던 차에 김석주, 서원모 등이 뜻을 모아 만든 동서그리스도교문헌연구소(동문연)의 강독모임에 합류하였다. 이고은은 박사학위논문 심사를 계기로 김석주, 설충수를 알게 되었고 2019년 늦가을부터 동문연 강독모임에 참석하면서 서원모, 김현우를 만났다. 매주 숨가쁘게 장로회신학대학교 광나루 언덕을 오르다 전대미문의 역병의 시대(COVID-19)를 만나 동문연 강독모임은 온라인으로 전환했고, 개신교문헌 모임이 따로 구성되었다. 거기서 드디어 김현우, 설충수, 송의원, 이고은 네 사람이 함께 모여 『천도소원』을 번역하기 시작했다.

지난(至難)한 공부가 시작되었다. 네 사람이 초벌번역한 원고를 동문연 강독모임이 함께 검수하며 교정해주었다. 처음은 1858년 및 1906년 중간본으로 시작하였는데, 김현우가 네덜란드의 라이든대학 도서관에 1854년 초간본이 소장되어있음을 알아내고 안양대학교 인문한국플러스(HK+)사업단이 이를 구입하여 편의를 제공함으로 그것을 원문 삼아 네 사람이 재번역을 시작하였다. 이후 이 재번역본을 경희대 철학과 문석윤 교수가 꼼꼼하게 다시 읽고 교정 및 감수를 해주셨다. 그러니 거의 3년에 걸쳐 한줄 한줄 차분히 읽어나가며 완역했고, 교정과 감수에 또 1년 넘는 시간이 걸렸다. 그런 세월에 우리의 공부가 누에 실을 뽑듯 가늘게라도 이어진 것은 전적으로 그분의 크신 은혜라 생각한다.

매주 쉼 없이 두세 시간 이어지던 우리의 공부가 마침내 끝났다. 번역자들의 감회가 깊다. 김현우는 '공부를 마친 것이 아니라 다만 천도소원 읽기가 끝났을 뿐'이라 했고, 설충수는 '어찌 보면 번역원고는 여전히 어린아이 같다'고 했다. 윌리엄 마틴의 그때 그 마음을 제대로 잘 전달하고 있나 의심될 때도 있었지만, 그래도 이 책을 통해 그가 우리 곁에 훨씬 더 가까이 다가올 수 있을 거라 둘은 확신한다. 송의원은 『천도소원』을 번역하면서 학문적 식견과 지식이 부족하다고 느꼈고, 18-19세기 과학과 중국의 문화 그리고 기독교 변증을 위해 그 시대의 문화와 학문에 대한 대비가 필요하다는 것을 깨닫게 되었다. 이고은은 동양의 그리스도인이자 한국학 연구자로서 좋든 싫든 제 삶의 일부인 동아시아 전통을 어떻게 대할지, 『덕혜입문』을 번역할 때부터 지금까지 고민중이라고 한다. 그 시절 선교사들의 목소리를 그대로 수용할지, 아니라면 대안은 무엇일지? 김현우의 바람대로, 이제는 '하늘의 길'(天道)이 우리네 인생살이에 우리 목소리로 드러나기를 간절히 소망한다.

감사의 말

지난 세월 함께 강독해 주신 이고은, 설충수, 송의원 선생님 그리고 우리 강독에 늘 관심 가져 주시고 여러모로 성원해 주신 동서그리스도교문헌연구소의 김석주, 서원모 선생님께 깊이 감사드립니다. 마지막까지 감수로 애써주신 문석윤 선생님께도 깊이 감사드립니다.

김현우

이 번역본이 세상에 나올 수 있도록 도와주신 고(故) 설진훈 장로님께도 감사드립니다. 아들의 일에 늘 솔선수범으로 도우려 하시던 아버지의 모습이 아직도 생생합니다. 아들을 사랑해서 도와주시려는 부분도 있었겠지만, 다시 생각해 보면 하나님의 일을 돕는 마음으로 늘 도움을 아끼지 않으셨구나 싶습니다. 그래서 더 두렵고 떨리며 이 책이 세상에 하나님의 영광을 드러내면 좋겠다는 마음입니다.

설충수

무엇보다 저와 함께 3년이라는 시간을 아끼지 않으시고 번역에 동참해주신 설충수 선생님, 김현우 선생님, 이고은 선생님께 감사드리며, 마지막까지 번역문에 대한 감수로 수고해 주시는 저의 한문 스승이신 문석윤 선생님께 감사의 마음을 전합니다.

송의원

어느 날 우연히 스친 텍스트를 번역까지 할 수 있었던 건 참 좋으신 분들의 배려와 인내가 있었기 때문입니다. 동서그리스도교문헌연구소와 한국학중앙연구원의 선생님들, 가족들 모두 감사합니다. 진심으로 감사한 마음을 짧은 글로 표현하기 어렵습니다.

이고은

차 례

天道溯原序
천도소원서

中華三代以前, 談道必本天命。天者至尊自然之謂, 大『易』所云,
"妙萬物而爲言"之神, 是也。所謂命者, 則或見之於造化, 如時行物
生之類, 或見之於民彝, 如良知良能之類。雖於顯現默示, 垂訓教人
者, 未之前聞, 然而天之所以爲天自有定論矣。

중국에서 삼대[夏, 商, 周] 이전에는 도(道)를 이야기할 때 반드시 '천명'(天命)
에 근본을 두었다. '하늘[天]'이란 지존자의 스스로 그러함[至尊自然]을 가리키는
말로서, 위대한 『역(易)』에서 말한바, "[신(神)이란] 만물을 신묘하게 함을 말한
다."라고 할 때의 신이 그것이다.[1] 이른바 '명'(命)이란 것은, 혹은 그것을 자연의
조화에서 보았으니 때에 맞추어 운행하여[2] 만물이 생성된다는 것 등과 같은 것
이며, 혹은 그것을 사람의 떳떳한 본성[彝]³에서 보았으니 양지(良知)와 양능(良
能)[4] 같은 것이 그것이다. 비록 현현(顯現)이나 묵시(默示) 가운데 교훈을 내려
사람을 가르쳤다는 것은 이전의 고대 중국에서 들어보지 못하였지만, 그러나
하늘이 하늘다운 까닭에 대해서는 자체에 확정된 이론이 있었던 것이다.

---

1 『易』·說卦傳, 6장: "神也者, 妙萬物而爲言者也."
2 『易』坤卦 文言傳
3 『詩·大雅·烝民』: "天生烝民, 有物有則. 民之秉彝, 好是懿德."
4 『孟子·盡心上』: "孟子曰: 人之所不學而能者, 其良能也; 所不慮而知者, 其良知也."

迨夫宋儒言"天卽理", 人遂認理爲天。而於經書所云, "保佑命之,
自天申之"等語, 皆不究其誰實主之。蓋傳之愈遠而愈失其真也。

그러나 저 송나라 유학자들이 "하늘은 곧 리(理)이다"[5]라고 말함에 이르러 사람들은 마침내 리를 하늘로 생각하게 되었다. 그래서 경서에서 말한바, "[하늘이] 보우하사 [천자의 지위를] 명받고 하늘의 복이 거듭되도다."[6]라는 등에 대해 모두 그 누가 실제로 주재하는지를 구명하지 못했다. 대개 후대로 내려가면서 전해질수록 그 진실을 더욱 잃어버리게 되었던 것이다.

西方古猶太國, 遺有聖書, 詳載造化真宰之明命。有以冥冥之默示
而傳者, 有以昭昭之顯現而授者。其垂訓敎人諸言, 簡淨精妙, 類非
世之賢智所能贊一詞。夫乃知古人所謂有命自天者[7], 自有真也。然
而傳之東土, 事屬創聞, 又其爲書, 必籍繙譯, 義本秘奧, 詞未雅馴。
見之者, 往往目爲怪誕, 庋之高閣, 負上天覺世之深心, 失吾人事天
之本分, 豈不大可惜哉?

서방에서는 옛날 유대국이 성서를 남겼는데, 조화의 참된 주재자[真宰]의 밝은 명을 상세하게 기록하고 있다. 그중에는 심오한[冥冥] 묵시로 전한 것도 있었고, 명백한[昭昭] 현현으로 준 것도 있었다. 그 교훈을 내려 사람을 가르친 여러 말은 간략하고 깨끗하고 정묘하여 세상의 현자와 지자가 한마디라도 지어낼 수 있는 그런 종류의 것이 아니었다. 이에 우리는 옛사람이 이른바 명이 하늘로부터 나온다고 한 말이 매우 진실한 것임을 알게 된다. 그러나 그것을 동쪽

---

5   "天卽理"는 『論語·八佾』의 "獲罪於天, 無所禱也"에 대한 주자 주(注)에 나온다.
6   『詩·大雅·假樂』: "假樂君子, 顯顯令德. 宜民宜人, 受祿于天. 保右命之, 自天申之."
7   『詩·大雅·大明』: "有命自天, 命此文王. 于周于京, 纘女維莘. 長子維行, 篤生武王. 保右命爾,
    燮伐大商."

땅에 전하자, 그 일은 처음 듣는 것이었고 또 그 책으로 만든 것은 반드시 번역에 의지할 수밖에 없었는데, 뜻은 비밀스럽고 심오하지만 번역한 말은 고상하거나 순화되지 못했다. 그것을 본 자들이 왕왕 괴탄한 것으로 지목하고 높은 선반에 처박아 두어서, 하나님[上天]의 세상을 깨우치시는 깊은 마음을 저버리고 우리 사람의 하늘을 섬기는 본분을 잃어버렸으니, 어찌 심히 안타깝지 않겠는가?

花旗丁韙良先生, 欲爲讀是書者, 袪其陳見, 啟厥新思, 著『天道溯原』三券。旁引博徵, 罕譬曲喩, 以明其爲天道之必然而無疑, 人事之當盡而不可失, 誠道岸之寶筏, 天關之金鑰也。愚自奉敎以來, 於猶太聖書, 盖深知篤信, 然而獨抱所好, 未能喩人。嘗思另著一書, 盡闢羣疑, 俾有心人均可由淺而入, 旋作廢, 卒未成篇。今讀先生『天道溯原』, 而知吾敎中早有同心也。行之數年, 將見求道之士, 影附而響從, 斯世之幸, 亦吾輩之喜焉。爰不揣鄙陋而爲之序。

미국에서 온 정위량(丁韙良, William A.P. Martin) 선생은 이 책을 읽는 자들이 자신의 낡은 견해는 떨쳐내고 거기에 담긴 새로운 사상을 깨닫게 되기를 원해 『천도소원』세 권을 지었다. 널리 실증적 증거를 구하여 인용하고 비유나 은유 등을 드물게 사용함으로써 그것이 천도의 필연으로서 의심할 것이 없으며 인간이 마땅히 다 실행하여 빠뜨릴 수 없으며, 진실로 도의 땅에 이르는 보배로운 뗏목이고 하늘 관문을 열 수 있는 황금 열쇠임을 분명히 보여주었다. 어리석은 내가 이 가르침을 받든 이래 유대국 성서에 대해서 대개 깊이 알고 독실하게 믿었지만, 나 홀로 좋은 것을 간직하고 있었을 뿐 다른 사람들을 깨우칠 수는 없었다. 일찍이 따로 책 한 권을 지어서 뭇 의심을 다 물리치고 마음이 있는 사람들로 하여금 모두가 얕은 데부터 입문할 수 있도록 하려는 생각이 있었으나 곧 그만두었고 끝내 책으로 완성하지는 못하였다. 이제 선생의 『천도소원』을 읽어보니 우리 종교[敎] 중에 일찍이 같은 마음을 가진 이가 있었음을 알게 되었다. 수 년이 지나면 장차 도를 구하는 이들이 그림자가 달라붙고 메아리가 울리는 것처럼 추종함을 보게 될 것이니, 이것이 세상에는 다행이요 또한 우리의 기쁨이다. 이에 비루함을 무릅쓰고 서문을 적는다.

咸豊五年乙卯夏五月初伏日, 敎弟鄞塘周祖濂書。

함풍 5년(1855년) 을묘년 여름 5월 초복날, 교회 형제 은당(鄞塘)[8] 주조렴[9] 쓰다.

---

8 은당(鄞塘) : 절강성(浙江省) 영파시(寧波市) 은주(鄞州) 은당(鄞塘).
9 미국침례회 선교사 맥고완(D.J.Mac Gowan)이 1843년11월1일에 영파(寧波)에 처음 왔을 때 지리도 익숙하지 않고 적응하는데 가장 필요했던 것이 언어의 장애를 없애는 것이었다. 그는 의료선교사업을 순조롭게 펼치기 위해서 주조렴(周祖濂)이라는 영파사람을 청빙했는데, 중문교사로 수년간 함께 지내면서 1847년11월21일에 침례를 받고 교인이 되었다. 이 주조렴은 화동(華東)지역 첫 번째 신도로 이후 유명한 전도인이 되었으며 저서로 《消罪集福音眞言》이 있는데 널리 전해졌다.

序言
서언

丁韙良先生, 西土積學士也。奉耶穌敎來中華, 學土音, 學詞句,
解訓詁, 講結構, 不數年而音無不正, 字無不酌, 義無不搜, 瀆無不
修[10]。 慨然曰, "吾欲本聖經以闡聖敎, 使人共歸聖域也非一日矣, 而
有志未逮。 今旣畧通中華文義, 敢不以道之大原筆之於書, 俾人共信
乎?" 甲寅秋, 著『天道溯原』三券, 出以示余。 余讀其書, 竊歎天之愛
民亦甚矣哉。

   정위량 선생은 서양의 학문을 쌓은 선비이다. 예수교를 받들어 중국에 와 언
어를 배우고 문장을 배웠으며 훈고(訓詁)[11]를 깨닫고 글짓기[結構]를 익혔는데,
몇 년 안 되어 발음에 틀림이 없고 글자를 가려 쓰지 않음이 없으며, 의미를 찾
지 못함이 없고 문법에 맞지 않음이 없었다. 흔쾌히 말하기를, "나는 성경에 근
본을 두고 거룩한 가르침을 밝혀 사람들 모두가 거룩한 곳으로 돌아가도록 한
것이 하루 이틀이 아니었으나 뜻을 아직 이루지 못하였다. 이제 중국 문장의 뜻
을 대략 깨달았으니 어찌 도의 큰 근원을 책에 기록하여 사람들 모두가 믿게 하
지 않을 수 있겠는가?'라고 하였다. 갑인년(1854년) 가을에 『천도소원』3권을
저술하여 나에게 보여주었다. 나는 그 책을 읽고 하늘이 백성을 사랑함이 또한

---

10   修: 1858년본에는 '備'로 되어 있다.
11   훈고(訓詁) : 경서의 고증, 해명, 주석을 하는 학문

깊음을 남몰래 찬탄하였다!

夫天命謂性, 率性謂道。 使天賦人以性, 而人克葆其性, 則卽性可
以見天, 天不必更有所命; 盡性卽以至命, 道不必復宣自天。 乃何以
始祖亞當聽魔之誘, 違天之命? 命旣違而性以失, 性旣失而道以亡。
道旣亡, 而千百世之人莫不逞己之私, 縱己之欲, 昧厥主宰, 忘其本
原, 而人道于是乎將絶, 而天命不得不重申。 申拯救之命, 上天仁愛
之道彰焉; 申代贖之命, 上天公義之道著焉; 申舊約·新約之命, 上天
誠信之道昭焉.

[『중용』에서는] 하늘이 명(命)한 것을 본성[性]이라 이르고 본성에 따른 것을
도(道)라 이른다.[12] 만약 하늘이 사람에게 본성을 부여하였고 사람이 그 본성을
보존할 수 있다면, 본성에 즉하여 하늘을 볼 수 있으니 하늘은 다시 명을 내릴
필요가 없으며, 본성을 다하여 곧 명에 이르니 도는 하늘로부터 다시 선포될 필
요가 없다. 그런데 어찌하여 시조 아담은 마귀의 유혹을 받아들여 하늘의 명을
어겼는가? 명이 이미 지켜지지 아니하니 본성이 그 때문에 상실되었고, 본성이
상실되니 도 [역시] 없어졌다. 이미 도가 없어지고 나니 오랜 세월 사람들은 제
사심을 드러내고 자신의 욕심에 따라 방종하지 않음이 없었고, 그 주재에 어둡
게 되고 그 본원을 망각하였다. 사람의 도리가 이에 끊어지려 하자, 하늘이 어
쩔 수 없이 거듭 명을 펼치셨다. 구원의 명(命)을 펼치시니 하나님[上天]의 인애
의 도가 밝히 드러났으며, 대속의 명을 펼치시니 하나님의 공의의 도가 현저하

---

12 『中庸』: "天命之謂性, 率性之謂道, 修道謂之敎." 하늘이 명(命)하신 것을 성(性)이라 하고,
    성(性)을 따른 것을 도(道)라 이르고, 도(道)를 닦은 것을 교(敎)라 이른다. 朱熹『集注』云
    : 사람과 물건이 각기 그 성(性)의 자연(自然)을 따르면 하루 사이에 각기 마땅히 행하여
    야 할 길이 있지 않음이 없으니 "人物各循其性之自然, 則其日用事物之間, 莫不各有當行之
    路。"

게 드러났고, 구약과 신약의 명을 펼치시니 하나님의 성신(誠信)의 도가 뚜렷이 드러났다.

夫乃知天命謂性, 率性謂道, 吾人固[13]有之天良, 從其朔而言之也; 人失其性, 天命重申, 上天救人之苦衷, 因其罪而憐之也。『中庸』之言與耶穌之敎, 非惟不相悖, 而適以相成。余故不辭而樂爲之序。

이에 우리는 하늘이 명한 것을 본성이라, 본성에 따른 것을 도라 이른다는 [중용의] 말은 우리가 본래 부여받은 선함[天良]으로써 그 근원[朔][14]의 처음 상태를 따라 말한 것이요, 사람이 그 본성을 잃어버리자 하나님이 천명을 거듭 펼치셔서 사람의 고충을 구원한 것은 그들의 죄를 불쌍히 여기신 때문임을 알게되었다. 『중용』의 말씀과 예수의 가르침은 서로 어긋나지 아니할 뿐만 아니라 적절하게 서로 보완한다. 나는 이런 까닭에 사양하지 않고 기쁜 마음으로 이 서문을 적는다.

時在
咸豊四年仲秋月上澣, 四明企真子敬書.

때는 함풍4년(서력1854년) 음력 8월 상순(上旬)으로, 사명(四明) 기진자(企真子)[15]삼가 쓰다.

---

13   固: 1858년본에는 '同'으로 되어 있다.
14   삭(朔) : 원두(源頭) '근원'을 뜻한다.
15   '企真子'는 '진리에 갈급한 자'라는 의미이다. 丁韙良의 중국어 선생이었던 范蓉珠의 별칭이다. 사명(四明)은 행정 구역 명칭은 아니고, 일반적으로 절강성 사명산 일대를 지칭한 말이다. 범용태는 저강성 사명산 지역 사람으로 그 구체적인 본적은 알 수 없으니, 하층의 지식층이라고 판단할 수 있다. 그는 정위량이 절강성 영파시에서 전교할 때 만났던 인물

天道溯原引
천도소원인

聞世人多愛讀書。若遇一書, 爲外國人所出, 往往廢而不觀, 豈知大道不限於邦國, 至理可通於中外? 如孔氏六經出于魯, 而徧行齊衛晉楚諸邦, 傳之後世, 非獨重其人, 重其言之衷於道也。況東箭南金, 天之生材, 各有其所, 不能獨萃一方, 自各相交易, 而民用攸資, 道亦有然。如果見書卽讀, 將見開卷有益。書之出自中華者, 聞所欲聞, 早以廣其智識; 卽書之出於外國者, 見所未見, 愈有以擴其胸懷。彼自滿者, 稍知卽拘墟, 偶見便自矜, 無怪乎傳以大道而不顧; 敎以至理而不聞。譬若坐井觀天, 其所見不甚小哉。

세상 사람들이 독서를 많이 좋아한다고 들었다. 그런데 만일 책 한 권을 집어 들었는데 외국 사람이 쓴 것이면 늘 버리고 보지 않으니, 어찌 대도(大道)가 어떤 나라에만 한정되지 않으며, 지극한 이치가 중국과 외국에서도 통할 수 있음을 알겠는가? 예를 들어 공자의 육경(六經)[16]은 노나라에서 나왔지만, 제나라, 위나라, 진나라, 초나라 등 여러 나라로 널리 퍼졌으며 후세에까지 전하였으니,

---

로서, 청나라 말기에 비교적 빨리 기독교 신교를 영접한 중국인이라고 판단할 수 있다. 그는 함풍8년 정위량의 또 하나의 작품인 『喩道傳』에도 서문을 썼으며, 또한 그 책 중에 '企眞子曰'이라 하여 자신의 按語를 남겼다.

16   六經: 춘추 시대(春秋時代)의 여섯 가지 경서. 『역경(易經)』, 『시경(詩經)』, 『서경(書經)』, 『춘추(春秋)』, 『악기(樂記)』, 『예기(禮記)』를 이른다.

그것은 유독 그 사람만 소중히 여긴 것이 아니라 그 말이 도에 들어맞음을 소중히 여겼기 때문이다. 하물며 '동전남금(東箭南金)'[17]처럼 귀한 것은 하늘이 내려준 재료로서, 각각 그 쓰임새가 있어서 한 곳에만 모아 둘 수가 없고 마땅히 각각 서로 교역하면서 백성들이 이용하는 자원이 되듯이 도 역시 그러하다. 만일 책을 보고 즉시 읽으면, 장차 이로움이 있을 것이다[18]. 중국에서 나온 책은 듣고자 하는 것을 듣게 하여 빠르게 그 지식을 넓혀준다고 한다면, 외국에서 나온 책은 여태껏 보지 못한 것을 보게 하여 가슴속에 품은 뜻을 더욱 넓혀준다. 저 스스로 만족하게 여기는 자가 조금 알면 한 곳에 집착하고[19] 우연히 본 것으로 곧 자만해져, 대도를 전하여도 돌아보지 않고 지극한 이치를 가르쳐도 듣지 음은 이상할 것이 없다. 비유하자면 우물 안에 앉아서 [개구리가] 하늘을 보는 것 같으니, 그 소견이 심히 좁지 않겠는가?

夫知止[20]必先格物, 窮理在于推原。我西土之人, 究水火之用, 作火輪舟車, 詳天文之奧, 作千里鏡, 測風作氣毬, 因電作千里信。凡屬物理, 無不悉心窮究, 則于造物之主宰, 求人之確證, 必更求其眞實, 而後深信不疑也, 槪可知己[21]。況西人遍歷天下諸國, 于所經之地, 學其語言文字, 譯其古今書籍, 胸中頗有聞見, 遇事不任游移。乃至甘心改其祖遺風俗, 而信從東方猶太國所出之敎。 自非實知其道之善, 必不遠越重洋, 支資履險, 以無益于人之擧, 長此咻咻[22]不已也。

---

17   東箭南金: '동방의 대(竹)와 남방의 황금'을 뜻한다. 대는 중국의 동남방 회계(會稽)에서 나는 죽전(竹箭)이 가장 좋고, 황금은 남방에서 생산되는 것의 값이 일반 황금의 두 배가 된다. 아름답고 귀중한 물건을 비유한다.
18   開卷有益: '책을 펴서 읽으면 반드시 이로움이 있다'는 뜻으로, 독서를 권장하는 말이다.
19   拘墟: '속견이 좁다'는 뜻이다. '虛'는 '墟'와 같은 뜻으로 쓰였다. 『莊子(장자), 秋水篇(추수편)』: "井蛙不可以語於海者 拘於虛也."
20   知止: 1858년본에는 그대로 되어 있으나 1906년본에는 '致知'로 고쳐져 있다.
21   원문의 己는 '已' 뜻으로 쓰여 졌다.
22   咻咻: 의성어(의태어)로서 '꽥꽥', '꽉꽉' 등 동물의 울음소리를 표현한 것이다.

무릇 앎에 이르려면[23] 반드시 격물을 먼저 해야 하며, 궁리는 근원을 추구하는 데 있다.[24] 우리 서양 사람들은 물과 불의 용도를 연구하여 화륜선과 증기기관차[火輪車]를 만들었고, 천문의 오묘함을 자세히 살펴 망원경을 만들었으며, 바람을 관측하여 열기구를 만들었고, 전기로 전신[千里信]을 만들었다. 모든 물리(物理)에 속한 것은 마음을 다하여 궁구하지 않은 것이 없었으니, 조물주에 대해서도 사람들에게 확실한 증거를 구해서 반드시 그 진실을 거듭 구한 이후에는 굳게 믿어 의심하지 않았음을 대략 알 수 있다. 더군다나 서양 사람들은 천하 여러 나라를 두루 여행하면서 지나간 곳에 대해 그 언어와 문자를 공부하고 그 고금의 서적을 번역하였으니, 가슴 속에는 보고 들은 것이 많이 있어 일을 만남에 임의로 변경하지 않았다. 그런데도 그 조상이 물려준 풍속까지 기꺼이 고치고 동방 유대국에서 나온 가르침을 믿고 따랐다. 만약 [그들이] 그 도가 선함을 실제로 알지 못하였다면, 기필코 멀리 큰 바다를 건너며, 비용을 치르고 위험을 무릅쓰며, 다른 사람에게 도움도 되지 않는 일을 이렇게 오래도록 그치지 않고 열심히 할 수는 없었을 것이다.

> 而或者曰, "西人傳敎, 如此赤心, 莫非爲謀佔起意, 先以此招致民心。" 獨不思貪地者意在獨得, 乃在中華傳敎者, 有大英, 花旗, 佛蘭西, 瑞典, 日耳曼, 五六國人, 同心宣講, 而謂合諸國以圖呑, 必無是理也。

그러나 어떤 이는 "서양 사람들의 선교가 이처럼 정성스러운 것은 점령하려는 속셈이 틀림없으니, 먼저 이것으로써 민심을 불러 모으는 것이다."라고 말한다. 그것은 유독 땅을 탐내는 자들의 속셈은 혼자서 다 차지하고자 하지만 중

---

23   여기에서는 1906년본에 의거해서 본문의 '知止'를 '致知'의 뜻으로 새겼다.
24   格物. 致知. 窮理: 『禮記 大學』: "欲誠其意者, 先致其知, 致知在格物"; 『大學章句. 格物補傳』: "所謂致知在格物者, 言欲致吾之知, 在卽物而窮其理也"

국에서 선교하는 자들은 영국, 미국, 프랑스, 스웨덴, 프로이센 등 5~6개국 사람들이 마음을 같이하여 말씀을 선전하고 강론함을 생각하지 않는 것이고, 그런데도 여러 나라가 힘을 합쳐서 [중국을] 집어삼키려고 도모한다 말하는 것은 결코 이치에 합당하지 않다.[25]

要之, 主宰惟一. 遺詔可憑。是書分作三卷。上卷, 言神惟一神, 主宰天地, 深察物理, 確有可據。中卷, 言神降詔書, 令萬國遵行。下卷, 將詔書大旨, 略爲疏明。善讀者深玩, 而有得焉。是則予之厚望也夫。

요컨대, 주재자는 유일(惟一)하시며, 남기신 조서[성경]는 의지할 만하다. 이 책은 세 권으로 나누어져 있다. 상권은 하나님이 유일신으로서 천지를 주재하신다는 것에 대해, 만물의 이치를 깊이 관찰하면 확실한 근거를 얻을 수 있음을 말하였다. 중권은 하나님께서 조서를 내리셔서 만국이 준행하게 하셨음을 말하였다. 하권은 [하나님께서] 내리신 조서의 요지를 간략히 설명하였다. 좋은 독자들이 깊이 음미하면 얻는 바가 있을 것이다. 이것이 내가 크게 바라는 바이다.

---

25 이 부분이 1858년본에는 이 부분이 "그런데 어떤 이들은 '서양인들이 전교를 하는 것은 사사로운 의도가 없지 않다.'라고 말한다. 그러나 그들은 어찌 전교하는 사람들이 미국 한 나라에서 온 것이 아니라 영국, 프랑스, 러시아, 독일 여러 나라에서 와서 서로 마음을 같이하여 도를 펴지 않음이 없다는 것을 생각지 않는 것인가? 또한 전교하는 땅도 오직 중국에만 있는 것이 아니라 緬甸(미얀마), 暹羅(태국), 琉毬(오키나와)* 등 원근의 여러 나라에도 또한 항상 가서 가르치는 것이다. 만약 風化의 要道요 人事의 大義를 위함이 아니라면 어찌 이처럼 마음을 같이 하고 힘을 합하여 두루 만방에 고하겠는가?"라고 되어 있다. 1906년본에는 '琉毬'가 '日本'으로 바뀌어 있다.

上卷
상권

第一章 以星宿爲證
제1장 별들로 증명하다

吾敎中所謂主宰之神, 並非儒·釋·道三敎崇尙之菩薩也。 儒家之菩薩, 類皆忠臣·孝子·烈士·仁人, 凡有關風敎及有功德於民者, 君王勅封之, 士民感戴之, 而菩薩以名, 則人也而非神矣。 釋·道兩家之菩薩, 亦不過是良師·賢徒傳受衣鉢之人, 可見若輩所奉菩薩, 本是凡身。 當其未生於世, 天地間萬物俱備, 其旣生也, 亦同此蚑蠕, 同被豢養, 烏得稱爲主宰哉。 夫所謂主宰者, 卽性理書所稱'大造化工'·'造物之主宰', 是也。

우리 종교에서 이른바 주재하시는 하나님은 결코 유·불·도 세 종교가 숭상하는 보살(菩薩)[26]이 아니다. 유가의 보살은 대체로 그 유형이 모두 충신, 효자, 열사, 어진 사람이니 모두 풍속과 교화에 관계되거나 백성에게 공덕이 있는 자로서 임금이 작위를 봉하여 선비와 백성이 감격하여 받들어 보살로 명명했다. 그러므로 사람이지 신이 아니다. 불가와 도가 두 종교의 보살 또한 좋은 스승과 어진 제자로서 의발(衣鉢)을 전수받은 사람에 불과하니, 그들이 받드는 보살은 본래 평범한 사람의 몸임을 알 수 있다. 그들이 아직 세상에 태어나지 않았을

---

26 보살은 불교의 용어이지만, 사람들의 숭배를 받는 신령 우상을 가리키기도 하고 일반적으로 품성이 인자한 사람을 가리키기도 했다. 특히 동아시아에서는 종종 역사상의 부처보다도 더욱 친근한 신앙의 대상으로 숭앙되고 있다. 1858년본에서는 이와 관련된 부분이 삭제되었다.

때는 천지 사이의 만물 중의 하나로 갖추어져 있고, 그들이 태어나니 또한 [천지의] 덮음을 함께 의지하고 함께 양육을 받으니 어찌 주재자라 칭할 수 있겠는가? 대저 이른바 주재자는 곧 성리서에서 '대조화공'(大造化工), '조물의 주재'라고 칭한 것이 그것이다.

而或者曰, "爾何知有此主宰?" 曰, "爾不觀天之垂象乎? 日月星辰, 運動之物也, 非有一主宰者調攝之, 何能亘古如斯? 蓋物雖有萬, 而總之惟兩, 一曰質, 一曰靈。靈能自主而動, 質不能自主而動。如五行之物, 質也, 必賴人之靈而能動。吾身之四肢百體, 亦質也, 必有靈魂寓于其中而後能動。夫日月星宿, 均爲五行, 亦屬乎質, 其所以體至大而運行至疾者, 皆神主宰之而然也。"

그런데 어떤 이는 말한다. "너는 어떻게 이 주재자가 있는 줄 아느냐?" 나는 대답한다. "너는 하늘이 드리운 상(象)을 보지 못하느냐? 해와 달과 별들은 움직이는 물체로서 한 주재자가 있어 이를 섭리하지 않는다면 어찌 예로부터 이와 같을 수 있겠는가? 대체로 사물은 비록 수만 가지가 있어도 이를 총괄하면 오직 둘 뿐이다. 하나는 '질'(質: 물질)이고, 하나는 '영'(靈: 정신)이다. 영은 자주적으로 움직일 수 있지만 질은 자주적으로 움직일 수 없다. 예를 들어, 오행(五行)이라는 사물은 질인데, 반드시 사람의 영에 의지해야 움직일 수 있다. 우리 몸의 사지백체(四肢百體) 또한 질인데, 반드시 영혼이 그 가운데에 깃들인 후에야 움직일 수 있다. 무릇 일월성신은 모두 오행으로 또한 질에 속하니, 그 형체가 매우 크고 운행이 매우 빠른 까닭은 모두 하나님이 이를 주재하기 때문이다."

或曰,"星宿行動, 或属自然之理."曰,"水土金木, 分合都不能動。
況五行融結, 大如地球者乎? 假令舉山石百鈞·海水百斛, 人力不能
勝矣。 今推測地球, 九萬里有奇, 上鎭之河嶽無數, 仍能旋轉如環, 疾
走如丸, 非主宰之力, 其誰與歸。 又觀其麗於天者, 排列得所, 斟酌盡
善。 設使創造宇宙, 而位置不穩固, 則天地有迸裂之虞; 四季不均平,
則百物無生成之慶; 晦明寒暑不互更, 則人物無覊棲之地。 "

어떤 이는 말한다. "별들이 움직이는 것은 혹 자연의 이치에 속한다." 대답한
다. "수, 토, 금, 목은 나누든 합하든 모두 움직일 수 없다. 하물며 오행으로 융
합한 지구와 같이 큰 것에서는 말할 것도 없다. 가령 산의 돌 100균(鈞)[27]과 바
다의 물 100곡(斛)[28]을 드는 것도 사람의 힘으로는 견딜 수 없을 것이다. [그런
데] 이제 지구를 추측하면 9만 리 남짓으로 무수한 큰 강과 큰 산들이 위에서 누
르고 있는데도 여전히 공[環]처럼 회전하고 총알처럼 질주할 수 있으니, 주재자
의 힘이 아니라면 그 무엇에 의한 것이겠는가? 또한 하늘에 걸려 있는 것들을
보면 각기 알맞은 자리에 배열되어 있어 그 안배하는 바가 지극히 선하다. 설사
우주를 창조하고도 위치를 견고하게 하지 못하면 천지는 붕괴의 염려가 있으
며, 사계절이 고르지 못하면 만물에는 생성하는 복이 없을 것이며, 낮과 밤, 추
위와 더위가 서로 바뀌지 않는다면 사람과 사물에는 머물만한 곳이 없을 것이
다."

今乃以至大之太陽, 居中得所, 諸星不能吸移, 而有衆行星周圍轉
運。 其離太陽也, 或遠或近, 皆與其體之大小, 行之疾徐相稱, 永無離
中毗中之患。 故太陽居定所, 星宿行定道, 而天地貞固不搖矣。 且因

---

27   30근(斤)
28   '1곡(斛)'은 본래 '10두(斗)'였으나, 나중에 '5두(斗)'로 바뀜.

太陽居中發光, 則四季之寒熱有度。假使有一星發光, 而太陽無光, 則行星之離地遠近不齊, 寒熱大相懸殊, 而萬物不能生矣。

이제 지극히 큰 태양이 가운데 알맞게 있어, 뭇별들을 끌어당겨 이동시킬 수 없어도 뭇 행성들은 [그것의] 주위를 돌고 있다. [그것들이] 태양으로부터 어떤 것은 멀고 어떤 것은 가까운데 모두 그 행성체의 크기 그리고 운행의 속도와 더불어 서로 어울리게 되어 있어서 영원히 가운데서 멀어지거나 가까워질 염려가 없다. 그러므로 태양은 일정한 곳에 머무르고 별들은 일정한 길로 운행하니 천지가 견고하여 흔들리지 않는다. 또한 태양이 가운데 있어 빛을 비추기 때문에 곧 사계절의 추위와 더위에 한도[度]가 있다. 만약 한 별이 있어 빛을 발한다고 해도 태양에 빛이 없으면 행성이 떨어진 거리가 일정치 않아 추위와 더위의 차가 크게 벌어져 만물이 생존할 수 없을 것이다.

地球向太陽, 卽明而爲晝, 背太陽, 卽暗而爲夜。旋轉如輪, 卽成晝夜之互更矣。地球所行之黃道, 斜界於兩極之心, 而地球周太陽而轉, 所以冬至後漸過北, 夏至後漸過南, 而四季以分。假使地球不周太陽而轉, 則一半球必長受酷暑, 一半球必長受嚴寒, 而循環失序矣。乃如此妙用, 如此良法, 豈偶然乎? 非大智之神, 誰能經營而創造之?

지구가 태양을 향하면 곧 밝아져 낮이 되고, 태양을 등지면 곧 어두워져 밤이 된다. 바퀴처럼 돌아가니 주야의 상호 교대가 이루어진다. 지구가 운행하는 황도(黃道)[29]는 [천구] 양극의 중심에서 기울어져 있고 지구가 태양 주위를 공전하

---

29 황도(黃道)는 하늘에서 해가 한 해 동안 지나는 길로, 지구의 공전에 의해 관찰된다. 황도는 태양 주위를 공전하는 지구의 궤도면과 천구가 만나는 커다란 원이며, 하늘의 적도와 약 23.5°기울어져 있다. 춘/추분에 하늘의 적도와 교차하므로 이때 해의 위치를 춘/추분점

므로 동지(冬至) 이후 점차 북극을 지나가며, 하지(夏至) 이후 점차 남극을 지나서 사계절로 구분된다. 만약 지구가 태양 주위를 공전하지 않으면 지구의 한쪽 반구는 반드시 항상 독한 더위를 겪고 다른 반구는 반드시 항상 극심한 추위를 겪어서 순환의 질서를 잃을 것이다. 그런데 이처럼 신묘한 작용과 이처럼 좋은 법칙이 어찌 우연이겠는가? 큰 지혜의 하나님이 아니라면 누가 경영하고 창조할 수 있겠는가?

> 聖詩曰, "神兮, 上天彰其榮光, 穹蒼顯其經綸兮, 永朝永夕兮, 仰觀其象而知之兮。 天無言而有言, 無聲而有聲兮。 不言之言, 布於宇內, 無聲之聲, 聞於地極[30]。"

[성경의] 시편에서 말했다. "하나님이시여, 하늘이 그 영광을 밝히며 궁창이 그 경륜을 드러내는구나. 영원히 그 모습을 우러러보아 알지어다. 하늘에는 말이 없어도 말이 있으며 소리가 없어도 소리가 있도다. 말 없는 말이 우주 안에 널리 퍼져 있으며 소리 없는 소리가 땅끝에서 들리는 도다!"

이라 하고 하지일 때를 하지점, 동지일 때를 동지점이라 한다. 황도는 태양계 안에서 천체의 위치를 표시하는 황도 좌표계의 기준으로 사용된다. 천문학자들은 황도와 천구의 적도가 교차하는 두 교점 중에서 춘분점을 황도의 기준점으로 사용하고 있다.
30 시편 19:1-4

第二章 以生物爲證
제2장 만물의 생성으로 증명하다

> 嘗思人莫非父母所生, 最上之祖宗, 卽父母也。推而極之於肇始之
> 時, 則第一世果
> 誰所生? 曰, "第一世必非父母所生, 乃主宰之神所造也。禽獸草木
> 皆然。珍禽奇獸有種類, 百草萬木有根本, 倘云禽獸無種而繁, 草木
> 無根而長, 未之聞也。而創厥種厥本者伊誰?"

일찍이 생각해 보면 사람은 부모에게서 나온 바가 아님이 없으니, 가장 위의 시조는 바로 부모다. 맨 처음의 시조까지 거슬러 헤아리면, 제 일 세대는 과연 누구의 소생인가? 대답하길, "제 일 세대는 반드시 부모의 소생이 아니라 주재하시는 하나님이 만드신 것이다"라고 했다. 조류와 짐승, 초목이 모두 그렇다. 진기한 조류와 짐승에도 종(種)과 유(類)가 있고, 모든 초목에는 뿌리가 있다. 만약 조류와 짐승이 종(種) 없이도 번성하거나 초목에 뿌리가 없어도 잘 자란다고 한다면, 그런 말은 들어본 적이 없다. 그렇다면 그 종을 만들어내고 그 뿌리를 세운 이는 누구란 말인가?

> 或曰, "萬物充滿于兩間, 太古時豈或不然? 莫非生物之功未嘗稍
> 息, 因而盛衰相繼, 莫辨始終乎?" 曰, "其說有二。譬之, 人在大洋,

杳無畔岸, 便云洋之無邊; 懸一鍊而未睹其端, 即云鍊之無首。 豈知海不見岸, 因目之未明, 鍊不見首, 因鍊之過長? 若于生物不能推極其始, 尚可謂明理者乎? 試觀貫環成鍊。 最下之環, 必資於次, 推而上之於首, 其環必有所倚, 非懸而無薄也, 明甚。 況鍊愈長, 其所倚托之樞必愈固。 則人世愈久, 其必得大能之神以生之, 亦愈明。 安得曰無始。 夫人生世上, 蒸蒸日盛。 而由今溯古, 由孫溯祖, 愈遠則愈稀。 推所由始, 不儳有第一世在乎。 則鳥獸草木, 發榮滋長者, 日益盛, 亦必有肇端之族類也明矣。

어떤 이는 말한다. "만물이 천지(天地) 사이에 충만함이 어찌 아득한 옛날이라고 해서 그렇지 않았다고 하겠는가? 만물을 생성하는 공이 일찍이 조금이라도 쉼이 없었기에 융성함과 쇠약함이 서로 이어지니 처음과 끝을 구별할 수 없는 것이 아니겠는가?" 대답한다. "거기에는 두 가지 설명 방식이 있다. 비유하자면, 큰 바다에 있는 사람은 해안가 언덕이 멀어서 보이지 않으므로 바다에 끝이 없다고 쉽게 말한다. [또한] 쇠사슬이 하나 걸려 있는데 그 끝이 보이지 않으므로 쇠사슬에는 시작이 없다고 말한다. 바다에서 해안을 보지 못하는 것은 눈이 밝지 못하기 때문이며, 쇠사슬의 시작을 보지 못하는 것은 쇠사슬이 너무 길기 때문이라는 것을 [그가] 어찌 알겠는가? 만약 만물이 생겨날 때 그 시작을 미루어 헤아릴 수 없다면, 오히려 그 이치를 밝힌다고 할 수 있겠는가? 예를 들어 고리를 꿰어 사슬 만드는 것을 보라. 가장 밑에 있는 고리는 반드시 그다음 고리에 의지하여야 한다. 거슬러 맨 꼭대기 쪽으로 올라가면 고리는 [또한] 반드시 고정된 데가 있으니, 고정해야만 묶일 수 있음이 매우 분명하다. 게다가 사슬이 길어질수록 그것을 지탱하는 받침 고리는 반드시 더욱 단단해야 한다. 즉 사람의 세대가 오래될수록 반드시 큰 능력의 신께서 지으셨음이 더욱 분명해진다. 어찌 시작이 없다고 말할 수 있겠는가? 사람이 세상에 태어나서 날마다 더욱 번성한다. 그러므로 지금부터 옛적으로 거슬러 오르고, 자손부터 선조로 거슬러 오르면, 멀리 거슬러 올라갈수록 그 수가 더욱 적어진다. 그리하여 그 시작까지 거슬러 올라가면 엄연히 첫 세대가 있지 않겠는가? 그렇다면 조류와 짐승, 초목이 번영하며 성장함이 날마다 더욱 번성하더라도 또한 그 종족과 종류가 창조된 시작이 반드시 있었음이 분명하다."

惑曰,"物之生也, 自具生理, 非神主之。"曰,"理究何謂哉? 物之理, 卽物之性, 物之性, 卽天之命。 天卽主宰之謂, 則謂理生物, 與主宰生物之論, 何以異乎? 況物具其性, 而性存於物。 有是物, 卽有是性, 無是物, 性憑何存乎? 性旣曰理, 理本出於物。 何反能生物哉?"

어떤 이는 말한다. "만물이 생겨나는 것은 스스로 그러한 생성의 리(理)를 갖춘 것이지, 하나님이 주재한 것은 아니다." 대답한다. "리란 궁극적으로 무엇을 말하는 것인가? 만물의 리란 곧 만물의 본성[性]이며, 만물의 본성이란 곧 하늘이 명한 것이다. 하늘은 곧 주재자를 말하는 것이니, 리가 만물을 생성한다는 말은 주재자가 만물을 생성한다는 주장과 무엇이 다르겠는가? 하물며 만물이 그 본성을 갖추니 본성이 만물에 존재하는 것이다. 만물이 있어야 본성도 있는 것이니, 만물이 없으면 본성은 어디에 기대어 존재하겠는가? 본성을 이미 리라 하였으니, 리는 본래 만물에서 나온 것이다. 어떻게 도리어 만물을 생성할 수 있겠는가?"

夫天命不改, 而物理有常, 猶國之有律。 治國憑乎律, 而所以致治者君也。 生長萬物有其理, 而所以生長者, 乃賦性降衷之神也。 律爲國法, 時之旣久, 變易者有之, 廢置者有之, 存而不論者有之。 乃造物主賦物理, 旣允且當, 旣明且善, 永不改易, 恒無窒滯。 此物之所由常

也。人見律有改變, 知權宜之在君, 而物理之無變, 反忘定命之主宰,
何其愚也? 宋儒有云, 上帝卽理[31], 其說之誤, 亦由此也。

천명은 변함이 없고 만물의 리에는 항상됨이 있음은 나라에 규율이 있는 것
과 같다. 나라를 다스림은 규율에 따르지만 그것으로 다스림을 이루는 이는 임
금이다. 만물의 생장에는 그 마땅한 리가 있지만 그것으로 만물을 생장하게 하
는 이는 곧 본성을 부여하고 선한 마음을 내려주신 하나님이다. 규율을 국법으
로 삼음에 시간이 이미 오래되면서 변경된 것도 있고, 폐하여진 것도 있고, 그
대로 두고 거론하지 않는 것도 있다. 그런데 조물주께서 부여하신 만물의 리
는 진실하고 또 마땅하며, 명백하고 또 선하며, 영원히 변하지 않고, 언제나 막
힘이나 지체됨이 없다. 이는 만물이 그로 말미암아 일정하게 유지되는 것이다.
사람이, 규율에 고침과 변함이 있음을 보고 때에 따라 적절하게 조치하는 권세
가 임금에게 있음을 알면서도, 만물의 리에 변함이 없음을 보면서는 오히려 천
명을 정하신 주재자를 잊어버리니 어찌 그리 어리석은가? 송나라 유학자들은
"상제(上帝)가 곧 리(理)다"라고 했는데, 그 말의 오류 또한 여기서 비롯되었다.

或又曰, "物之生, 陰陽二氣之變化也。" 曰, "天有春秋, 春卽爲陽,
秋卽爲陰。春卽爲陽, 時有寒署, 寒卽爲陰, 署卽爲陽。地有南北,
南者爲陽, 北者爲陰。人有死生, 生卽爲陽, 死卽爲陰。陰陽者, 就天
道之變遷, 四時之代謝, 人事之反覆, 名之也。何能主持萬物哉?

어떤 이가 또 말한다. "만물이 생겨나는 것은 음양 두 기운의 변화에 의한 것
이다."[32] 대답한다. "계절에 봄과 가을이 있으니 봄을 양이라 여기고 가을을 음

---

31 上帝卽理: 1858년본에는 '天卽理也'로 되어 있다.
32 『中庸』: "天以陰陽五行化生萬物, 氣以成形, 而理亦賦焉, 猶命令也。"

이라 여긴다. 시절에 더위와 추위가 있으니 더위를 양이라 여기고 추위를 음이라 여긴다. 땅에는 남북이 있으니 남쪽을 양이라 여기고 북쪽을 음이라 여긴다. 사람에게는 나고 죽는 것이 있으니, 태어나는 것을 양이라 여기고 죽는 것을 음이라 여긴다. 음양이라는 것은 천지자연의 도리[天道]가 변화하는 것, 사계절이 순환하는 것, 사람의 일이 반복되는 것에 대해 그렇게 이름 붙인 것이다. 어찌 만물을 주관[主持]할 수 있겠는가?

> 如曰能之, 則陰陽旣非神, 亦非人, 旣無意, 亦無智。即使化物, 必不能仍物之故態, 則鳥獸草木之不經見而爲奇形怪狀者, 正不知若何乖戾也。乃由古及今, 皆習見常聞而初無新奇駭異之物充塞宇宙, 聖書所記, 神于六日內, 創造萬物, 視之皆善, 即命各從其類, 生生不息。非信然乎?"

만약 그렇게 할 수 있다고 말한다면, 음양은 신이 아닐뿐더러 사람도 아니고, 뜻이 없으며 지혜도 없다. 그러므로 설사 만물을 화육(化育)한다고 해도 절대 그것들의 원래 모양을 유지할 수는 없으니, 새와 짐승과 초목 중 정상적인 모습으로 나타나지 않고 기묘한 형태나 괴상한 모습이 된 것들에 대해서는 바로 어떻게 그렇게 어그러지게 되었는지 알지 못한다. 곧 옛적부터 지금까지, 모두 익히 보고 늘 듣던 것이어서 애초에 신기하거나 희한한 것이 우주에 충만한 적이 없었던 것은 성서에 기록된 바, 하나님께서 여섯 날 안에 만물을 창조하시니 보시기에 모두 좋았더라 하셨으니, 곧 각각 그 종류대로 낳고 낳기를 쉬지 말라 명하셨기 때문이다.[33] 진실로 그러하지 않은가?"

---

33 창세기 1:26~31 참고. '生生不息'은 『주역 · 계사전(繫辭傳)』을 참고.

第三章 以人身爲證
제3장 인체로 증명하다

希臘國有聖人, 名瑣格底。 與門生同行於京都之市上, 偶見匠氏琢玉爲人, 耳目手足如生, 身材適肯, 門生見而稱道勿已。 瑣氏謂之曰, "爾遙視玉像儼若人生, 以爲匠心工巧, 稱爲妙技。 試近按之, 體猶冰也。 徐動之, 拙於行也; 呼召之, 未能應也。 何得稱匠氏之精妙呼? 假如使之口能言, 目能見, 足能行, 若何?"

그리스에 성인(聖人)이 있었는데, 이름이 '소크라테스(Socrates)[34]이다. 그가 제자와 함께 수도의 시장으로 나갔다가 우연히 장인(匠人)이 옥을 다듬어 사람을 만드는 것을 보았는데 눈과 귀와 손발이 살아 있는 듯하고 몸매도 똑 닮아서 제자가 보고서 칭찬을 그치지 않았다. 소크라테스가 그에게 말하였다. "너는 옥상(玉像)이 엄연히 살아 있는 사람 같음을 멀리서 보고, 그 솜씨가 정교하다고 생각하여 절묘한 기술이라고 칭찬한다. 하지만 한번 시험 삼아 가까이서 만져보면 그 몸이 마치 얼음과 같다. 천천히 움직여 보면 행동이 둔하며, 불러도 응답하지 못한다. 어찌 장인의 [솜씨가] 정교하다고 칭찬할 수 있겠는가? 만일 그것으로 하여금 입으로 말할 수 있고, 눈으로 볼 수 있고, 발로 걸을 수 있게 한다면 어떠하겠는가?"

---

34 瑣格底. 고대 그리스 철학자 교육자 소크라테스이다. (기원전 469~기원전 399) 그는 철학자 데모크리토스, 플라톤 그리고 아리스토텔레스와 같이 고대 그리스 4대 철학자라고 한다.

門生曰, "此豈非天下奇技哉?" 瑣氏曰, "非但此也。 且能使之胚胎養育, 綿其族類, 不再勞匠氏之手, 何如?" 門生曰, "神哉! 此技也, 胡爲乎有是哉?" 瑣氏曰, "奚容入市肆, 玩此奇物, 子不見林林總總者, 皆市上往來之人乎? 是皆具百體, 口能言, 目能見, 手足能行動, 而又能育之養之, 閱世勿替。 斯人也, 奚啻什百于匠氏之所琢也? 夫匠氏之所啄, 稱道猶如此, 而愈于匠氏者, 雖未見匠氏, 不儼然有神于匠氏者在乎?" 當其時, 耶蘇之道, 尙未傳於希臘, 瑣氏亦未見有聖書。 祇因審察萬物, 各有妙諦, 悟出眞主。 而今之人昏迷不悟, 蓋不思而已, 思則未有不悟者。

제자가 대답했다. "그렇게 한다면 어찌 천하의 기이한 재주가 아니겠습니까?" 소크라테스가 말했다. "이것만 아니라 또한 그[옥상이] 배 속에 아기를 잉태하고 양육하여 그 종족을 이을 수 있게 함으로써 장인의 손을 다시 수고롭게 하지 않아도 된다면 어떠하겠는가?" 제자가 대답하였다 "신의 재주입니다! 어찌 이런 일이 있을 수 있겠습니까?" 소크라테스가 말하였다. "너희는 어째서 시장 입구에서 이같이 기이한 물건을 구경하면서도 시장을 오가는 많은 사람들은 보지 못하는가? 이들은 모두 백체를 갖추어서 입으로 말할 수 있고 눈으로 볼 수 있고, 손발로 행동할 수 있으며 또한 사람을 낳고 양육할 수 있으니 세월이 흘러도 소멸하지 않는다. 이 사람이 어찌 장인이 조각한 것보다 열 배 백 배이상 나은 것에만 그치겠는가? 무릇 장인이 조각한 것에 대해서도 이같이 칭송하는데, 장인이 만든 것보다 더 뛰어난 것에 대해서는 비록 그것을 만든 이를 보지 못했다고 해도 장인보다 더 신적인 존재가 엄연히 존재한다고 해야 하지 않겠는가?" 그 당시에는 예수의 도가 아직 그리스에 전해지지 않아서 소크라테스 또한 성서를 보지 못하였다. 다만 만물에 오묘한 진리[妙諦]가 있음을 깊이 살펴 참 주재자가 있음을 깨달았다. 그러나 지금 사람들은 혼미하여 깨닫지 못하는데 모두가 생각하지 않아 그런 것일 뿐이며 생각하면 깨닫지 못하는 자가 없다.

或曰, "人非造, 乃生也。" 曰, "生物各從其類, 故所生之物, 與生
之者同。而物成乎造, 則所造之物, 自與造之者異。如匠人之製器
然。故人由父母生者, 往往相肖, 而總言之曰天之所生, 安見人肖乎
天? 爾所謂生, 是乃造也。且物之造, 必以營謀, 物之生, 無所用其營
謀也。甫在胎中, 父母莫識其爲男女, 爲華美, 爲惡陋, 而及其既生,
百體各有妙用, 意匠經營, 更非等夷。可知生之者父母, 而造之者非
父母矣。"

어떤 이는 말한다. "사람은 창조되지 않고 생겨난 것이다." 대답한다. "만물의
생성은 각기 그 종류에 따른 것이니, 그러므로 생겨난 만물은 생겨나게 한 것과
같은 종류이다. 그러나 만물이 만들어졌을 때는 만들어진 만물이 분명히 그것
을 만든 자와 다르다. 마치 장인이 그릇을 제작하는 것과 같다. 그러므로 사람
은 부모에게서 생겨나 종종 서로 닮았다고 하지만 종합적으로 말하면 하늘이
낳은 것인데, 사람이 하늘을 닮은 것을 어디서 보겠는가? 너희가 낳았다고 말
하는 것은 곧 만들었다는 것이다. 또한, 만물의 만듦은 반드시 계획에 의한 것
이지만, 만물의 생겨남은 그 계획이 필요 없다. 태아가 태중에 있을 때 부모는
그가 남자인지 여자인지, 잘 생겼는지 못생겼는지를 알 수 없지만, 그가 태어
나면 백체가 각각의 신묘한 쓸모가 있고 그 '생김새'[意匠]와 '경영'(經營)이 더욱
서로 같지 않다. 태어나게 한 이는 부모지만 만든 이는 부모가 아님을 알 수 있
다!"

或又曰, "人之百體, 固有妙用, 而五行之質, 亦有妙用, 人之爲人, 倘非經營而得者乎?" 曰, "遇一木于水中, 則以其爲偶然失所耳。 若遇一木, 而爲衆木之所成, 觀其內, 有房舍焉, 視其外, 有帆檣焉, 則必以爲渡水而設也。 拾一金於沙中, 則以其爲生于斯也。 若審視之, 而鎔鍊精工, 且有文飾, 有尺度, 有轉輪, 有動機, 創見而非常見, 則意其爲紀時而設也。[35] 夫一物也, 而衆美集于中, 羣材顯于外, 豈偶然哉?

어떤 이가 또 말한다. "사람의 백체(百體)에는 본래 신묘한 작용이 있고 오행의 질(質)에도 신묘한 작용이 있으니, 사람의 사람됨은 아마도 경영해서 얻는 것이 아니겠는가?" 대답한다 "만일 물속에서 나무 하나를 마주치면 그것이 우연히 제자리를 잃어버린 것이라 생각할 것이다. 그런데 만약 나무 하나를 마주쳤는데 그것이 많은 목재로 이루어져 있고, 그 안을 살펴보니 '칸막이'(房舍)가 있고 그 밖을 살펴보니 '돛대'가 있다면, 반드시 그것이 물을 건너기 위해서 만들어진 것이라 생각할 것이다. (또한) 금덩이 하나를 모래 밭에서 줍는다면 그것이 이곳에서 생겨난 것이라 생각할 것이다. 그런데 만약 그것을 자세히 살펴보니 녹여 제련한 것이 정밀하고 교묘하며 또한 무늬와 장식이 있고 눈금이 있으며 돌아가는 바퀴가 있고 움직이는 장치가 있어서 처음 보는 것으로 항상 볼 수 있는 것이 아니라면, 그것이 시간을 기록하기 위해 만들어진 것이라 생각할 것이다. 무릇 물건 하나에 여러 아름다움이 집중되고, 여러 재주가 겉에 드러난다면 어찌 우연히 그러한 것이겠는가?

---

35 意其爲紀時而設也: 1858년본에는 '知其爲定時而設焉'으로 되어 있다.

且思人之身體, 如一足而骨節繁多, 膝能前後動, 腿能前後左右動, 慾使之柔而易行也; 手列五指, 每指三節, 欲其易于取攜也; 臂有兩骨, 一骨下接于腕, 一骨上接于肘, 欲其便于轉動也。

그런데 사람의 신체를 생각해 보면, 예를 들어 한 발에 뼈마디가 무수히 많고 무릎은 앞뒤로 움직일 수 있고 넓적다리는 전후좌우로 움직일 수 있는 것은 그것이 부드럽고 쉽게 움직이도록 하려는 것이며, 손에 다섯 손가락이 있고 매 손가락은 세 마디씩 있는 것은 그것이 취하여 잡기를 쉽게 하기 위한 것이고, 팔에 뼈 둘이 있고 하나는 아래로 손목과 연결되고 하나는 위로 팔꿈치에 연결된 것은 그것을 돌리기에 편리하도록 한 것이다.

肩胛之連膞臂, 上下前後, 動皆無礙。頭項骨有兩節, 一能俯仰, 一能左右。脊有二十餘骨, 竪接若鍊, 每骨襯以軟筋, 可使屈伸。他骨各條有髓, 惟脊骨皆有竅, 貫以髓而上通于腦, 得精氣以分佈于百體。

어깨뼈는 팔뚝과 연결되어 상하 전후로 움직임에 아무런 방해가 없다. 목뼈에는 두 마디가 있어 한마디는 굽어보고 쳐다보고 할 수 있고 한마디는 좌우로 움직일 수 있다. 척추에는 20여 개의 뼈가 있는 데 쇠사슬처럼 세워져 연결되어 있고 각 뼈에는 연한 근육이 붙어 있어 굽혔다 폈다 할 수 있다. 다른 뼈들은 각각에 골수가 있는데, 오직 척추뼈에만 모두 구멍이 있으니, 골수가 그것을 관통하여 위로 뇌와 통하여, 정기(精氣)를 얻어 온몸에 나누어 준다.

凡骨之所植, 其能動輒如常者, 有筋以維繫之而然也。故有筋生于骨內而能曲[36]者, 有筋生于骨外而能直者, 有筋纏骨而生而能四旁轉動者。

세워져 있는 모든 뼈가 이상 없이 작동할 수 있음은 근육이 뼈들을 연결하고 있기 때문이다. 그러므로 뼛속에 근육이 생겨난 탓에 구부릴 수 있으며, 뼈 바깥쪽에 근육이 생겨난 탓에 곧게 할 수 있고, 근육이 뼈를 감싸면서 자라 사방으로 회전하고 움직일 수 있는 것이다.

又有脈從中[37]發源, 而後條析縷分, 散布身體, 若田之畎澮, 以爲灌漑滋養者。惟心獨處中央, 司血脈之令, 運動流行, 無時或息, 若桔槹之有轉機然。肺則翕張呼吸, 有若風櫃。其質濡軟, 有如綿絮。津血所過, 去渣存液, 呑吐之間, 得有養氣, 以榮全體。

또한, 맥은 중앙[심장]에서 발원하여 가늘고 길게 갈라지고 퍼져 사람의 몸에 흩어지니, 마치 밭 사이의 도랑에서 관개(灌漑)하여 자양(滋養)하는 것과 같다. 심장은 중앙에 홀로 거하며 혈맥의 명령을 맡아서 움직이고 흘러감이 잠시도 쉼이 없도록 하니, 마치 용두레[38]에 회전 장치가 있는 것과 같다. 폐는 수축하고 팽창하면서 호흡을 하니 마치 바람 주머니와 같다. 그 질은 유연(濡軟)하여 면화 솜과 같다. 진혈(津血)이 지나가는 곳으로, 찌꺼기는 걸러내고 진액은 보존하니, 삼키고 뱉는 사이에 기를 키워[養氣] 온몸을 튼튼하게 한다.

---

36 曲: 1858년본에는 '屈'로 되어 있다.
37 從中: 1858년본에는 '從心'으로 되어 있다.
38 길고(桔槹) : 돌을 매달아 그 무게로 물을 긷게 하는 두레박 틀

> 口司飲食。齒若刀而爲切。牙若磨而爲研。喉司吞咽。腸胃司醞
> 釀, 變化糟粕, 蒸煮津液, 上輸于肺, 如有麴蘗。 [39]

입은 먹고 마시는 것을 주관한다. 이(齒)는 칼처럼 자르는 일을 한다. 어금니[牙]는 맷돌처럼 으깨 갈아주는 일을 한다. 목구멍은 삼키는 것을 주관한다. 장(腸)과 위(胃)는 소화[醞釀]를 주관하는데, 지게미로 변화하기까지 찌고 삶아 진액을 뽑아 위쪽 폐로 보냄은 누룩으로 술을 만드는 것과 같다.

> 目司瞻視[40], 法同遠鏡, 巨細畢照。目眶堅高, 害[41]禦剛物。眹皮闔
> 闢, 拒絕微芒。旁生睫毫, 障蔽塵沙。上列雙眉, 早防額汗。又有目
> 淚, 而洗垢膩。 鼻之爲物, 司氣出入。 腦濁眼眵, 從此漏洩, 其爲義
> 也, 溝渠以闢。 他若雙耳, 薄翅中生, 蒙之如鼓, 兩竅相分, 風動物觸,
> 聆之有聲。 [42] 此妙而尤妙者也。

눈은 보는 것을 주관하며, 망원경과 같은 원리로, 크고 작은 것 모두를 비춘다. 눈언저리는 단단하고 높아서 단단한 물체를 막는다. 눈꺼풀은 닫히고 열려서 작은 까끄라기를 물리친다. 옆으로 속눈썹이 생겨나 먼지와 모래를 막아서 가린다. 위쪽에 늘어놓은 두 눈썹은 이마의 땀을 미리 막아준다. 또한, 눈물이 있어서 때와 기름을 씻어 낸다. 코라는 물건은 공기 출입을 주관한다. 뇌의 탁한 것과 눈의 눈곱이 이것을 통해 배출되니[43] 그 뜻은 물도랑을 통해 여는 것과 같다. 그 외에 두 귀와 같은 것은 가운데 얇은 날개가 생겨나 북[鼓]처럼 그것을

---

39   蒸煮津液, 上輸于肺, 如有麴蘗: 1858년본에는 '有如麴蘗, 蒸煮津液, 上輸於肺.'로 되어 있다.
40   目司瞻視: 1858년본에는 뒤의 '他若雙耳, 薄翅中生, 蒙之如鼓, 兩竅相分, 風動物觸, 聆之有聲.'이 이 대목 앞에 있다.
41   害: 1858년본에는 '防'으로 되어 있다.
42   聆之有聲: 1858년본에는 '舌'에 대한 내용이 추가되어 있다.
43   누설(漏洩) : 물·공기(空氣)·냄새·비밀(秘密) 따위가 밖으로 샘.

덮고 있는데, 두 개의 구멍으로 나뉘어 소리가 울리거나 물체가 부딪쳐 나는 소리를 듣게 된다. 이 같은 것은 신묘하고 또 신묘하다.

> 凡玆者, 雖有物類之可比, 究非技藝所可及。 其智若此, 其能若此, 其工巧又若此, 則主持而經營之者, 非神而誰爲爲之?

무릇 이런 것들은 비록 사물에 비교할 만 하겠지만 궁극적으로 인간의 기예가 미칠 수 있는 것이 아니다. 그 지혜가 이와 같고 그 능력이 이와 같으며 그 공교함이 또한 이와 같으니, 그것을 주지하고 경영하는 것은 하나님이 아니면 누가 그것을 행할 수 있겠는가?

> 聖書曰. '神造我兮, 神妙莫測, 經綸無不奇異。 是我所知, 頌美之兮!'"

성서에서 말하였다. '하나님께서 나를 만드시니 신묘막측(神妙莫測)하고, 경륜(經綸)이 기이하지 않은 것 없도다. 이것을 내가 아노니 그를 찬미하는 도다!'"[44]

---

44   시편 139:14

第四章 以靈魂爲證
제4장 영혼으로 증명하다[45]

身體[46]雖具, 非靈魂寓於其中, 卽一體皆不能自動。考察百體, 旣得
悟造物主之智能, 究之靈魂, 亦當知其妙諦。顧身材止一, 百體攸分;
靈魂止一, 諸才可論。揭其兩端, 一曰靈才, 一曰心才。

몸의 지체가 비록 갖추어졌다 해도 영혼이 그 가운데 머물지 않으면, 모든 지체가 다 스스로 움직일 수 없다. (앞 장에서) 백체를 깊이 살펴보아 조물주의 지혜와 능력을 이미 깨달을 수 있었는데, 영혼을 연구해도 역시 그 묘한 진리를 마땅히 알게 된다. 생각건대, 몸은 다만 하나이나 여러 부분으로 나눠지며, 영혼도 다만 하나이나 여러 재주를 말할 수 있다. 그 양쪽 끝을 들어보면 하나는 '영재'(靈才: 영혼의 재주)이며 다른 하나는 '심재'(心才: 마음의 재주)이다.

靈才者何。如能覺, 能視聽嘗臭, 能思忖, 記憶, 比擬, 想像, 是也。

'영재'란 무엇인가? 예를 들어, 지각[覺]하고, 보고, 듣고, 맛보고, 냄새 맡을 수 있는 것이며, 생각[思忖]하고, 기억하고, 비교[比擬]하고, 상상할 수 있는 것이

---

45 1858년본에서는 이 장의 내용이 상당히 많이 수정 보완되었다.
46 身體: '身'은 살과 근육을 뜻하고 '體'는 사지(四肢), 즉 뼈로 된 형상을 뜻한다.

그것이다.

所謂能覺, 即是能悟自己之事。吾身之體骨腹腸筋絡[47], 其多寡我不能覺, 可見身體非我, 乃我行用之物。若靈魂之思念‧情欲, 一切能覺。故身體必有靈魂, 方得爲人, 而靈魂即離乎身體, 亦得自在。且人必賴覺以知外物之寒熱燥濕, 則覺亦屬在五官[48]之內。人苟無覺, 不特如夢寐, 并忘痛楚, 不知趨避, 雖遇堅石‧利刃‧沸湯‧寒冰, 自若矣。

이른바 지각한다는 것은 곧 자기 일을 깨달을 수 있다는 것이다. 우리 몸의 '골격[體骨]'과 '장기[腹腸]'와 '근육과 경락[筋絡]' 등 그 수의 많고 적음을 우리는 지각할 수가 없어도, 신체는 내가 아니며, 내가 사용하는 물건임을 알 수 있다. 영혼의 '사념'과 '정욕' 같은 것은 모든 것을 능히 지각할 수 있다. 그러므로 신체에는 반드시 영혼이 있어서 비로소 사람이라고 할 수 있다. 그러나 영혼은 신체를 벗어나도 스스로 존재할 수 있다. 또 사람은 반드시 지각을 의지해서 외부 사물의 '차가움'과 '뜨거움', '건조함'과 '다습함'을 알기에 지각은 또한 오관(五官) 안에 속해 있다. 사람이 만약 지각이 없으면 꿈꾸는 것 같을 뿐 아니라 아울러 아픔도 잊어버리고 빨리 피할 줄도 몰라서 비록 단단한 돌과 날카로운 칼과 끓는 물과 차가운 얼음을 만나도 태연자약(泰然自若)하다.

---

47 筋絡: 중의학에서 근육과 경락을 의미한다.
48 五官: 오감(五感)을 일으키는 다섯 감각 기관 《눈(시각), 귀(청각), 코(후각), 혀(미각), 피부(촉각)》이다.

若視聽嘗臭, 亦爲我所覺之事, 皆靈魂主之。盖人有五官, 設無靈魂, 則失其指揮, 而呆鈍不靈。靈魂之在身也, 如囚之在獄, 賴五官啓牖以知身外事物。

보고, 듣고, 맛보고, 냄새 맡는 것 같은 것도 내가 지각하는 일로서 모두 영혼이 주관한다. 대개 사람에게 오관이 있어도 만일 영혼이 없으면 그 다스림을 잃어버리고 우둔해져 영민하지 않게 된다. 영혼이 몸에 있는 것은 마치 죄수가 옥에 갇힌 것 같아서, 오관의 일깨워 줌[啓牖]을 의지해 몸 밖에 있는 사물을 안다.

假令偏觀形色, 偏察聲音, 而境過旋忘, 不能記憶, 又屬偏廢[49]。譬痴者左手拾物, 右手捨棄。卽能記憶, 而不能思忖其事之所以然, 又非完造。猶獸病者, 具素封而不知治資蓄。

가령 모양과 색을 두루 보고 소리를 두루 살펴도, 지나고 나면 곧 잊어버리고 '기억'하지 못하여 다시금 한쪽에 치우치게 된다. 비유하자면, 바보가 왼손으로는 물건을 줍고 오른손으로는 버리는 것과 같다. 설혹 기억할 수 있어도 그 일이 그렇게 된 까닭[所以然]을 '생각'[思忖]하지 못한다면 또한 완전한 것이 아니다. 마치 어리석고 병든 자가 본래 봉토(封土)를 지녔지만 다스려 재산을 모을 줄 모르는 것과 같다.

---

49 偏廢: 한의학에서 반신불수의 다른 이름이다. 여러 가지 일 중에 어느 하나를 중시하여 다른 소홀히 함을 뜻한다.

即能思忖, 而無比擬之能, 則異同相渾, 如匠人之無尺寸, 而罔度材料之短長, 如市廛之不分色目, 而不知貨物之所居。能比擬矣, 而未能想像, 則拙于締造, 新者不能特創, 故者不能改易, 循途守轍[50]而已。以是知靈之具有諸才, 皆次第相倚爲用, 缺一不可者也。

설혹 생각할 수 있어도 '비교'[比擬]하는 능력이 없으면, '다른 것'과 '같은 것'이 서로 뒤섞여서, 마치 장인이 자[尺寸]가 없어 재료의 길이를 재지 못하는 것과 같고, 가게에서 물건의 종류와 이름을 구분해 놓지 않아 물건이 있는 곳을 알지 못하는 것과 같다. 또한, 비교할 수 있어도 '상상'하지 못하면 새로운 일을 하기에 우둔하여, 새로운 것을 특별히 창조하지 못하고 옛것을 고치지 못하게 되어, 옛길을 따르고 옛 자취만 지킬 따름이다. 이로써 영이 가진 여러 재능은 모두 순서에 따라 서로 의지하여 사용되는 것으로 하나라도 없어서는 안 됨을 알 수 있다.

所謂心才有四, 飢渴·色慾, 一也, 愛惡·恐懼·期望·惻隱, 二也, 好智·好交·好名·好利·好勇, 三也, 是非之心, 四也。

이른바 '심재'(心才)에는 네 가지가 있으니 '기갈'(飢渴)과 '색욕'(色慾)이 첫째이고, '애오'(愛惡), '공구'(恐懼), '기망'(期望), '측은'(惻隱)'이 둘째이며, '호지'(好智), '호교'(好交), '호명'(好名), '호리'(好利), '호용'(好勇)'이 셋째이고, '시비지심'(是非之心)[51]이 넷째이다.

---

50 循途守轍: '옛 법을 그대로 따른다'는 뜻이다. 『論語集註, 先進篇』: "程子曰, 踐跡 如言循途守轍. 善人雖不必踐舊跡而自不爲惡. 然亦不能入聖人之室也."
51 是非之心: '옳음과 그름을 가릴 줄 아는 마음'을 뜻한다. 『孟子, 公孫丑篇』: "無惻隱之心 非人也. 無羞惡之心 非人也. 無辭讓之心 非人也. 無是非之心 非人也. 惻隱之心 仁之端也. 羞惡之心 義之端也. 辭讓之心 禮之端也. 是非之心 智之端也."

夫飢渴, 所以養生也。 色慾, 所以綿姒族也。 飢則求食, 渴則求飲, 動甚思靜, 靜久思動, 皆養身之至要。 然不有飢渴, 何能飲食, 不有勞逸, 何求動靜。 此必有相需而不可廢者。

무릇 기갈은 그로써 생명을 기르는 수단이다. 색욕은 그로써 종족을 잇는 수단이다. 배고프면 음식을 찾고 목마르면 마실 것을 찾으며, 움직임이 심해지면 잠잠함을 생각하고 잠잠함이 길어지면 움직임을 생각하니, 다 양생에 더없이 중요한 것들이다. 만일 배고픔과 목마름이 없다면 어찌 먹고 마실수 있을 것이며, 노동과 휴식이 없다면 어찌 움직임과 잠잠함을 구하겠는가? 이것들은 반드시 서로 필요하므로 없어서는 안 된다.

至於男女之道, 所以爲嗣續, 然因分娩之難, 鞠育之勞, 必有廢然返者, 而引之于大欲之所存, 則有不期然而然[52]者矣。 如其己[53]産, 無養子之心, 可奈何? 或曰, 父母養子, 分也。 然世人多忘分, 即有慈愛以正其分。 使第知分而養, 則如償債然, 雖爲分所宜, 而心多不樂。 今則爲慈愛而養之, 雖勞亦甘心焉。 所以兒之初離胎也, 慈愛發于父母之心, 如乳汁之發于胸懷也。

남녀의 이치에 이르러서는 대를 잇는 위한 수단이지만, 분만의 어려움과 육아의 수고 때문에 반드시 폐하여 거스르는 사람이 있다. 그런데도 그들을 큰 욕망이 있는 곳으로 끌어당기니, 그렇게 되기를 기약하지 않고도 그렇게 됨이 있는 것이다. 만일 그가 이미 출산을 했지만 자식을 기르고자 하는 마음이 없다면 어찌할 것인가? 어떤 이는 "부모가 자식을 기르는 것은 본분이다."라고 한다.

---

52 不期然而然: '예기치 않게 그렇게 되다'는 뜻이다.
53 원문에는 '己'이나 의미상 '已' 의 이체자로 보인다.

하지만 세상 사람들은 본분을 잘 잊어버리니 곧 (조물주가) 자애하는 마음을 두어 그 본분을 바르게 하는 것이다. 만약 다만 본분으로 알아 양육한다면 마치 빚을 갚는 것 같아서, 비록 본분에서 마땅한 바를 행하지만 마음은 크게 즐겁지 않을 것이다. 이제는 자애하는 마음 때문에 그를 양육하니, 비록 힘들어도 기쁜 마음으로 하는 것이다. 그래서 아이가 처음에 태중에서 나오면 부모의 마음에서 자애가 나오는 것은 가슴에서 젖이 나오는 것과 같다.

> 由此推之, 愛善而趨, 疾惡而避, 懼禍而防, 望福而求, 憐他人之苦而救之, 亦出于自然。 如目之好美色, 耳之疾惡聲, 不亦美意乎。

이로 미루어 보건대, 선을 사랑하여 뒤쫓아 가고 악을 미워하여 피하며, 재앙을 두려워하여 방지하고 복을 소망하여 구하며, 다른 사람의 고통을 불쌍히 여겨서 그들을 구원하는 것은 역시 자연스러움[自然]에서 나왔다. 마치 눈이 아름다운 색을 좋아하고 귀가 나쁜 소리를 싫어하는 것과 같으니, 어찌 [조물주의] 아름다운 뜻이 아니겠는가?

> 且人皆好致其知。 卽遠在外國, 高若星辰, 雖不切己, 誰不樂聞其事者。 童子就傅, 勉力攻苦, 多因求知也。 倘人能稽考典籍, 窮究物理, 而作奇技精藝, 非好知者而能若是哉? 此好古敏求[54], 雖孔子亦不敢自恃爲生知也。

또 사람은 모두 지식을 넓히기를 원한다. 즉, 멀리 외국에 있거나 높이 있는 별들처럼 비록 자신에게 절실하지 않은 것들이라도 누가 그것들에 대해 듣고

---

54   好古敏求: 『論語 述而篇』: "我非生以知之者, 好古敏以求知者也."

싶지 않겠는가? 어려서 스승에게 나아가 힘써 학문을 익힘은 다분히 지식을 얻고자 하기 때문이다. 가령 사람이 서적을 자세히 살피고 '사물의 이치'를 깊이 연구하여 기묘한 재주와 정밀한 재주를 나타낼 수 있는 것 같은 것도 지식을 좋아하지[好知] 않는다면 어찌 그처럼 할 수 있겠는가? 이는 옛것을 좋아하고 부지런히 찾아 배우는 것이니, 비록 공자라도 감히 나면서부터 알게 된 것이라 자신하지 않았다.

又論人皆好交, 敬業樂羣[55], 而交道起焉; 建城立國, 類聚羣分, 而酬酢往來之道繁焉。 非然者, 猶惡獸獨處深山, 孤而寡矣。 況人多薄德, 卽有好名之念, 以勉其德, 人之德多自好名而成, 恥爲惡之敗名耳。 人多怠惰, 卽有好勇之氣, 奮往直前, 綱擧目張, 而國治矣。 更有好利之心, 農工商賈, 孜孜不己[56], 而國富矣。

또 사람들이 다 교제하기를 좋아함[好交]을 논해 보면, 학업에 온 힘을 다하고 벗들과 무리 짓기를 좋아하여 교제의 도(道)가 시작되었으며, 성을 쌓고 나라를 세워 같은 부류끼리 모이거나 무리를 나누면서 수작[57]하여 왕래하는 도가 번성하였다. 그렇지 않았으면 마치 흉악한 짐승이 홀로 깊은 산속에 있는 것처럼 외롭고 쓸쓸했을 것이다. 게다가(하물며) 사람은 대부분 덕이 부족해도 곧 명성을 좋아하는[好名] 마음이 있어서 그 [자신의] 덕에 힘쓰니, 사람의 덕은 대부분 명성을 좋아하기 때문에 이루어지고 악을 행해 명성이 실추되는 것을 부끄러워하는 것이다. 사람은 대부분 태만하고 나태하지만 곧 용맹함을 좋아하

---

55 경업락군(敬業樂羣): '학업에 전심전력을 다하는 것'(敬業)과 '벗들과 화목하는 것'(樂羣)을 의미한다.
『예기(禮記) 학기편(學記篇)』: "一年視離經辨志, 三年視敬業樂群, 五年視博習親師."
56 원문에는 '己'이나 의미상 '已'의 이체자로 보인다.
57 수작(酬酢): '손님과 주인이 서로 술을 권한다'는 뜻으로 교제함을 의미한다. 수(酬)는 손님에게 술을 권하는 것이고, 작(酢)은 주인에게 술을 권하는 것이다.

는[好勇] 기운이 있어서 떨쳐 일어나 앞으로 곧게 나아가기를 그물의 벼리를 들면 그물코가 저절로 펴지듯 하니, 나라가 다스려진다. (또한) 더욱 이익을 좋아하는[好利] 마음이 있어서 농공상인의 일을 부지런히 하고 쉬지 않으니, 나라가 부유해진다.

> 人之有是數端也, 苟不能酌乎是非, 則不盡善, 而三慾[58]必縱, 七情[59]必亂, 人之異于禽獸者幾希。 此孟子謂'庶民去之, 君子存之',[60] 良有以也。

사람에게는 이런 몇 가지 실마리들이 있어도 만약 옳고 그름[是非]을 가려 쓸 수 없으면 선을 다할 수 없어서, 세 가지 욕망이 반드시 방종해지고 일곱 가지 정이 반드시 문란해져 사람이 날짐승이나 길짐승과 다른 점이 거의 없게 된다. 이것이 맹자가 "서민은 그것을 버리고, 군자는 그것을 보존하고 있다."라고 말한 것으로, 진실로 이유가 있는 말이다.

> 蓋有是非心, 則貪欲雖重, 而不敢奪人以自私; 親戚雖暱, 而不敢助彼以爲虐; 宵小雖惡, 而不敢挾私以戕害; 官之決囚也, 雖憐之而不敢宥[61]; 卒之臨陣也, 雖畏之而不敢逃。 若名若利若勇, 皆好之而不敢

---

58 여기서 삼욕(三慾)은 앞에서 말한 飢渴과 色慾의 二慾을 三慾이라 잘못 쓴 것일 수도 있다. 1858년본에는 '二欲'으로 되어 있다. 일반적으로 삼욕은 식욕(食慾), 수면욕(睡眠慾), 음욕(淫慾)을 이른다.

59 1858년본에는 '四情'으로 되어 있다. 그렇다면 그것은 앞에서 말한 愛惡・恐懼・期望・惻隱의 네 가지 정을 가리키는 것으로 볼 수 있다. 칠정(七情)은 보통 희・노・애・낙・애・오・욕(喜怒哀樂愛惡欲) 또는 희・노・우・사・비・경・공(喜怒憂思悲驚恐)을 말한다. 불교에서는 희・노・우・구・애・증・욕(喜怒憂懼愛憎欲)을 말한다.

60 庶民去之, 君子存之:『맹자・이루하(離婁下)』: "人之所以異於於獸者幾希, 庶民去之, 君子存之."

61 宥의 이체자이다.

妄求妄逞。三欲七情五好[62]之得治, 其治之者, 乃是非心也。故人心
猶國, 而是非心爲治國之法。聖書所謂"人有神之法, 錄于其心", 此
之意也。

대개 무엇이 옳은지 그른지 따지는 마음[是非心]이 있으면, 탐욕이 비록 심하
여도 감히 다른 사람의 것을 빼앗아 자기 소유로 삼지 않으며, 친척이 비록 친
근하여도 감히 저를 도와 포학한 짓을 저지르지 않으며, 악인이 비록 악하여도
감히 사심을 품고서 해치지 않으며, 관리가 죄수를 판결함에 비록 불쌍하더라
도 감히 용서하지 않으며, 병사가 전쟁에 나감에 비록 두려워도 감히 도망하지
않는다. 명예나 이익이나 용기와 같은 것들을 모두 좋아해도 감히 함부로 구하
거나 함부로 과시하지 않는다. '삼욕(三欲)'과 '칠정(七情)' 그리고 '오호'(五好)
는 다스릴 수 있는데, 그것을 다스리는 것은 바로 무엇이 옳은지 그른지 따지는
마음이다. 그러므로 사람의 마음은 나라와 같아서 무엇이 옳은지 그른지 따지
는 마음이 나라를 다스리는 법이 된다. 성서에서 "사람에게 하나님의 법이 있
으니 그 마음에 기록하였다."[63] 한 것은 이것을 뜻한다.

夫人之有爲, 必有其故。察之儕類之中, 或求飮食, 或圖樂事, 或因
愛惡之端而爲之, 或因知名勇利之美而爲之, 或因非而不爲, 因是而
爲之。

무릇 '사람의 행위'에는 반드시 그 이유가 있다. 우리 무리 중에서 그것을 살
펴보면, 혹은 음식을 찾고, 혹은 즐거운 일을 도모하고, 혹은 사랑과 미움의 단
서로 인하여 행하고, 혹은 지식, 명예, 용기, 이익의 만족 때문에 행하고, 혹은

---

62 앞에서 언급한 것처럼 三欲과 七情 역시 二欲과 四情을 잘못 쓴 것일 수 있다. 오호(五好)
    는 심재에서 언급한 好智, 好交, 好名, 好利, 好勇 이다.
63 로마서 2:15

잘못이라고 하여 행하지 않거나 옳다고 하여 행한다.

人之有是四端也, 所以善其爲也。設無此四端, 人雖具諸靈才, 猶之舟楫, 各器雖備, 無風而不能行。故有靈才以致知, 所以能辨善惡; 有是非心以制事, 所以甘爲善不甘爲惡。更有愛以就善, 惡以遠惡, 懼以免禍, 望以獲福, 豈非神賦性于人, 欲其明理爲善以亨福乎? 然神之創靈魂也, 更妙于其創身體。體之妙, 人得而仿之, 靈之妙, 其可仿乎? 聖書曰, "賦我靈魂之父, 我不當誠服以得永生乎?"

사람에게 이 네 가지 실마리[四端]가 있음은 그로써 그 행위를 선하게 하는 바이다. 만일 이 사단이 없으면, 사람이 비록 모든 영재(靈才)를 갖추고 있다고 해도 배와 노가 각기 준비되었지만 바람이 없어 나아갈 수 없는 것과 같다. 그러므로 영재가 있어 지식을 확장함[64]은 그로써 선과 악을 구별하는 바이요, 무엇이 옳은지 그른지 따지는 마음이 있어 일을 처리함은 그로써 달갑게 선을 행하고 악을 행하기는 달가워하지 않는 바이다. 더욱이 사랑함이 있어 그로써 선에 나아가고, 미워함이 있어 그로써 악을 멀리하며, 두려워함이 있어 그로써 화를 면하고, 기대함이 있어 그로써 복을 받음은 어찌 하나님께서 사람에게 본성을 주셔서 그로 하여금 이치를 밝히 알고 선을 행하여 그로써 복을 누리도록 하심이 아니겠는가? 그런데 하나님께서 영혼을 창조하심은 그가 몸을 창조하신 것보다 더욱 오묘하다. 몸의 오묘함은 사람이 모방할 수 있어도 영의 오묘함을 [어찌] 모방할 수 있겠는가? 성서가 말했다. "내 영혼을 주신 아버지를 내가 마땅히 정성껏 순종하여 영생을 얻어야 하지 않겠는가?"[65]

---

64 치지(致知)는 『대학(大學)』에서 밝힌 '대학의 도'를 실천하는 팔조목 중에 하나로서 그 해석을 놓고 후대에 여러 학파가 생겨났다. 대표적인 것이 주자학파(朱子學派: 程伊川 · 朱熹)와 양명학파(陽明學派: 陸象山 · 王陽明)이다.
65 히브리서 12:9

第五章 以禽獸昆蟲爲證
제5장 금수와 곤충으로 증명하다

禽獸體骨, 與人稍有相仿, 不詳論焉。今卽其大槪形骸, 與良知良能, 食息動靜, 各得其所[66]者, 畧述之。如魚, 水族之物也。有撟鬐如鳥之翼。能吸水, 如人之呼吸, 以養其身然。且能吸氣, 如人之飮水然。腹有氣胞, 使之身輕泅水者, 職是故也。魚之能游固已, 又一種魚, 大不滿尺, 有時飛出水面數百丈之遙而復入。其撟鬐之長, 猶然翼也。是因游之不疾, 苟不能飛, 必被大魚吞噬。此又魚之異者也。

금수의 골격은 사람과 조금 서로 닮은 데가 있으니, 상세히 논하지는 않겠다. 지금은 그 대략적인 형체와 양지, 양능, 먹고 숨 쉬는 것, 동정 등 각기 그 알맞은 자리를 얻은 것에 대해 약술하겠다. 예를 들어 물고기는 물에 사는 동물이다. 지느러미를 흔드는 것은 마치 새에게 날개가 있는 것 같고, 물을 마실 수 있는 것은 마치 사람이 호흡하여 그로써 그 몸을 보양하는 것과 같다. 또한, 공기를 들이쉴 수 있는 것은 마치 사람이 물을 마시는 것과 같다. 배 속에 공기주머니[氣胞]가 있으니, 그것으로 몸을 가볍게 해 물을 헤엄치게 하는 것은 오로지 이 때문이다. 물고기가 헤엄칠 수 있는 것은 본래 그렇지만 또한 어떤 물고기는 크기로는 한 척을 채우지 못하는 것이 이따금 수면 수백 장에 이르는 먼 곳까지 날아갔다 다시 입수한다. 그 긴 지느러미는 마치 날개와 같다. 그 이유는 빠르

---

66 『논어・자한(子罕)』: "子曰: "吾自衛反魯, 然後樂正, 雅頌各得其所.""

게 헤엄치지 못해서 만약 날지 못한다면 반드시 큰 물고기에게 씹어 삼켜질 것이기 때문이다. 이것은 또한 물고기 중 특이한 것이다.

> 鳥, 戾天之物也[67]。生兩翼, 如獸之前足, 骨中空無髓, 肉瘦而羽肥, 其身輕, 故能高飛。若食魚之鳥, 足脛長, 可以涉水不濡, 頭項長, 善于捕捉吞咽。又頭項與足短者, 足指橫連無縫, 易于入水。其有喉外生囊, 可貯魚者, 鷺鷥類也。若鷹隼, 則性喜食肉, 嘴曲垂而爪長, 疾于撈取食物, 眼明善視, 翮健善飛, 捉物屢中。此飛鳥之率其常者。至若南方有駝鳥, 翼短不能飛, 足長而善走如馬, 骨中實髓, 此又鳥之異者也。

새는 하늘을 날아오르는 동물이다. 두 날개가 생겨난 것은 마치 짐승의 앞발과 같은데, 뼛속이 비고 골수가 없으며 살은 야위었고 깃털이 풍성하여 그 몸이 가벼우니 높이 날 수 있다. 물고기를 먹는 새 같은 것은 다리가 길어서 물을 건너도 젖지 않고, 목이 길어 잘 포착하며 삼킬 수 있다. 또한 목과 다리가 짧은 것은 발가락이 가로로 이어져 꿰맨 곳이 없어서 물에 들어가기가 쉽다. 그것 중 목구멍 밖에 주머니가 있어서 물고기를 저장할 수 있는 것은 백로와 같은 종류이다. 매와 부엉이 같은 것은 식성이 고기 먹는 것을 좋아하는 데, 부리가 굽어드리우고 발톱이 길어 먹을 것을 잡아 올리기에 빠르며 눈이 밝고 시야가 좋으며 날개가 튼튼하여 잘 날아 물건을 잡는 데 자주 성공한다. 이것들은 날아다니는 새의 일반적인 모습이다. 남방의 타조와 같은 것에 이르면, 날개는 짧아 날 수 없고, 다리가 길어 말처럼 달리기를 잘하며, 뼛속에 골수가 가득하니, 이것은 또한 새 중에 특이한 것이다.

---

67 戾天, 하늘의 끝에 도착한다. 『시경·대아(大雅)·한록(旱麓)』: "鳶飛戾天, 魚躍于淵。"

獸之食肉者, 爪長善攫物, 牙利而性惡, 目能晝夜明。獸之食草者, 無爪而有蹄, 齒鈍而性善。其食草而有爪者, 或以穴地而避害, 或以升木而覓食。其少異者, 袋鼠腹外贅懸一胞如襁褓, 可居小獸而乳哺。駱駝腹中另生水囊以防渴, 可行沙漠無水之地。象項短不善伸縮, 而頭生一鼻, 大如人身, 動若人手, 取攜甚捷。而中空有管, 吸水可數石, 而返灌于口以自飲。此又獸之各有短長, 而無不與之各足者也。夫魚本能游, 亦有能飛者。鳥本善飛, 亦有善走而不善飛者。獸之食草者無爪, 而食草生爪者亦有之。或變或常, 無不相適, 蓋有故焉。

짐승 중 고기를 먹는 것은 발톱이 길어 먹잇감을 잘 움켜쥐고, 송곳니가 날카롭고 성질이 포악하며, 눈은 밤낮으로 분명하게 볼 수 있다. 짐승 중 풀을 먹는 것은 발톱이 없고 굽이 있으며, 이빨이 무디고 성질이 온순하다. 풀을 먹지만 발톱이 있는 것은 혹 그것으로 땅을 파서 재해를 피하거나 혹 그것으로 나무에 올라 먹이를 찾는다. 조금 특이한 것은 캥거루는 배 밖에 강보(襁褓)같이 주머니[胞]를 여분으로 매달아 새끼를 두어 젖을 먹일 수 있다. [또한] 낙타는 뱃속에 따로 물주머니가 있어 갈증을 막아 사막같이 물이 없는 지역을 걸어갈 수 있다. 코끼리는 목이 짧아 잘 신축하지 못하지만, 머리에 사람 몸만 한 코가 생겨서 사람 손처럼 움직여 잡아 드는 게 매우 민첩하다. 그리고 가운데 빈 관이 있어 물을 빨아들이는 것이 몇 섬이나 가능한데 돌이켜 입에 부어 스스로 마신다. 이것들은 또한 짐승들이 각기 장단점을 지닌 것으로, 그들에게 각기 족한 것을 주시지 않음이 없는 것이다. 대저 물고기는 본래 헤엄을 잘 치지만 또한 날 수 있는 것도 있다. 새는 본래 잘 날 수 있지만, 또한 걷기를 잘하고 잘 날지는 못하는 것도 있다. 짐승 중 풀을 먹는 것은 발톱이 없지만, 풀을 먹으면서도 발톱이 생겨나는 것도 있다. 혹 변이이든 혹 정상적인 것이든 서로 적절하지 않은 것이 없으니 모두 그 마땅한 이유가 있을 따름이다.

大凡飢渴嗜欲, 禽獸皆然, 故能生養以保其類. 其餘良知良能, 亦爲此也. 夫魚有本居洋海, 而逢春則進江口水淡之所, 放生其子, 而返大洋者. 其子曝日脫胞, 自游自食, 不籍其母, 而母魚亦絶不顧恤. 又有鯨魚, 胎生食乳, 母魚慈愛小魚, 不忍舍棄, 或魚兒彼人攫取, 母魚縱躍衛護, 甚至死而後已. 此魚之情, 有不同也.

대체로 기갈과 욕망은 금수가 모두 그러한 것으로, 그러므로 낳고 길러서 그 종족[類]을 보존할 수 있다. 그 나머지 양지와 양능 또한 이를 위한 것이다. 물고기 중에는 본능적으로 해양에 살면서 봄을 맞으면 강 입구의 담수 지역으로 나아가 그 새끼를 낳고 대양으로 돌아가는 것이 있다. 그 새끼가 햇볕을 쬐어 태보[胎胞][68]에서 나오면 스스로 헤엄치고 먹어서 그 어미를 의지하지 않으며 어미 물고기 또한 절대로 불쌍히 여겨 돌보아 주지 않는다. 또한, 고래라는 것이 있으니 태로 새끼를 낳아 젖을 먹이는데, 어미는 새끼를 사랑하여 차마 버리지 못하고, 혹여 새끼가 사람한테 낚여 채일까 봐 재빨리 쫓아가 보호하기를 죽은 이후에나 멈춘다. 이는 물고기의 성정이 서로 같지 않기 때문이다.

鳥將育雛, 必先營巢, 卵旣生, 而鳥覆翼之, 或一月半月. 非覓食則一息不離, 有時牝去牡代. 旣脫卵, 無羽不能飛, 復喙啄以喂, 雖飢而不下咽. 鳥愛其子之情, 誰不見而慕之? 而南方有駝鳥, 不作巢, 而匿卵于沙中, 烘日脫卵, 卽能走能食, 駝母亦置若罔聞. 此鳥之情不同也. 若昆蟲之蠢, 亦各有其智. 如蜂與螻蟻, 能擇取食物, 旨蓄以禦冬. 蛛蜘能結網, 獵蚊蚋以爲食. 蠶旣老, 知作繭以自封. 其智巧不又出尋常哉.

68　태아를 싸고 있는 막과 태반

새가 장차 새끼를 키우려면 반드시 먼저 둥지를 틀며, 알을 낳고 나서 혹 한 달 혹 보름을 날개로 알을 덮어준다. 먹이를 찾는 일이 아니면 잠시도 떠나지 않고, 이따금 암컷이 가면 수컷이 대신한다. 새끼가 이미 알에서 나오고 나서는 깃이 없어 날 수 없으니, 어미가 다시 부리로 먹이면서 [자신은] 비록 굶주려도 [먹이를] 삼키지 않는다. 새가 그 새끼를 사랑하는 정은 누가 보더라도 이를 흠모하지 않겠는가? 그러나 남방에 타조가 있는데 둥지를 짓지 않고 알을 모래 속에 숨겨서 햇볕을 쬐어 알에서 나오게 하니 즉시 걷고 음식을 먹을 수 있다. 어미 타조 또한 버려두고 본체만체한다. 이는 새의 성정이 서로 다르기 때문이다. 곤충같이 어리석은 것에게도 또한 각기 그 지혜가 있다. 예를 들어 벌과 개미는 음식을 가려 취할 수 있고 겨울을 대비해 음식을 저장한다. 거미는 그물을 쳐서 모기를 잡아 먹이로 삼을 수 있다. 누에는 늙으면 고치를 만들어서 자신을 염장(斂藏)할 줄을 안다. 그것들의 지혜와 기교가 또한 범상을 뛰어넘은 것이 아니겠는가?

夫魚類多不愛其子, 而鯨魚愛之。鳥類多顧恤其子, 而駝鳥不恤。他蟲不旨蓄, 不作網, 不自封, 而蜂蟻蛛蠶, 則各爲之。或知或愚, 亦有故焉。此等知慧, 誰使之然? 或謂傳自祖訓者, 非也。嘗取一雛鳥, 錮之空室, 日久亦能作巢育卵, 則天性而非祖訓矣。或以爲思而得之, 豈知卵堅無隙, 目無從窺, 何能深測其理, 而謂有雛之可出哉? 凡此者皆良知良能, 天所賦以爲養生植類之用耳。

어류는 대부분 그 새끼를 사랑하지 않지만, 고래는 새끼를 사랑한다. 조류 대다수는 그 새끼를 불쌍히 여겨 돌보지만, 타조는 돌보지 않는다. 다른 곤충은 음식을 저장하지도 않으며 그물을 치지도 않으며 자신을 염장하지도 않지만, 벌과 개미 그리고 거미와 누에는 각기 이를 행한다. 혹 지혜롭거나 혹 어리석으니 또한 마땅한 이유가 있을 뿐이다. 이런 지혜는 누가 시켜서 그러한 것인가? 혹자는 조상의 가르침에서 전해 온 것이라고 말하는데 잘못이다. 일찍이 새끼 새 한 마리를 잡아 빈방에 가두었는데 세월이 흐른 후 또한 둥지를 트고 알을 품을 수 있었으니, 천성이지 조상의 가르침은 아니다. 혹자는 생각해서 얻은 것이라고 여기는데, 알이 단단해서 틈이 없고 눈으로 들여다볼 수 있는 곳이 없는데 어떻게 알며 어떻게 그 이치를 깊이 헤아릴 수 있어서 새끼가 나올 수 있다고 말하겠는가? 무릇 이것들은 모두 양지, 양능으로, 하늘이 [그들에게] 부여해 생명을 기르고 무리를 번식시키는 용도로 삼게 한 것일 뿐이다.

> 夫鳥獸之聰明, 今不殊於古, 人則不然。鳥本有巢, 人視巢, 則作棟宇, 以蔽風雨。今則危閣高樓, 雕楹刻桷, 華於古矣。鳥獸本有羽毛, 人則衣羽蒙皮以禦寒。今則織棉爲布, 育蠶爲絲, 袞衣繡裳, 麗於古矣。鳥鳴有笙簧之聲, 人因之作樂作歌, 五音六律由此起, 度曲歌風由此繁焉。今夫高者高, 而下者下, 不相越也; 疾者疾, 而徐者徐, 無相强也。人之有足, 僅可行陸, 後乃作舟楫, 航海如魚。作氣毬, 升高如鳥。古來人力亦有限, 被惡獸所噬者類然, 今則熊羆虎豹, 皆懾服于人, 而不敢逞其威。馬牛駝象, 皆馴服于人, 而靡不供其役。

조수(鳥獸)의 총명은 오늘이 옛날과 다르지 않지만, 사람은 그렇지 않다. 새는 본래부터 둥지가 있지만, 사람은 그 둥지를 보고서 집을 지어 비바람을 피했다. 오늘날에는 누각을 아슬아슬하게 높이고 기둥과 서까래에 조각하고 무늬를 아로새기니 옛날보다 화려하다. 조수는 본래부터 깃과 털이 있었지만, 사람은 깃털을 의복 삼고 가죽을 덧입어 추위를 막았다. 오늘날에는 목화를 짜 옷감[布]을 만들고 누에를 길러 비단실을 얻어 예복을 만들고 수를 놓으니 옛날보다 곱다. 새의 울음에는 생황(笙簧)[69]의 소리가 있어 사람이 이로 인해 가락을 만드니, 오음육률(五音六律)[70]이 여기에서 시작되었고, 곡을 만들어 노래하는 것이 여기에서 빈번해졌다. 오늘날에는 높은 것은 높고 낮은 것은 낮아 서로 추월하지 않으며, 빠른 것은 빠르고 느린 것은 느려 서로 강제하지 않는다. 사람에게 발은 단지 육지를 다닐 수 있었지만, 후에 배를 만들어 물고기처럼 항해하였으며, 열기구를 만들어 새처럼 높이 날았다. 옛날부터 사람의 힘에는 또한 한계가 있어 나쁜 짐승에게 잡아먹히는 [연약한] 무리[類]였지만 오늘날에는 곰과 호랑이, 표범 모두가 사람을 두려워해 복종하여 감히 그 위세를 드러내지 않으며, 말과 소, 낙타와 코끼리는 모두 사람에게 길들어 복종하며 그 노역을 다 하지 않음이 없다.

人爲萬物之靈, 其信然耶。 且物各居其所, 而各遂其生, 遷地勿良矣。 人則徧及萬方, 而皆爲樂土, 豈非物役于人乎? 若前章之言三慾與愛惡, 禽獸皆有之, 但爲保身綿其族類。 以是知物以身爲重, 而能殺身成仁之人, 實以靈魂爲貴; 物役于人, 而人役于神; 物事人以身, 而人事神以心。 耶穌有曰, "當盡心, 盡性, 盡力, 盡意, 愛神, 亦當愛人如己。 "

사람은 만물의 영장이니 정말로 그렇다! 또한 동물은 각기 그 마땅한 자리에 거하면서 각기 그 생을 완수하니, 서식지[地]를 옮기면 편안하지 않다. (그러나) 사람은 만방에 두루 미치어 모두 낙토(樂土)로 삼으니 어찌 동물이 사람에게 부림 당하지 않겠는가? 앞 장에서 말한 세 가지 욕망과 사랑과 미움 같은 것은

---

69 아악에 쓰는 관악기
70 옛날 중국 음악의 다섯 가지 음과 여섯 가지 율(律). 곧 궁(宮), 상(商), 각(角), 치(緻), 우(羽)의 다섯 음과 황종(黃鐘), 태주(太簇), 고선(姑洗), 유빈(蕤賓), 이칙(夷則), 무역(無射)의 여섯 율을 이른다.

금수가 모두 가졌지만, 그것들은 다만 몸을 보호하고 그 종족을 잇기 위한 것이다. 이로써 동물은 몸을 소중하게 여기지만 기꺼이 살신성인(殺身成仁)할 수 있는 사람은 실로 영혼을 귀하게 여긴다는 것과 동물은 사람을 위해 일하지만 사람은 하나님을 위해 일한다는 것, 그리고 동물은 몸으로 사람을 섬기지만 사람은 마음으로 하나님을 섬긴다는 것을 알겠다. 예수가 말했다. "마음을 다하고 목숨[性]을 다하고 힘을 다하고 뜻을 다하여 하나님을 사랑하며 또한 네 이웃을 너 자신같이 사랑하라."[71]

---

71 마태복음 22:37, 39

第六章 論萬物皆彰主宰之德
제6장 만물이 모두 주재자의 덕을 드러냄을 논하다

上五章所論各類, 卽其一端, 已可爲有主宰之確證。 況所引多端, 自更無所疑議。 如一索可懸之重器, 而再添數索, 於心更得所安矣。 旣審知有此一位主宰, 猶之中華山東與雲南, 相去甚遠, 而詢其禁令皆同, 則知猶是中華之君主之. 高麗[72]雖近, 而禁令不同, 則知異邦之君主之。 今天下皆出一致, 萬國皆被日月之恩, 沐雨露之膏, 受四時之養。 物類多同, 人雖顏色語言之各異, 不過各因土風, 而究其心, 如合符節。 非一神以權衡之, 而能若是乎? 推之日月星辰之附麗, 憑乎吸氣而衆星自西至東, 日旋年運, 周而復始, 可知星辰亦此一神之所主治也。 如是天下萬國, 與天之衆星, 同一理, 卽同一主宰。

앞의 다섯 장에서 논한 각각 종류들은 곧 그 하나의 단서만으로도 이미 주재자가 있음을 증명할 수 있었다. 게다가 인용한 단서가 많아 자연히 다시 의심하여 논의할 것이 없다. 마치 하나의 밧줄로 매달 수 있는 거중기에 여러 밧줄을 더 보태면 마음에 더욱 편안함을 얻는 것과 같다. 이미 이 한 분의 주재자가 있음을 자세히 아니, 이는 마치 중국 산동성과 운남성이 서로 거리가 매우 멀어도 그 금령이 모두 같음을 살피면 그를 통해 중국의 군주가 주관함을 알며, 고려는 비록 [중국과] 가깝더라도 금령이 다르다면 곧 다른 나라의 군주가 주관함을 아

---

72   高麗: 1858년본에도 '高麗'으로 되어 있으나, 1906년본에는 '日本'으로 고쳐져 있다.

는 것과 같다. 지금 천하는 한 이치에서 나오고, 만국이 모두 해와 달의 은혜를 입고, 흡족한 비와 이슬의 은혜를 입으며 사계절을 통해 길러진다. 사물 종류는 같은 것이 많고, 사람은 비록 얼굴색과 언어는 각기 다르지만 그것은 풍토가 다르기 때문일 뿐이고 그 마음을 연구하면 부절(符節)[73]처럼 서로 들어맞는다. 한 분 하나님께서 그것들을 저울로써 평형을 잡지 않으셨다면 이와 같을 수 있겠는가? 일월성신이 붙어 있는 것에서 추리하면, 인력[吸氣]에 의지하여 뭇별들이 서쪽에서부터 동쪽으로 날마다 움직이고 해마다 운행하여 한 바퀴 돌고 나서는 다시 시작하니, 별들 역시 이 한 분 하나님께서 주재하여 다스리신다는 것을 알 수 있다. 이처럼 천하만국은 하늘의 뭇별들과 함께 한 이치를 같이하니, 곧 한 주재자를 같이한다.

主宰者何? 眞神是也。夫眞神無始, 若曰有始, 則爲他神所生。乃神自有于最先, 則非生而無始。非生則不死, 不死, 則奚有他神繼其後乎? 故此主宰, 莫爲之先, 乃先先而無元; 莫爲之後, 乃後後而妙有。聖書稱之曰爺和華, 自然而有之謂他。[74]

주재자는 누구인가? 참된 하나님[眞神]이 그이시다. 무릇 참된 하나님께서는 시작이 없으시니, 만약 시작이 있다고 한다면 다른 신이 낳은 것이 되고 만다. 곧 하나님께서는 맨 처음에 스스로 계시니, 태어나지도 않으시고 시작도 없다. 태어나지 않으니 죽지 않고 죽지 않으니 어찌하여 다른 신이 그 뒤를 계승하겠는가? 그러므로 이 주재자는 그보다 앞선 것이 없으니 곧 가장 앞선 것으로 근원도 없고, 그보다 뒤에 있는 것이 없으니 곧 가장 뒤에 있는 것으로 신묘하게

---

73 부절(符節) : 돌이나 대나무, 옥 따위로 만든 부신. 옛날에는 사신(使臣)이 가지고 다니던 물건(物件)으로 둘로 갈라 하나는 조정(朝廷)에 두고 하나는 본인(本人)이 가지고 신표로 쓰다가 후일 서로 맞추어 봄으로써 증거(證據)로 삼던 것.
74 출애굽기 3:14

존재한다. 성서는 그를 여호와(爺和華)라고 부르는데, 스스로 그러하여 있는
자라는 의미이다.

或問, "眞神何居?" 曰, "神乃靈也, 與人不同。人獨居一所, 而神無
徃不在。其居天地間, 如魂之附于身。魂不見而常存, 而百體應其號
令; 神不見亦常在, 而萬物憑其生養。觀萬物之經營, 知必有經之營
之之神, 則觀天地之諸質咸備, 各適其用, 亦知其必有創造之主。天
地旣爲所創造, 則未有天地, 不先有神乎? 神旣先於天地, 則天地非
神之軀, 亦非爲己之居所而設也, 明矣。其造天地也, 特爲天下萬人
萬物之寓處耳。所以敬禮天地者, 猶客欲見主, 不入其室, 而僅止于
僕人之舍, 其何乎?"

어떤 이는 묻는다. "참된 하나님께서는 어디에 거하시는가?" 대답한다. "하나
님은 곧 영이시기에 사람과는 같지 않다. 사람은 단지 한 곳에만 거처하지만,
하나님께서는 가는 곳마다 계시지 않은 곳이 없다. 그가 하늘과 땅 사이에 계심
은 마치 혼이 몸에 붙어 있는 것과 같다. 혼은 보이지 않으면서도 항상 있어서
온몸은 그 명령에 응답하며, 하나님도 보이지 않으면서 항상 존재하셔서 만물
이 그에 의지하여 나고 길러진다. 만물의 경영을 관찰하여 그것을 계획하고 다
스리시는 하나님께서 반드시 계심을 안다면, 천지의 모든 바탕이 다 갖추어져
각각의 쓰임새에 알맞음을 관찰하여 또한 창조주가 반드시 계심을 알 수 있다.
천지(天地)가 창조된 것이라면 아직 천지가 있기 전에 하나님께서 먼저 계시지
않겠는가? 하나님께서 이미 천지보다 먼저 계시니, 천지는 하나님의 몸도 아니
며 자기가 거하기 위해 만든 것도 아님이 분명하다. 그가 천지를 만드신 것은
특별히 천하 모든 사람과 만물이 사는 곳으로 삼으셨을 뿐이다. 그런 까닭에 천
지(天地)를 경배하는 것은 마치 손님이 주인을 보고자 하면서도 그 주인의 방

에는 들어가지 않고 단지 하인의 집에만 머무는 것과 같은 것이니, 그렇게 해서
되겠는가?"

或問, "神之能?" 曰, "匠人以器搆室, 必需經久勞苦而成。 若神則
無藉于器, 無有所勞, 煥其大命, 成之俄頃焉。 夫擧百鈞, 爲人所難,
而神則無論天星地球, 甚大甚重, 振攝運動, 疾若轉輪。 人歷經久
之勞而力怯, 而神則運行數千歲而忘其疲。 卽此已可見其無所不能
矣。 "

어떤 이는 묻는다. "하나님의 능력은 무엇인가?" 대답한다. "장인은 도구로
집을 만드는데 반드시 오랜 시간과 노고를 들여야 완성할 수 있다. 하나님께서
는 도구를 빌리지 않으니 노고를 들이지 않아도 그 큰 명령을 내려 일순간에 완
성한다. 무릇 백균(百鈞)의 무게를 들어 올리는 것은 사람에게 어려운 일이지
만, 하나님께서는 하늘의 별들과 지구뿐 아니라 매우 크고 무거운 것조차도 흔
들어 당기어 움직이게 하시는데 바퀴처럼 빠르게 하신다. 사람은 오랜 세월의
노고를 겪으면서 힘이 약해지지만, 하나님께서는 수천 년을 운행해도 고달픔
을 모르신다. 이로써 그의 무소불능하심을 분명히 알 수 있다."

或問, "神之知?" 曰, "人以格物爲知, 而造物則尤知之大也。 星辰
之錯處, 遠近疾徐, 稱乎吸氣[75]。 宇內之呆物, 各適乎生物之用。 有
目, 卽有光以使之視; 有耳, 卽有聲以使之聽; 有口服, 卽有百穀草木
以使之食。 凡物如此相藉而相宜, 創之者之知其大矣哉! 至于人靈,

---

75   吸氣 : 1858년본에도 '吸氣'로 되어 있으나 1906년본에는 '吸力'으로 바뀌어 있다. 引力을
       의미한다.

囿于身內, 因五官以知外接之情形[76]。而神則不然, 地之廣厚也, 而透澈若琉璃; 人有私語也, 而聞之若雷聲; 人有虧心也, 而目之如電烱。"聖書曰, '神賜目于人, 而視以爲不明乎? 賜耳于人, 而聽以爲不聰乎? 賜知慧于人, 而自度以不知乎?'"

어떤 이는 묻는다. "하나님의 지혜는 어떠한가?" 대답한다. "사람은 격물(格物) 즉 만물에 나아감을 지혜로 삼지만, 만물을 창조하심은 더욱 큰 지혜일 것이다. 별들이 뒤섞여 있음에, 그 멀고, 가깝고, 빠르고, 느린 것은 '인력[吸氣]'에 따른 것이다. 온 세계의 보잘것없는 것들도 각각 생물의 용도에 알맞다. 눈은 곧 빛을 보게 하고, 귀는 곧 소리를 듣게 하며, 입은 곧 온갖 곡식과 초목을 먹도록 한다. 모든 사물은 이처럼 서로 의지하고 어우러지니, 창조주의 지혜가 참으로 크도다! 사람의 영혼을 말하자면 몸 안에 갇혀있으면서 오관(五官)을 통해 접하는 외부 세계의 모습[情形]을 안다. 그러나 하나님께서는 그렇지 않으시니, 땅은 넓고 두터워도 유리처럼 맑고 투명하게 보시며, 사람에게 소곤거림이 있어도 천둥같이 들으시며, 사람에게 양심에 (작은) 거리낌이 있어도 번개같이 보신다. 성서가 말하였다. '하나님께서 사람에게 눈을 주셨는데, 보시는 것이 밝지 못하다고 하겠는가? 사람에게 귀를 주셨는데, 들으시는 것이 총명하지 못하다고 하겠는가? 사람에게 지혜를 주셨는데, 스스로는 헤아리심(판단하심)이 무지하겠는가?'"[77]

或問, "神正直乎?" 曰, "察之人心, 卽可知之。人能分別善惡, 而謂神不能乎? 人能愛善, 而謂神不愛之乎? 人能惡惡, 而謂神不惡之乎? 乃人之聰明常誤用, 恩愛有過分, 皆因知之不周。而神之愛惡不

---

76 정형(情形) : 사물의 정세와 형편
77   시편 94:9-19

爽秋毫, 人焉瘦哉? 所謂無所不知者也。人君高居深宮, 不免罪人之逃匿, 而神公行天罰, 無所不在, 人何從而避之哉?"

　어떤 이는 묻는다. "하나님은 정직한가?" 대답한다. "사람의 마음을 관찰하면 즉시 알 수 있다. 사람은 선악을 분별할 수 있는 데, 하나님께서는 불가능하다고 말하겠는가? 사람은 선을 사랑할 수 있는 데, 하나님께서는 사랑하지 않는다고 말하겠는가? 사람은 악을 미워할 수 있는 데, 하나님께서는 미워하지 않는다고 말하겠는가? 그런데 사람의 총명함은 항상 잘못 사용되고, 은혜와 사랑에는 과분함이 있으니, 모두 지혜가 두루 미치지 못한 것 때문이다. 그러나 하나님의 사랑과 미움에는 추호도 어긋남이 없으시니, 사람이 어디에 숨겠는가? 하나님께서는 이른바 알지 못하는 것이 없으신 분이시다. 임금은 높고 깊은 궁궐에 살기에, 죄인들이 도망쳐 숨는 것을 면하지 못한다. 그러나 하나님께서는 천벌을 공정하게 행하시고 계시지 않은 곳이 없으니, 사람이 어디로 가서 그것을 피하겠는가?"

　或問, "神慈悲否?" 曰, "此亦可推人及神, 而信其必然也。 世有善人, 樂天下之樂, 憂天下之憂, 一物失所, 則曰是予之辜, 如慈父母之愛其子然。 神不更愈于善人乎? 試觀宇宙之內, 田野一靈圃也, 而百獸率舞, 衆鳥咸若, 此非神之恩乎? 況萬物供人之用, 人有目, 有美色以奉之: 人有耳, 有正聲以感之; 人有口, 有旨味潤之。其稟性也, 又有孝悌仁義爲無窮之甘旨, 卽貧亦自樂。其乘權[78]若此, 其賦畀若此。神之慈悲, 視人若子, 則人以父事神, 非義之當然者乎?

　어떤 이는 묻는다. "하나님께서는 자비로우신가?" 대답한다. "이것 또한 사람

78　乘權: 1858년본에도 '乘權'으로 되어 있으나, 1906년본에는 '才能'으로 되어 있다.

을 미루어 하나님에게 적용해 볼 때 반드시 그러함을 믿을 수 있다. 세상에 선한 사람이 있으니, 천하의 즐거움을 즐기고 천하의 근심을 근심하며 한 가지 물건이라도 제자리를 잃으면 이것은 곧 나의 허물이라 말하여, 마치 자비로운 부모가 그 자식을 사랑하는 것처럼 한다. 하나님께서는 선한 사람보다도 훨씬 더 낫지 않겠는가? 시험 삼아 세계를 살펴보면, 논밭과 들이 하나의 신령한 동산이어서 여러 짐승이 무리를 이루어 춤을 추고 온갖 새들이 모두 즐거워하니, 이것은 하나님의 은총이 아니겠는가? 하물며 만물은 사람이 사용하도록 제공되었으니, 사람에게 눈이 있음에 아름다운 색으로써 그것을 받들도록 하셨고, 사람에게 귀가 있음에 바른 소리로써 느끼도록 하셨으며, 사람에게 입이 있음에 좋은 맛으로써 젖어 들게 하셨다. 그 품성으로는 또한 효제(孝悌)와 인의(仁義)가 있어 무궁한 맛있는 음식처럼 여기게 하셨으니, 곧 가난해도 스스로 즐거워한다. 그 권세를 이용한 것이 이와 같고, 그 베풀어 주신 것이 이와 같다. 하나님의 자비하심이 사람을 아들처럼 여기시니 사람이 아버지처럼 하나님을 섬기는 것이 당연한 의리가 아니겠는가?

萬物皆證神之德矣。乃上而天如張紙, 日月星宿, 屈金[79]爲書也。下而地如圖畫, 山水花卉, 丹靑作繪也。而人矇昧不見乎? 雷以動, 風以散, 鳥以喧, 而人矓矒不聞乎? 諺云'人爲一小天', 而身靈之爲證極明, 而人尙不悟乎? 是故聖書曰, '自開闢以來, 神爲人所未見。惟其所造之物, 可睹而知。顧彼旣知神, 猶不於神尊之謝之。乃志意虛妄, 頑梗矇昧, 自稱爲智, 適成愚魯。不崇永生神之榮, 反拜速朽世人禽獸昆蟲之像。'"

만물은 모두 하나님의 덕(德)을 증명한다. 곧 위로 하늘은 종이를 펼쳐 놓은

---

79 屈金: 1858년본에는 '泥金'으로 되어 있다.

것 같고, 해와 달과 별들은 그 위에 금박으로 글씨를 쓴 것과 같다. 아래로 땅은 마치 도화(圖畫)와 같고, 산과 물과 꽃과 풀들은 단청으로 그림을 그린 것과 같다. 그러나 사람은 몽매하여 보지 못할 뿐이다! 우레가 요동치고 바람이 흩날리고 새가 우는 데도 사람은 농아인과 소경처럼 듣지 못한다. 속담에 말하기를 '사람은 하나의 작은 하늘이다.'라고 하고, 우리의 몸과 영이 매우 명백하게 증명하는데, 사람이 오히려 깨닫지 못한다! 이런 까닭으로 성경은 말하였다. '개벽 이래 사람은 하나님을 보지 못하였다. 다만 그가 만든 사물을 보고 알 수 있다. 그런데 저들은 이미 하나님을 알지만, 여전히 하나님을 존경하지도 않고 감사하지도 않는다. 곧 생각[志意]이 허망하고 고집스럽고 몽매하여 스스로 지혜롭다고 하지만 마침 미련한 존재가 되었다. 영생하신 하나님의 영광을 높이지 않고, 도리어 빨리 썩어질 세상 사람이나 짐승과 곤충의 형상을 숭배한다.'"[80]

---

80   로마서 1:20-23

中卷
중권

第一章 論天垂教爲人所不可少
제1장 하늘이 베푼 가르침을 사람이 가벼이 여길 수 없음을 논하다

今如有父羈旅他方, 子女室處, 縱家道素封, 無憂衣食, 而言念乃父風霜, 不勝輾轉。 又父有盈餘, 屢遺其子, 爲子者受父之遺, 而罔知父之音耗, 則懸念之懷, 流連不置矣。 今世上之生齒甚繁, 而有天地之廣厦爲廬, 人生之養欲無窮, 而有物類之廣生爲奉, 誰實賜之? 厥惟天父。 世之人豈可飽食煖衣, 忘天父而不求垂訓哉?

지금 만약 어떤 아버지가 다른 지방으로 여행을 가는데 자녀들은 집에 있다고 한다면, 설혹 가계가 넉넉하여 먹고 사는 것을 걱정하지 않더라도 그들의 아버지가 풍상(風霜)에 고생하는 것을 염려하여 몹시 뒤척일 것이다. 또한 아버지가 이익을 남겨 누차 그 아들에게 보내어 아들 된 자가 아버지가 보낸 것을 받는다고 해도 아버지의 소식을 알지 못하면 걱정하는 마음이 그치지 않을 것이다. 지금 세상에 인구가 매우 많아도 천지라는 넓고 큰 집이 있어 거처로 삼고 있으며, 사람들의 욕망을 키우는 것이 끝이 없어도 세상 만물이 널리 생겨 봉양하고 있는데, 누가 실로 이것들을 주신 것인가? 그는 오직 천부(天父)이시다. 세상 사람들은 어찌 배부르게 먹고 따뜻하게 입을 수 있으면서도 (그것을 베푸신) 천부를 잊고 그가 베푸신 가르침을 구하지 않을 수 있겠는가?

或曰，"天若紙而星辰作書紀，地若圖而山川是丹青，前章所說，卽天父垂象爲訓，更欲何求？"曰，"洪濛所錄，名曰古文，古人識之，以知天父，後人歧之，而溺于邪魔。苟非聖敎再顯，以訓而詁，此道終不復明。況書不盡言[81]，卽使卒讀，而微言奧旨，難於周知。譬如父寄物於子也，見其美，卽知父之慈；適於用，卽知父之智：値之貴，卽知父之富，遙而憶焉，不知父其責我家守否耶？其詔我往省耶？抑或父不歸來而我終不能面覯耶？凡此者，皆由未得父命，故不能明知其意耳。夫物各有性有理，皆造物主所命，于此卽可悟其慈悲知能。況天父之生人也，有陰隲其所以然者，不命卽不得而知；身後之事，有默握其權衡者，不敎亦不得而知。天之垂敎，非爲人所不可少乎？"

어떤 이는 말한다. "하늘은 종이와 같아 별들이 책의 기록이 되며, 땅은 그림과 같아 산천이 단청이라는 것을 앞 장[82]에서 말했는데, 이는 곧 천부께서 형상[象]을 드리워 가르침을 삼으신 것이니, 다시 무엇을 구하고자 하는가?" 대답한다. "태초에 우주[83]가 기록한 것을 옛글[古文]이라 명명하는데, 옛사람들은 이를 인식해 천부를 알았으나 후대 사람들은 이에 어긋나 사마(邪魔)에 빠졌다. 진실로 기독교[聖敎]가 다시 나타나 훈고(訓詁)[84]하지 않으면 이 도는 끝내 다시 밝아지지 않을 것이다. 하물며 글은 말을 다하지 못하니, 비록 읽기를 마쳐도 미묘한 말씀과 오묘한 뜻은 두루 알기가 어렵다. 비유하자면 아버지가 아들에게 물건을 보냈는데, (아들이) 그것의 아름다움을 보고서는 곧 아버지의 자비(사랑)를 알았고, 실제로 사용해 보고는 곧 아버지의 지혜를 알았으며, 가치가 귀한 것이었으므로 곧 아버지의 부유함을 알았으면서도, 멀리서 생각하기를, 알지 못하겠노니 아버지는 나에게 집을 지키라고 요구하시는 것일까? (아니면)

---

81 『易‧繫辭上』："書不盡言，言不盡意."
82 곧 上卷 제6장이다.
83 홍몽(洪濛)은 태초의 태공(太空), 우주(宇宙)를 가리킨다.
84 고문의 자구를 해석하는 것을 의미한다.

나에게 나아가서 (아버지를) 뵙도록 명하신 것일까? 아니면 혹 아버지는 돌아오지 않아 내가 끝내 얼굴을 뵐 수가 없을 것인가?라고 하는 것과 같다. 무릇 이것들은 모두 아버지의 명을 얻지 못했기 때문에 그 뜻을 분명하게 알 수 없는 것이다. 대저 사물에는 각기 성(性)과 리(理)가 있는데, 모두 조물주가 명한 것이니, 여기에서 곧 우리는 그의 자비(사랑)와 지혜와 능력을 깨달을 수 있다. 그런데[85] 천부가 사람을 낳으심에 그들을 드러내지 않게 도우신 일이 있지만[86], (천부 자신이 친히) 알려주시지 않으면 알 수 없으며, 사후의 일에 대해서는 그 척도[權衡: 심판의 권한]를 묵묵히 장악하고 있는 것이 있지만, (천부 자신이 친히) 가르쳐 주시지 않으면 또한 알 수 없다. 하늘이 베푸신 가르침을 사람이 가벼이 여길 수 없는 것이 아니겠는가?"

或曰, "是非之心, 人所以別善惡而明去就也, 此非遵天父意乎? 何猥云不知?"曰, "此約言也, 苟詳辨之, 人之所以別善惡者, 其智也; 其所以甘爲善, 而不甘爲惡者, 是非心也。顧是非心雖人所同具, 而行之則有異。如印度人率其女入廟作姦, 爲奉鬼神之法, 是不知事神宜潔, 而反汚之也。又有投其子於恒河, 以爲祭河神之盛儀, 是不知天道好生惡殺, 而以殺之者逆之也。

어떤 이는 말한다. "시비(是非)의 마음은 사람이 그로써 선악을 구별해 거취를 명확하게 하는 바이니, 이것이 천부의 뜻을 따르는 것이 아니겠는가? 어찌함부로 [천부가 가르침을 내려 주시지 않으면 사람이 천부의 뜻을] 모른다고 말

---

85 況 : 1858년본과 1906년본에는 '而'로 되어 있다. 그에 따르면 '그런데, 그러나'로 해석하는 것이 좋겠다. 여기서는 그에 따라 해석하였다.
86 『漢語大詞典』에 의하면 '所以然'에는 '그것'이라는 의미가 있다. 물론 其所以然者는 '그 원인, 이유'라는 의미로도 풀 수 있다. 즉, "천부께서 사람을 낳으심에 은밀히 도우시는 일이 있지만 그 이유를 가르쳐주지 않으시면 우리가 알 수 없다"는 말로 번역하는데 이렇게 하면 아래 구절과 댓구가 잘 이루어지지 않는다.

하는가?" 대답한다. "이것은 대략적인 말로서 만약 이를 상세히 분별하면, 사람이 그로써 선악을 구별하는 바는 그 지혜[智]고, 그로써 기꺼이 선을 행하고 기꺼이 악을 행하지 않는 바가 시비의 마음이다. 그런데 시비의 마음은 비록 사람들이 함께 지녀도 이를 [실제로] 행하는 것에는 차이가 있다. 예를 들어, 인도 사람은 자신의 여자를 거느리고 사원으로 들어가 간음을 하는 것을 귀신을 섬기는 방법으로 삼는데, 이는 신을 섬기는 것이 마땅히 정결해야 함을 알지 못하고 도리어 이를 더럽히는 것이다. 또한 자신의 자식을 항하(恒河: Ganges) 강에 던지는 것을 항하 강의 신에게 제사 드리는 성대한 의식으로 여기는 경우가 있는데, 이는 천도(天道)가 삶을 좋아하고 살생을 미워함을 알지 못하고 도리어 살생으로 이를 거스르는 것이다.

中華當久旱不雨, 屢有人捨身于龍潭, 以望甘霖。 普陀之梵音洞, 屢有人捨生, 以冀成佛。 是不知命稟于天, 壽夭惟其所定, 不能順受其正, 而以自戕者逆命也。 他若割股救親, 自命爲孝子者, 鄕里矜爲難得, 不知身體髮膚, 受之父母, 不敢毀傷[87]。 何反毀身爲孝乎?

중국에서는 오래도록 가물어 비가 오지 않을 때 자주 사람들이 용담(龍潭)에 몸을 던져 단비를 바라는 일이 있었다. 보타(普陀)[88]산의 범음동(梵音洞)[89]에서는 자주 사람들이 생명을 내던져 성불하기를 원하는 일이 있었다. 이것들은 하늘이 명(命)을 내려주셨으며 오래 살고 일찍 죽는 것이 오직 그가 정하신 바임

---

87 『효경(孝經)・개종명의(開宗明義)』: "身體髮膚 受之父母 不敢毀傷 孝之始也."
88 중국 저장성(浙江省), 항저우 만(杭州灣)의 앞바다 주산군도(舟山群島)에 있는 작은 섬으로 관음(觀音)신앙의 영지(靈地). 당대(唐代)에 시작되어 인도의 관음영지인 보타락(補陀落;Potalaka) 명칭을 본뜬 것이다.
89 普陀山에는 푸지사[普濟寺]・파위사[法雨寺]의 양대 사찰을 비롯하여 많은 당우(堂宇)가 있고, 범음동(梵音洞)・조음당(潮音堂)・반타석(盤陀石) 등 관음의 영적(靈跡)으로 알려진 것이 많이 있다.

을 알지 못해, 그 올바름[正命]을 순순히 받아들이지 못하고 스스로를 해침으로써 명을 거역한 것이다. 그 외에 허벅지의 살을 도려내어 부모를 구했다고 스스로 효자로 자부하는 것 같은 경우는 마을에서는 얻기 어려운 것이라 자랑할 것이이지만, 신체발부(身體髮膚)는 부모에게서 받았기에 감히 손상시키지 말아야 할 것을 알지 못한 것이다. 어찌 도리어 신체를 훼손하는 것으로 효를 삼겠는가?

> 中華一男可娶數人, 西藏則長兄娶妻, 與諸弟共之。不知神肇造之初, 止此一男一女, 爲萬世配耦之常經, 過多過少, 兩失其道, 俱非所宜。夫天父生物, 各適其用, 具有自然之理。而人之爲人, 有物有則, 古訓昭然, 何以萬方均不能知, 而二三其德[90]? 亦愚之甚矣。故汚神, 溺子, 舍生, 割股, 過娶, 兼配, 皆拂人道大節。愚至于此, 安得謂良知之各足哉?

중국에선 한 남자가 여러 여자에게 장가들 수 있고, 티베트[西藏]에선 맏형이 아내를 얻으면 동생들과 공유한다. [그런데 이것들은] 태초에 하나님께서 세상을 만드실 때 단지 이 한 남자와 한 여자로 만세에 배필이 되는 마땅한 도리로 삼으셨음을 알지 못한 것으로, 너무 많거나 적게 하는 두 경우 모두 그 도리를 잃어버려 모두 마땅한 바가 아니다. 무릇 천부께서 사물을 낳으심에 각기 그 쓰임에 적합하게 해 자연스러운 이치를 갖추게 했다. 그리고 사람의 사람됨과 사물마다 갖추어진 법칙에 대해서는 옛 가르침이 매우 분명한데, 어째서 온 세상모두가 알지 못하고 이랬다저랬다 하는 것일까? 역시 매우 어리석은 것이다. 그러므로 신을 더럽히거나[汚神], 자식을 익사시키거나[溺子], 생명을 내던지거

---

90 『시경·위풍(衛風)』: "女也不爽, 士貳其行, 士也罔極, 二三其德" 이래저래 자주 바꾸는 것을 이르는 말.

나[舍生], 허벅지 살을 베어내거나[割股], 많이 장가들거나[過娶], 아내를 공유하는[兼配] 것들은 모두 인도(人道)의 큰 예절을 어기는 것이다. 어리석음이 이 지경에 이르렀는데, 어찌 양지(良知)가 각기 족하다고 말할 수 있겠는가?

今天下說身後之禍福, 亦多端矣。中華之三敎, 雖曰合而爲一, 實則水火不投。 釋氏信前生, 儒家不信來生, 道家信今生可壽而不滅。釋氏悟空, 而術在念佛; 道士求長生, 而術在昇煉; 儒者樂現在, 而靈魂與來生, 皆置而不問。此非各相逕庭哉? 人說儒敎爲本, 道敎爲末, 釋敎爲果, 此皆本于不知, 淪于謬妄, 故有此言。

지금 세상에서 사후의 화와 복을 말하는 것 또한 많은 갈래가 있다. 중국의 삼교[儒,佛,道]는 비록 합해서 하나라고 말하지만 실제로는 물과 불처럼 서로 합쳐지지 않는다. 불가는 전생(前生)을 믿으나 유가는 내생(來生)을 믿지 않으며 도가는 금생(今生)에서 장수해 불멸할 수 있음을 믿는다. 불가는 공(空)을 깨달으며 그 방법[術]은 염불(念佛)에 있고, 도가는 장생(長生)을 구하며 그 방법은 승련(昇煉)[91]에 있으며, 유가는 현세를 즐겨 영혼과 내생에 대해서는 모두 내버려두고 묻지 않는다. 이것은 각기 서로 현격한 차이가 있는 것이 아니겠는가? 사람들은 유교가 뿌리[本]이고 도교가 가지[末]이며 불교가 열매[果]라고 말하는데, 이것은 모두 무지에 근본하여 오류에 빠져서 이런 말이 있게 된 것이다.

夫人必以古爲鑑。 古之藝粗而道精, 今之藝精而道晦者, 人之智不足以究道原也。況人心危而道心微[92], 旁門左道, 日出日盛, 而孰是孰

---

91 도가(道家)의 단약(丹藥)을 조제하는 것을 말함.
92 『서경·우서(虞書)·대우모(大禹謨)』: "帝曰, 人心惟危, 道心惟微, 惟精惟一, 允執厥中"

86 • 천도소원 天道溯源

非, 未能明辨, 正道蕩蕩, 誰肯遵循? 若謂天父任人如是, 是猶失敎之子, 寄育之嬰, 莫認父母也. 得毋褻之太甚?

대저 사람들은 반드시 옛날을 거울로 삼아야 한다. 옛날에는 기예가 거칠어도 도가 정미[精]하였고 지금은 기예가 정미하여도 도가 희미한 것은 사람의 지혜가 도의 근원을 궁구하기에 부족하기 때문이다. 하물며 인심(人心)은 위태롭고 도심(道心)은 희미하며, 이단의 학문이 날마다 번성하여 누가 옳으며 누가 그른지를 명확하게 분별할 수 없으니, 바른 도의 광대함을 누가 기꺼이 따를 것인가? 만약 천부께서 사람들을 이처럼 방임하신 것이라고 말한다면, 이는 마치 제대로 가르치지 못한 자녀나 (남에게)맡겨 기른 자녀가 모두 부모를 알아보지 못하는 것과 같다. 업신여김이 너무 심하지 않은 것인가?[93]"

或問, "天不言, 何從顯道于人?" 曰, "假口於人." 曰, "世多僞託之徒, 誰爲可信?" 曰, "未有眞, 焉有僞? 僞者愈多, 勢必察究愈細. 僞者無據, 眞者必有明証也.

어떤 이는 묻는다. "하늘은 말하지 않으시니, 어떻게 사람에게 도가 드러나겠는가?" 대답한다. "사람의 입을 빌린다." 그러면 그는 묻는다. "세상에는 거짓으로 이름을 빌리는 무리가 많으니 누구를 믿을 수 있겠는가?" 대답한다. "참된 것이 있지 않다면 어찌 거짓이 있겠는가? 거짓된 것이 많아질수록 형세[勢] 상 반드시 살펴 궁구함도 더욱 세밀해야 한다. 거짓된 것에는 근거가 없으며 참된 것에는 반드시 확실한 증거가 있다.

---

93   1906년본에는 다음과 같이 되어 있다. "만약 천부께서 끝내 사람들을 방임하셔서(내버려 두셔서) 마치 남에게 맡겨 기른 아이가 부모를 몰라보는 것같이 하고, 마치 가르치기를 실패한 아들이 사정(邪正)을 분변하지 못하는 것같이 한다면 그를 모독하는 것이 너무 심하지 않은가?"

如將來之事, 人未及知, 而天父獨知之, 不啻知所已往。今設有預
言將來之事, 初聞難信, 迨所言者實有應驗之可據, 即知其人爲天亶
之聰, 代天宣化者也。彼世人之所行, 大都尋常事耳。若神妙莫測,
變化從心, 可以常, 可以變, 可以危, 可以安, 能行此者, 即知其人爲
自天佑之, 代天底績者也。

예를 들어 장래의 일 같은 것을 사람들은 아직 알지 못하지만 천부께서는 이를 홀로 아시는 데, 단지 이미 일어난 일을 아는 것 정도에 그치지 않는다. 지금 가령 장래의 일을 예언하는 사람이 있는데 처음 들을 때는 믿기 어려워도 말한 것에 실로 근거할 만한 증거[應驗]가 있는 데에 이르면, 즉 그 사람은 천단(天亶: 제왕의 天性)의 총명으로서 하늘을 대신해 덕화(德化)를 널리 펴는 자임을 알게 된다. 저들 세상 사람들이 행하는 바는 대부분 일상적인 일일 뿐이다. 만약 신묘막측하고 마음대로 변화하여 불변할 수도 있고 변할 수도 있으며 위태로울 수도 있고 안정될 수도 있는, 이렇게 행할 수 있는 자라면 곧 그 사람은 하늘이 돕는 자로서 하늘을 대신해 업적을 이루는 자임을 [우리가] 알게 된다.

夫人君憑符璽以號召天下, 不免奸臣之假冒。乃預言將來之事, 大
顯神技, 衆目昭彰, 初何詐僞? 故聖書本出于東土猶太, 漢時傳之西
方諸國, 西人閱其預言數百年之事, 核之史鑑皆驗, 其所載古人行事,
歷有奇技異能人力所拙[94]者, 而詳稽細察, 皆信而可徵。以是知天父
垂訓, 彰彰寄託于人。爰改祖風而從之, 此乃我西人信道之所以然。
今則傳之中華, 亦深望如我等之崇信也。下文乃詳言之。

대저 임금은 국새(國璽)에 의해 천하를 호령하는데, 간신의 거짓 변조를 면하

---

94   拙 : 1906년본에는 '絀'로 되어 있다. 의미상 큰 변화는 없다.

지 못한다. 그렇지만 장래의 일을 예언하고 신묘한 기예를 크게 드러내는 것은 많은 사람들이 똑똑히 보고 있으니 애초에 어떻게 거짓으로 꾸미겠는가? 그러므로 성서는 본래 동쪽 땅 유대에서 나왔고, 한나라 때에 서방 여러 나라에 전해졌는데, 서양 사람들은 그것이 수백 년의 일을 예언한 것을 보고 역사책과 대조해 보니 모두 증험이 있었으며, 그것이 기록한 옛사람들의 행적들은 모두 기묘한 기예와 특이한 능력이어서 사람의 힘이 미치지 못하는 바가 있었고 상세히 생각하고 세밀하게 살펴보니 모두 믿어 증거로 삼을 수 있었다. (그러므로) 이로써 (성서가) 천부께서 가르침을 베풀어 분명하게 사람들에게 맡기신 것임을 알았다. 이에 조상들의 풍속을 고쳐 이를 따랐으니, 이것이 곧 우리 서양 사람들이 도를 믿은 까닭이다. 이제 이[천도]를 중국에 전하니 또한 우리처럼 숭배하고 믿기를 간절히 바란다. 아래 글에서 상세히 말하겠다.

第二章 以先知之預言爲證
제2장 선지자들의 예언을 증거로 삼는다

> 聖書之要旨, 卽在耶穌以己身代人贖罪爲救。 救人之事, 在中古漢時始出, 而救人之道, 于開闢時已顯。 耶穌未降, 先知之聖賢預言而載于書者爲舊約書。 耶穌旣降, 生平之言行, 使徒詳述而筆于書者爲新約書。 舊約書前定之言, 至新約書作, 較之符合不爽。 此兩書合爲一部聖書, 而天父救人之旨具在焉。

『성서』의 요지는 예수께서 자기 몸으로 인간의 죄를 대속하여 구원하신 데 있다. 인간을 구원하는 일은 고대[中古] 한나라(B.C.220-A.D.202) 때에 비로소 나왔으나, 인간을 구원하는 도는 천지가 개벽할 때 이미 나타났다. 예수께서 아직 강림하지 않으셨을 때 선지자라는 성현들이 예언하여 책에 실어놓은 것이 구약성서이다. 예수께서 강림하신 후 평생의 언행을 사도들이 상세히 적어 책으로 기록한 것이 신약성서이다. 구약성서에 예언된 말이 신약성서가 작성된 데 이르러 [이 둘을] 비교하면 딱 맞아떨어져 오차가 없다. 이 두 책을 합쳐 한 권의 『성서』를 이루니, 천부께서 인간을 구원하려는 뜻이 담겨 있다.

> 聖書言天父于太初造成始祖二人。 性本善, 身亦無病。 且立一禁令以試其心, 守之則生, 犯之卽死。 時有妖魔, 本爲天使, 後因叛天被

罰。雖懷怨而不能加害于天父，惟謀害天父所造之人。故幻形如蛇，甘言媚惑，使始祖違禁曲從。

『성서』는 천부께서 태초에 인간의 시조 두 사람을 지으셨다고 말한다.[95] 그들의 본성[性]은 본래 선하였고, 몸에도 병이 없었다. 또한 금령(禁令) 하나를 세우셔서 그 마음을 시험하셨으니, 지키면 살고 어기면 죽는다고 하셨다.[96] 그때에 요사한 마귀가 있었는데 본래 천사였으나 후일에 천부[天]께 반역해서 벌을 받았다. [그는] 비록 마음에 원망을 품었으나 천부에게 해를 가할 수가 없어 다만 천부께서 지으신 인간을 해하기를 꾀했다. 그러므로 그 모습을 뱀처럼 바꾸어 달콤한 말로 미혹하여, 인간 시조가 금령을 어기고 그릇된 것을 따르게 했다.

而天父至公無私，令出惟行，彼旣犯令，卽降灾罰。所以疾病死亡，自古迄今，傳染不輟，如蛇之流毒然。幸天父慈悲，不忍人之終履危亡，安撫始祖，許後裔必出救主，以身贖罪，俾信從者轉禍爲福，此福音之道所由始也。

천부께서는 매우 공평하시고 사사로움이 없으셔서 명령을 발하시면 반드시 실행하셨으므로, 그들이 금령을 어기자마자 즉시 재앙과 벌을 내리셨다. 그래서 질병과 사망이 그 옛적부터 지금까지 전염되어 그치지 않게 되었으니, 마치 뱀의 독이 전파되는 것과 같았다. 다행히 천부께서는 자비하셔서 인간이 끝내 위기에 처해 망하는 것을 차마 보지 못하시고, 인간의 시조를 위로하사 그 후손에서 반드시 구주가 나와 그의 몸으로써 죄를 대속하도록 허락하셨고, 믿고 따르는 자로 전화위복(轉禍爲福)하게 하셨으니, 이것이 복음의 도가 시작된 유래이다.

---

95   창세기 1:26-31
96   창세기 2:16-17

當時遂作祭禮, 宰犧牲以識不忘。夫牲犧有何功德, 可用以贖人之罪乎? 無非借指將來代人捨命至尊至貴之救主耳。夫人之得罪, 不信爲首。故眞神之命, 惟信者得救。並命歷代聖賢先知, 勉人信望將來之救主。嗚呼, 世人多蹈始祖之首罪, 皆棄眞神, 崇神魔鬼。既而異端蜂起, 邪說橫行, 時至三代, 奉眞神者稀焉。

당시에는 제례(祭禮)를 수행함에 희생(犧牲)을 제물로 바쳐 그로써 잊지 않음을 표시하였다. 무릇 희생되는 제물에 어떤 공덕이 있어 인간의 죄를 속하는 데 쓸 수 있겠는가? 다만 장래에 지극히 존귀하신 구주께서 인간을 대신하여 목숨을 주실 것을 빌어서 지시하는 것일 뿐이다. 무릇 사람이 죄를 얻는 것은 불신으로부터 시작한다. 그러므로 참 하나님께서 오직 믿는 자만이 구원을 얻는다고 명하셨다.[97] 아울러 역대 성현 선지자들에게 명하여 사람들이 장차 오실 구주를 바라고 믿기를 권면하게 하셨다. 오호라, 세상 사람들은 시조가 처음 지은 죄를 답습하여 모두 참 하나님을 버리고 마귀를 신으로 숭배하였다. 얼마 지나지 않아 이단이 벌떼처럼 일어나고 사설(邪說)이 횡행하였고, 때가 삼대(三代)에 이르자 참 하나님을 섬기는 자가 드물었다.

夏季少康之時, 眞神命亞佰拉罕徙伽南之地, 申命其後人必有居玆土而恩浹萬邦者, 非偏愛亞伯拉罕也, 爲擇地傳聖敎, 毓救世主耳。迨功德全而道誼備, 將廣布于天下。故是土多生先知, 預言救世者將出, 幷記何地何時, 生平之行實如何。

하나라 말 소강(少康)[98] 시절에, 참 하나님께서 아브라함에게 명하여 가나안

---

97 마가복음 16:16
98 중국 하(夏)나라의 왕. 少康은 기원전 2053년 전후에 帝를 칭하고 夏朝의 통치를 회복하였다. 소강은 22년을 재위하였다.

땅으로 옮기라고 하시고, 또 명하시기를 반드시 그 후손이 그 땅에 거하여 만방에 은혜를 두루 끼치리라고 하신[99] 것은 아브라함을 편애하신 것이 아니라, 땅을 선택하여 거룩한 가르침을 전하고 구세주를 기르기 위할 뿐이었다. 공덕이 완전해지고 도가 준비되면 장차 천하에 널리 선포될 것이었다. 그런 까닭에 이 땅에서 선지자가 많이 나서 장차 세상을 구원할 자가 나타나리라고 예언했으며, 아울러 그가 언제 어디서 나실지, 평생의 행실이 어떠할지도 기록하였다.

至耶穌旣生, 祥占星見。 東土之博士, 見而奇之, 遂往猶太, 問救世者生于何地。 士子曰, "在伯利恒。 昔先知筆于書曰'伯利恒, 在猶太郡中, 地非狹小, 蓋將有君於是出, 以牧我民焉'[100], 此其驗也。 " 嗚呼, 人初犯禁令之罪, 天父卽降灾殃, 奚啻太陽西墜, 大地無光? 自天父許降救主, 譬如月之初上。 迨先知豫言救主, 詳晰其道, 久而彌顯, 又似夜深月朗。 及耶穌降生, 鴻恩普濟, 依然旭日東昇矣。

예수께서 태어나자 상서로운 별 하나[占星]가 나타났다. 동방박사가 그 별을 보고 기이히 여겨 유대를 찾아가 세상을 구할 자가 어디서 태어났는지 물었다. 학자들이 말하기를, "베들레헴에서 입니다. 옛 선지자들이 책에 기록하기를, '베들레헴아, 너는 유대 고을 중에서 작지 아니하도다. 네게서 한 임금이 나와 내 백성을 다스리리라' 하였던 것이 그 증거입니다."라고 하였다. 오호라, 사람이 애초에 금령을 범하는 죄를 지어 천부께서 즉시 재앙을 내리신 것이, 어찌다만 태양이 서쪽으로 져서 대지에 빛이 사라지는 것 같은 정도에 그치겠는가? (하지만 굳이 그에 비유하자면) 천부께서 구주의 강생을 허락하신 것은 달이 처음 떠오르는 것에 비유할 수 있다. 선지자가 구세주를 예언하고 그 도를 상세

---

99   창세기 17:1-8
100   마태복음 2:1-6

히 설명한 뒤 오랜 시간이 지나 더욱 드러난다고 하는 것은 또한 밤이 깊어지면서 달이 더욱 밝아지는 것과 같다. 또한 예수께서 강생하여 크나큰 은혜로 널리 구제하신 것은 마치 아침 해가 동쪽에서 떠오르는 것과 같다.

或問, "先知預言救主之來, 何以知其不謬?" 曰, "其證有三, 一由猶太人當時徵而信之. 夫猶太之先知, 時人目爲天爵, 口代天言, 身代天行, 豈庸流所得而居? 故其所言, 明天道而前知, 或遲之數年而驗, 或遲之數十年而驗, 甚有遲之數百年而驗者. 或出奇擧, 或行神蹟, 人力所未及. 而彼獨爲之, 其禀命于天, 故能超出愚蒙也. 非然者, 作僞者, 殺無赦. 定律昭然, 詎能漏綱? 夫僞則重刑, 眞則尊爵. 乃當世旣徵而信之, 後世又何疑之有? 可憑孰大于是? 此一證也。

어떤 이는 묻는다. "구세주가 오심을 예언한 선지자의 말이 오류가 아니라는 걸 무엇으로 알 수 있는가?" 대답한다. "그 증거는 세 가지다. 첫째는 당시 유대인들이 그를 검증해 보고 믿은 데 있다. 무릇 유대의 선지자들은 당시 사람들 보기에 하늘이 준 벼슬이고, 입으로는 하늘의 말을 대변하고, 몸으로는 하늘의 일을 대행하였으니, 어찌 평범한 사람들이 그 자리를 차지할 수 있었겠는가? 그러므로 그들이 말하는 바는 하늘의 뜻[天道]을 밝히 알아 앞일을 미리 안 것으로, 혹 몇 년이 지나고 나서 [그 말대로] 이루어지거나, 혹 몇십 년이 지나고 나서 이루어지거나, 심지어 수백 년이 지나고 나서 이루어지기도 했다. 어떤 이는 기이한 행동을 하고, 어떤 이는 신기한 이적을 하기도 했는데, 사람의 능력이 미치지 못하는 것이었다. 그런데 오로지 그들만이 그런 일들을 행한 것은 그들이 하늘의 명을 받았기에 우매한 일반인을 뛰어넘을 수 있었던 것이다. 그렇지 않은 자, 거짓을 행하는 자[거짓 선지자]는 용서 없이 죽임을 당했다. 정해진 율법이 밝히 드러나 있으니, 어떻게 법망을 빠져나갈 수 있었겠는가? 거짓 선지자이면 중형에 처하고 참 선지자이면 존경받는 지위에 올랐다. 곧 당시에 이미 검증해 보고 그를 믿었으니 후세에 또 무슨 의심할 것이 있겠는가? 이보다 더 큰 믿을 만한 증거가 있겠는가? 이것이 첫 번째 증거다.

其二, 凡先知預言各國興衰, 核之史記皆符。 如先知以賽亞預言曰, '猶太人建淫祠, 祀邪神, 所由見棄于眞神, 後必爲虜于巴比倫, 悔過自怨, 迨波斯王名居魯士[101]者興, 始放歸故土。' 百餘年後, 猶太人果與巴比倫戰, 敗而被虜。 又越七十年, 波斯王居魯士果出, 據巴比倫, 猶太人居玆土者, 以以賽亞前言告王, 王喜言之應己也, 遂釋之歸, 並命猶太京都重建聖殿。 (見以賽亞第四十五章及以士喇第一章。)

두 번째 증거는 모든 선지자들이 각국의 흥망성쇠를 예언한 것을 역사의 기록과 대조하면 다 들어맞는다는 것이다. 예를 들면 선지자 이사야가 예언했다. '유대인이 우상의 신당[淫祠]을 세워 거짓 신을 섬겨 그 때문에 하나님께 버림당한 바 되었으니, 후일에 반드시 바빌론에 포로가 되어 잘못을 후회하고 스스로 원망할 것이며, 고레스라는 이름의 페르시아 왕이 흥하기에 이르러 비로소 해방되어 고향 땅으로 돌아오리라.'[102] 백여 년 후, 과연 유대인은 바벨론과 전쟁을 벌였고, 패하여 포로가 되었다.[103] 또 70년이 지나 과연 페르시아왕 고레스가

---

101 아케메네스 왕조 키루스 왕(Cyrus II, B.C. 559~529 재위). 쿠루쉬(Kurush)라고도 불렸다. 주변국들을 점령하며 아케메네스 왕조의 초석을 마련하였으므로 그가 즉위한 기원전 559년부터를 아케네메스 왕조의 시작으로 본다.
102 이사야 44장
103 바빌론 유수(- 幽囚, B.C. 587~538) 기원전 587년 유다 왕국이 멸망하면서 시드기야왕을 비롯한 유대인이 신바빌로니아 제국의 수도 바빌론에 포로로 잡혀간 것을 말하며, 기원전 538년에 신바빌로니아를 정복한 아케메네스 페르시아 제국의 키루스 2세에 의해 풀려날 때까지 약 50년 동안의 기간을 뜻하기도 한다. 히브리어 성경에 따라 유대인이 바빌론으로 추방되었던 다른 사건을 합쳐 말하기도 한다. 기원전 597년에 여호야긴 왕이 폐위되면서 일족이 바빌론으로 끌려간 것과, 기원전 582년경 신바빌로니아가 임명한 예후드 지

나서 바벨론을 점거하였고, 그 땅에 거하는 유대인이 이사야가 전에 했던 말로써 그 왕에게 고하니, 왕은 예언이 자기에게 이루어진 것을 기뻐하며 곧 그들을 석방하여 돌아가게 했고, 아울러 유대 수도에 성전을 중건할 것을 명했다.(이사야 45장과 에스라 1장을 보라.)

又先知但以理居巴比倫時, 夢見兩角綿羊, 立于河岸。 又有獨角山羊, 自西往東, 與綿羊鬪, 勝而辱綿羊于足下。 見山羊折大角, 萌四小角, 又遇神使解曰, '綿羊, 卽波斯國也, 兩角, 卽米杖與波斯合爲一國。 山羊, 希臘之象, 大角, 卽開國之王。 鬪而綿羊被辱, 卽波斯被希臘敗亡之兆。'(見但以理書第八章。) 越二百餘年, 希臘國王亞力山得, 徃征亞世亞大洲, 克其數國, 意欲更伐猶太。 猶太之祭司, 要而逆之, 將但以理預言告諸王, 王悟, 喜而班師, 反免其七年一次之糧。 嗚呼, 但思戰勝而不悟後患, 可慨也夫。 其後亞力山得夭亡, 部屬四將, 分立四國, 卽大角折而四角萌之驗。 今猶太之史畧, 詳其事焉。

또 선지자 다니엘이 바벨론에 거할 때, 꿈에 두 뿔 가진 숫양[綿羊]이 강가에 서 있는 것을 보았다. 그리고 뿔 하나 있는 염소[山羊]도 있었는데, 이것이 서쪽에서부터 동쪽으로 와서 숫양과 싸워 이겨 숫양을 발로 밟았다. 염소의 큰 뿔이 부러지고 네 개의 작은 뿔이 솟아나는 것을 보는데 하나님의 사자가 나타나 해석하며 말하였다. '숫양은 페르시아이며 두 뿔은 즉 메대와 페르시아가 연합하여 한 나라가 됨이다. 염소는 헬라를 상징하며 큰 뿔은 초대 왕이다. 이 둘이 싸워 숫양이 욕을 당한 것은 페르시아가 헬라에 의해 패망한 것을 미리 보여준

방 총독인 게달랴이어 암살 이후 바빌론으로 잡혀간 사건을 포함하여 3차에 걸친 추방이 있었다. 이 경우 기원전 587년에 바빌론으로 추방된 시점부터 첫 귀환이 일어난 538년까지 약 50년이 된다.

다.'(다니엘서 8장을 보라.) 이 백여 년이 지나 헬라 왕 알렉산더가 아시아대륙을 정벌하고 그곳 여러 나라에서 승전하자 유대도 정벌하기를 원했다. 유대의 제사장이 그를 영접하면서 다니엘의 예언을 고하니, 왕이 깨닫고 기꺼이 회군하였고, 오히려 7년에 한 번 내는 세금을 면제해 주었다.[104] 오호, 전쟁에서 승리하기만을 생각하고 후환을 깨닫지 못했으니 슬퍼할 일이다. 그 후 알렉산더가 요절하고 그 휘하의 네 장군이 나라를 넷으로 나누어 세웠으니, 큰 뿔이 갈라져 작은 뿔 네 개가 돋아난다는 예언이 이루어진 것이다. 오늘날 유대의 사략에 그(때의) 일이 상세하게 기록되어 있다.

又巴比倫國王, 夢見一偶像, 黃金爲首, 白銀爲胸, 銅作兩腿, 鐵作兩脛, 和泥與鐵爲兩足。 卽有石自山而墜, 擊偶像之足, 碎其金銀銅鐵。 而石化成大山, 天下共仰。 但以理爲王解之曰, '此偶像, 乃四國共興之兆, 至季世, 天將有永興不滅之國, 屹然而起。'(詳但以理書第四章。) 按史傳所載, 巴比倫乃繁盛之地, 如黃金然。 波斯有戰勝之能, 勢雖益强, 而富則亞于黃金, 有如白銀。 希臘克波斯, 雖不華美, 而亦稱强大, 如銅之有堅質然。 厥後希臘服于羅馬, 論羅馬之初, 頗稱强盛, 剛比于鐵。

또 바벨론 국왕이 꿈에서 우상 하나를 보았는데, 그 머리는 황금으로 되었고 가슴은 백은(白銀), 양쪽 허벅지는 동(銅), 양쪽 정강이는 철, 양발은 진흙과 철이 섞여 있었다. 곧 돌이 산에서 떨어져 우상의 발을 부수고, 금·은·동·철로 된 우상을 부수었다. 그리고 돌은 큰 산이 되니 천하가 모두 그를 우러러 보았다. 다니엘이 왕을 위해 그 꿈을 해석하여 말했다. '이 우상은 네 나라가 함께 일어날 조짐이며, 말세에 이르러 하늘이 장차 영원히 흥할 불멸지국을 홀연히

---

104   요세푸스의 유대 고대사 기록 참고.

일으킬 것입니다.' (다니엘서 4장에 상세하다.) 역사에 기록된 바에 의하면, 바벨론은 번성하는 땅이며 황금과 같다. 페르시아는 전쟁에서 승리하는 능력이 있어 비록 세력이 날로 강해지지만, 부유함에 있어서는 황금[바벨론]보다 덜하니 백은과 같다. 헬라는 페르시아를 이겼으며, 비록 화려하지는 않지만 또한 강대국이라 불렸으니, 동(銅)이 견고한 성질을 가진 것과 같다. 그 후 헬라는 로마에 정복당하니, 로마의 시작을 논하자면 매우 강성하여 그 강함을 철에 비할 수 있다.

> 逮後分爭, 弱比于泥。稽其時當後漢, 正値耶穌降而天敎立。四國雖欲捕害敎會, 反遭滅亡。而永久不滅之天國, 有興無頹, 卽石化爲大山, 天下共仰之驗也。聖書中先知預言, 不能枚擧。玆錄其數端, 已足見先知之確有可信矣。

훗날에 나뉘어 전쟁을 하므로 약해진 것을 진흙에 비할 수 있다. 그때를 헤아리면 후한(後漢)에 해당되며 바로 예수께서 강림하셔서 기독교[天敎]가 세워진 때이다. 비록 네 나라가 교회를 사로잡아 해하려 했지만, 오히려 멸망당했다. 그러나 영원히 사라지지 않는 천국은 흥하기는 해도 무너지지 않을 것이니, 즉 돌이 큰 산을 이루어 천하가 모두 그것을 우러러 본다는 예언이 이루어진 것이다. 성서에 있는 선지자의 예언을 낱낱이 살펴볼 수는 없다. 여기 몇 가지 단서를 기록하였으니 선지자들이 확실히 믿을 만하다는 것을 이미 알기에 충분하다.

> 其三, 舊約書預言耶穌之事, 核之新約書皆符。夫歷代先知, 預言將來之救主, 最爲詳備。米加預言耶穌降生之地曰, '猶太地伯利恒乎, 在猶太郡中, 爾非最小者, 蓋將有君於爾是出, 以牧我以色列民

矣。'後耶穌果生於伯利恒。以賽亞預言其生曰，'處女將懷孕生子，稱之以馬內利，譯即神偕我也。'又預言其死曰，'爲我愆尤，其受損傷，因其譴撻，我得淸爽。其與惡者共死，其與富者偕葬。'後童女馬利亞，果感聖靈而生耶穌，耶穌卒與二盜共釘十字架，假富人約瑟之墓而葬。

세 번째 증거는 구약성서의 예수에 대한 예언을 신약성서와 대조해 보면 다 들어맞는다는 것이다. 무릇 역대 선지자들이 장차 오실 구주를 예언한 것이 가장 상세히 갖추어졌다. 미가는 예수의 강생하실 곳을 예언하여 말했다. '유대 땅 베들레헴이여 너는 유대의 고을 중에서 가장 작은 자가 아닌가, 장차 너에게서 왕이 나와 우리 이스라엘 백성을 다스리리라.'[105] 훗날 과연 예수가 베들레헴에서 태어났다. 이사야는 그의 탄생을 예언하여 말했다. '처녀가 임신하여 아이를 낳아 임마누엘이라 하리니, 번역하면 하나님이 우리와 함께하심이라는 뜻이다.'[106] 또한 그의 죽음을 예언하였다. '우리의 허물로 인하여 그가 손상을 입으리니, 그의 고난으로 인해 우리가 깨끗함을 얻으리라. 그가 악한 자들과 더불어 죽고, 부자와 더불어 장사되리라.'[107] 후에 동정녀 마리아가 과연 성령에 감동하여 예수를 낳았고, 예수는 끝내 두 명의 강도와 함께 십자가에 못 박혔고 부자 요셉의 묘를 빌려 장사되었다.

---

105 미가 5:2
106 이사야 7:14
107 이사야 53:5-9

但以理預言其死期曰,'自重修耶路撒冷城越四百三十四年,基督將被殺, 然非爲己之罪而死, 厥後異邦之君將剿滅京城與聖殿矣。'後耶穌被釘, 回計重修耶路撒冷時, 果四百三十四年。摩西曰,'主爾之神, 將于爾兄弟中, 挺生先知若我, 其所語爾者, 必聽之。'大闢曰,'其將爲祭司, 永世靡旣。'又曰,'其將爲王, 萬國來歸。'後耶穌代天宣道行敎, 是身爲先知也; 代人獻躬贖罪, 是身爲祭司也; 以眞道振興諸國, 是身爲諸王之王也。新約書具在, 不有彰彰可考者哉?"

다니엘은 예수의 죽을 시기를 예언하였다. '예루살렘 성을 중수한 지 사백삼십사 년 후에 그리스도가 죽임당할 것이나 자기 죄로 인해 죽는 것이 아닐 것이요, 이후 이방의 왕이 예루살렘 성과 성전을 전부 무너뜨릴 것이다.'[108] 그 후 예수가 십자가에 못 박혔는데, 거슬러 헤아리면 예루살렘을 중수한 때로부터 과연 사백삼십사 년이었다. 모세는 말하였다. '주 너희의 하나님이 장차 너희 형제 가운데서 나와 같은 선지자를 일으키시리니, 그가 너희에게 하시는 말씀을 너희는 반드시 들으라.'[109] 다윗은 말하였다. '그가 장차 제사장이 되어 영원히 그침이 없을 것이다.'[110] 또 말하였다. '그가 장차 왕이 되어 만국이 [그에게로] 돌아갈 것이다.'[111] 이후 예수가 하늘을 대신하여 도를 베풀고 가르침를 행하였으니, 이는 그 자신이 선지자가 된 것이며, 사람을 대신하여 몸을 바쳐 죄를 속하였으니, 이는 그 자신이 제사장이 된 것이고[112], 참 도로써 모든 나라를 흥하게 하였으니, 이는 그 자신이 모든 왕의 왕이 된 것이다. 신약 성서에 모두 기록되어 있으니 분명하게 살펴볼 수 있는 것이 아닌가?"

---

108   다니엘 9:25-26
109   신명기 18:15
110   시편 110:4
111   시편 22:28
112   시편 110편, 히브리서 6장

或曰, "預言可信, 其證有三, 予旣聞命. 但此預言, 安必非耶穌門徒之所僞造乎?" 曰, "舊約書乃猶太律例之書, 在耶穌數百年前所錄, 僞造之說, 何由來乎?" 或問, "猶太人何爲不信?" 曰, "耶穌不預言之乎? 路加傳二十章, 耶穌設譬曰, '有人栽葡萄園, 租與農夫而往異地久之. 及期, 遣僕就農夫, 令輸園中當納之果. 農夫扑之而反, 復遣他僕, 又被扑而反. 三遣僕, 彼竟傷而逐之.

어떤 사람은 말한다. "예언을 믿을 수 있는 증거가 세 가지 있다는 것은 나도 이제 잘 알겠다. 다만 그 예언이 어찌 반드시 예수의 제자들이 꾸며낸 말이 아니라 하겠는가?" 대답한다. "구약성서는 곧 유대인들의 율법서로서, 예수가 강생하기 수백 년 전에 기록된 것이니, 거짓으로 만든 말이 어찌 있을 수 있겠는가?" 어떤 사람은 묻는다. "유대인들은 [이미 구약성서를 가졌으면서도] 어째서 [예수를] 믿지 않는가?" 대답한다. "예수께서 그럴 것이라고 예언하지 않았는가? 누가복음 20장에서 예수께서 비유로 말씀하셨다. '포도원을 만든 사람이 있었는데 농부들에게 세를 주고 먼 땅으로 떠난 지가 오래되었다. 때가 이르러 종을 농부들에게 보내어 과수원의 소출을 내게 했다. 농부들이 그 보낸 종을 때려서 돌려보내니, 또 다른 종을 보냈으나 다시 그를 때렸다. 세 번째 종을 보내니 결국 상하게 하여 쫓아냈다.

園主曰, "我將奈何? 不如遣我愛子. 庶幾彼見而敬之乎?" 農夫見其子, 竊議曰, "此其嗣子, 可來殺之, 則業歸我矣." 遂逐于園外而殺之. 園主將何以處此? 必至而滅此農夫, 以園託他人矣.' 葡萄園者, 眞道也; 農夫, 猶太人也; 所遣之僕, 列代之先知也; 園主, 眞神也; 愛子, 耶穌也; 傷僕殺子, 猶太人殘害先知, 釘死耶穌也; 滅此農夫託園于他人, 神滅猶太國而傳道于異邦人也.

포도원 주인이 말하기를, "내가 어찌할까, 내 사랑하는 아들을 보내는 것이
낫겠다. 그가 내 아들을 보고 공경하지 않겠는가?" 하였다. 농부들이 그 아들을
보고 의론하여 말하기를, "이는 포도원 주인의 상속자이니 그를 죽이면 포도원
이 내 몫이 될 것이다."라고 하였다. 마침내 그를 포도원 밖으로 내쫓아 죽였다.
포도원 주인이 이들을 어찌하겠는가? 반드시 그 농부를 찾아가 죽이고, 포도원
을 다른 사람에게 맡길 것이다.' 이 말씀에서 포도원은 참 도를 가리킨다. 농부
는 유대인이고, 주인이 보낸 종은 역대 선지자들이다. 포도원 주인은 하나님이
고, 그가 사랑하는 아들은 예수다. 종을 다치게 만들고 아들을 죽인 것은, 유대
인들이 선지자를 살해하고 예수를 십자가에 못 박아 죽게 만든 것이다. 그 농부
를 멸하고 다른 사람에게 포도원을 맡기는 것은, 하나님께서 유대국을 멸하시
고 이방인에게 도를 전하신 것이다.

蓋猶太人私望耶穌爲世上之王, 興隆本國。後見其志在宣道, 不在
勢位, 卽惡而殺之, 堅不信從。不知耶穌爲諸王之王, 乃萬國信從其
道之王, 不似世上之王, 徒以勢位言也。是亦猶太人之大誤矣。『聖
書』多預言耶穌之事, 故耶穌謂門徒曰, '摩西例, 先知書, 及詩編所
載, 指我者必皆應焉。' 又謂猶太人曰, '爾探索諸經, 思其中有永生,
然經爲我證也。'

대개 유대인들은 사사로이 예수가 세상의 왕이 되어 자신들의 나라를 일으키
기를 바랐다. 후에 예수의 뜻이 도를 전파하는 데 있지 세상의 지위에 있지 않
은 것을 보고 그를 미워하여 죽이고, 완강히 믿지도 따르지도 않았다. 예수께서
만왕의 왕 되심은 곧 만국이 그 도를 믿고 따르는 왕이며, 세상의 왕이 다만 권
력과 지위로서 말한 것과는 같지 않은 줄은 몰랐다. 이것은 확실히 유대인의 큰
착오였다. 『성서』에서는 예수의 일을 많이 예언하였으므로, 예수께서 제자들에

게 말씀하셨다. '모세의 율례와 선지서, 시편에 기록한바 나를 가리킨 말씀들이 모두 반드시 응하리라.'[113] 또 유대인에게 말씀하셨다. '너희가 성경을 찾아보며 그 가운데 영생이 있는 줄로 생각하지만, 이 성경이 나를 증언하는 것이다.' "[114]

---

113   누가복음 24:44
114   요한복음 5:39

第三章 以異能爲證
제3장 이적을 증거로 삼는다

耶穌之顯諸異能, 非令人驚異也, 欲使天下人, 明知我之能救世耳。所以明瞽目, 開聾耳, 全跛足, 愈錮疾, 甦死人, 其異能不可悉數。是則人身有疾, 尚且治之, 而謂人心有罪, 耶穌能不赦之乎?

예수가 여러 이적[異能:특이한 능력]을 나타내신 것은 사람을 놀라게 하려는 게 아니라 천하 사람들에게 자신이 세상을 구할 수 있음을 분명히 알도록 하려는 것이었다. 그래서 소경을 눈뜨게 하고, 농아인을 듣게 하고, 저는 자를 온전케 하고, 고질병을 고치고, 죽은 사람을 되살아나게 하는 등 그 이적을 일일이 열거할 수 없다. 이것은 곧 사람의 몸에 질병이 있어도 오히려 또한 고치신 것이니, 사람의 마음에 죄가 있다고 한들 예수가 그것을 용서할 수 없다고 하겠는가?

耶穌傳教時, 有數千人隨而聽道, 無暇買糧, 耶穌僅以七餅分食之而各足, 尚有餘屑。可知口腹之需, 其恩出于耶穌。彼播種于田而五穀豊證, 亦惟耶穌是主, 既能賜我以養生之糧, 不能救我死後之靈魂于永活乎? 夫世人涉水則濡, 而耶穌履海, 如行陸地, 顯然可證宇宙山海之主。有稅吏取耶穌之稅, 耶穌命門徒釣魚, 取魚口所含之金,以與稅吏。夫帝子有何輸稅? 示民守法, 有微意焉。魚口含金, 亦鱗族貢獻于帝子也。

예수께서 가르침을 전할 때에 수천 명이 따르며 가르침을 들었는데 음식을 살 여유가 없자, 예수가 겨우 떡 7개를 나눠서 그들을 먹였는데도 각자에게 충분하였고 오히려 떡 부스러기가 남았다.[115] (그를 통해) 먹을 음식을 공급하는 은혜가 예수에게서 나옴을 알 수 있다. 저들이 논밭에 씨를 뿌리지만 오곡의 풍성함은 또한 오직 예수가 주인이신 것이며, 이미 우리에게 몸을 보양할 양식을 주실 수 있으셨으니 우리가 죽은 후에도 영혼이 영원히 살도록 구원하실 수 없겠는가? 세상 사람들은 물을 건너면 빠져 들지만 예수는 바다를 밟기를 마치 땅을 걷는 것 같이 하셨으니, [그가] 우주와 천지[山海]의 주인임을 분명하게 증명할 수 있다. 어떤 세리가 예수에게 세금을 거두려 하자 예수가 제자에게 명령하기를 물고기를 낚아서 물고기 입에 물고 있는 돈을 취해서 세리에게 주라 했다.[116] 하나님의 아들이 어찌 세금을 납부할 수 있겠는가? 백성들에게 율법을 준수하는 것을 보이려는 숨은 뜻이 있었던 것이다. 물고기가 입에 돈을 물고 있었던 것은 어류 또한 하나님의 아들에게 공물을 바친 것이다.

至如耶穌臨終, 愁雲掩蔽, 日暗無光, 天昏地震, 氣象愁慘。非造物主身受痛楚, 而天地萬物共悲者乎? 有售貨于聖殿者, 耶穌迫而逐之, 人問其故。耶穌曰, "爾毀此殿, 三日我必復建。"後耶穌死, 三日復甦, 是明證其身爲眞神所居之聖殿也。或疑之曰, "怪, 孔氏所不語。耶穌之所爲, 似近于怪。"曰, "新奇之事, 人爲之則怪, 耶穌爲之, 實非怪也, 乃神跡耳。"

115　마태복음 15:32-38; 마가복음 8:1-10
116　마태복음 17:24-27

예수께서 임종할 때가 되자, 어두운 구름이 드리워지고 해는 깜깜해져 빛을 잃었고 하늘이 흐려지고 땅이 흔들리며 날씨는 을씨년스럽고 구슬펐다. 조물주의 몸이 고통을 당하자 천지 만물이 함께 비통해한 것이 아니겠는가? 성전에서 물건을 파는 자들이 있어 예수가 그들을 다그쳐 쫓아내자, 사람들이 그 이유를 물었다. 예수가 말씀하셨다. "너희가 이 성전을 헐라. 사흘 안에 내가 반드시 다시 지으리라."[117] 후에 예수가 죽고 삼일 만에 부활하였으니, 이것은 그의 몸이 참 하나님께서 거하시는 성전임을 명백하게 증명하신 것이다. 어떤 이가 의심하며 말한다. "괴이한 것을 공자는 말하지 않았다.[118] 예수가 행한 일은 괴이한 것에 가까운 듯하다." 대답한다. "신기한 일은 사람이 행하면 괴이하지만, 예수가 행하면 실로 괴이한 것이 아니라 신묘한 기적이다."

溯三代時, 異端已創, 愚者以山川風雨, 各有所主之神; 智者以萬物皆本天地之氣化, 不信更有主此之神。惟時舊約書已降, 以非常之事爲民證, 民始知有至尊無上永生不滅之主。

중국 고대의 삼대(三代) 시대로 거슬러 올라가 보면 이단이 이미 생겨나서, 어리석은 자들은 산과 하천과 바람과 비에 각각 주재하는 신이 있다고 여겼고, 지혜로운 자들은 만물은 모두가 본래 천지의 기(氣)가 변한 것이라 여겨 다시 이런 것을 주재하는 신이 있음을 믿지 않았다. 오직 그때 구약성서가 이미 계시가 되었고 비상한 일들이 백성들에게 증거가 되었으므로, 백성들이 비로소 지존 무상(至尊無上)하시고 영생불멸하신 주인이 계신 줄 알게 되었다.

---

117   요한복음 2:19
118   『論語・述而』: "子不語怪力亂神."

至漢時, 新約書復降, 以神異之功爲民證, 民始知神子已降于世。
雖或者謂神子降世, 事屬罕聞, 難以確信。不知, 天父旣生兆民矣, 而
謂降神子于世, 有所不能乎? 能生人而予之以目, 不能使瞽者明乎?
能予之以耳, 不能使聾者聰乎? 旣能降生于世, 不能死而復生乎?

한나라 때에 이르러 '신약성서'가 거듭 계시가 되었고 하나님의 기이한 일이
백성들에게 증거가 되었으므로 백성들이 마침내 하나님의 아들이 세상에 이미
내려온 줄 알게 되었다. 비록 어떤 이가 하나님의 아들이 세상에 내려왔다고 말
해도, 그 일은 좀처럼 들을 수 없었던 일이라 믿을 수가 없었다. (이는) 알지 못
한 것으로 곧, 천부께서 이미 만백성을 낳으셨는데, 세상에 하나님의 아들을 보
내시는 것은 불가능하다고 하겠는가? 사람을 낳고 그에게 눈을 주실 수 있었는
데, 눈먼 자를 밝게 할 수 없겠는가? 그에게 귀를 주실 수 있었는데, 귀먹은 자
를 듣게 할 수 없겠는가? 이미 세상에 내려오셨는데, 죽고 다시 살아나실 수 없
겠는가? 하는 것을 알지 못한 것이다.

今世人未之確信, 因未目覩之耳。昔西人訴暹羅國王曰, "吾邦之
水, 有時如石。"王異之曰, "水本濡軟之物, 不任砂礫, 西人謂此水
能堅凝如石, 人行其上, 不致陷沒, 據我意見, 確不可信。"不知暹羅
之地, 正當赤道, 天氣酷暑, 水不凝冰, 與西北嚴寒之地不同。使遣誠
慤之臣往觀, 必深信而不疑矣。

오늘날 세상 사람들이 확신하지 못하는 것은 눈으로 그것을 보지 못했기 때
문이다. 옛날에 서양 사람이 시암[119] 국왕에게 말하였다. "우리나라의 물은 돌처
럼 단단해질 때가 있습니다." 왕이 이상히 여겨서 말하였다. "물은 본래 부드럽

---

119 원문의 暹羅는 태국(Thailand)의 예전 이름인 시암(Siam)의 음역어이다.

고 약한 물질이라 모래와 자갈을 감당하지 못하는데, 서양 사람이 말하기를 이물은 돌과 같이 단단하게 응결될 수 있어서 사람이 그 위를 걸어도 빠지지 않는다니 내 생각에는 결코 믿을 수 없다." [이것은] 시암 지역은 바로 적도에 해당하며 날씨가 매우 더워서 물이 얼지 않고 서북의 매우 추운 지역과는 다르다는 것을 알지 못한 것이다. 만약 성실한 신하를 파견하여 가서 보게 하였다면, 반드시 깊게 믿고 의심하지 않았을 것이다.

> 西方諸國, 近來作捷報之法。 機器一發, 瞬息千里, 以此告諸華人, 信者幾希。設有聰哲之人往視, 至歸而以實證, 復何疑乎? 以是知尋常之事, 由人習見而然; 非常未見之事, 令有聰明誠實者, 往觀爲證, 卽耳聞之人, 奚啻目覩, 不確有可信哉?

서양 여러 나라들이 근래에 빠르게 소식[捷報]을 전하는 방법[120]을 만들었다. 기계가 한번 발신(發信)하면 눈 깜작할 사이에 천리를 가는데 이것을 중국 사람들에게 말하면 믿는 자가 극히 드물었다. 만약 현명한 자가 있어 가서 보고 돌아와서 그 사실을 증거하면 다시 어찌 의심하겠는가? 이로써 알겠으니, 평범한 일상적인 일들은 사람들이 늘 보기 때문에 그러한 것이고, 일상적이지 않아 보지 못한 일들은 총명하고 진실한 자로 하여금 가서 보고 [돌아와] 증거하게 하면 곧 그것을 귀로 듣는 사람이 어찌 단지 눈으로 본 것과 같이 확실히 믿을 수 없겠는가?

---

120 청나라 함풍제(咸豐帝, 1850-1861) 시절에는 전보(電報)가 없었다.

今考舊約書所載奇蹟, 以色列三百萬餘民, 共睹而共信之, 何異常之有? 以色列民爲奴于埃及時, 習土風, 溺于邪, 天父乃降災于埃及, 使其王驚懼以釋斯民。又開紅海之水, 中流爲岸, 以濟斯民。民居曠野四十餘年, 不得耕耨, 天又雨糧以食之。既而之迦南境, 又如前開約但河以渡之。民雖愚頑, 既目覩天父之恩威, 而欲不服敎畏神, 咸歸于正也, 得乎? 或疑此爲捏詞僞撰, 殊不思民爲奴于埃及也, 先降災以救之, 其阻于紅海也, 更顯奇以濟之, 其餓于野也, 又賜糧以養之, 此皆斯民身受之恩, 摩西筆之于書, 使民不忘, 苟有虛詞, 猶太之民, 必先棄之。今信服摩西, 一如神明, 非畏天之威, 知其爲天遣之人, 而能若是哉?

이제 구약 성서에 기록된 기적을 살펴보면, 이스라엘의 삼백여만 백성들이 함께 보고 함께 믿은 것이니 어찌 이상함이 있겠는가? 이스라엘 백성이 이집트[121]에 노예가 되었을 때 그곳의 풍습을 배워서 사악함에 빠지자, 천부께서 이집트에 재앙을 내리시어 이집트 왕이 놀라고 두려워 이스라엘 백성을 풀어주게 하였다. 또 홍해 바닷물을 가르고 물을 나누어 (좌우에) 절벽[岸]으로 만들어 백성을 건너가게 하였다. 이스라엘 백성이 사십여 년을 광야에 머물러 농사를 짓지 못하자 하늘이 또 비같이 양식 내려 그들을 먹였다. 얼마 후 가나안[122] 지경에 이르자 또 이전처럼 요단[123]강을 갈라서 건너가게 하였다. 이스라엘 백성이 비록 어리석고 완고하다고 해도, 천부의 은혜와 위엄을 눈으로 보았으니, 그 가르침에 복종하여 하나님을 경외하고 모두가 올바른 곳으로 돌아가지 않으려고 해도 그럴 수 있었겠는가? 혹자는 이것이 날조되고 위조된 문장이라 의심하지만, 그것은 특히 이스라엘 백성이 이집트에 노예가 되었을 때 [하나님께서] 먼

---

121 원문의 埃及은 이집트(Egypt)의 음역어이다.
122 원문의 迦南은 가나안(Ganaan)의 음역어이다.
123 원문의 約但은 요르단(Jordan)의 음역어이다.

저 재앙을 내려서 그들을 구원하셨으며, 그들이 홍해에 가로막히자 거듭 기이한 일을 나타내셔서 홍해를 건너가게 하셨고, 그들이 광야에서 굶주리자 또한 양식을 주셔서 먹이셨음은 다 이 백성이 체험한 은혜이고 모세가 책에 기록하여 백성들이 잊지 않도록 한 것이니 만약 헛된 말이 있었다면, 이스라엘 백성이 반드시 먼저 그것을 버렸을 것이라는 것을 생각지 않은 것이다. (그러나) 오늘날 모세를 믿고 복종하기를 천지신명처럼 여기니, 하늘의 위엄을 경외하며 그가 하늘이 보낸 사람인 줄로 알지 않은 것이라면 이와 같을 수 있겠는가?

或疑是書爲假名惑世者, 不知是書卽以色列律例之書, 有案有律, 內云, "建國之初, 傳宣律法, 與衆共知, 世守勿替。" 設有假託, 何以使民從之? 況天父罰埃及而救以色列民也, 作逾越節[124]禮, 以誌天父救民出患難之日。設無其事, 何以勸民恒守此節哉? 如漢賈[125]大夫端陽[126]沒于汨羅[127], 因作龍舟之會, 春秋介之推[128]于三月入山不返, 旋燬于火, 今爲禁烟之節。中華相傳不朽, 亦猶是也。且旣濟約但, 以

---

124 유월절(逾越節, Passover)은 히브리어 '페사흐'(pesach)에서 파생된 단어로 '넘어간다'는 뜻이다(출12:27). 유대인들이 이집트의 노예 생활로부터 탈출한 사건을 기념하는 날로, 유대교의 3절기 중 하나이다.

125 원문의 漢賈는 중국 전한(前漢) 시대의 문인·학자인 가의(賈誼:BC200~BC168)를 가리킨다. 가의(賈誼)가 굴원(屈原)에 대한 애도를 통하여 자신의 불우한 감정을 토로한 글인 「조굴원부(弔屈原賦)」가 남아 있다. 『천도소원』 저자는 본문 내용에 관해서 가의(賈誼)가 쓴 「조굴원부」를 참조한 듯하다. 그러나 『천도소원』 인쇄 후에 독자들의 이해를 돕기 위해서 한가(漢賈) 부분을 붉은 글씨체로 '삼려'(三閭)라고 교정한 흔적이 초판본(1854년)에 남아 있다. 여기에서는 그에 따라 번역하였다.

126 전국시대(戰國時代)에 초(楚)나라 굴원(屈原)이 간신들의 모함에 자신의 지조를 보이기 위하여 멱라수(汨羅水)에 투신자살했는데 그날이 음력 5월5일이었다. 그 뒤 해마다 굴원의 영혼을 위로하기 위하여 제사를 지냈는데 이것이 우리나라에 전해져 단오가 됐다고 한다.

127 汨羅는 중국호남성(湖南省) 상음현(湘陰縣)의 북쪽에 있는 강이다. 초나라의 삼려대부(三閭大夫) 굴원이 주위의 참소(讒訴·譖訴)로 분함을 못 이겨 이곳에 빠져 죽은 곳으로 유명하다.

128 介之推는 중국 춘추 시대 진(晋)나라 사람으로 개자추(介子推)라고도 한다. 진나라 문공(文公)이 망명생활을 할 때 그를 모셨는데 후에 문공이 왕위에 올랐으나 개자추를 등용하지 않았다. 이에 실망한 그는 산에 들어가 살았는데 문공이 그를 찾아내기 위해 산에 불을 질러도 나오지 않고 타 죽었다.

河內之石, 立壇以爲記, 如馬援征蠻, 表立銅柱[129],其人其事, 彰彰可考。 由是觀之, 舊約書所傳, 不誠可信其眞實無妄哉?

혹자는 이 책이 거짓 명성으로 세상을 미혹케 한다고 의심하는데 이것은 이 책이 이스라엘의 '율법서'로서 사건과 율례가 있으며, 그 안에 이르기를, "나라가 세워진 처음에, 율법을 널리 전하고 알려 백성들이 다 함께 알게 하였으니, 대대로 지켜서 폐하지 말라."라고 하였음을 알지 못한 것이다. 만약 거짓으로 꾸민 것이 있다면 어찌 백성들에게 그것을 따르도록 하였겠는가? 더구나 천부께서는 이집트를 벌하여 이스라엘 백성을 구원하심에 '유월절' 예식을 만들어서 그가 환난으로부터 백성들을 구출하신 날을 기록하셨다. 만일 그런 일이 없다면 어찌 백성들이 항상 이 절기를 지키도록 권했겠는가? 예를 들면, 삼려대부(三閭大夫: 굴원(屈原))가 단오날 멱라수(汨羅水)에 빠져 죽자 그로 인하여 용선(龍船) 축제가 생겼고, 춘추시대에 개지추(介之推)가 3월에 산에 들어가 나오지 않다가 불에 탄 것이 오늘날의 금연절(禁煙節)이 되었다.[130] 중국에서 대대로 전해지고 없어지지 않는 것 역시 그와 같은 것이다. 또한 요단강을 건너고 강 가운데 돌로써 제단을 세워서 기념한 것은[131] 마치 마원(馬援)[132]이 남만(南蠻)을 정벌하고 놋쇠 기둥을 세워 (국경을) 표시한 것과 같으니, 그 사람과 그 일을 분명하게 상고할 수가 있다. 이로 보건대 구약 성서가 전하는 것은 참으로 진실하여 거짓이 없음을 믿을 수 있지 않겠는가?

---

129 구리로 만든 기둥이라는 뜻으로 길잡이와 국경(國境) 등을 표시하기 위해 세우는 기둥을 말함. 『후한서(後漢書)』마원 열전(馬援列傳)에 마원이 교지(交趾)를 정벌하여 평정하고 동주를 세워 한 나라의 땅임을 표시한 일이 있었음. (한국고전용어사전)

130 禁烟之節은 양력으로는 4월 5일 무렵이다. 한식절(寒食節) 혹은 냉절(冷節)이라고도 불리며 청명절(淸明節)의 하루나 이틀 전의 날이다. 개자추(介子推)를 기념하여 정한 날로 이 날은 연기나 불을 때는 것을 금하며 오로지 차갑게 만든 음식만을 먹어야 한다.

131 신명기 27:2-5 .

132 馬援은 중국 후한(後漢) 광무제(光武帝) 때의 무장·정치가로서 자는 문연(文淵)이다. 태중대부(太中大夫), 농서태수(隴西太守)를 지내며 외민족을 토벌하였다. 후에 복파장군(伏波將軍)에 임명되어 남만의 교지(交趾:북베트남) 지방의 반란을 평정하여 신식후(新息侯)가 되었다. 다시 남만의 무릉만(武陵蠻)을 토벌하러 출정하였으나, 열병환자가 속출하여 고전(苦戰)하다가 진중에서 병들어 죽었다.

或問, "新約書之奇跡, 有何可徵?" 曰, "耶穌周流四方, 志願慈悲, 廣行救濟。所稱神跡奇表, 皆爲人所目擊。然民雖信其道, 因畏難而不遵者有之, 懼羅馬人 而未敢從者有之, 謂耶穌回邪者有之。謂無其事而憑虛演說以愚人者, 未之聞也。遐考其時, 深信于心, 冒死而從者, 不乏其人, 有詳述事跡, 爲福音書者四人, 馬太, 馬可, 路加, 約翰是也; 有詳其道, 共證其事之實者四人, 保羅, 彼得, 雅各, 猶大是也。馬太, 約翰, 本耶穌使徒, 追隨杖履, 察言觀行, 親炙之久者; 馬可, 路加在七十子之列, 亦耳聞目都, 得悉其詳者。

어떤 이는 묻는다. "신약성서의 기적은 무엇으로 증명할 수 있는가?" 대답한다. "예수께서는 사방으로 두루 다니시며 자비를 베풀고 널리 구제하였다. 이른바 하나님의 기적과 기이한 현상은 다 사람들이 목격한 것이다. 그러나 백성들이 비록 그 도를 믿어도 환란을 두려워하여 따르지 않는 자도 있고, 로마인을 두려워하여 감히 따르지 못하는 자도 있었고, 예수를 사악한 자라 부르는 이도 있었다. (그러나) [예수의] 그런 기적이 없었는데 거짓으로 꾸며내어 말함으로써 사람을 어리석게 했다고 말하는 것은 아직 들어보지 못하였다. (오히려) 멀리 그때를 살펴보면, 마음속으로 깊게 믿어 죽음을 무릅쓰고 따르는 그런 사람이 적지 않았는데, 사건의 자취를 자세히 진술하여 복음서를 지은 네 사람이 있었으니, 마태[133], 마가[134], 누가[135], 요한[136]이다. 그 도를 자세히 밝히고 그 일들의 실체를 함께 증거한 네 사람이 있었으니, 바울[137], 베드로[138], 야고보[139], 유다[140]이다. 마태와 요한은 본래 예수의 사도로서 지팡이에 짚신 신고 쫓아 따르고 말씀

133 원문의 馬太는 마태(Matthew)의 음역어이다.
134 원문의 馬可는 마가(Mark)의 음역어이다.
135 원문의 路加는 누가(Luke)의 음역어이다.
136 원문의 約翰는 요한(John)의 음역어이다.
137 원문의 保羅은 바울(Paul)의 음역어이다.
138 원문의 彼得은 베드로(Peter)의 음역어이다.
139 원문의 雅各은 야고보(Jacob)의 음역어이다.
140 원문의 猶大은 유다(Judas)의 음역어이다.

과 행적을 살피며 가까이에서 직접 가르침[141]을 오랫동안 받은 자들이었다. 마가와 누가는 70명의 제자의 반열에 있는 자들로서 역시 귀로 듣고 눈으로 보고서 그 자세한 내용을 알던 자들이다.

> 茲取四子書核之, 初爲展視, 若二三其說, 而細按之, 均歸于一。究之, 其或同或異, 皆確實而非虛誕也。夫使道不相侔, 莫辨其孰正孰邪; 理相懸殊, 烏知其孰非孰是? 大端同, 細節又同, 則是書未必非同謀合作也。今觀其大道同, 事之大端同, 而文采小節少有異, 抑豈同謀者之所爲哉? 況耶穌與門徒應對進退之文, 附記于簡冊者, 非加意之筆, 不過彼畧而此詳, 彼遺而此採, 各有補綴, 亦見合符。

이제 네 사람[142]의 책을 모아서 대조하면 처음에 펼쳐 볼 때는 설이 여러 가지인 듯하지만, 그것들을 세밀히 살펴보면 모두 하나로 귀결된다. 그것들을 끝까지 연구해 보면 혹은 같거나 혹은 다른 것이 모두 확실(確實)하여 허탄(虛誕)한 것이 아니다. 만일 도가 서로 같지 않다면 그 누가 옳고 누가 그른 것인지 분별할 것이 없고, 이치가 서로 현격히 다르다면 어찌 그 누가 그르고 누가 옳은지를 알겠는가? 큰 줄기가 같고 작은 마디까지도 같다면, 이 책들은 반드시 함께 도모하여 합작한 것이 아니라고 할 수 없을 것이다. [그러나] 이제 그 대도(大道)가 같고 일의 큰 줄기는 같지만, 문체[文采]와 작은 마디에서 조금 다른 것이 있으니 어찌 함께 도모한 자들이 지은 것이겠는가? 하물며 예수와 제자들이 주고받은[143] 대화[文]를 책에 덧붙여 기록한 것은 특별한 뜻으로 쓴 것이 아니고,

---

141 원문의 親炙는 스승에게서 친히 배우는 것이다. 즉 스승 가까이서 친히 감화를 받는 것이다. 『맹자』에 "況親炙之者乎"라는 말이 보인다.
142 원문의 四子는 마태, 마가, 누가, 요한을 가리킨다.
143 『論語·子張』: "子游曰, 子夏之門人小子, 當刷掃, 應對, 進退, 則可矣. 抑末也, 本之則無. 如之何."

저기서 생략한 것을 여기서는 자세히 하고 저기서 빠뜨린 것을 여기서 기록한 것에 불과하니, 각각 서로 보완하는[144] 바가 있는 것이요 또한 서로 부절(符節)처럼 딱 들어맞는 것이다.

如官之聽訟也, 必以證佐爲憑。苟聽其言而兩相吻合, 則疑其串僞; 若聆其言而事曲情近, 則知其吐實。治獄者串謀合作, 當局且易破其虛。玆四人者, 親淑耶穌之言行, 久至三年, 何自容其虛乎? 邇來西國有律法師名靑葉者, 持此意詳察福音書而斷之曰, '所述之事, 信而有徵也。'

마치 관리가 송사를 들을 때 반드시 증거에 의지하는 것과 같다. 만약 그 말을 들었는데 양쪽이 서로 입을 맞춘 듯이 똑같다면 합작하여 거짓을 꾸민 것이 아닌지 의심하고, 만약 그 말들을 들었는데 진술한 내용이 곡진(曲盡)[145]하고 실정에 가까우면 그가 사실대로 말한 줄을 안다. 옥리(獄吏)가 공모해서 함께 꾸민 것이면, 담당 기관이 또한 그 허위를 쉽게 깨뜨릴 것이다. 이 네 사람은 예수의 언행을 가까이서 배우기를 3년간 했으니 어찌 스스로 그 허위를 용납하겠는가? 근래 서양에 법률가 청엽(靑葉)이라는 사람이 있는데 이런 의도를 가지고 복음서를 상세히 조사하고서는 단언하여 말하였다. '기록된 일들이 믿을 만하고 증거가 있다.'[146]

---

144   補綴은 부족한 부분을 채워 넣거나 고쳐서 다시 만든다는 뜻이다.
145   曲盡은 구체적이고 자세함을 뜻한다.
146   『左傳』昭公八年條: "君子之言, 信而有徵, 故怨遠於其身 ; 小人之言, 僭而無徵, 故怨咎及之."

福音書載耶穌命使徒傳教于萬國之日, 黙爲保佑, 俾顯神奇, 鑿鑿可考。 使徒行傳記使徒傳教之初, 能言諸國方言, 驅病魔, 活死屍; 使徒在獄時, 扉忽啓, 縲忽解。 種種非常之擧, 皆路加所述, 自八章後, 多保羅行事, 即可與保羅書合而徵之, 一如四子福音書之可互核也。 西國名儒碑理[147]作書詳論曰, '使徒行傳與保羅書, 初視之雖不知作者何人, 而校對無訛, 殊可信也。' 聖書與西國誌載, 相合與否, 華人之所難知。 而讀四子福音書, 使徒行傳及保羅諸書校核, 即可釋疑。

복음서에는 예수가 사도에게 명하여 만국에 복음[敎]을 전하게 하신 날, 묵묵히 보호와 도움을 주서서 신묘한 기적을 나타내게 하실 것을 기록하였음을 매우 확실하게 살펴볼 수 있다. 사도행전(Act of the Apostles)은 사도들이 복음을 처음 전할 때 여러 나라의 방언을 말할 수 있었고 병마를 내쫓고 죽은 사람을 살렸으며, 사도가 감옥에 있을 때 옥문이 홀연히 열리고 포승줄이 홀연히 풀렸다고 기록하였다. 여러 가지 비상한 일들은 모두 누가가 기록하였는데, 8장 이후부터는 바울의 행적을 기록한 것이 많은데 곧 '바울서신'과 딱 부합하여 징험이 되니, 한가지로 마치 사복음서들이 서로 대조하여 살필 수 있는 것과 같다. 서양의 유명한 학자 페일리(William Paley)가 책을 써서 자세히 설명하였다. '사도행전과 바울서신은 처음 볼 때는 비록 지은이가 누구인지 알 수 없지만, 서로 비교해 보면 틀린 것이 없고 매우 믿을 만하다.'[148] 성서와 서양의 역사 기록이 서로 들어맞는지 안 맞는지는 중국 사람이 알기 어렵다. 그러나 '사복음서'를 읽고 '사도행전'과 '바울 서신들'을 서로 대조 검토하면 곧 의심을 풀 수 있을 것이다.

---

147 원문의 碑理는 William Paley(1743-1805)이다. 그는 영국 성공회 신부이며, 기독교 옹호론자이자 공리주의 철학자였다. 그는 '시계공 유추'를 주장함으로써 신의 존재에 대한 목적론적 논쟁을 해설한 그의 작품 『자연신학(Natural Theology or Evidences of the Existence and Attributes of the Deity)』(1802년)으로 유명하다.
148 William Paley의 책 A View of the Evidences of Christianity의 Part 2의 3장과 5장을 참고하라.

倘疑門徒愚昧，受妄于耶穌，或門徒詭詐，設術以愚人，試退而讀其書，即可辨其非愚。蓋人之受愚也，一事一時，偶或有之。乃十二門徒與耶穌，同食息起居者三載，無俄頃之離，奚容欺妄？我得而斷之曰，'耶穌本无妄也，門徒必非愚也。'詭作愚人之說，何自來乎？

만약 제자들이 우매해서 예수에게 속은 것이거나, 혹은 제자들이 거짓으로 속이거나 술수를 써서 사람들을 어리석게 했다는 의심이 든다면, 한번 물러나서 그 책을 읽어보면 곧 그들이 어리석었던 것이 아닌 줄 알 것이다. 대개 사람이 어리석게 됨은 한 가지 일에 일시적으로 혹 우연히 그럴 수 있다. 그러나 열두 제자는 예수와 더불어 삼 년간 함께 먹고 자고 생활하며 잠시도 떨어진 적이 없었는데 어찌 속을 수 있겠는가? 나는 단언하여 말할 수 있다. '예수는 본래 거짓이 없었고 제자들도 결코 어리석지 않았다.' 속임수를 써서 사람들을 어리석게 한다는 설은 도대체 어디에서 나온 것인가?'

或曰，"此必爲勢爲利爲名而然也。"曰，"否。我得而明辨之。稽其初時，門徒尙寡，屢招殘害，耶穌戒以修身，毋得恃勢。保羅曰，'凡居位者，惟神所命，若與居位者仇，神命是逆，罪必甚焉。'彼得曰，'順爾天父，服爾官僚。'又曰，'不第于良善者爲然，即于苛刻者亦無不然。爾受枉法，念厥天父而忍受之，則可嘉矣。'耶穌與門徒均此心也，依勢作威何有哉？

어떤 이는 말한다. "이는 틀림없이 권세를 위하고, 이익을 위하고, 명성을 위해서 그런 것이다." 대답한다. "아니다. 내가 그것을 명백하게 밝힐 수 있다. 그 처음을 살펴보면 제자들은 아직 적은 숫자였고 자주 모진 해를 받았는데도 예수는 자신을 수양하고 세력에 의지하지 말 것을 경계하였다. 바울은 말하였다.

'모든 벼슬에 오른 자들은 오직 하나님께서 명하신 것이니 만약 벼슬에 오른 자와 원수가 되면 하나님의 명령을 거역한 것이요 죄가 반드시 심할 것이다.'[149] 베드로가 말하였다. '너희 천부에게 순종하고 너희 관료에게 복종하라.' 또 말하기를, '다만 선량한 자에게 그렇게 할 뿐만 아니라 가혹하고 모진 자에도 그러하지 않으면 안 된다. 너희가 부당한 법을 받을 때 천부를 생각하여 참고 그것을 받으면 아름다운 것이라고 했다.'[150] 예수와 제자들 모두 이런 마음이니 권세를 의지하고 함부로 위세를 부린 것이 어찌 있겠는가?

且以天國之道宣教, 與世俗之事相反。違乎世, 必爲人所忌, 多被驅逐, 不得安身, 失其恒産, 利何望乎? 耶穌旣死于十字架, 民視之爲刑戮之罪犯, 安可從而望名乎?

또한 천국의 도를 전파하는 것은 세상의 일과는 상반된다. 세상을 거스르기에 반드시 세상 사람들에게 미움을 받아서 자주 내쫓기고, 몸을 편안하게 할 수 없고 일정한 생업도 잃어버리게 되니, 이익을 어찌 바라겠는가? 예수께서 십자가에서 돌아가셨을 때, 백성들은 그를 형벌에 따라 죽임을 당한 범죄자로 보았으니, 어찌 [그를] 따르며 명성을 바라겠는가?

初時爲徒者, 屢受民之石擊, 多被官之鞭撻, 待罪繫于獄中, 知死而已, 猶謂傳道之徒, 爲勢也, 爲利也, 爲名也, 烏從而誣之耶?

처음에 제자가 된 자들은 종종 백성들로부터 돌로 공격당했고, 여러 번 관원

---

149 로마서 13:1-2
150 베드로전서 2:17-19

들에게 채찍을 맞았으며, 옥에 갇혀서 처벌을 기다리면서 죽을 줄로만 알았는데, 오히려 도를 전하는 제자들이 권세를 위하고 이익을 위하고 명성을 위한다고 하니 무슨 근거로 그들을 모함하는가?

既非爲此數者, 而反棄恒産, 受欺辱, 危身命, 有所不惜, 可知門徒不僅知其道眞, 且黙受天命, 行所不得不行矣。 惟內有一猶大, 貪望勢利, 賣鬻其師。 初以耶穌將興國爲王, 遂希權而從之, 旣而知耶穌不立世上之國, 貪望卽熄。 轉思宣敎者恒忌于官吏, 乃設計鬻耶穌以爲己功, 且利其有三十金。 迨耶穌罹罪, 不勝反悔, 還其金于祭司諸長曰, ‘我鬻無辜者之血, 罪大矣。’ 擲金于殿而自縊。 祭司取其金買陶人田, 爲瘞旅所, 至今稱血田焉。 夫猶大從耶穌三年, 苟耶穌有可指摘, 必爲所識。 乃一時貪望勢利, 甚至賣師, 繼則自悔, 言其無罪, 今尙有血田以誌其事。 彼固大惡, 亦可與善人共爲證者矣。

이미 이런 몇 가지를 위한 것이 아닌데도 도리어 생업을 버리고 업신여김을 당하며 몸과 목숨이 위험해져도 소중히 여기지 않았으니, 제자들은 그 도가 참됨을 알았을 뿐만 아니라 또한 하늘의 명령을 묵묵히 받들어 부득불 행해야 할 바를 행한 것임을 알 수 있다. 오직 제자 중에 유다 한 사람은 권세와 이재(利財)를 탐내고 기대하여 그 스승을 팔았다. 처음에는 예수를 장차 나라를 일으킬 왕으로 여기고 마침내 권세를 희망하여 그를 따랐으나, 이윽고 예수가 세상 나라를 세우지 않을 줄 알고서는 탐욕의 기대[貪望]가 사그라졌다. 도리어 복음을 전하는 자가 늘 관리에게 미움을 받았다는 것을 생각해 내고, 곧 자신의 이익[功]을 위하여 예수를 팔려고 계획을 하였고 또한 돈 30냥을 이익으로 챙겼다. [그러나] 예수께서 형벌을 받자마자 도리어 후회를 견디지 못하고 그 돈을 제사장들에게 돌려주며 말하였다. '나는 무고한 사람의 피를 팔았으니 죄가 매우 크다.' 돈을 성전에 내던지고 스스로 목매어 죽었다. 제사장이 그 돈을 거두어 옹기장이의 밭을 사서 나그네의 묘지를 삼았으니 오늘날까지 [그 밭을] 피밭이라 일컫는다.[151] 유다는 예수를 3년간 따르면서 만약 예수에게 지적할 만한 잘못이 있었다면 틀림없이 알아차렸을 것이다. 그런데도 한때 권세와 이익을 욕심내 심지어는 스승조차 팔아넘긴 후에 스스로 뉘우치고 예수가 무죄임을 말하였고, 지금도 여전히 피밭이 남아 있어 그 사건을 기록하고 있다. 유다는 진실로 큰 악행을 저질렀으나, 또한 선한 사람들과 함께 [예수의 무죄를] 증거하고 있는 것이다.

又希律與彼拉多, 審判耶穌, 皆決其無罪, 則猶太與異邦人, 亦共爲之證. 其後徇惡民之意而置之死, 非天欲其獻無罪之躬, 爲萬方贖罪之主乎?"

또한 헤롯[152]과 빌라도[153]가 예수를 재판하여 모두 그를 무죄로 판결하였으니, 곧 유대인과 이방인도 그것을 함께 증거 한 것이다. 그가 후에 악한 백성들의 뜻에 따라 그를 죽게 내버려 둔 것은 하늘이 그가 무죄한 몸을 바쳐서 온 세상의 죄를 속하는 구주가 되도록 하려 하신 것이 아니겠는가?

---

151 마태복음 27:3-10
152 원문의 希律은 헤롯(Herod)의 음역어이다. 본문에서는 헤롯 안티바(Herod Antipas)를 가리킨다. 예수가 활동하던 시대의 갈릴리와 페레아의 통치자였다.
153 원문의 彼拉多는 빌라도(Pilate)의 음역어이다. 본티오 빌라도(Pontius Pilate)는 로마제국의 속주 유대의 다섯 번째 총독이다. 유대인에 의해 고소된 나사렛 예수에게 십자가형을 언도한 사람으로 알려져 있다.

或疑耶穌之死，非甘爲人贖罪，乃無可逃耳。獨不思耶穌曾曰，'我將舍命，爲衆贖罪。'又曰，'我乃善牧者，爲羊捐命。我命非人所奪，我能捐[154]，我亦能復，是我奉天父之命也。'又于被執時言曰，'爾意我此時不能祈父，爲我遣多于十二營之天使乎？但如是，則經所云"此事必有"者，如何得應乎？'此可知耶穌甘爲人贖罪，非不能逃也，不欲逃耳。

어떤 이는 예수의 죽음은 기꺼이 사람의 죄를 대속하기 위한 것이 아니라 단지 도망칠 수 없었을 뿐이라고 의심한다. (하지만) 이것은 단지 예수께서 일찍이 하셨던 다음 말씀을 생각하지 않은 것이다. '내가 장차 내 목숨을 버려 무리의 죄를 용서하리라.'[155] 또한 '나는 곧 선한 목자라 양들을 위하여 목숨을 버린다. 나의 목숨은 사람이 빼앗는 것이 아니니, 나는 버릴 수도 있고 또한 다시 얻을 수도 있으니, 이는 천부의 명령을 받들어서이다.'[156]라고 말씀하셨다. 또 붙잡히실 때, '너희는 이 시간 내가 아버지에게 나를 위하여 12부대(部隊)보다 많은 천사를 보내 달라 기도할 수 없는 줄로 생각하느냐? 다만 이처럼 한다면, 성경이 말한바, "이 일은 반드시 있어야 하리라"는 것이 어떻게 이루어지겠는가?'[157]라고 말씀하셨다. 여기에서 우리는 예수가 기꺼이 사람의 죄를 대속한 것과[158], 도망칠 수 없었던 것이 아니라 도망가기를 원하지 않았을 뿐임을 알 수 있다.

---

154 1906년본에는 '我自損之'가 더 있다.
155 마태복음 20:28
156 요한복음 10:11, 18
157 마태복음 26:53-54
158 1906년본에는 '甘爲人贖罪而死'라고 하여 '而死'가 더 있다. '사람의 죄를 대속하기 위해 죽으셨다.'

或更疑耶穌死而復生, 爲未必然者。殊不思其將死而預言, 其復生亦預言乎! 耶穌曰'爾毀此殿, 我將三日復建', 是以殿喻其身也。又曰'我將三日三夜在地中', 是言死三日將復生也。

어떤 이는 예수가 죽었다가 다시 살아난 것을 반드시 그런 것은 아닐 것이라고 더욱 의심한다. (그러나 이것은) 그가 장차 죽을 것을 예언하셨고, 또한 그가 다시 살아나실 것도 예언하셨음을 전혀 생각하지 않은 것이다! 예수께서는 '너희가 이 성전을 허물어라. 내가 장차 3일 안에 다시 세우리라'[159]라고 말씀하셨는데, 이것은 성전을 자기 몸에 비유하신 것이다. 또 '내가 장차 3일 밤낮을 땅속에 있을 것이다'[160]라고 말씀하셨는데, 이것은 죽어서 삼일 만에 부활하실 것이라는 뜻이다.

又與門徒曰, '今者我儕上耶路撒冷, 人將賣我于祭司諸長, 解與異邦人, 鞭扑凌辱。唾面受嘲, 旣而見殺, 越三日將復生焉。'其預言若此, 亦復何疑?

또 제자들에게 말씀하였다. '이제 우리가 함께 예루살렘[161]으로 올라갈 것인데, 사람들이 장차 나를 제사장들에게 팔 것이고 이방인들에게 압송하여 넘길 것이며, 채찍으로 때리고 능욕하고 침을 뱉을 것이다. [나는] 조롱을 받을 것이며 이윽고 죽임을 당하고 3일이 지나서 부활할 것이다.'[162] 그 예언하신 것이 이와 같은데 또다시 무엇을 의심하겠는가?

---

159   요한복음 2:19
160   마태복음 12:40
161   원문의 耶路撒冷은 예루살렘(Jerusalem)의 음역어이다.
162   마태복음 16:21

而更有兩端, 大可爲死而復生之證者。 耶穌被執, 從者懼而遁。 彼得竊隨至法院, 人疑而問之曰, '爾卽門徒否?' 彼得不認而發誓。 迨耶穌旣死, 各歸舊業。 耶穌顯身, 與門徒論道四十日, 遺命傳教于萬國。 後耶穌昇天, 門徒上京都, 侃侃論道, 任官吏禁阻, 甚至鞭撻囚繫。

또 죽음과 부활의 큰 증거가 될 수 있는 두 가지 단서가 더 있다. 예수가 붙잡히자 따르던 자들은 두려워서 달아났다. 베드로가 몰래 뒤따라가 법원에 이르자 사람들이 의심하여 그에게 물었다. '너는 제자가 아니냐?' 베드로는 아니라고 맹세하였다. 예수께서 죽은 후 [제자들은] 각자 예전의 일터로 돌아갔다. 예수께서 자기를 드러내어[顯身] 제자들과 더불어 40일간 도를 논하시고, 만국에 '가르침'을 전파하라는 명령을 남기셨다. 그런 다음 예수는 승천하시고, 제자들은 예루살렘으로 올라가 당당하게 진리를 전하니 관리들이 금지하고 심지어 채찍으로 때리고 잡아 가둬도 아랑곳하지 않았다.

而彼得同諸門徒答曰, '聽人乎? 抑聽神乎? 蓋我等所見所聞者, 不得不言也。' 苟非耶穌死而復生, 親見門徒, 耳提面命, 門徒何能威武不屈患難不避, 如是哉?

그리고 베드로는 제자들과 함께 대답하였다. '사람의 말을 들으랴? 아니면 하나님의 말씀을 들으랴? 우리는 보고 들은 것을 말하지 않을 수가 없다.'[163] 만약 예수가 죽었다가 다시 살아나서 직접 제자들을 만나고 가르쳐준 것[164]이 아니라면, 어찌 제자들이 위협과 무력에도 굴복하지 않고[165] 환난도 피하지 않는 것

---

163 사도행전 4:19-20
164 원문의 耳提面命은 남의 귀를 끌어당겨서 알아듣게 직접 가르침. 곧 친절하게 가르침을 형용하는 말이다.
165 『孟子·滕文公下』: "威武不能屈, 此之謂大丈夫"

이 이와 같았겠는가?

又保羅早經筮仕, 欲捕害耶穌門徒以爲快, 至大馬色, 忽見天光環
照, 爛爍逼人, 目難啓視。 聞耶穌于空中命以當行之事, 目卽失光, 飮
食俱廢。 後反心就神, 信道彌篤, 周流諸國, 誨人不倦, 受諸箠楚, 不
惜己身。 非親見耶穌之顯現, 確信其道之眞實, 而能如是哉? 此爲可
據之尤者也。 ”

또한, 바울이 젊은 시절 처음 관직에 나아가[166] 예수의 제자들을 붙잡아 박해
하려고 다마스커스[167]에 이르렀을 때 홀연히 하늘에서 빛이 둘러 비치고 번쩍
거려서 고꾸라짐을 당하고 눈을 떠서 보기가 어려웠다. 공중에서 예수가 마땅
히 행할 일을 명령하심을 듣고서, 눈이 즉시 실명되고 먹지도 마시지도 못하였
다. 그 후에 마음을 돌이켜 하나님께 나아가서 그 도를 더욱 깊이 믿고 여러 나
라를 돌아다니며 사람을 가르치기를 게을리하지 않았으며[168] 여러 번 매를 맞
아도 자기 몸을 아끼지 않았다. 예수의 나타나심을 직접 보고 그 도의 진실함을
확실히 믿은 것이 아니라면, 이처럼 할 수 있었겠는가? 이러한 사실들을 더욱
증거로 삼을 수 있다."

---

166 筮仕는 처음으로 벼슬함을 의미한다. 원래는 처음 벼슬할 때 길흉을 점쳐 태도를 결정하
    는 것을 말한다.
167 원문의 大馬色은 시리아의 수도 다마스커스(Damascus)의 음역어이다.
168 『論語•述而』: "子曰, 默而識之, 學而不厭, 誨人不倦, 何有於我哉."

第四章 以道之行爲證
제4장 도의 운행을 증거로 삼는다

耶穌昇天之日, 命門徒藉其名, 宣傳悔改赦罪之道, 廣布天下。曰,
"我將以天父所許者賜爾, 宜居耶路撒冷, 待自上錫爾異能焉。"越
旬日, 門徒咸集, 惟一心, 天忽作聲, 勢如迅風, 充滿座室, 遂見火焰,
形如歧舌, 至各門徒首上, 門徒卽感聖靈, 能言異方言語。

예수께서 승천하시던 날, 제자들이 그의 이름을 의지하여, 회개하고 죄 사함
을 받는 도를 선전하여 온 천하에 널리 퍼지게 하라 명령하였다. 말하기를 "내
가 곧 천부께서 허락하신 것을 너희에게 줄 터이니, 마땅히 예루살렘에 머물러
위로부터 너희에게 주시는 특이한 능력을 기다려라."[169] 하시니, 열흘이 지나서
제자들이 모두 모여 오직 한마음으로 있었는데, 하늘에서 홀연히 소리가 있어
세찬 바람 같은 것이 온 집에 가득하였고, 이윽고 불꽃이 나타나서 마치 갈라진
혀 같은 것이 각 제자들의 머리 위에 내리자, 제자들이 즉시 성령에 감동되어
다른 나라들의 언어를 능히 말하게 되었다.[170]

---

169 누가복음 24:49
170 사도행전 2:2-4

時有諸異國人詣耶路撒冷, 聞門徒之言, 驚相告曰, "言者乃加利利人乎? 何以能言我各方言語也。"於是門徒論道曰, "爾輩宜審知爾所殺之耶穌, 天父已立之爲主矣。"衆聞此言, 心如錐刺,

그때 여러 다른 나라 사람들이 예루살렘을 방문하고 있었는데 제자들의 말을 듣고서 서로 놀라 말하였다. "말하는 이들이 갈릴리 사람이 아닌가? 어떻게 우리 각 나라 언어를 말할 수 있는가?"[171] 이에 제자들이 도를 전하여 말하였다. "너희들은 너희가 죽인 예수를 천부께서 이미 주(主)로 세우신 줄 마땅히 잘 알고 있다." 이 말을 무리가 듣고서 마음이 송곳에 찔리듯 하였다.

問曰, "我輩若何而可?"門徒遂教以悔改舊惡, 信從耶穌, 守其所設之禮, 方得赦罪, 可受聖靈。是日, 嘉納其言者三千人。其時門徒尙稀, 不忘師命, 俱出外邦傳教, 孜孜不已。自西洋迄東洋, 數十大國, 皆親授徧告。多[172]因識方言, 行神蹟, 故感孚不疾而速焉。迄今聖教流傳, 日新月盛, 何地蔑有? 屈指已周二百餘國, 非天父眷佑, 烏能至是哉?

묻기를 "우리가 어찌하면 좋겠는가?" 하였다. 제자들이 지난 잘못을 회개하고 예수를 믿고 따르며 그가 세우신 예법을 지키면 비로소 죄 사함을 받고 성령을 받을 수 있다는 것을 즉시 가르쳤다. 이날에 그 말씀을 기꺼이 받아들인 자들이 3천 명이었다.[173] 그때 제자들은 여전히 적었지만, 스승의 명령을 잊지 않고 모두가 다른 나라로 나가서 선교하기를 부지런히 하고 그만두지 않았다. 서양에서부터 동양의 여러 큰 나라에 이르기까지 모두 직접 전하고 널리 알렸다.

171　사도행전 2:7
172　多 : 1906년본에는 없다.
173　사도행전 2:41

방언을 알고 기적을 많이 행하였기 때문에 감동되어 믿는 것이 서두르지 않아도 빨라졌다. 지금까지 '기독교[聖敎]'가 전해져 날마다 새로워지고 성왕하니 어느 곳엔들 없으랴? 손꼽아 헤아려 보면 이미 널리 이백여 나라에 두루 전파되었으니 천부의 도우심이 아니고서 어찌 이렇게 될 수 있었겠는가?

> 或問, "釋道回回諸敎, 亦各有所傳, 何歟?" 曰, "此非天眷佑之也, 不過徇人私, 恃國勢耳。 論道敎之大畧, 以長生爲重, 其鑄鼎鍊丹, 得道爲仙者, 自古罕覯, 今則渺乎未聞矣。 且他邦無有道敎之名, 旣未有證果, 又局于一方, 安得云傳?

어떤 이는 묻는다. "불교, 도교, 회교 등 여러 종교 역시 각각 전해졌는데 어떠한가?" 대답한다. "이는 하늘이 보살펴 도와준 것이 아니라, 사람의 사사로움을 쫓고 나라의 힘에 의지한 것일 뿐이다. 도교의 대략을 논하자면 장생을 중요하게 여겨 그 쇠솥으로 단약(丹藥)[174]을 만드는데, 득도(得道)하여 신선이 되는 것은 옛날부터 보기 드물었으며 지금까지 거의 들어보지 못하였다. 또한 도교라는 이름이 다른 나라에는 있지 않고 아직 증명된 성과가 없으며 또 한 나라에만 한정되었으니 어찌 전해졌다고 말할 수 있겠는가?

> 若釋敎口不茹葷, 心常念佛, 以爲久之可望升天[175]。 其敎來自印度, 漢明帝時[176]始有之。 雖屢朝崇尚, 而爲徒者, 入其門未守其戒, 誦其

---

174 도교의 단약(丹藥)은 신선술을 수련하는 이들이 단사 등의 광물을 이용해서 만든 약물을 말한다. 여기서 수은 등이 많이 포함되어 있어서 부작용도 있었다. 당나라 때부터 단전호흡이나 남녀 간의 성행위 등을 통한 수련법이 유행하게 되기도 했다. 도교에서는 전자를 외단파 후자를 내단파로 구별한다.

175 升天 : 1906년본에는 '解脫'로 되어 있다.

176 동한 명제 劉莊 (28～75년), 연호는 영평이다. 기원 58~75년 동안 황제였다.

経未諳其義, 是有其名而無其實也, 亦不足以云傳。

불교는 육식을 입에 대지 않고 마음으로 항상 염불하기를 오랫동안 하면 승천할 수 있다고 생각한다. 그 종교는 인도에서 시작되어 한나라 명제(明帝) 시절 처음 들어왔다. 비록 여러 왕조에 걸쳐 숭상되었으나, 따르는 신도들은 입문하여도 그 계율을 지키지 않고, 그 경전을 외워도 그 뜻을 깨닫지 못하였으니, 이는 그 이름만 있고 그 실제가 없는 것이니, 전해졌다고 말하기에는 역시 부족하다.

至于回回敎, 是昔慕罕黙德僞託天命, 持刀脅從以興敎, 初時敎行最捷, 自宋至今, 漸爲衰微, 不過子孫授受而已, 亦不足言敎之傳也。

회교(回敎)를 말하자면 이것은 옛날 모하메드(慕罕黙德)가 천명을 거짓으로 위탁받아, 칼을 가지고 위협하여 따르게 하여 이 종교를 일으켰는데, 처음에는 이 종교가 매우 빠르게 전파되었지만, 송나라 때부터 지금까지 점점 쇠약해져 단지 그 자손들에게만 대물림 되었으니, 이 종교가 전해졌다고 말하기에는 역시 부족하다.

惟耶穌敎, 論人性本善, 因始祖披誘逆命, 遂變爲惡, 必須悔改復新, 始堪稱善[177]。 初聞者心竊非之, 且因不容人崇尙他神[178], 益不見原于世。 而仍能流布如此之廣, 譬之水性就下, 今搏而躍之, 使之上

---

177 善 : 1906년본에는 '義'로 되어 있다.
178 他神 : 1906년본에는 '귀신'으로 되어 있다.

行, 而沛然莫禦者。[179] 非天牖其衷, 烏能至是哉?

오직 예수교는 사람의 본성이 본래 선(善)하였는데, 시조가 유혹에 넘어가 천명을 거역해 마침내 악하게 변했기 때문에 반드시 회개하여 다시금 새로워져야 비로소 선하다고 칭해질 수 있음을 논했다. 처음 듣는 자는 마음속으로 몰래 그것을 비방하였고, 또한 사람들이 다른 신을 섬기는 것을 용납하지 않았으므로 더욱 세상의 이해를 받지 못하였다. 그럼에도 이내 이와 같이 널리 퍼질 수 있었던 것은 비유하자면 물의 성질은 본래 아래로 흐르는데 이제 물을 쳐서 솟구쳐 위로 올라가게 하더라도 세차게 쏟아져 내리는 기세를 막지 못하는 것과 같다.[180] 하늘이 그 마음을 깨우쳐 주지 않았으면 어찌 여기까지 이를 수 있었겠는가?

試觀耶穌受害于猶太, 門徒初徃諸邦傳教, 屢受戕害, 其不背教而見殺于人者, 稱爲道證。 死者雖多, 信者日衆, 卽稱道證者之血爲教種, 後世傳爲美談。 以是知斯道之傳, 不恃乎國勢, 而恃天所啓牖之赤心。 赤心旣摯, 勢莫能遏矣。

예수께서 유대국에서 고난을 받은 것을 한번 관찰해보면 처음에 제자들이 여러 나라로 전교(傳敎)하러 갔을 때 여러 번 참혹한 고난을 당했는데, 그중 가르침을 배반하지 않고 사람들에게 죽임을 당한 것을 순교[道證]라 불렀다. 죽은 자들이 비록 많았지만 믿는 자의 무리도 날로 늘어났으니, 곧 순교자라 불린 사람들의 피가 가르침의 씨앗이 되었고, 후세에 전해져 미담이 되었다. 이로써 이

---

179 譬之水性就下, 今搏而躍之, 使之上行, 而沛然莫禦者 : 1858년본과 1906년본에는 이 부분이 생략되었다.
180 『孟子‧告子上』, "人性之善也, 猶水之就下也. 人無有不善, 水無有不下. 今夫水, 搏而躍之, 可使過顙; 激而行之, 可使在山. 是豈水之性哉? 其勢則然也. 人之可使爲不善, 其性亦猶是也."

도의 전파가 나라의 세력을 의지한 것이 아니라 하늘이 열어 깨우친 참된 마음 [赤心]을 의지한 것임을 알 수 있다. 참된 마음을 거머쥐면 그 힘을 무엇으로도 막을 수 없다.

初羅馬之滅猶太也, 國可滅而耶穌敎不滅, 羅馬之民轉自服于聖敎。迨羅馬又滅于北狄, 敎更振興, 狄人習之, 使北方諸國喁喁焉信從而向化。由是徧傳歐羅巴諸邦。適指南針初作, 可倫坡持之航西洋, 覓得南北亞美理加大洲, 而敎又傳于西半球之地。

처음에 로마가 유대국을 멸망시킬 때 나라는 멸망시킬 수 있었지만, 예수교는 멸망하지 않았고, 로마제국 사람이 오히려 스스로 그 거룩한 가르침[聖敎]을 믿게 되었다. 로마가 또한 북쪽 오랑캐에게 멸망되었지만, [예수의] 가르침은 더욱 떨쳐 일어나게 되었고, 오랑캐들이 그것을 배워서 북방 여러 나라들로 우러러보고 믿고 따르도록 교화시켰다. 이로 말미암아 유럽의 여러 나라에 두루 전파되었다. 마침 나침반이 처음 만들어 져서 콜럼버스[181]가 그것을 가지고 서쪽 바다로 항해하여 남북 아메리카 대륙을 발견하자 [예수의] 가르침이 또한 서반구 땅에 전파되었다.

如今在彼之花旗及諸國, 皆信從耶穌。當時有法斯科者徃覓南洋水程, 得至印度與中華, 敎益廣傳。此後荷蘭人又覓得南洋中海島, 名奧大利亞, 大于中華十八省, 現屬于英, 近時敎化日盛, 將來必成大國。此卽天導行敎之路, 徧及萬方之兆也。

---

181 원문의 可倫坡는 곧 콜럼버스(Christopher Columbus, 1451-1506)이다. 그는 이탈리아의 항해사이다. 1492~1504년 Christopher는 네 번의 항해를 거쳐 신대륙을 발견했다. 그는 나중에 스페인에서 죽었다. 저자 정위량이 일찍 콜럼버스를 중국인에게 소개했다

오늘날 미국 및 여러 나라는 모두 예수를 믿고 따른다. 당시 바스코 다 가마 [182] 라는 자가 남쪽 바다로 가는 뱃길을 찾아서 인도와 중국에 이르게 되니 [예수의] 가르침이 더욱 널리 전파되었다. 이후 네덜란드[183] 사람 또한 남태평양 가운데 섬인 오스트레일리아를 발견하였는데 크기가 중국의 18개 성보다 더 크고 현재는 영국에 속해 있는데, 근래에 교화가 날로 성왕하여 장래에 반드시 큰 나라가 될 것이다. 이것은 곧 하늘이 인도하여 가르침을 전한 행로이며, 만국에 널리 퍼질 징조(徵兆)이다.

況從耶穌之國, 最爲强盛, 亞非利加南屬英吉利, 北屬佛蘭西。亞細亞南屬英吉利, 北屬峨羅斯。又彌利堅卽花旗, 開國之時, 地甚狹小, 濱于西洋, 今開疆闢宇, 漸至東洋, 合一國。此數國之商船, 無遠弗屆, 尤便于宣傳聖教。而未從耶穌教之國, 多致衰敗, 商舶不能遠遊。天之驅除異端, 輔佑正道, 不顯然哉?

하물며 예수교를 따르는 나라들은 매우 강성하여 아프리카의 남쪽은 영국에 속하고 북쪽은 프랑스에 속하게 되었다. 아시아의 남쪽은 영국에 속하고 북쪽은 러시아에 속하게 되었다. 또한 아메리카 곧 미국은 나라를 세울 때 땅이 매우 협소한 대서양[西洋] 연안이었는데, 지금은 변경을 허물고 개척하고 넓혀서 점차 태평양[東洋]에 이르러 한 나라로 합쳐졌다. 이런 여러 나라들의 상선은 아무리 먼 곳이라도 닿지 못할 곳이 없어 거룩한 가르침을 선전하는데 더욱 편

---

182 원문의 法斯科는 곧 바스코 다 가마(Vasco da Gama, 1460-1524 or 1469-1524)를 가리킨다. 그는 포르투갈 항해가이다. 포르투갈 국왕이 그를 보내어 리스본에서 출발해서 인도로 가려고 했다. 함대가 희망봉 그리고 모잠비크를 지나다가 1498년 5월에 인도 남쪽에 도착했다. 그 해에 함대가 인도에서 출발하여 1499년에 리스본으로 돌아갔다. 바스쿠가 새로운 항로를 발견해서 동서방 무역의 발전과 교류를 촉진했다.

183 원문의 荷蘭은 곧 네덜란드이다. 아래의 奧大利亞는 곧 오스트레일리아 또는 호주이다. 1642-1643년, 네덜란드 사람 A. J. Tasman(1603-1659)이 호주와 뉴질랜드 일대에 갔었고, 지금의 호주를 발견했다.

리하다. 그러나 예수교를 따르지 않는 나라들은 대부분 쇠퇴하고 패망하여 상선을 멀리 보낼 수 없었다. 하늘이 이단을 제거하여 올바른 도를 돕고 보살피는 것이 분명하지 않은가?

然而教之傳, 非出自商人, 教會中特使數千人徃教四方。而諸人甘于涉險, 教友自願輸費, 並非遵王命, 用國帑也。蓋商人以利爲重, 傳教者以仁義爲貴, 以己所深信之道, 勸勉他邦人共信之, 非若釋道兩教, 己且不信, 而欲他人信從者比也。

하지만 [예수의] 가르침이 널리 전해진 것은 상인들에게서 나온 것이 아니고[184], 교회에서 특별히 수천 명의 사람을 사방으로 보내어 가르치도록 한 것이다. 그리고 여러 사람이 기꺼이 위험을 무릅쓰며 교우들이 스스로 원해서 비용을 낸 것이지 결코 왕의 명령을 받들어 나랏돈을 쓴 것은 아니다. 대개 상인들은 이익을 중요하게 여기지만, 전교자는 인의(仁義)를 귀하게 여겨서 자기가 깊이 믿는 그 도를 다른 나라 사람들도 함께 믿도록 권면하니, 불교나 도교 양교(兩敎)가 자신도 믿지 않으면서 다른 사람을 믿고 따르도록 하려 하는 것과는 비교할 바가 아니다.

昔西方有無數鬼神, 爲民所尊崇者, 今皆廢置而不奉, 中華之佛·老·菩薩·鬼神, 將來亦然, 後世僅存其名, 以備稽考。譬如霜雪, 見晛而消, 理之所必然也。

예전에 서방에서는 무수한 귀신들이 있어 백성들이 믿고 숭상하였지만, 지금

---

184 1906년본에는 "상인이 무역하면서 傳敎를 겸한 것은 결코 아니며"라고 되어 있다.

은 모두 없애고 모시지 않는데, 중국의 부처, 노자, 보살, 귀신 등도 장래에 역시 그렇게 되어 후세에는 겨우 이름만 남겨져서 지난 일을 상고(詳考)하는 대상이 되는 데에 그칠 것이다. 비유하자면 마치 서리와 눈이 햇볕이 나면 녹아 없어진 것과 같으니, 이치상 반드시 그렇게 될 것이다.

> 耶穌曰, '凡樹非我天父所樹者, 將拔其根。'卽言異端爲天所滅也。又曰, '天國之道, 猶播芥種于田, 始雖至微, 及其長也, 大於諸蔬, 儼然成樹, 飛鳥卽至, 棲于其枝。'卽言道之興也, 其信然乎!"

예수께서 말하였다. '어떤 나무든지 우리 천부께서 심은 것이 아니라면 장차 그 뿌리가 뽑힐 것이다.'[185] 이것은 곧 하늘이 이단을 소멸(掃滅)시킨다는 말이다. 또한 말하였다. '천국의 도는 밭에 겨자씨를 심는 것 같아서 시작은 비록 작아도 다 자라면 모든 풀보다 커서 엄연히 나무가 되나니 나는 그 가지 위에 깃들이느니라.'[186] 이것은 곧 그 도가 흥성할 것을 말씀하신 것이니, 그것은 진실로 그러하다!'

> 或問, "天父垂訓于世, 獨後中華何歟?"曰, "非也! 是道本古人所知, 後人惑於邪而廢之。時至于唐, 天父垂鑒, 令此道復宣于中華, 波斯人卽由陸路而至, 在陝西勒景敎碑記其事, 可明證也。今天父恩施再沛, 令西人由水程來玆, 復傳福音。將見聖道日顯, 信從日衆, 熙熙然共爲天國之民, 不深愜余之厚望也哉?"

---

185   마태복음 15:13
186   마태복음 13:31~32

어떤 이는 묻는다. "천부께서 세상에 교훈을 내려주심에 유독 중국을 나중에 하신 것은 무엇 때문인가?" 대답한다. "아니다! 이 도는 본래 옛날 사람들이 알고 있었지만, 후세 사람이 사악한 것에 미혹되어 폐한 것이었다. 당나라 때 이르러 천부께서 굽어 살펴보시고 이 도를 중국에 다시 전하라 명령하시자 페르시아[波斯] 사람들이 곧 육로를 따라서 이르렀는데[187], 섬서성(陝西省)[188]에 경교(景敎) 비석을 새겨서 그 일을 기록해 놓았으니 분명하게 증명할 수 있다.[189] 이제 천부께서 은혜를 베푸심이 다시 성대하여, 서양 사람들이 바닷길을 따라 이곳에 도착하여 다시 복음을 전하게 하셨다. 장차 '거룩한 도'가 나날이 드러나고 믿고 따르는 자도 날마다 많아져서 모두가 화목하게 천국의 백성이 된 것을 보게 된다면, 나의 두터운 바람이 깊이 채워지지 않겠는가?[190]"

---

187   1906년본에는 뒤에 "교회당을 세우고 교(敎)를(가르침을) 전파하였으며"라는 말이 있다.
188   1906년본에는 '長安'으로 되어 있다.
189   景敎碑文은 卷末에 附錄으로 수록되어 있다.
190   1906년본에는 "어찌 크게 다행한 일이 아니겠는가?"라고 되어 있다.

第五章 以敎化爲證
제5장 교화를 증거로 삼는다

> 天父初造世人, 賦以善性, 命以正道。 所以古之時, 道精而藝粗。
> 後世文藝漸興, 德乃衰替。 雖論道窮理, 代不乏人, 而異端潛作, 惡俗
> 流行, 非文藝之敗德, 亦非格致之悖理也。 蓋道本于天, 德原于道, 道
> 之旣頹, 建德無由。 譬之太陽西墜, 誰其反之?

천부께서 태초에 세상 사람을 창조하시면서 선한 본성을 부여하고 바른길[正道]을 명령하셨다. 그러므로 옛날에는 도가 정미(精微)하였어도 기예[藝]는 거칠었다.[191] 후세에는 문예가 점차 일어났어도 덕은 쇠퇴하였다. 비록 도를 논하고 이치를 궁구한 것이 시대마다 쓸 만한 인재가 없지는 않았지만[192], 이단이 몰래 일어나고 악한 풍속이 유행했으니, [이는] 문예가 덕을 해친 것도 아니며 또한 격치(格致: 과학, 학문)가 이치를 어그러뜨린 것도 아니다. 대개 도는 하늘에 근본을 두고 덕은 도에 근원하는데, 도가 이미 무너진 이상, 덕을 세움에 방도가 없었던 것이다. 이를 비유하면 태양이 서쪽으로 지는 것과 같으니 누가 이를

---

191 1858년본과 1906년본에는 "기예는 조잡하고 졸렬했지만 도는 오히려 정밀하고 밝았다."라고 하여 서술 순서를 바꾸었다. 원래의 취지를 좀 더 분명하게 전달하기 위한 것으로 보인다.

192 중국의 前漢 때 劉向이 편찬한 『戰國策』에 나온다. 어느 시대에나 그 시대에 적합한 인재가 있기 마련이라는 뜻으로, 직역하면 '어느 시대든 인재가 부족한 적은 없었다.'는 뜻이다. 어느 시대를 막론하고 그 시대에 알맞은 훌륭한 인재들이 많이 있기는 있으되, 소인배들이 날뛰는 바람에 깨끗하고 유능한 인재를 제대로 뽑아 쓰지 못함을 비유적으로 표현한 말이다.

되돌릴 수 있겠는가?

雖聖賢間世而生, 矩行規步, 論仁義, 定禮儀, 正如夜行之燭, 祇照一身, 民仍耽于私慾而莫格也。 至若以怪誕之鬼神立敎, 民雖愚昧, 亦知其僞而不信, 反以縱其慾, 敗其度, 如狂瀾之旣倒, 人力莫之挽回。 苟非天父沛賜鴻恩, 廣行救濟, 降生耶穌, 將奈之何?

비록 성현이 보기 드물게 나와서 법규를 행하고 인의를 논하며 예의를 제정한다고 해도, 마치 밤중의 촛불이 오직 한 몸을 비추는 것과 같아서, 백성은 여전히 사욕에 빠져 [잘못을] 고치지 못했다. 괴이하고 허황된 귀신으로 세운 가르침 같은 것에 이르러서는 백성이 비록 우매하여도 또한 그 거짓을 알아서 믿지 않았는데, 도리어 자신의 욕심을 좇아서 법도를 무너뜨리는 것이 마치 세찬 물결이 본디 뒤집히는 것과 같았으니, 사람의 힘으론 만회할 방법이 없었다. 만약 천부께서 큰 은혜를 성대하게 베풀고 구제를 널리 행하여 예수를 강생시키지 않았다면 장차 어찌 되었겠는가?

聖書曰, "我儕無力時, 自有基督爲罪人死。" 又曰, "世人恃其智, 不識眞神, 故神喜以若愚之道, 救諸信者, 斯乃神之智也。" 耶穌治聾瞽之病, 療癱瘓之疾, 亦明指其敎, 將化愚爲智, 化惡爲善也。 不見夫猶太拒之而亡, 歐羅巴諸國從之而興乎?

성서에서 말했다. "우리가 무력할 때 친히 그리스도가 죄인을 위해 죽으셨다."[193] 또한 말했다. "세상 사람들이 자신의 지혜를 의지하여 참 하나님을 알지

---

193   로마서 5:6

못하니 그러므로 하나님은 미련한 것 같은 도로써 모든 믿는 자들을 구제하기를 기뻐하셨으니 이것이 곧 하나님의 지혜이다."[194] 예수께서 귀먹고 눈먼 병을 고치시며 중풍 병을 낫게 하신 것은 또한 자신의 가르침이 장차 어리석은 자를 지혜롭게, 악을 선으로 바꾸신다는 것을 명확하게 보이신 것이다. 저 유대 나라는 그를 거부해 멸망했지만, 유럽 제국은 그를 따라 번성한 것을 보지 못하는가?

溯斯道之初傳也, 阻隔多而化難遽成。鏤印未作, 聖書雖有抄錄, 而道由口授, 不免傳訛。又羅馬京都之教師, 恃勢自雄, 自稱教王。諸國君民, 皆奉其令, 教中之事, 悉憑其主。是時禁人讀聖書, 外以恐人誤解爲辭, 內則惟恐人知其非而刪之也。

이 도가 처음 전해졌을 때로 거슬러 올라가면, 가로막히고 격리된 것이 많아 교화가 갑자기 이뤄지기에 어려웠다. 인쇄술이 아직 생겨나지 않아서, 성서는 비록 베껴 쓴 것이 있었지만 도가 입을 통해 전수되었으니 와전되는 것을 피하지 못했다. 또한 로마제국 수도의 교사가 세력을 믿고 스스로 영웅시해 자신을 교황[教王, Pope]이라 칭했다. 여러 나라의 임금과 백성이 모두 그 명령을 받들고 교회의 일은 모두 그의 주장에 의지했다. 이때 사람들이 성서를 읽는 것을 금하니, 밖으로는 사람들이 오해할 것을 걱정함을 구실로 삼았지만, 안으로는 단지 사람들이 자신들의 잘못을 알아 비판할 것을 두려워해서였다.

---

194   고린도전서 1:21

至明中興, 有賢儒以諸國土語, 譒譯聖書, 板印廣布, 民始知教王之非而背之。遂蒸蒸日上, 民風丕變。蓋旣明辨乎聖教, 卽引伸觸類[195], 而上知夫天命, 下修其國政, 旁參乎物理。天命旣知, 而人安本分; 國政旣修, 而民樂太平; 物理旣參, 而國愈富足。

명나라 중흥(中興)기에 이르러[196], 뛰어난 학자들이 여러 나라의 토착어로 성서를 번역하고 인쇄해서 널리 퍼뜨리니 백성은 비로소 교황의 잘못을 알아 그를 등졌다. [교화가] 점차 나날이 발전하여 민간의 풍속이 크게 변화되었다. 대개 성스러운 가르침[聖敎]를 명확하게 구별하고 나니, 곧 종류에 따라 끌어내펴서 위로는 저 천명을 알았고, 아래로는 그 국정을 다스렸으며, 가까이는 만물의 이치[物理]를 헤아렸다. 천명을 알고 나니 사람은 본분에 편안하였고, 국정이 다스려지고 나니 백성이 태평을 누렸으며, 물리를 헤아리고 나니 나라가 더욱 넉넉해졌다.

故天主教服教王之邦, 教雖雜而不純, 而尙近乎道, 其國勝于未被教之邦, 而英吉利彌利堅及其餘奉耶穌教之國, 廣印聖書, 任人誦讀, 令人信從, 例無禁阻, 故其國倍勝于服教王之邦。昔耶穌教之人, 力除故土異端, 不暇徃教他方。嘉慶年間, 始遣使徃教南洋島夷, 其人無文字, 無禮義, 草服土舍, 尙力棄德, 好鬭嗜殺, 角勝卽食敵人之肉, 祭神以人爲牲。

---

195 『周易·繫辭上』: "引而伸之, 觸類而長之"
196 1906년본에는 '至明初'로 되어 있는데, 인쇄술의 발명과 성경 번역을 지적하는 것으로 보면 명나라 초기보다 명나라 嘉靖帝(1521-1567년)를 가리킨다고 볼 수 있다. 에라스무스(1469-1536)가 1516년 헬라어 신약성경을 라틴어로 번역 출간함으로써, 이후 유럽에서의 성경 번역의 기초를 제공한 것을 시초로 해서, 루터가 성경을 독일어로 번역 출간한 것은 신약이 1522년, 구약이 1534년이고, 르페브르가 프랑스어로 성경을 번역 출판한 것은 신약이 1525년, 구약이 1530년이다.

그러므로 천주교의 교황을 받드는 나라는, 가르침이 비록 뒤섞이고 불순하여도 오히려 천도에 가까우니 아직 가르침을 받지 못한 나라보다 나았으며, 영국, 미국 및 그 나머지 예수교를 신봉하는 나라는 널리 성서를 인쇄해 사람들이 마음대로 읽어 믿고 따르게 하며 대체로 금지하지 않았으니 그러므로 교황을 받드는 나라보다 갑절로 나았다. 옛날 예수교 사람들은 자기 나라의 이단을 몰아내기에 힘써, 다른 나라로 보내 가르칠 여유가 없었다. 청대 가경제(嘉慶帝)[197] 시절에 이르러 비로소 남양 섬나라[198] 오랑캐에게 사신을 보내어 가르치니, 그들에겐 문자가 없고 예의도 없으며 띠 옷을 입고 흙집에 살며 힘을 숭상하고 덕을 버리며 싸움을 좋아하고 살생을 즐겨 승부를 겨루는데 곧 적의 살을 먹고 사람을 희생으로 삼아 신에게 제사를 지냈다.

往教者以西國文字, 按其土音作書, 設舘以敎之, 福音以誨之。老幼貴賤, 聞之者, 如聞喜報, 卽毀淫祠, 從眞神, 改土舍, 易綿服, 息爭鬪, 修人紀。自謂福音之道, 如天賜靈丹, 我病旣除, 烏可秘而不傳? 卽遣人轉傳于他島。今者南洋服化之島, 星羅棋布, 不可勝數矣。

가서 가르치는 재선교사는 서양의 문자로 그곳 토착어를 조사해 책을 만들고 학관(學舘)을 세워 교육하고 복음을 가르쳤다. 노소귀천[老幼貴賤]을 막론하고 이를 듣는 자는 기쁜 소식을 듣는 것 같았으니, 즉 사신(邪神)을 받드는 사당을 무너뜨리고 참 하나님을 따르며 흙집을 고치고 면복(綿服:목화 솜옷)으로 바꾸며 투쟁을 멈추고 사람의 도리를 다스렸다. 스스로 이르기를, 복음의 도는 하늘이 내린 영약[靈丹]과 같아 내 병이 이미 나았으니 어찌 숨기어 전하지 않을 수 있겠는가? 라고 하며, 즉시 사람을 보내 다른 섬에 두루 전했다. 오늘날

197 중국 淸나라 仁宗 때의 연호로 1796년부터 1820년까지 사용되었다
198 이전의 남양은 현재 동남아 일대를 지칭하는 말로 동남아 일대의 섬나라를 가리킨다고 볼 수 있다

남양에서 교화에 복종한 섬이 별과 바둑돌처럼 바둑돌처럼 사방에 널려 있으니 그 수를 헤아릴 수 없다.

印度爲英吉利所屬久矣。其初商人專柄, 意以斯民服我, 正因愚頑, 若習我國之敎, 恐其茅塞漸開, 難以馴服, 我輩之利寶將絶, 故不任敎師徃宣聖敎。夫百姓無知, 安于陋習, 不有敎化, 何由變成善俗?

인도는 영국에 복속된 지 오래되었다. 그 처음에는 상인들이 권력을 독점했는데, 생각하기를 이 백성이 우리에게 복종하는 것은 바로 우매하고 완고하기 때문인데, 만약 우리나라의 종교[기독교]를 배운다면 아마도 그 막힌 것이 점차 열려 길들여 복종시키기 어려워질 것이니, 우리들[상인]의 이익이 생길 기회가 장차 끊어질 것이라고 하였다. 그래서 선교사가 가서 기독교를 마음대로 전하지 못하게 했다. 대저 백성은 무지하고 나쁜 풍습에 안주하니, 교화가 있지 않으면 어떻게 변화시켜 좋은 풍습을 만들겠는가?

今愚其心以用其身, 舍其貴以役其賤, 忍孰甚焉? 幸英吉利民知義理, 國行仁政, 不受商人之阻, 竟令敎師徃敎。惟不逼令印度人信從, 止聽其自擇。旣而敎化大行, 審知耶穌敎之善, 黜佛敎而從聖敎者, 不可勝計。以是觀之, 天下安有不可敎之民哉?

오늘날 [상인이] 그[백성]의 마음을 어리석게 해 그[백성]의 몸을 쓰며, 그 귀한 것을 버리고 그 비천한 것에 힘쓰게 하니 잔인함이 이보다 심한 것이 있겠는가? 다행히 영국 백성이 의리를 알고 국가가 어진 정치를 베풀어 상인의 방해를 받지 않고 마침내 선교사를 보내 가르치게 했다. 단지 인도인을 억지로 믿고 따르게 하지 않고 다만 그 자유로운 선택에 따랐다. 얼마 지나지 않아 교화가 크게 유행하여, 예수교의 선함을 깊이 알고 불교를 내치며 기독교를 따르는 자가 수를 헤아릴 수 없었다. 이로 보면, 천하에 어찌 가르칠 수 없는 백성이 있겠는가?

或問, "耶穌敎, 何以如此化世之速?" 曰, "其道眞而且全, 故敎行而且速。夫中華儒敎, 言人而不及神, 言人有五倫, 而不知神與人實爲首倫。故僅敎人事世上之君, 不敎之事天上之皇; 敎人孝父母, 不敎之敬天父; 敎人報本追遠, 不敎之尊奉造物之主; 敎人知今生之善惡, 不言來生之禍福。

어떤 이는 묻는다. "예수교는 어째서 이처럼 빠르게 세상을 교화시키는가?" 대답한다. "그 도가 참되고 온전하니 그러므로 가르침이 행해지며 또한 빠른 것이다. 대저 중국의 유교는 사람을 말하지만 신을 언급하지 않으며, 사람에게 오류가 있다고 말하지만 신과 인간 사이가 실로 으뜸된 윤리[首倫]가 됨을 알지 못한다. 그러므로 단지 사람들에게 세상의 임금[君]을 섬기라고 가르치면서 천상의 임금[皇]을 섬기라고 가르치지는 않으며, 사람들에게 부모에게 효도하라고 가르치면서 하늘 아버지[天父]를 공경하라고는 가르치지 않으며, 사람들에게 근본을 잊지 않고 제사 지내 은혜를 갚으라[報本追遠]고 가르치면서 조물주를 우러러 받들라고는 가르치지 않으며, 사람들에게 금생의 선악을 알도록 가르치면서 내생의 화복을 말하지는 않는다.

其敎雖正而且美, 究非全璧, 故慕道者, 雖有導之斯行, 而背道者, 未能令之向化。三代以降, 不乏賢哲, 而民德衰替, 遂信佛老以冀挽頹俗。夫佛老設立偶像, 不過以目之所見者, 恐嚇人心, 不知農置草偶, 以防啄粒之鳥, 鳥習見之, 卽知其爲呆物, 無所忌憚。豈人也而不如鳥乎? 人且因佛老而幷不信天地之大主宰。

그 가르침이 비록 바르고 또한 아름다워도 궁극적으론 완벽하지 않으니, 그러므로 도를 사모하는 자에 대해서는 비록 그를 이끌어 이런 행함이 있게 하지만, 도를 거역하는 자에 대해서는 그를 명하여 교화로 나아가도록 할 수 없었다. 삼대 이후 어질고 이치에 밝은 자가 적지 않았지만, 백성의 덕은 쇠퇴했고, 드디어는 불교와 도교를 믿어 쇠퇴한 풍습을 만회하기를 기대하는 지경에 이르렀다. 대개 불교와 도교는 우상을 만들어 세워 단지 눈으로 보는 것을 가지고 인심을 협박하는 것에 불과하니, [이것은] 농부가 허수아비를 세워 곡식을 먹는 새를 막으려 하지만 새는 습관적으로 이를 보면 곧 그것이 엉터리임을 알아 꺼리는 바가 없게 됨을 알지 못하는 것과 같다. 어찌 사람이 새만 못하겠는가? [문제는] 사람들이 또한 불교와 도교 때문에 아울러 천지의 대 주재를 믿지 않게 되었다는 것이다.

又佛老謂愚民畏在鈇鉞, 妄言地獄諸刑以驚懼之; 思愚民樂于安土, 特言天堂之福以引誘之。所演無據, 人疑杜撰, 人因此幷不信報應之至理。況人倫爲佛老所弗尙, 大端已虧, 其弊不可勝言。而欲以不眞不全之敎, 用以惑世, 其不足以化世也, 何待言哉?

또한 불교와 도교는 어리석은 백성이 부월(鈇鉞)[199]을 두려워한다고 말하면서 지옥과 여러 형틀을 터무니없게 꾸며내어 그들을 두렵게 하고, 어리석은 백성이 편안한 터전을 좋아한다고 생각해서 특별히 천당의 복을 언급하여 그들을

---

199 형구로서 큰 도끼와 작은 도끼

끌어들여 유혹한다. 설명한 것에 근거가 없으면 사람들은 거짓으로 만들어 낸 것으로 의심하니, 이 때문에 사람들이 아울러 보응[因果應報]의 지극한 이치를 믿지 않게 되었다. 하물며 인륜을 불교, 도교가 숭상하지 않아 큰 근본이 이미 손상되었으니 그 폐단은 이루다 말할 수 없다. 그런데도 참되지 못하고 온전하지 못한 가르침으로 혹세무민하고자 하니, 그것이 세상을 교화하기에 부족함을 어찌 말할 필요가 있겠는가?

耶穌敎之正道, 降自眞神。 眞神以己樣造人, 則神與人自爲一倫。人旣爲眞神所造, 卽當知吾身之所由來, 事神之爲要務, 神與人當立之爲首倫也明矣。 神人立爲首倫, 五倫乃行乎其下而有序。 如室基有磐石, 萬椽架乎其上, 方得安固。 五倫譬如珠寶, 不可缺少; 首倫譬如金索, 貫串無遺。 故眞神乃萬王之皇, 世上君王與庶民, 共爲其臣, 其無不在, 無不知, 喜善嫉惡, 可不誠心愼獨以崇奉之哉?"

예수교의 바른 도[正道]는 참 하나님으로부터 내려왔다. 참 하나님은 자신의 형상대로 사람을 만들었으니, 곧 하나님과 사람이 자연히 첫 번째 관계[一倫]이다. 사람은 참 하나님이 만들었으니 곧 마땅히 자기 몸이 유래하는 바를 알아 하나님을 섬기는 것을 중요한 임무로 삼아야 하며, 하나님과 사람 사이의 관계를 마땅히 으뜸된 윤리[首倫]로 세워야 함이 분명하다. 하나님과 사람 사이의 관계가 으뜸된 윤리로 세워지면, 오륜(五倫)은 곧 그 아래에서 행해져 질서가 있게 된다. 마치 집의 기초에 반석이 있고 그 위에 많은 서까래와 도리가 있어야 비로소 안정되고 튼튼할 수 있는 것과 같다. 오륜을 비유하면 진주 보석과 같으니 [하나라도] 빠뜨릴 수 없고, 으뜸이 된 윤리를 비유하면 황금 실과 같으니 그것들을 꿰어서 빠뜨리는 것이 없다. 그러므로 참 하나님은 곧 만왕의 임금으로, 세상의 군왕은 서민과 더불어 모두 그 신하가 되고, 어디든 계시고 모든 것을 아시며 선을 기뻐하고 악을 미워하시니, 진실한 마음과 삼가 조심함으로 그를 높이 받들지 않을 수 있겠는가?"

○今日[200], "今生如春, 來生如秋。 生前所種, 死後必收。 來生禍福, 皆應生前善惡。 禍其可不懼, 福其可不望乎? 況耶穌捨命以贖我罪, 我烏得不捨己以從之? 眞神以聖靈回我性之偏僻, 賦我心以善良, 扶持我行止, 我輩不宜遵道而行, 時防半塗之廢乎?

나는 또한 말한다. "금생은 봄과 같고 내생은 가을과 같다. 생전에 파종한 것을 사후에는 반드시 거둔다. 내생의 화복은 모두 생전의 선악에 부응한 것이다. [인생이] 화(禍)를 두려워하지 않고, 복(福)을 바라지 않을 수 있겠는가? 하물며 예수는 생명을 버려 우리의 죄를 속했으니, 우리가 어찌 자신을 버려 그를 따르지 않을 수 있겠는가? 참 하나님은 성령으로 우리들의 편벽된 본성을 돌이키시고 선한 양심을 우리들 마음에 부여해 우리들의 가고 멈춤을 붙들어 주시니, 우리는 마땅히 도를 따라 행하며 늘 도중에 그만두는 것을 막아야 하지 않겠는가?[201]

要之, 耶穌之福音彰著眞神之恩威, 赦人前非, 補人後過, 新其心, 翼其德, 幷用愛惡懼望之心, 以遠惡而近善, 故曰敎之全也。 其源可溯, 不能假借, 敎之眞也。 旣眞且全, 化天下自易易焉。 復何疑哉? 耶穌曰, "謹防僞師, 其就爾, 外如羔羊, 內實豺狼。 是可因其果而識之, 善樹結善果, 惡樹結惡果也。"

---

200 ○今日 ⊗ : 1858년본과 1906년본에는 없고 대신 '至於報應之理則'이 있다.
201 『中庸』: "君子遵道而行, 半塗而廢, 吾不能已矣."

요약하면, 예수의 복음은 참 하나님의 은총과 위엄을 분명히 드러내어, 사람들이 전에 행한 잘못을 용서하고 이후의 과실을 보완하며, 그 마음을 새롭게 하고 그 덕을 도우며, 아울러 사랑과 미움, 두려움과 소망의 마음을 사용해 악을 멀리하고 선을 가까이 하게 하니, 그러므로 온전한 가르침[教之全]이라고 한다. 그 근원을 거슬러 올라갈 수 있고 가짜로 꾸밀 수 없으니, 참된 가르침[教之眞]이다. 이미 진실되고 온전하니, 천하를 교화하는 것이 자연 매우 쉬운 것이다. 다시 어찌 의심하겠는가? 예수가 말했다. '거짓 선생을 주의하라. 그가 너에게 나아가는데 겉으로는 어린양 같으나 내실은 승냥이와 이리이다. 이는 그 결과로 그를 알 수 있는 것이니, 선한 나무는 선한 열매를 맺고 악한 나무는 악한 열매를 맺느니라.'[202]

202　마태복음 7:15~20

第六章 以道之妙爲證
제6장 도의 오묘함을 증거로 삼는다

或問, "何者爲道之妙?" 曰, "人所未知, 聖書顯之。人之敎多不衷理, 聖書衷之以無過不及之道, 導人成德, 其則甚美, 其法甚簡, 其言惟誠, 其道惟一。今以道之顯者言之。

어떤 이는 묻는다. "무엇이 도의 오묘함인가?" 대답한다. "사람이 알지 못하는 바를 성서가 드러낸 것이다. 사람의 가르침은 이치에 합당하지 않음이 많지만, 성서는 지나침도 모자람도 없는 도로써 합당하게 하고, 사람을 인도하여 덕을 이루게 하니 그 규칙은 매우 아름답고 그 법도는 매우 간단하며, 그 말은 매우 진실하고 그 도는 오직 하나이다." 이제 도의 드러난 것으로 설명하겠다.

人生世上, 戴者天, 履者地, 其由于創造乎? 抑自然而有者乎? 人不能知也。人之身從何來? 靈從何往? 死爲何故? 罪由何脫? 人又不知也。于此至要之端, 不能知而不求其知, 奚啻痴人行路, 不辨攸往之途乎? 夫靜觀萬物, 盡顯造物主之大知·大能·大仁, 而至要之端, 苟非自天示敎, 雖悉心窮究, 何由知之? 故各國聖人罕言之, 卽言之而亦秖憑臆度, 未能確指。夫聖賢猶未能確指, 而望衆人之不惑也, 不亦難乎?

사람이 세상에 태어나서 머리에 이는 하늘과 밟는 땅, 그것은 창조로부터 말미암은 것인가? 혹은 저절로 있는 것인가? 사람은 알 수 없다. 사람의 몸은 어디에서 왔는가? 영은 어디로 가는가? 죽음은 무엇 때문인가? 죄는 무엇으로 말미암아 벗어나겠는가? 사람은 또한 알지 못한다. 이처럼 중요한 단서들을 알지도 못하고 알려고 하지도 않으니 어찌 바보가 길을 가면서 가는 길을 분별하지 않는 것과 같을 뿐이겠는가? 무릇 만물을 조용히 관찰하면 모두 '조물주'의 대지(大知)·대능(大能)·대인(大仁)을 나타내지만, 지극히 중요한 단서들은 하늘로부터 가르침을 드러나 보이지 않는다면 비록 마음을 다하여 궁구하여도 무엇으로 말미암아 그것을 알겠는가? 그런 까닭에 각 나라의 성인도 그것을 드물게 말하였고[203], 말한다 해도 다만 추측에 의지할 뿐이었고 명확하게 지적하지 못하였다. 무릇 성현도 오히려 명확하게 지적하지 못하였거늘 보통 사람들이 미혹되지 않기를 바란다면 또한 어렵지 않겠는가?

今讀聖書, 其言天地, 乃昔之所無, 眞神造而始有。 其言神, 乃至尊惟一, 造化萬物, 調攝萬事者。 其言人也, 混沌初開, 未有人民, 天父造一夫一婦, 爲世人之父母, 而世人皆爲同族。 其言人之死也, 由始祖得罪, 天父降災, 流傳至今, 故無人得免于死。 其言人脫于罪也, 由天父降其子耶穌, 以代人罪, 俾脫于刑, 又降聖靈以感化人心, 俾絶于惡。 其言靈魂也, 身體必死而歸土, 惟靈魂不死, 善者昇天, 惡者下獄。 凡此皆人所不能知, 而聖書臚列斯言, 以啓人知, 實爲至理之秘鑰, 生人之寶藏。 觀乎此, 而羣疑衆謗, 自可釋然解矣。

이제 성서를 읽어보니, '천지'에 대해서는 옛날에 없던 것을 참 하나님께서 창

---

203 『論語·子罕』: "子罕言利與命與仁." '드물게 말했다(罕言)'라는 것은 거의 말하지 않았다는 뜻이다.

조하셔서 비로소 있게 된 것이라고 말한다. '하나님'에 대해서는 지극히 존귀하고 유일한 한 분이시며 만물을 만드시고 만사를 알맞게 보살피고 다스리시는 분이라고 말한다. '사람'에 대해서는 세상이 처음 열릴 때 사람이 아직 없었는데 천부께서 한 지아비와 지어미를 만드시고 세상 사람의 부모가 되게 하셨으니 세상 사람들은 모두 동족이라 말한다. '사람의 죽음'에 대해서는 시조가 죄를 지음으로 말미암아 천부께서 재앙을 내리시고 오늘날까지 전해 내려오므로 죽음에서 면제된 사람이 아무도 없다고 말한다. '사람이 죄에서 벗어남'에 대해서는 천부께서 그의 아들 예수를 내려 보내심으로 말미암아 사람의 죄를 대속하여 형벌에서 벗어나게 하고 또 성령을 내려 보내셔서 사람의 마음을 감화하여 악을 끊게 하신다고 말한다. '영혼'이라는 것에 대해서는 신체는 반드시 죽어서 흙으로 돌아가지만, 오직 영혼은 죽지 않아서 선한 자는 승천하고 악한 자는 지옥에 떨어진다고 말한다. 무릇 이 모든 것은 사람이 알 수 없지만, 성서가 이런 말을 순서대로 열거하여 사람을 깨우쳐 알게 하니, 진실로 지극한 이치의 비밀을 밝히는 열쇠요, 사람을 살리는 감추어진 보물이다. 이를 보면 대중의 의심과 비방이 저절로 환히 풀릴 것이다.

且聖書所言, 規之于理, 無不悉合, 非他敎比也。今世上之敎, 或以天地爲神, 因而祭之, 或信無數鬼神, 因而祭之。不知天地爲五行所成, 絶無知覺之靈。鬼神乃天使魔鬼之屬, 亦無禍福之權, 何用獻祭? 聖書言造物主至尊惟一, 旣神且靈, 則人可知獻祭之有專屬矣。他敎言人于來生, 昇則成神, 降則爲畜, 或謂人死, 其靈卽散, 並無來生之理。聖書曰'人之靈不散不滅, 不昇不降, 生而爲人, 死亦爲人。有今生以別善惡, 有來生以定禍福', 則人可曉然于來生之事矣。

또한 성서가 말하는 것을 이치에 맞춰보면 다 부합되지 않음이 없어서 다른 가르침과는 비교가 안 된다. 오늘날 세상의 가르침은 혹은 천지를 신으로 삼아서 그 때문에 그들에게 제사를 지내며, 혹은 무수한 귀신을 믿어서 그 때문에 그들에게 제사를 지낸다. 이것은 천지가 오행(五行)으로 이루어진 것이어서 지각 있는 영이 절대로 없음을 알지 못한 것이다. 귀신은 곧 천사나 마귀의 무리이고 또한 화복을 줄 권리도 없는데 제사를 올린들 무슨 도움이 되겠는가? 성서에서는 말하기를, 조물주는 지존하고 유일하시며, 신묘하고 또 영험하시니, 사람이 제사를 지낼 오직 한 분이심을 알 수 있다. 다른 가르침에서는 말하기를, 사람이 죽은 후에는 [하늘로] 올라가면 신이 되고 [땅으로] 내려가면 짐승이 된다고 하고, 혹은 또 말하기를, 사람이 죽으면 그 영은 곧 흩어지니 결코 내생(來生)의 이치는 없다고 한다. 성서는 '사람의 영은 흩어지지 않고 없어지지도 않고, 올라가지도 않고 내려가지도 않고 살아도 사람이고 죽어도 사람이다. 금생(今生)에는 선악의 구별이 있고 내생에는 화복의 결정이 있다'라고 하였으니, 사람은 [그를 통해] 사후의 일을 환히 알 수 있다.'

他教或謂人性無不善, 或謂人性無善無惡。聖書曰'神造人, 性本善, 被魔鬼誘惑, 遂變而爲惡', 則人可知性惡之所由來矣。他教或謂日誦佛號, 雖不立行, 亦堪修心, 或謂能守人倫, 雖不信神, 亦堪盡性。而聖書命人信眞神, 時切祈求, 守人倫, 歸于力行, 是必兼信德[204]·躬行以爲善。如鳥有兩翼, 方可戻天, 不若修心盡性之各有漏義也。他教或以天爲慈悲, 悔罪卽蒙赦宥, 或以天爲嚴直, 獲罪則無所禱。而聖書謂天父嚴慈兩備, 嚴則有罪必罰, 慈則悔過赦。所以耶穌降世代人贖罪, 人得拯救, 而天道之大公無私, 益昭然矣。要之, 他教由于臆度, 未免有過有不及, 聖書降自天父, 道出于天, 無過不及之患。人見聖書適中乎道, 安可不獨歸尊榮于天父乎?

204 　1858년본과 1906년본에는 '信德'이 '心信'(마음으로 믿음)으로 되어 있다.

다른 가르침에서는 혹은 사람의 본성에 선하지 않음이 없다고 말하고, 혹은 사람의 본성에는 선도 없고 악도 없다고 말한다.[205] [하지만] 성서는 '하나님께서 사람을 창조하셨고 그 본성이 선하였는데 마귀의 유혹을 받아서 마침내 변하여 악하게 되었다.'라고 말하니, 곧 사람은 본성이 악하게 된 유래를 알 수 있다. 다른 가르침에서는 혹은 날마다 부처의 이름을 부르면 비록 행하지 않아도 역시 마음을 닦은 것에 해당한다고 말하며, 혹은 인륜을 지킬 수 있으면 비록 신을 믿지 않더라도 역시 본성을 다한 것에 해당한다고 말한다. 그러나 성서는 사람에게 참 하나님을 믿고, 늘 간절히 기도하며, 인륜을 지키고 힘써 행하라 명령하니, 이것은 반드시 믿음의 덕과 몸소 행함을 겸한 것으로 선을 삼은 것이다. 마치 새가 두 날개가 있어야 비로소 하늘 높이 날 수 있는 것 같으니, 마음을 닦는 것[修心]과 본성을 다하는 것[盡性]이 각각 빠뜨린 도리가 있는 것과는 같지 않다.[206] 다른 가르침에서는 혹은 하늘이 자비하니 죄를 회개하면 즉시 사면을 받는다고 하고, 혹은 하늘이 엄하고 강직하니 죄를 지으면 빌 곳이 없다고 말한다. 그러나 성서에서는 천부께 엄함과 자비하심이 둘 다 있으니, 엄하시므로 죄가 있으면 반드시 벌하시고, 자비하시므로 잘못을 회개하면 용서하신다고 말한다. 그러므로 예수가 세상에 내려와 사람을 대신하여 죄를 속하여 사람이 구원을 얻으니, 천도가 매우 공정하고 사사로움이 없으며 더욱 밝고 뚜렷해졌다. 요컨대 다른 가르침은 억지스러운 추측으로 말미암아 과하거나 미치지 못함을 면하지 못하는데, 성서는 천부로부터 내려왔고 도는 하늘로부터 나왔으니 지나치거나 미치지 못하는 염려가 없다. 사람이 성서가 도에 들어맞는 것을 보고서 어찌 오직 존귀와 영광을 천부께 돌리지 않을 수 있겠는가?

---

205 『孟子・告子上』: "公都子曰, 告子曰, '性無善無惡也.'" 고자(告子)의 단수설(湍水說)을 참조
206 修心은 앞에서 말한 불교의 수행에 해당하는 것으로 마음으로 믿음은 있지만 몸으로 행함은 없다는 것이고, 盡性은 유교의 실천으로 몸으로 행함은 있지만 마음으로 믿음은 없어서 각각 한 쪽이 빈다는 의미이다.

且聖書導人成德, 不第威以畏之, 恩以勸之已也。尤必樹之儀型, 以作則于天下, 使人各有所矜式。耶穌曰, "敵爾者愛之, 詛爾者祝之, 憾爾者善視之, 陷害窘逐爾者, 爲之祈禱。如是, 則可爲天父之子。蓋天父以日照夫善不善者, 以雨濡夫義不義者也。故爾當純全, 若爾天父焉。"夫天父之純全, 卽天父之聖德也。聖書陳之綦詳, 玆不復贅。又保羅曰, "吾觀主榮, 如鑑照我, 主之靈化我, 效主像, 久而彌光。"

또한 성서는 사람을 인도하여 덕을 쌓도록 함에, 위엄으로 두렵게 할 뿐만 아니라 은혜로써 사람을 권면하여 그치게 한다. 특히 반드시 천하에 규범을 세워 사람들이 각기 공경하고 본받을 바가 있도록 하였다. 예수께서 말씀하셨다. "너희를 대적하는 자를 사랑하고, 너희를 저주하는 자를 축복하며, 너희를 미워하는 자를 선대하고, 너희를 모함하고 쫓아내는 자를 위해서 기도하라. 이같이 한즉 천부의 자녀가 될 수 있을 것이다. 왜냐하면 천부께서는 선한 자나 선하지 않은 자에게도 햇빛을 비추시고, 의로운 자나 의롭지 않은 자에도 비를 내리시기 때문이다. 그러므로 너희 천부와 같이 너희도 마땅히 순전하라."[207] 천부의 순전하심은 천부의 거룩한 덕[聖德]이다. 성서가 그것을 매우 상세하게 진술하였으니 여기에 다시 군더더기를 붙이지 않겠다. 또한 바울은 말하였다. "내가 주의 영광을 보니 마치 거울이 나를 비추는 것과 같고, 주의 영이 나를 변화시켜 주의 형상을 닮게 하니 세월이 갈수록 더욱 빛나도다."[208]

或曰, "眞神無形可像, 誰能仿之? 情狀不同, 誰能感之? 其性玄妙, 誰能測之?"曰, "知人非徒識面, 貴知其才德。才德不易見, 迹其平

---

207 마태복음 5:44-48
208 고린도후서 3:18

日之所言所行, 以量度之可耳。 今神之所爲, 燦著于目前者, 萬物之妙用, 悉彰其才也, 生死災祥, 皆顯其德也。 無才不備, 無德不全, 特恐我量之隘, 未足周知。 如人觀日, 有奪目之嫌耳。"

어떤 이는 말한다. "참 하나님은 그릴 수 있는 형상이 없으니, 누가 그를 모방할 수 있겠는가? 실정과 실상이 다르니 누가 그에 감화받을 수 있겠는가? 그의 본성은 깊고 오묘하니 누가 그를 헤아릴 수 있겠는가?" 대답한다. "사람을 안다는 것은 단지 얼굴만 아는 것뿐만 아니라 그 재능과 덕을 아는 것이 귀하다. 그 재능과 덕은 쉽게 드러나지 않더라도 그의 평소 말하는 것과 행동하는 것을 좇아서 헤아려 알 수 있다. 이제 하나님께서 하신 일이 눈앞에 환히 드러나 있으니, 만물의 오묘한 작용이 다 그의 능력[才]을 나타내며, 삶과 죽음, 재앙과 복이 다 그의 덕을 나타낸다. 재능이 갖춰지지 않음이 없고 덕이 온전하지 않음이 없건만, 다만 내 역량이 적어서 아직 널리 알지 못함을 염려한다. 마치 사람이 해를 볼 때 눈이 부시어 제대로 보지 못하는 혐의가 있는 것과 같다."

眞神之德, 分之爲五常, 散之爲萬善, 而合之則曰聖, 如日光分爲五色, 合之則爲太素也。 聖書曰, "神乃光, 無稍暗。" 又曰, "彼處光明, 人所未見, 亦不得見。" 然神之光明雖不得見, 而耶穌爲神之表, 無不可見。 正如觀日不得仰視其光, 而光映在月, 人樂共觀也。 聖書曰, "神之榮, 顯于耶穌之顏。" 又曰, "神以其子肇造天地, 立爲萬物主, 厥子顯其光華, 肖乎其質。" 約翰曰, "未有人見神, 惟獨生子在父懷者, 彰明之。" 保羅曰, "神之盛德, 悉在基督。" 故效法其子, 卽效法天父也。 且耶穌常自稱爲人子, 具有神人兩性, 德雖充乎兩間, 實卽萃於一身, 非渺茫而莫測, 乃可依[209]而可親。 其情同于世人, 人

---

209 1906년본에는 '依'가 '見'으로 되어 있다. 그러면 '볼 수 있고'가 된다.

可觀摩而自化。

　참 하나님의 덕은 나뉘어 오상(五常)[210]이 되고 흩어져서 온갖 선이 되며, 그
것을 합하면 성(聖)이라 부르니, 마치 햇빛을 나누면 오색이 되고 그것을 합하
면 곧 태소(太素)[211]가 되는 것과 같다. 성서는 말씀하셨다. "하나님은 빛이시라,
어둠이 조금도 없도다."[212] 또 말씀하셨다. "그곳은 밝은 곳이라, 사람이 아직 보
지 못하였고 또한 볼 수도 없도다."[213] 그러나 하나님의 밝은 빛은 비록 볼 수 없
어도 예수께서 하나님의 표상이시니 볼 수 없음이 없다. 흡사 해를 볼 때 그 빛
을 쳐다볼 수 없어도 그 빛이 달에 비치면 사람들이 함께 바라보고 즐거워하
는 것과 같다. 성서는 말씀하셨다. "하나님의 영광이 예수의 얼굴에 나타나도
다."[214] 또 말씀하셨다. "하나님께서 그 아들로 말미암아 세상을 창조하시고 만
물의 주인으로 세우시고, 그 아들이 하나님의 광채를 나타내니 그 바탕이 닮았
도다."[215] 요한은 말하였다. "지금까지 하나님을 본 사람이 없으되 아버지의 품
속에 있는 독생자만이 그를 밝게 나타내셨느니라."[216] 바울은 말하였다. "하나
님의 큰 덕이 모두 그리스도에게 깃들었도다."[217] 그러므로 그 아들을 본받는 것
이 곧 천부를 본받는 것이다. 또 예수는 늘 자신을 사람의 아들[人子]이라 일컬
었고 하나님과 사람의 두 본성을 가졌으니, 비록 덕이 하늘과 땅 사이에 충만해
도 사실은 한 몸에 모여 있어, 아득하고 헤아릴 수 없는 것이 아니라, 의지할 수
있고 친해질 수가 있다. 그의 성정이 세상 사람과 같으니 사람이 보고 배워서
자신을 변화시킬 수 있다.

210　五常은 유교에서 인간이 갖춰야할 다섯 가지 덕목인 인(仁), 의(義), 예(禮), 지(智), 신(信)
　　　을 뜻한다.
211　『列子·天瑞』: "太素者, 質之始也."
212　요한일서 1:1
213　디모데전서 6:16
214　고린도후서 4:6
215　히브리서 1:2
216　요한복음 1:18
217　골로새서 2:9

夫耶穌生於馬廄, 死於十字架, 天罰頻加, 諸難歷試, 則思義而忍受。魔鬼惑之, 則篤敬而有守; 世人惡之, 則憐其愚而不慍。既孝親, 又孝天父, 既遵王法, 又遵天法。與人交接以溫和, 祈禱天父以虔恭。與樂者同樂, 如憂者同憂, 而又捨己以贖世人之罪。故言而爲天下法, 行爲天下則。聖書云, "既有大祭司長神子耶穌, 直造乎天, 則我儕宜固守其教。蓋吾之祭司長, 能體恤吾荏弱, 彼於凡事, 困苦備嘗, 亦如我然, 惟未羅於罪耳。" 又曰, "所命我之前途, 恒心竭力趨之, 以仰望立法施賚者耶穌。昔思所許之樂, 受苦於十字架, 雖恥不以爲意, 今坐神之右, 人以橫逆相加, 彼忍之。爾當追思, 勿怠爾志, 勿喪爾膽。" 又曰, "爾爲神之愛子, 當效神, 亦當用愛, 效基督愛我, 爲我儕捨身獻己爲祭也。" 其立則於天下, 不盡美而盡善哉?

예수는 말구유에 태어나서 십자가에서 죽었으며, 천벌이 잇달아 더해지고 여러 가지 어려움으로 시험을 겪으면서도 의를 생각하여 견디고 받아들였다. 마귀가 그를 유혹하자 행실을 독실하고 조심히 하면서 자신을 지켰으며, 세상 사람들이 그를 미워하자 그들의 어리석음을 불쌍히 여기고 성내지 않았다. 부모에게 효도하고 또한 천부께도 효도했으며, 왕의 법을 준수하고 또한 하늘의 법도 준수하였다. 사람들과 온화하게 교제했고, 천부께는 경건하게 기도하였다. 즐거워하는 자들과 함께 즐거워하고 우는 자들과 함께 울었고, 자기를 버려 세상 사람들의 죄를 대속하였다. 그러므로 말은 천하의 법이 되었고, 행동은 천하의 준칙이 되었다.[218] 성서는 말씀하셨다. "대제사장이며 하나님의 아들이신 예수가 있어 곧장 하늘에 올라가 계시니 우리는 마땅히 그 가르침을 굳게 지킬지어다. 무릇 우리의 제사장은 능히 우리의 연약함을 가엾게 여기고 모든 일에 우리와 똑같이 어려움을 다 겪었으나 다만 죄는 짓지 아니하시니라."[219] 또 말씀하

---

218   『中庸』: "是故君子動而世爲天下道, 行而世爲天下法, 言而世爲天下則."
219   히브리서 4:14-15

셨다. "나에게 명령하신 앞길을 한결같은 마음으로 힘껏 좇아서, 법을 세우고 베풀어 주는 예수를 우러러 바라보자. 그는 옛적에 허락하신 기쁨을 생각하여 십자가에서 고난을 받는 것이 비록 수치스러워도 개의치 않았고, 지금은 하나님 우편에 앉아서 사람이 서로 횡포(橫逆)한 행위를 더해도 그것을 참고 있다. 너희는 마땅히 이전 일을 돌이켜 생각하고, 너희의 뜻을 게을리 하지 말며, 너희가 우러러 보는 것을 잃어버리지 말라."[220] 또 말씀하셨다. "너희는 하나님의 사랑하는 자녀들이니 마땅히 하나님을 본받고 또 마땅히 사랑을 베풀고, 그리스도가 우리를 사랑하여 우리를 위하여 자기 몸을 내던져 제사 지낸 것을 본받아라."[221] 그가 천하에 세운 규범은 더할 나위 없이 아름답고 더할 나위 없이 선하지 않은가?[222]

然而仿之非難, 其法甚簡。 夫董之以威, 不如周之以愛。 耶穌降而天下得救, 耶穌昇而天下咸治, 耶穌用其愛, 而蒙其愛者, 無不酬之以愛。 蓋以耶穌旣爲我罪, 離大榮, 舍至樂, 降塵凡, 受苦辱之爲己甚也, 人尙可怙罪惡而不改, 不負十字架以相從乎? 佛蘭西之王那波良曰, "我曾有臣數人, 甘爲我死, 不如耶穌越千餘年, 億兆猶甘爲之死。 使人愛之如此, 豈非神乎?" 況愛本于情, 愛之至者, 觀感而化。 如鎔金鑄物, 自然成質, 不假錐鑿。 故世人傚法耶穌, 如子之傚父, 弟之傚師, 薰陶旣至, 自然而成。

그러나 예수를 닮는 것은 어려운 일이 아니며, 그 방법은 매우 간단하다. 무릇 위엄으로 그들을 바로잡는 것은 사랑으로 그들을 구제하는 것만 못하다. 예수가 강생하여 천하가 구원을 얻었고, 예수가 승천하여 천하가 다 다스려졌고,

---

220   히브리서 12:1-13
221   에베소서 5:1-2
222   『論語・八佾』, "子謂韶, '盡美矣, 又盡善也.' 謂武, '盡美矣, 未盡善也.'"

예수가 그의 사랑을 베푸시니, 그 사랑을 입은 자들은 그에게 사랑으로 보답하지 않음이 없었다. 대개 예수가 이미 우리의 죄를 위하여 큰 영광을 떠나고 큰 기쁨을 버리고 세상에 내려와 곤욕을 너무 심하게 당하셨으니, 사람들이 어찌 여전히 죄악을 저지르면서 회개하지 않고 십자가를 지고서 따르지 않을 수 있겠는가?[223] 프랑스의 왕 '나폴레옹'(Napoleon Bonaparte)은 말하였다. "일찍이 나에게 여러 신하가 있어서 나를 위하여 기꺼이 죽었지만, 천여 년 세월 동안 수억 명의 사람들이 예수를 위하여 기꺼이 죽은 것만 못하다. 사람들이 이처럼 그를 사랑하게 하였으니 어찌 신이 아니겠는가?" 더욱이 사랑은 정(情)에 근거하니, 사랑이 지극하면 보고 감화된다. 마치 쇠를 녹여 틀 속에 부어 물건을 만드는 것처럼 자연스럽게 모양을 만들어 송곳과 끌이 필요하지 않다. 그러므로 세상 사람들이 예수를 본받는 것은 마치 자식이 부모를 본받고 제자가 스승을 본받는 것처럼 그 가르침[薰陶]에 이르면 자연스럽게 이루어진다.

耶穌將死時, 與門徒言曰, "我立新法, 爾當相愛。" 馬太傳曰, "當一心一性一意愛主爾之神。 此誠之首且大者, 其次愛人如己。 亦猶是二者乃律法先知之綱領也。" 夫天父之誠有十, 而求其要旨, 愛神愛人兩端盡之。 蓋用愛之情, 或以親故, 或以德故。 有德者雖非親屬, 無不因企慕而生愛。 骨肉之親, 不論其德, 必因一本而用其愛。 誠以父母之恩, 昊天罔極, 兄弟之親, 誼切同胞, 卽使父母頑嚚, 兄弟薰猶, 而愛惜之情, 自不能已。 而況天父以巍巍之德, 沛浩浩之恩, 俯視世人, 共爲子類, 愛憐衆庶, 特降耶穌, 而可不一心一性一意以愛之乎?

예수가 장차 죽을 때에 제자들에게 말씀하셨다. "내가 새로운 법을 세웠으

---

223   누가복음 9:23

니, 너희는 마땅히 서로 사랑하라."[224] 마태복음에서 말씀하셨다. "마땅히 한마음 한 생명[性] 한뜻으로 주 너의 하나님을 사랑하라. 이것이 첫 번째 큰 계명이요, 그 둘째는 남을 너 자신과 같이 사랑하라. 또한 이 두 계명이 율법과 선지자의 강령이니라."[225] 천부의 계명이 열 가지가 있는데 그 요지를 구한다면, '하나님 사랑'과 '이웃사랑' 두 단서가 그 전부이다. 대개 사랑이라는 감정을 사용하는 것은 '혈육의 정[親情]' 때문이요 혹은 '덕행' 때문이다. 덕이 있는 자는 비록 친척이 아니더라도 앙모함으로 인해 사랑이 생겨나지 않음이 없다. 가까운 혈육은 그 덕행을 논할 것 없이, 한 뿌리이기에 반드시 그 사랑을 사용한다. 참으로 부모의 은혜는 큰 하늘처럼 지극히 넓고 끝이 없고, 형제 사이에는 한 태를 타고난[同胞] 정이 절실함이 마땅하니, 설령 부모가 완고하고 어리석거나 형제가 선하든 악하든 사랑하고 아끼는 마음은 스스로 그만두지 못한다. 더욱이 천부께서는 높고 높은 덕과 크고 큰 은혜로써 세상 사람들을 굽어 살피시고 모두를 자식으로 삼으시고 뭇사람들을 가엾게 여기셔서 특별히 예수를 내려 보내셨으니, 어찌 한마음, 한 생명, 한뜻으로 그를 사랑하지 않겠는가?

且旣愛天父, 必愛世人。 何則, 世人無一非天父之子, 由天父而親視之, 人與我皆爲兄弟。 所以門徒見人之惡, 每流涕苦勸, 幷慮他國未聞道者, 專事邪魔, 不崇天父, 棄善從惡, 無心望救, 爲之號泣祈禱, 或身敎之, 或使人往敎之。 有善必勸, 有惡必規, 其愛世人之情, 無不懇切。 無非以愛之一字, 遵神命, 仿耶穌, 期世人克受其愛, 共歸于悔改耳。 仿之之法, 不甚簡哉?

또한 천부를 사랑한다면 반드시 세상 사람들을 사랑한다. 왜냐하면, 세상 사

224   요한복음 13:34
225   마태복음 22:37-40

람들은 한 사람도 천부의 자식이 아님이 없으니, 천부로 말미암아 그들을 가까이 보면, 세상 사람들은 나와 모두가 형제이기 때문이다. 그래서 제자들은 사람의 죄를 볼 때 매번 눈물을 흘리며 애써 충고하였고, 아울러 다른 나라에서 이 도를 아직 듣지 못한 자들이 오로지 사악한 마귀를 섬기며 천부를 숭배하지 않고 선을 버리고 악을 좇아서 구원을 바라는 마음이 없음을 염려하여서, 그들을 위하여 울부짖고 눈물로 기도하고 혹은 몸소 그들을 가르치고 혹은 사람을 보내 가르쳤다. 선이 있으면 반드시 권장하고 악이 있으면 반드시 규제하니, 세상 사람들을 사랑하는 그 마음이 간절하지 않음이 없었다. 사랑[愛]이란 한 단어로써 하나님의 명령에 순종하고 예수를 본받으며, 세상 사람들이 능히 그 사랑을 받아 함께 회개하는 데로 돌아가기를 바라지 아니함이 없었다. 예수를 본받는 방법은 매우 간단하지 않은가?

且聖書言無不誠, 其惡惡也, 未嘗掩其善; 其揚善也, 未嘗掩其惡。如言始祖亞當肯乎天父, 又言其犯禁令, 貽災於後世。言挪亞盛德在躬, 洪水時神卹其災, 又言其酒後受辱。稱亞伯拉罕有義, 深信天父, 又言其畏死而妄談。稱雅各爲天父所愛, 又言其欺父薄兄。稱摩西稟性溫和, 誠事天父, 又言其暴怒犯令。稱大闢王, 智勇仁義, 爲天父意中之人, 又言其奪人妻而殺其夫。稱所羅門王有大智, 又言其娶他國之女爲妃, 而建淫祠, 祀邪魔。稱彼得治事多勇, 又言其發誓不認耶穌。稱保羅爲使徒, 巴拿巴具感聖靈, 又言兩人同往傳教, 途中爭易割席[226]。言猶太人爲天父選民, 又言其棄正就邪。傳教之初, 入教者皆稱聖徒, 聖書仍記其駁而不純。

---

226 割席은 '친구와 절교하다'는 뜻이다. 중국 삼국 시대(三國時代)때 관녕(管寧)과 화흠(華歆)이 함께 같은 자리에 앉아서 공부를 했는데, 나중에 관녕이 화흠의 사람됨을 멸시하여 자리를 갈라 따로 앉았다는 고사(故事)에서 유래했다.

또한 성서의 말씀은 진실하지 않음이 없으니, 악을 미워하면서도 그것의 선을 결코 덮어 가린 적이 없으며, 선을 높이 들면서도 그것의 악을 결코 덮어 가린 적이 없다.[227] 예를 들면, 시조 아담이 천부를 닮았다고 말하면서도 또한 그가 금령을 어겨서 후세에 재앙을 남겼다고 말한다. 노아에게 훌륭한 덕이 있어 홍수 때에 하나님이 그 재앙에서 구제했다고 말하면서도 또한 그가 술 마신 후에 모욕을 받았다고 말한다. 아브라함에게 의로움이 있어 천부를 굳게 믿었다고 칭찬하면서도 또한 그가 죽음을 두려워하여 거짓말을 했다고 말한다. 야곱은 천부께서 사랑한 자라 칭찬하면서도 또한 그가 아버지를 속이고 형을 업신여겼다고 말한다. 모세가 성품이 온화하고 천부를 성실히 섬겼다고 칭찬하면서도 또한 그가 격노하여 [하나님의] 명령을 어겼다고 말한다. 다윗 왕이 지혜롭고 용감하고 어질고 의로워서 천부의 마음에 드는 사람이라고 칭찬하면서도 또한 그가 다른 사람의 아내를 빼앗고 그 남편을 죽였다고 말한다. 솔로몬 왕이 큰 지혜가 있었다고 칭찬하면서도 또한 그가 이방 여자를 왕비로 삼고 음란한 사당을 짓고 사악한 마귀에게 제사를 지냈다고 말한다. 베드로가 일을 처리할 때 용기가 많았다고 칭찬하면서도 또한 그가 맹세하면서 예수를 부인했다고 말한다. 바울이 사도가 된 것과 바나바와 함께 성령에 감동된 것을 칭찬하면서도 또한 두 사람이 함께 선교하러 가는 도중에 싸워서 절교했다고 말한다. 유대인이 천부의 선민(選民)임을 말하면서도 또한 그들이 바른 것을 버리고 사악한 것을 좇았다고 말한다. 선교 초기에는 입교한 자를 다 성도라고 불렀지만, 성서는 여전히 그들이 그릇되고 불순하다고 기록하고 있다.

摩西自記其剛暴抗令, 又記其兄亞倫, 迫于民, 鑄金牛而祭之。大闢王有淫行, 他人記之, 彼且自作懺悔之歌以示民。所羅門溺于惡俗, 他人記之, 彼又作書以記己狂。彼得自誓不認耶穌, 其徒馬可直

---

227 『大學』: "故好而知其惡, 惡而知其美者, 天下鮮矣."

記其事。保羅與巴拿巴爭，其徒路加直記其言。由此觀之，瑜瑕不掩，斷非文飾之辭; 善惡並書，決非僞言所託。不共見眞實無妄, 天之假手于人以筆之哉?

모세는 스스로 자신이 강포하여 [하나님의] 명령을 어겼음을 기록하였고, 또한 자기 형 아론(Aaron)[228]이 백성들 때문에 할 수 없이 금송아지를 주조(鑄造)하여 그것에 제사를 지냈다고 기록하였다. 다윗 왕이 음행하였음을 다른 사람이 기록하였고, 그 자신도 참회의 노래를 지어서 백성에게 보였다. 솔로몬이 악한 풍속에 빠졌음을 다른 사람이 기록하였고, 그 자신도 글을 지어서 스스로의 미친 짓을 기록하였다. 베드로 자신이 맹세하면서 예수를 부인한 것을 그 제자 마가가 사실대로 기록하였다. 바울과 바나바가 싸운 것을 그 제자 누가가 곧이곧대로 기록하였다. 이로 보건대, (성서는) 잘잘못을 감추지 않았으니 절대로 그럴듯하게 꾸민 말이 아니며, 선과 악을 함께 적었으니 결코 거짓말에 의탁한 것이 아니다. 진실하여 거짓됨이 없어서, 하늘이 사람의 손을 빌려서 그것을 기록하셨음을 함께 볼 수 있지 않은가?

且其道亘古惟一。夫他敎所奉之神, 屢有更變, 如中華儒敎之神, 爲本朝所封者, 大加尊崇, 前朝所尚, 未免遺棄, 是神以時變也。天竺釋敎之神, 在天竺所奉者, 乃天竺人, 在中華所奉者, 乃中華人, 在日本所奉者, 乃日本人, 是神以地限也。惟我天父, 永古常存, 四海一統。各國之神有更改, 而天父則如日月之永存; 各國之人物有代謝, 而天父則如北辰之居所。故聖書六十六部, 或錄于野, 或錄於猶太·巴比倫·希臘·羅馬諸國, 地不一也。始則錄于夏, 末則錄于漢, 時不一也。且君錄之, 民錄之, 富者錄之, 貧者錄之, 農漁之人亦錄之, 人

228　원문의 亞倫은 아론(Aaron)의 음역어 이다.

또한 그 도는 아득한 옛날부터 유일하였다. 무릇 다른 종교가 섬기는 신은 자주 변했으니, 가령 중국 유교의 신은 이 왕조에서 모시는바 된 것은 크게 우러러 받들어도, 이전 왕조에서 숭상했던 바는 내다 버린 바 됨을 면치 못하였으니, 이것은 신이 시대에 따라 변한 것이다. 인도[天竺] 불교의 신은, 인도에서 섬기는 대상은 곧 인도 사람이요 중국에서 섬기는 대상은 곧 중국 사람이요 일본에서 섬기는 대상은 곧 일본 사람이니, 이것은 신이 지역에 따라 제한된 것이다. 오직 우리 천부께서는 영원무궁하시고 온 세상[四海]에 한 분으로 통일되어 있으시다. 각국의 신들은 변함이 있지만, 천부께서는 해와 달이 영원히 존재하는 것과 같으며, 각국의 사람과 물건은 옛것이 새것으로 바뀌어도, 천부께서는 마치 북극성이 자신의 자리에 있는 것과 같다.[229] 그러므로 성서 66권은 어떤 것은 광야에서 기록되었고, 어떤 것은 유대, 바벨론, 그리스, 로마 등 여러 나라에서 기록되었으니 지역이 같지 않다. 하(夏)나라 때 기록을 시작하여 한나라 때 기록이 끝이 나니 그 시대가 같지 않다. 또한 임금이 기록하기도 하고, 백성이 기록하기도 하고, 부자가 기록하기도 하고, 가난한 자가 기록하기도 하고, 농부와 어부도 기록하였으니 필자가 동일하지 않다. 그러나 창조 때부터 지금까지 대대로 끊임없이 전해졌고, 조리가 있고 순서가 있어 마치 한 궤도에 딱 들어맞는 것 같으니, 이것이 이 도가 유일하다고 한 이유이다.

---

229 『論語・爲政』, "子曰, 爲政以德, 譬如北辰, 居其所而衆星共之."

有曰, "我聞天上地下幽冥海中百物云, 福祉·尊榮·權力, 歸于坐位者
及羔, 歷世不艾。" 坐位者, 卽天父也; 羔, 指獻己身爲祭之耶穌也。
其旨與創世記皆同, 而道之大端具在。

요약하자면 큰 단서 세 가지가 있다. 첫째, 하나님이 유일한 신이시며 마땅히
그를 공경해야 하니 곧 조물주가 그이시다. 둘째, 사람은 죄로 말미암아 스스
로 하나님에게서 단절되었다. 셋째, 사람은 하나님 아들의 공로를 힘입어 하나
님과 다시 화해한다. 창세기는 사람이 처음 죄를 짓자 천부께서 구주가 장차 올
것을 허락하셨고, 사람이 그것을 믿고 양을 잡아 제사를 지냈다고 말씀하고 그
일을 기록하였다. (또한) 요한계시록은 말씀하셨다. "내가 들으니 하늘 위와 땅
아래와 깊고 어두운 바다의 모든 생물이 말하기를, '복지와 존영과 권력을 보좌
에 앉으신 이와 어린 양에게 세세토록 돌릴지어다'라고 하였다."[230] 보좌에 앉으
신 이는 천부이시며, 어린 양은 자기 몸을 바쳐 제사한 예수를 가리킨다. 그 뜻
은 창세기와 모두 같고 도의 큰 단서가 다 갖추어져 있다.

　或曰, "古時宰羊爲祭, 今時設立晚餐, 變更禮儀, 究屬何解?" 曰,
"禮猶衣服, 道卽人身, 衣服可以更換, 而人身更無變易。 撲古者宰羊
之義, 是默指將來代人贖罪之救主, 正如我輩今日晚餐, 是回憶昔時
代人贖罪之救主也。 身爲我殘, 血爲我流, 以餠代身, 以酒代血。　儀
物雖殊, 厥旨則一。"

어떤 이는 말한다. "옛날에는 양을 희생하여 제사하였는데, 오늘날은 성만찬
을 차리는 예식[禮儀]으로 변경한 것은 결국 어떻게 해석할 수 있는가?" 대답한
다. "예식이 의복과 같다면 도는 곧 사람의 몸이니, 의복은 다시 바꿀 수 있지만

230　요한계시록 5:13

사람의 몸은 다시 바꿀 수 없다. 옛사람들이 양을 희생한 뜻을 헤아려 보니, 그 것은 장차 오셔서 사람을 대신하여 속죄하는 구주를 묵묵히 가리키는 것으로 서, 바로 오늘날 우리의 성만찬이 옛날에 사람을 대신하여 죄를 속하신 구주를 기억하는 것임과 같다. 몸은 우리를 위하여 찢기셨고 피는 우리를 위하여 흘리 신 것이니, 떡으로 그 몸을 대신하시고, 포도주로 그 피를 대신하셨다.의식과 물건이 비록 달라도 그 뜻은 곧 하나이다."

或問, "聖書詳載猶太國之政事禮儀, 何也?" 曰, "天父擇地以存聖 敎, 故作禮儀, 振紀綱, 特使先知聖賢, 接踵而起, 俾聖敎得以全備。 如搆屋之工, 先設任梁之架, 灌田之農, 預鑿蓄水之塘。迨救主旣降, 聖敎旣全, 一切舊政舊禮, 皆棄而不問, 而大道卽流傳於萬國矣。

어떤 이는 묻는다. "성서에서 유대국의 정치와 예의를 상세히 기록한 것은 무 엇 때문인가?" 대답한다. "천부께서는 한 곳을 선택하셔서 기독교[聖敎]를 보존 하시려고 예의를 만들고 기강을 세웠고, 특별히 선지자와 성현을 잇달아 보내 신 것은 기독교를 온전히 갖추어 지게 하고자 함이었다. 마치 집을 짓는 자가 먼저 들보의 기둥을 세우고, 논밭에 물을 대는 농부가 미리 물을 모을 저수지를 파는 것과 같다. 이제 구주가 강생하여 기독교도 온전하게 되었으니, 모든 옛 정사와 예의를 다 버리고 묻지 않아도 큰 진리[大道]가 곧 만국에 널리 전파되 는 것이다.

新約書詳新民之由, 置國政于不論, 蓋此非一國之敎, 乃天下之大 道, 故不下採夫國政。舊約書記天地萬物之所自始, 實爲至理, 而於 天文地理, 論之未詳, 蓋此以救人爲本, 故不旁及于物理也。他敎談天說地也, 不過讖緯之家, 善曆算者, 即知其陋而不信。 況渾以國政, 易地則扞格難通乎? 今舊約書言不妄抒, 世世可信, 新約書不言國政, 萬國可通。 其道如此之妙, 不確由於天父哉?"

(그런데) 신약 성서에서는 새 백성의 유래는 자세히 밝혔어도 나라의 정치는 말하지 않고 내버려 두었는데, 대개 그것이 한 나라의 종교가 아닌 천하의 큰 진리이기 때문에 아래로 내려가 나라의 정치를 들추어내지 않은 것이다. (한편) 구약 성서는 천지 만물의 시작을 기록하였는데 참으로 지극한 진리이나, 천문지리에 관해서는 상세하게 논하지 않았는데, 대개 그것이 사람을 구원하는 것을 근본으로 삼기 때문에 옆으로 사물의 이치에까지 미치지는 않은 것이다. 다른 종교에서 하늘과 땅을 말하는 것은 점술가[讖緯家]에 불과하니, 역법과 산술을 잘하는 자는 즉시 그것의 비루함을 알고서 믿지 않는다. 하물며 국정을 뒤섞어 지역이 바뀌면 막혀서 통하기 어려운 경우이겠는가? 반면 구약 성서 말씀은 거짓을 늘어놓지 않아 세세토록 믿을 수 있으며, 신약 성서는 국정을 말하지 않아서 만국에서 통할 수 있다. 그 도가 이처럼 오묘하니 확실히 천부로부터 말미암은 것이 아니겠는가?"

第七章 釋疑端以明眞道
제7장 의심의 실마리를 풀어 참된 도를 밝히다

按聖書, 自開闢至今, 歷六七千載。或以中華史冊, 記年數萬, 卽疑聖書有誤, 不知孔氏刪書, 斷自唐·虞。可見唐·虞以前, 事屬杳渺, 不可爲訓。『鳳洲綱鑑』, 方崑山曾辨其誣曰, "太極動而生陽, 靜而生陰。旣有太極, 卽有陰陽, 旣有陰陽, 卽生萬物, 旣有萬物, 卽生聖人。豈有一萬餘年, 陽始生而天開, 又一萬餘年, 陰始生而地闢, 又一萬餘年, 陰陽始交而萬物生, 又四五萬年, 陰陽始完而聖人出? 萬無是理也。"

성서에 의하면, 창조 때부터 지금에 이르기까지 육칠천 년이 지났다고 한다. 어떤 이들은 중국의 역사책에 수만 년이 기록되었으므로 성서에 오류가 있다고 의심하는데, (이것은) 공자가 역사[書]를 편찬하면서 당·우[요·순 시대][231]부터로 끊었음을 알지 못한 것이다. 당우 이전의 일은 멀리 떨어져 아득하므로 교훈이 될 만하지 않다는 것을 알 수 있다. 『봉주강감(鳳洲綱鑑)』[232]에서 방곤산

---

[231] 당우지제(唐虞之際)는 당우의 시대, 곧 중국에서 가장 태평 시대라 여기는 요순 임금의 시절을 말한다. 요(堯)임금이 살았던 지역이 당(唐), 순(舜)임금이 살았던 지역이 우(虞)였으므로, 당(唐)과 우(虞)는 지역명을 넘어 요임금과 순임금의 성(姓)처럼 통용되거나 그들이 통치하던 나라 또는 시대를 지칭하기도 하였다.

[232] 명청대 역사서. 저자 Shizhen Wang(王世貞), 1899년에 출판됨, 컬럼비아대학에 소장. 王世貞(1526~1590)은 字는 元美이고, 號가 鳳州이다. 弇州山(今屬江蘇省太倉)人이다.

(方崑山)[233]이 일찍이 그 잘못을 비판하여 말하였다. "태극이 동하면 양이 생기고, 멈추면 음이 생긴다. 태극이 있으면 곧 음양이 있고, 음양이 있으면 곧 만물이 생기고, 만물이 있으면 곧 성인(聖人)이 난다. 어찌 [태극이 있은 후] 일만 년이 있어야 양이 비로소 생겨 하늘이 열리고, 또다시 일만 년이 있어야 음이 비로소 생겨 땅이 열리며, 또다시 일만 년이 있어야 음양이 비로소 뒤섞여 만물이 생겨나고, 또다시 사오만 년이 있어야 음양이 비로소 완전해져 성인이 난다는 말인가? 그러한 이치는 결코 없다."

夫自堯·舜至今, 纔三千餘年耳, 三代已不如唐·虞, 漢·唐·宋已不如三代。世道升降, 不過二三百年, 則一變矣。豈有開闢之後, 四五萬年, 風氣尙未開, 人文尙未著, 水土尙未平, 生民尙未粒食, 直待羲·農·黃帝堯舜迭興而後治耶? 竊謂羲·農去盤古之時必不遠, 其年以千計, 不可以萬計也。堯·舜去羲·農之世必甚近, 其年以百計, 不可以千計也。學者不可不察。

요·순 시대부터 지금까지 겨우 삼천여 년일 뿐인데, 삼대[夏商周]는 이미 당·우[堯·舜]보다 못하고, 한·당·송(漢·唐·宋)은 이미 삼대에 못 미친다. 세도의 오르내림은 이삼백 년을 넘기지 못하고 곧 전부 변하는 것이다. 어찌 개벽한 후 사오만 년이 지나도록 풍속[風氣]이 아직 열리지 못하고, 인문(人文)이 아직 드러나지 못하며, 물과 땅이 아직 고르지 못하고, 백성들이 아직 쌀밥을 먹지 못하면서 단지 복희, 신농 황제와 요순임금이 잇달아 흥하기를 기다린 후에야 다스려지겠는가? 가만히 생각건대, 복희와 신농은 반고[234]의 시대와

---

233 方崑山은 方豪(1482~1530)을 가리키는 것으로 보인다. 字가 思道이고, 號는 棠陵이다. 浙江省 開化縣人이다. 저명한 관리이자 시인이었다. 그는 崑山知縣을 지낸 바 있다.

234 盤古는 중국의 천지창조 신화에 등장하는 거인 신이다. 반고가 알에서 태어나자 하늘과 땅이 생겨났으며, 반고의 키가 자라면서 머리는 하늘을 떠받치고 다리는 땅을 지탱하였

틀림없이 멀지 않으니, 그 햇수는 천(千), 만(萬)으로 헤아릴 수 없다. 요순임금과 복희, 신농의 시대는 틀림없이 심히 가까우니, 그 햇수는 백으로 헤아리지, 천으로 헤아릴 수 없다. 학자는 이를 반드시 살펴야 한다.

或以人數衆多, 諸國遙遠, 顏色各異, 語言不同, 卽疑非由一祖而出, 不知人同此心性, 同此形骸, 其顏色語言之有殊, 乃天氣風土之所致耳。試觀中華, 地隔數十里, 時越數百載, 語言尚非一致, 何況天下諸國, 越數萬里之遙, 隔數千載之久, 其語言更不同乎? 況聖書載古時之人, 同一口音, 共居一處, 天父淆亂其口音, 致散布于萬方。今西儒學諸國語言文字, 知四方之口音, 異者固多, 同者亦不少。其異者蓋因天父淆亂, 兼地遠時久之所致; 其同者, 可證其實出于一本矣。

어떤 이들은 사람의 수가 매우 많고 나라들이 멀리 떨어져 있으며 사람들의 얼굴색이 각기 다르며 언어가 같지 않다는 이유로 하나의 조상으로부터 유래한 것이 아니라고 의심하는데, 이것은 사람의 심성이 같고 모양과 골격이 같지만 그 얼굴색과 언어가 다른 이유는 기후와 풍토 때문일 뿐이라는 것을 알지 못한 것이다. 예를 들어 중국을 보면 땅이 수십 리 떨어지고 시대가 수백 년만 떨어져도 언어가 일치하지 않는데 하물며 천하 여러 나라는 수만 리 멀리 떨어져 있고 수천 년의 오랜 시간을 떨어져 있었으니 그 언어가 더욱 다르지 않겠는가? 더욱이 성서에서는 고대 사람들의 언어가 같았고 한 곳에 함께 살았는데, 천부께서 그 언어를 혼란케 하셨고 만방으로 흩으셨다고 기록했다. 오늘날 서양 선비[西儒]들은 여러 나라의 언어와 문자를 연구하여, 세계의 언어에 다른 것이 진실로 많으며 같은 것도 적지 않음을 안다. 그 언어가 다른 것은 천부께

다고 한다.

서 혼란하게 하신 것 때문이요, 또한 거리가 멀고 시간이 오래되었기 때문이다. 그 언어가 같은 것은 그들이 실상 한 뿌리에서 났음을 증명할 수 있는 것이다.

如印度人色黑, 歐羅巴人色白, 而語言同類, 卽稱印歐之語類, 則黑白兩族, 非由一祖而出乎? 且聖書記神造始祖二人, 處之于百辣的江濱, 洪水初平, 挪亞方舟擱于百辣的發源之山, 天下衆民, 自此散布。考百辣的江, 在亞世亞大洲之中, 古時先立之國, 惟巴比倫, 印度, 中華, 埃及四國, 埃及雖在亞非利加, 而與亞世亞相連, 其三國俱在亞世亞洲。三千年前, 四國皆有大勢, 他方尙屬荒野。由是觀之, 人類非肇始于亞世亞, 因而散布者乎?

예를 들어 인도인의 피부색은 검고 유럽인은 희지만 언어가 같은 부류인 까닭에 인도-유럽어 계통이라 하니, 즉 흑백 두 종족이 같은 조상에서 나온 것이 아닌가? 또한 성서에 기록하기를, 하나님께서 시조 두 사람을 창조하여 유프라테스강 변에 살게 했고, 홍수가 가라앉기 시작하자 노아의 방주가 유프라테스강이 발원한 산에 얹혔으며 천하 모든 백성이 거기서부터 흩어졌다고 하였다.[235] 살펴보면 유프라테스강은 아시아 대륙의 중앙에 있으며, 고대에 먼저 세워진 나라들은 오직 바빌론, 인도, 중국, 이집트 넷이었는데, 이집트는 비록 아프리카에 있지만 아시아와 서로 연결되어 있고, 나머지 세 나라는 모두 아시아 대륙에 있다. 삼천 년 전 네 나라가 모두 큰 세력을 가졌고, 다른 나라들은 황야에 속했다. 이를 보건대 인류는 아시아에서 처음 창조되어 거기서부터 흩어진 것이 아닌가?

---

235 창세기 2:8-14, 8:1-5, 10:32 참고.

聖書記眞神以土造人, 而人或疑之, 殊不思人之一身, 生則爲土所養, 至于死則復化而爲土。『禮記·檀弓』曰"骨肉歸復于土", 苟非由土而成, 何以云歸復乎? 况中華與他國, 皆有搏[236]土作人古傳。今讀創世傳, 而知其事則實。人特誤傳搏土者之名耳。猶開闢之事, 實由眞神, 而以盤古當之, 則大誤也。

성서에 기록된바 하나님께서 흙으로 사람을 지으셨다고 하는데 어떤 이는 그것을 의심하니, (이것은) 사람의 몸은 태어날 때 흙으로 만들어졌으며[所養] 죽을 때에 이르러서는 다시 변하여 흙이 된다는 것을 전혀 생각하지 않는 것이다. 『예기·단궁(禮記·檀弓)』에 이르기를 "골육은 다시 흙으로 되돌아간다."라고 했는데, 만약 흙으로 만들어지지 않았다면 어째서 흙으로 되돌아간다고 했겠는가? 하물며 중국과 다른 나라에서 모두 흙을 빚어 사람을 만들었다는 전설이 있다. 오늘날 창세기를 읽으면 그 일이 사실이었음을 알게 된다. 사람들이 다만 흙을 빚은 자의 이름을 잘못 전했을 뿐이다. 이것은 천지창조[開闢]의 일은 실로 참 하나님으로 말미암았는데, 그것을 반고에게 돌린 것은 큰 오류인 것과 마찬가지다.

聖書記眞神六日間造萬物, 第七日息工, 命後人守此日爲安息, 欲使人不忘神造物之功耳。但傳之日久, 未免存其名而忘其本。如中華人旣死, 必計七七之期以祭死者[237]; 印度與暹羅人, 凡事亦多以七日爲度。昔時英吉利人, 七日內各祭一邪神, 周而復始, 今其人已歸正道, 不敬邪神, 竟以邪神名日。可知七日之道, 苟非創造天地時相

---

236 '搏'은 '搏(단)'의 잘못으로 보인다. 1906년본에는 '搏'으로 되어 있다.
237 사람이 죽은 지 49일이 되는 날에 지내는 제사를 칠칠재(七七齋)라 한다. 당시 중국에서 보편적으로 행해진 것으로 보이지만 실제로 이것은 중국의 전통이 아니라 불교식 장례법(49재)에서 온 것이다.

성서는 참 하나님께서 엿새 동안 만물을 짓고 일곱째 날에 일을 쉬었으며, 후대 사람들에게 명하여 그날[일곱째 날]을 안식일로 정하여 지키게 했으니, 이는 하나님께서 만물을 지으신 공로를 사람들이 잊지 않기를 바라셨기 때문이라고 기록하였다.[238] 다만 그 일이 전해진 지가 오래되었으므로, 그 이름은 남았으나 그 근본을 잊어버림을 피할 수 없었다. 예를 들어, 중국인이 죽으면 반드시 칠칠일을 계산하여 죽은 사람을 제사하였으며, 인도와 태국[暹羅] 사람들도 매사에 대부분 칠일을 법도로 삼았다. 과거 영국 사람들도 이레 동안 날마다 다른 거짓 신에게 제사 지내기를 매주 반복했는데, 지금은 그들이 이미 바른길로 돌아와 거짓 신들을 공경하지 않지만, 여전히 그 신들의 이름을 요일의 이름으로 삼고 있다. 칠일의 도가 만약 천지를 창조한 때에 전해지지 않았다면, 어째서 동서로 멀리 떨어진 이 많은 나라들이 서로 모의하지 않았는데도 서로 부합했겠는가 하는 것을 알 수 있다.

어떤 사람은 묻는다. "구주께서는 어찌하여 작은 나라 유대에 강생하셨는가?" 대답한다. "[그가] 이미 천지의 주가 되시는데 강생할 곳을 어찌 스스로 선

---

238 창세기 1:1-2:3
239 '便傳道於四方'이 1906년본에는 '便於傳道四方'이라 되어 있다. 원래 그런 취지로 쓴 것으로 보이므로 그에 따라 번역하였다.

택할 수 없었겠는가? 다만 고대에 오직 유대국 한 나라만이 참 하나님을 공경하여 장차 구주께서 오시기를 바랐다. 또 그 땅의 경계가 큰 대륙 세 곳과 닿아 사방에 도를 전하기 편리하였다. 하물며 구주의 강생은 위엄을 드러내려 함이 아니라, 도를 베풀고 고난을 받으려 함이었다. 그러므로 유대 땅이 비록 협소하고 게다가 당시 멸망까지 당했지만, 참 도가 거기서 나왔으니, 천하에 널리 전해진 것은 나라의 세력에 의지한 것이 아니라 실상 천부의 묵묵히 도우심에 의지한 것임을 대략 알 수 있다."

若問始祖犯罪, 救主何不當時降生, 必待四千餘年始出世乎? 曰, 天父雖定意欲救世人, 而故遲之又久者, 欲人知自作孽不可逭之意。故任其用己之知, 如盲人迷于行路, 欲從末由。迨耶穌振興眞教, 久而彌顯, 人始知天道之丕著矣。且降生之遲早, 於贖罪之功無損。耶穌雖未降, 而眞神旣預定必行其事, 苟有信從眞道者, 亦可得救。正如招人作工, 旣預定其工之能成, 無妨預支工值也。

만약 [인류의] 시조가 죄를 지었을 때 구주께서 왜 그 당시에 강생하지 않고 사천여 년을 기다렸다가 세상에 나서야 했는지 묻는다면, 그 대답은 다음과 같다. "천부께서 비록 세상 사람을 구하려는 뜻을 정하셨지만, 그것을 고의로 지체하고 또 오래 끄신 이유는 사람들이 '자기가 지은 죄는 피할 수 없다'[240]는 말의 뜻을 깨닫게 하려 한 것이다. 그러므로 그들이 자신의 지식을 사용하도록 내버려 두었으니, 마치 맹인이 길을 잃어, 좇으려 해도 방법이 없는 것과 같았다. 예수께서 참된 가르침을 일으키고 시간이 지나면서 더욱 분명해지자, 사람들이 비로소 천도의 분명함을 알게 되었다. 또한 [예수의] 강생이 늦거나 이르거나, 속죄의 공로에는 부족함이 없다. 예수가 비록 세상에 내려오지 않으셨을 때

---

240   『書·太甲中』: "天作孽猶可違, 自作孽不可逭."

도, 참 하나님은 이미 그 일을 반드시 이루리라고 예정하셨으니, 만약 참 도를 믿고 따르는 자가 있다면 또한 구원을 얻을 수 있는 것이다. 이는 마치 일꾼을 불러 공사를 하는데 그 공사가 완성될 수 있을 것으로 예상하여 공사비를 미리 지급해도 문제가 없는 것과 같다."

又古人宰牲獻祭, 以表救主獻躬贖罪。今考諸國犧牲之禮, 亦自古相傳, 特宰牲之意, 無人知之。苟求其意而明眞道, 則知犧牲非所以邀福, 犧牲實所以贖罪。且安知古人犧牲之禮, 非明證贖罪之道乎? 人其知之。

또한 옛사람들이 희생제물을 잡아 제사를 바친 것은 그로써 구주께서 몸을 바쳐 속죄하심을 예표한 것이었다. 오늘날 여러 나라에 있는 희생 예법[犧牲之禮]을 살펴보면 또한 고대로부터 전해져 왔지만, 다만 희생제물을 잡는 의미를 아는 사람이 없다. 만약 그 뜻을 궁구하여 참 도를 밝힌다면, 희생은 그로써 복을 구하는 것이 아니며 희생은 실로 그로써 속죄하려는 것임을 알게 된다. 또한 옛사람의 희생 예법이 속죄의 도를 분명하게 증명하지 않음을 어찌 알겠는가? 사람들은 그것을 마땅히 알아야 한다.

此卷詳論多端。約言之, 天地人物, 皆證天上有造物之主, 卽天父也。天父憐憫世人, 遣救世主耶穌以救之。耶穌未至, 先遣先知者以報之, 如王者出行, 使人前導然。耶穌旣降, 顯無數神能, 親炙者筆之於書, 傳於後世以爲證。蒙天眷佑, 其道傳于天下, 從之者愚化爲智, 惡化爲善。人能於聖書細察其道, 疑端自釋, 不啻以匙啓鑰也。其道惟一, 悉衷乎理; 其言惟誠, 不涉於僞。且以天父之盛德仁愛, 導人成德, 人能知此確證, 焉得不信而從之乎? 從之之道無他, 悔己之罪, 求神赦宥而已。 且己既得救, 又當傳道以救他人, 是即愛人如己之深心也。

이 권(중권)에서 여러 가지를 상세히 논했다. 그것을 요약하면 하늘과 땅과 사람과 사물이 모두 하늘에 조물주가 계심을 증거하니, 즉 천부이시다. 천부께서는 세상 사람들을 불쌍히 여기사 구세주 예수를 보내어 그들을 구원하셨다. 예수께서 아직 강생하지 않았을 때는 먼저 선지자를 보내어 그것을 알리셨으니, 마치 왕이 행차할 때 사람을 보내 앞서 이끌게 하는 것과 같다. 예수가 강생한 후에는 무수한 신적 능력[神能]을 드러내시니, 그에게 직접 가르침을 받은 자들이 그 일을 책으로 기록하여 후세에 전하여 증거로 삼았다. 하늘의 돌봄과 도움에 힘입어 그 도가 천하에 전해졌으니, 그 도를 따르면 어리석은 자는 변하여 지혜롭게 되고, 악한 자는 변하여 선하게 된다. 사람이 성서에서 그 도를 세밀히 살필 수 있으니, 의심의 단서가 자연히 풀리는 것은 열쇠로 자물쇠를 여는 것과 같다. 그 도는 오직 하나여서 이치에 다 맞으며, 그 말씀은 오직 진실하여 거짓과 상관이 없다. 또한 천부의 성덕(盛德)과 인애로써 사람을 인도하여 덕을 이루게 하시니, 사람이 이 확실한 증거를 알 수 있다면 어찌 그를 믿고 따르지 않을 수 있으랴? 그 천부를 따르는 도는 다른 것이 아니라, 자기의 죄를 회개하고 하나님의 용서를 구하는 것일 뿐이다. 또 자기가 이미 구원받았으면 또 마땅히 전도해서 다른 사람을 구원하니, 이것이 다른 사람을 사랑하기를 자신과 같이 하는 깊은 마음이다.

或曰, "信從眞道, 得毋廢棄孔子乎?" 曰, "孔子雖成聖, 不如耶穌之爲神也; 孔子雖爲一國之師, 不如耶穌之啓牖萬邦也; 孔子僅論生前, 不如耶穌之福音光燭無壞之生命也。 學者定其優劣, 不當舍其舊而新是謀乎? 明相國徐光啓有言曰'眞道不傷眞儒', 最爲確論. 況耶蘇不特爲師, 且爲救主? 聖書曰, '天下人間, 無別名可賴以得救.' 又曰, '徃者冒昧以行, 天父容之, 今乃隨在命衆悔改, 定一日, 欲以所立之人, 義判天下, 而復生之, 俾衆徵信焉.' 人毋忽之哉!

어떤 사람은 말한다. "참 도를 믿고 따르는 것은 공자를 폐하여 버리는 것이 아닌가?" 대답한다. "공자가 비록 성인이 되었으나 예수가 신이심에는 미치지 못한다. 공자는 비록 한 나라의 스승이었으나 예수가 만방을 깨우치심에는 미치지 못한다. 공자는 겨우 생전의 일만 논하였으니 예수의 복음이 불멸의 생명을 밝히 비추는 데도 미치지 못한다. 학자는 그 우열을 정하니, 옛것을 버리고 새롭게 됨을 도모하는 것이 마땅하지 아니한가? 명나라 재상 서광계(徐光啓)[241]는 말했다. '참된 도는 참된 유학을 해치지 않는다.'[242] 매우 정확한 말이다. 하물며 예수께서는 스승이실 뿐 아니라 또한 구주이시지 않은가?[243] 성서는 말씀하셨다. '세상 사람들 중에 [예수 외에] 구원받을 만한 다른 이름이 없다.'[244] 또 말씀하셨다. '지난날 몰라서 행한 것은 천부께서 간과하셨거니와, 이제는 어디든지 사람에게 다 명하사 회개하라 하셨으니, 이는 한 날을 정하사 세우신 사람으로 하여금 천하를 공의로 심판하고자 하시고 이에 그를 [죽은 자 가운데서] 다시 살리셔서 모든 사람에게 믿을 만한 증거를 주셨음이니라.'[245] 사람들이여, 이

---

241 중국 명나라 말기의 정치가, 학자. 예수회에 입교하고 마테오 리치에게 천문·역산·지리·수학·수리(水利)·무기 등의 서양과학을 배웠다. 『기하원본』, 『농정전서』, 『숭정역서』 등을 번역 또는 저술하고 대포·철포를 사용하는 서양전술의 채용을 진언했다.

242 서광계의 「변학장소(辯學章疏)」를 요약한 듯하다. 1906년판과 직해에도 관련 내용 없음.

243 1906년본에 이하 내용이 있다. "伊川程先生曰, '自暴者拒之以不信, 自棄者絶之以不爲.' 不信不爲, 復何望乎? 吾願讀是書者, 以信立爲之基, 卽以爲見信之切, 庶乎可矣.'" 이는 『論語·陽貨』의 "子曰: 唯上知與下愚不移."에 대한 주해로, 인간의 타고난 성품에 관한 내용이다. 이를 번역하면 다음과 같다. "정이천 선생이 말하였다. '자신을 해치는 자는 믿지 않아서 거부하고, 자신을 버리는 자는 행하지 않아서 끊는다.' 믿지 않고 행하지 않으면 다시 무엇을 바라겠는가? 내가 원하기는 이 책을 읽는 사람은 믿음으로써 행함의 기초를 세우기 바라니, 곧 행함으로써 믿음의 간절함을 나타낸다면 거의 되었다고 할 수 있다."

244 사도행전 4:12

245 사도행전 17:30-31

를 소홀히 하지 말라!"

明大學士諡文定徐光啓奏留天主教疏

명나라 대학사로서 시호(諡號)가 문정(文定)인 서광계가 천주교를 머물게 할 것을 청하여 올린 소(疏)[246]

爲遠人學術最正, 愚臣知見甚眞, 懇乞聖明, 表章隆重, 以永萬年福祉, 以貽萬世乂安事。 臣見邸報, 南京禮部參西洋陪臣龐迪我等, 內言, "其說浸淫, 卽士君子亦有信向之者", 一云, "妄爲星官之言, 士人亦墮其雲霧。" 曰士君子, 曰士人, 部臣[247]恐根株連及, 畧不指名。

멀리서 온 사람들의 학술이 가장 바르며, 어리석은 신(臣)의 식견으로 보아 매우 참되므로[248], 간절히 바라건대 현명하신 폐하께서는 그것을 성대하게 드러내시어 영원토록 복을 누리고 만세토록 나라가 태평하게 하십시오. 신이 저보

---

246 이것은 徐光啓(1562~1633)가 左春坊左贊善兼翰林院檢討로서 1616년 7월 萬曆帝 神宗에게 올린 疏이다. 중국 지식인에 의한 최초의 호교론이라고 할 수 있다. 1854년본과 1858본에는 中卷 말미에 실려 있다. 『徐光啓集』 권9에 「辯學章疏<萬曆四十四年七月>」이라는 제목으로 수록되어 있다. 여기에서는 『天道溯原』 異本들 외에, 上海古籍出版社에서 1984년 출판한 『徐光啓集』 上·下(王重民 輯校)를 사용하여 그 同異를 밝혀 두었다.

247 1858년본에는 '陪臣'으로 되어 있으나 잘못된 것이다. 1906년본과 『徐光啓集』에도 '部臣'으로 되어 있다.

248 혹은 '어리석은 신의 식견은 매우 참되므로'로 해석할 수도 있다.

(邸報)[249]를 보니 남경의 예부에서 서양인 신하[250] 방적아(龐迪我)[251] 등[252]을 탄핵한[253] 그 탄핵문에는 "그들의 주장이 음란한데 빠졌는데 곧 사대부 중에도 그를 믿는 자들이 있다."라고 하며, 한편으로는 "망령되게 천문[星官]의 말을 해서 사인(士人)들도 그 혼미함에 빠져 있다."라고 합니다. 사대부라 하고 사인이라 한 것은 예부의 관리[部臣]가 뿌리와 줄기가 이어진 것처럼 자신도 연루될 것을 두려워하여 생략하고 그 이름을 지칭하지 않은 것입니다.

然廷臣之中, 臣常與諸陪臣講究道理, 書多刊刻, 則信向之者臣也; 亦嘗與之考求歷法[254], 前後章疏, 具在御前, 則與言星官者亦臣也。諸陪臣果應得罪, 臣豈敢幸部臣之不言以苟免乎?

그러나 조정의 신하 중에서 신(臣) 자신이 늘 여러 서양 신하[陪臣]들과 함께 도리를 강론하고 책을 많이 판각하여 간행했으니, 그를 믿는 자는 (바로) 신입니다. 또한 일찍이 그들과 함께 역법을 자세히 살피고 그 전후에 상소(上疏)한 것이 어전에 구비되어 있으니, 그들과 함께 천문[星官]을 말한 자도 역시 신입

---

249 옛날의 官報이다.
250 제후의 신하가 天子를 대하여 자기를 낮추어 가리키던 말. 신하의 신하, 즉 제후의 大夫가 천자에 대하여 자기를 말할 때 '陪臣'이라 하고, 陪臣이라고 자칭하는 것을 '稱臣' 한다고 한다.
251 龐迪我(Diego de Pantoja: 1571~1618) 明末의 예수회 선교사로서 스페인 사람이다. 號는 順陽. 1589년 예수회에 입회하여 1596년 사제 서품을 받았다. 明 神宗 萬曆27년(1599년)에 중국에 이르렀고 다음 해 북경에 들어가 마테오리치(M. Ricci, 利瑪竇)를 도왔다. 처음에는 일본으로 배속되었지만, 당시 마카오에 있던 동양 순찰사 발리냐노(A. Valignano, 范禮安)가 그를 리치 신부에게 보냄으로써 중국에서 활동하게 되었다. 萬曆44년(1616년) 명 정부에서 禁敎하자 그는 쫓겨나 마카오로 갔다. 저서로 『七克』 등이 있다. 그로 인해 '가장 위대한 스페인의 漢學家'로 지칭되었다.
252 북경에는 龐迪我(Pantoja)와 熊三拔(Ursis), 남경에는 王豊肅(Vagnoni)과 陽瑪諾(Diaz)이 있었으며, 기타 지방과 省城의 각 처에도 역시 선교사들이 있었다.
253 明 萬曆 44년(1616년)에 南京禮部侍郞 沈榷이 천주교 세력의 확장에 대한 우려를 표명하고, 국가의 陰患으로 여겨 남경에서 神宗 황제에게 3차에 걸쳐 상소를 올렸다. 이로 인해 천주교에 대한 탄압이 시작되어 신도가 구속되고 외국인 선교사는 모두 축출되었다.
254 '歷法'은 '曆法'의 잘못인 듯하다. 『徐光啓集』에는 '曆法'으로 되어 있다.

니다. 여러 서양 신하들이 과연 정말 죄를 지었다면, 신이 어찌 감히 예부의 신하[部臣]가 (저를 지목하여) 말하지 않아 구차하게 형벌을 면하게 된 것을 다행이라 여기겠습니까?

然臣累年以來, 因與講究考求, 知此諸臣最眞最確, 不惟[255]踪跡心事, 一無可疑, 實皆聖賢之徒也。 其道甚正, 其守甚嚴, 其學甚博, 其識甚精, 其心甚細, 其見甚定。

하지만 신은 수년 동안 함께 강론하고 고찰했기 때문에, 이 (서양) 신하들이 매우 참되고 확실하여, 다만 그들의 행적이나 생각이 조금도 의심스럽지 않을 뿐만 아니라 참으로 모두 성현의 제자들임을 알았습니다. 그들의 도(道)는 매우 올바르고, 그들의 지키는 것은 매우 엄격하며, 그들의 학문은 매우 박식하고, 그들의 식견은 매우 정밀하며, 그들의 마음은 매우 세심하고, 그들의 견해는 매우 확실합니다.

在彼國中, 亦皆千人之英·萬人之傑。 所以數萬里東來者, 盖彼國教人, 皆務修身以事天主, 聞中國聖賢之敎, 亦皆修身以[256]事天, 理相符合。 是以辛苦艱難, 履危蹈險, 來相印正[257], 欲使人人爲善, 以稱上天愛人之意。

그들은 자신들 나라에서 또한 모두 수천 사람 중의 영웅이며 수만 사람 중의

---

255 『徐光啓集』에는 '惟'가 '止'로 되어 있다.
256 『徐光啓集』에는 '以'가 없다.
257 '印正'은 1906년본과 『徐光啓集』에는 '印證'으로 되어 있다. 대조와 비교를 통해 사실과 부합됨을 증명하는 일. 印正 혹은 印政이라 쓰기도 한다.

호걸입니다. 그들이 수만 리 동쪽으로 온 이유는 대개 그들 나라에서는 사람들이 모두 수신(修身)하여 천주를 섬기는 데 힘쓰도록 가르치는데, 중국 성현의 가르침 또한 모두 수신하여 하늘을 섬기게 하므로 그 이치가 서로 부합함을 들었기 때문입니다. 이 때문에 모진 고생을 하고 위태로움과 위험을 무릅쓰고 와서 서로 부합함을 증명하였으니, 이는 모든 사람이 선을 행하게 하여, 그로써 하나님[上天]께서 인간을 사랑하신 뜻에 부응하고자 함입니다.

其說以昭事上帝爲宗本, 以救靈[258]爲切要, 以忠孝慈愛爲工夫。以遷善改過爲入門, 以懺悔滌除爲進修, 以生[259]天眞福爲作善之榮賞, 以地獄永殃爲作惡之苦報。一切戒訓規條, 悉皆天理人情之至。其法能令人爲善必眞, 去惡必盡。盖所言天主[260]生育拯救之恩, 賞善罰惡之理, 明白眞切, 足以聳動人心, 使其愛信畏懼, 發於繇衷故也。

그들의 도리[說]는 상제를 섬기는 것을 근본[宗本]으로 삼고, 영혼 구원을 핵심[切要]으로 삼으며, 충효와 자애를 공부(工夫)로 삼습니다. 지난날의 잘못을 고쳐 선한 데로 옮기는 것을 기초[入門]로 삼으며, 잘못을 뉘우쳐 없애는 것을 그다음 과정[進修]으로 삼습니다. 천국에 가는[261] 참 복을 선행의 영광스러운 상급으로 삼고, 지옥의 영원한 벌을 악행의 고통스러운 보응으로 삼습니다. (그들의) 모든 훈계와 법규는 다 하늘의 지극한 이치이며, 인간의 지극한 정리(情理)입니다. 그 교리[法]는 사람이 진심으로 선을 행하게 하고 기필코 악을 제거하도록 할 수 있습니다. 대개 천주께서 낳아 기르고 구원해 주신 은혜, 그리고

---

258 『徐光啓集』에는 '救靈'이 '保救身靈'(신체와 영혼을 보호하고 구원함)으로 되어 있다.
259 『徐光啓集』에는 '生'이 '升'으로 되어 있다.
260 『徐光啓集』에는 '天主'가 '上主'로 되어 있다.
261 『徐光啓集』에 의거하여 '生天'을 '升天'의 잘못으로 보고 '升天'으로 해석하였다. 글자대로라면 '천국에 태어난다'로 해석할 수 있다.

선은 상을 주고 악은 벌한다는 이치가 명백하고 진실하여 사람의 마음을 움직이기에 충분하므로 그 사랑과 믿음, 경외와 두려움이 진심에서 우러나오게 하기 때문입니다.

臣嘗論古來帝王之賞罰, 聖賢之是非, 皆範人於善, 禁人於惡, 至詳極備。 然賞罰是非, 能及人之外行, 不能及人之中情。 又如司馬遷所云, 顏回之夭, 盜跖之壽, 使人疑於善惡之無報。 是以防範愈嚴, 欺詐愈甚, 一法立, 百弊生, 空有願治之心, 恨無必治之術。 于是假釋氏之說以輔之。 其言善惡之報, 在於身後, 則外行中情, 顏回盜跖, 似乎皆得其報, 謂宜使人爲善去惡, 不旋踵矣。 奈何佛敎東來, 一千八百年, 而世道人心, 未能改易, 則其言似是而非也。

신이 일찍이 고래(古來)로 제왕들이 상벌을 내린 것과 성현들이 옳고 그름을 가린 것을 논한 적이 있는데, 모두가 선으로 사람들에게 본을 보이고 악을 금하도록 한 것이 매우 상세하고 지극히 구비되어 있었습니다. 하지만 상벌과 시비는 사람의 외면적인 행동[外行]에 미칠 뿐 사람의 속마음[中情]에는 미치지 못합니다. 또 사마천이 말한 바와 같이, 안회(顏回)의 요절(夭折)과 도척(盜跖)[262]의 장수(長壽)는 사람들이 선악에 보응이 없음을 의심하게 하였습니다.[263] 그래서 방비(防備)가 더욱 엄중해지면 그만큼 속임수[詐欺]가 더욱 심하게 되었고, 법(法)이 한번 세워지면 백 가지 병폐가 생겨나, 다스리고자 한 뜻은 헛된 것이 되고 반드시 다스릴 방법이 없어 한탄하였습니다. 이에 석가모니의 말을 빌려서 그것을 보완하고자 했습니다. 그는 선악에 따른 보응은 죽은 후에 있다고 말하니, 그렇다면 외면적인 행동이나 속마음, 그리고 안회와 도척 모두 아마도 그

---

262 중국 춘추 시대의 큰 도적이다. 孔子와 같은 시대(時代)의 노(魯)나라 사람. 현인 유하혜(柳下惠)의 아우로 수천 명을 거느리고 천하를 횡행하였다.
263 『史記』「伯夷列傳」 참조.

보응을 받을 것 같고, 마땅히 사람들로 하여금 뒤도 돌아보지 않고 즉시 선을 행하고 악을 없애게 할 것이라고 생각됩니다. 그런데 어째서 불교가 동쪽으로 온 지가 1800년이 되었지만, 세상 도리나 인심을 아직 변화시키지 못하고 있는 것인지요? 그렇다면 그 말이 옳은 듯하지만 그른 것입니다.

> 說禪宗者衍老莊之旨, 幽邈而無當; 行瑜珈者雜符錄之法, 乖謬而無理. 且欲抗佛而加于上帝[264]之上, 則與古聖賢之旨悖矣, 使人何所適從, 何所依據乎? 必欲使人盡爲善, 則諸陪臣所傳事天之學, 眞可以補益王化, 左右儒術, 救正佛法者也.

선종(禪宗)을 주장하는 자들은 노장(老莊)의 뜻을 부연(敷衍)하였지만 아득하고 모호하여 타당하지 않습니다. 유가(瑜珈)[265]를 행하는 자들은 부적(符籍)[266]의 방법을 뒤섞었으니 터무니없어 이치에 맞지 않습니다. 또한 부처를 높여 상제보다 더 위에 두고자 하였으니, 곧 옛날 제왕이나 성현의 뜻을 거스른 것으로, 사람들이 무엇을 따르고 무엇에 의지하도록 하는 것입니까? 기필코 사람들이 모두 선을 행하게 하고자 하신다면, 여러 (서양) 신하들이 전한 하늘을 섬기는 학문이 진실로 임금의 덕화(德化)에 도움이 되고 유학의 학술을 보좌하며 불교의 가르침[佛法]을 바로잡을 수 있을 것입니다.

---

264 『徐光啓集』에는 '上帝'가 '上主'로 되어 있다.
265 '瑜珈'는 산스크리트어 yoga의 음역이다. 인도 대승불교의 教學 중 하나인 唯識에서 요가 수행을 중시하였으므로 그들을 瑜珈行派라고 하기도 하였다. 중국에서는 법상종(法相宗)이 그에 해당한다.
266 원문의 '符錄'은 '符籙'이라고도 하며, 道教의 道士들이 귀신을 부리고 질병 등을 퇴치하기 위해 사용하는 符籍을 가리킨다.

盖彼西洋鄰近三十餘國, 奉行此教, 千數百年以至于今, 大小相卹,
上下相安[267], 其久安長治如此。 然猶舉國之人, 兢兢業業, 惟恐失墜,
獲罪於天主, 則其法, 實能使人爲善, 亦旣彰明較著矣。 此等教化
風俗, 維諸臣所自言[268], 然臣審其議論, 察其圖書, 參互考稽, 悉皆不
妄。

대개 저 서양 인근의 30여 개국은 천수백 년간 이 가르침을 받들어 행하여,
지금까지도 어른과 아이가 서로를 긍휼히 여기고 윗사람과 아랫사람이 서로를
편안하게 하므로, 이처럼 오랫동안 평안하게 잘 다스려지고 있다고 합니다. 그
런데도 오히려 온 나라 사람들이 신중히 맡은 일을 열심히 하고 다만 잘못하고
타락하여 천주에게 죄를 지을까 두려워하니, 그 법은 실제로 사람들이 선한 일
을 행하게 할 수 있음이 또한 매우 명백하게 드러난 것입니다. 이러한 교화와
풍속 등은 다만 여러 (서양) 신하들이 스스로 말한 것이지만, 신(臣)이 그들의
주장[議論]들을 살피고 그들의 서적들을 고찰하고 서로 비교하여 고증해 보니
모두 다 망령된 것이 아니었습니다.

臣聞由余[269], 西戎之舊臣, 佐秦興霸; 金日磾[270], 西域之世子, 爲漢
名卿. 苟利於國, 遠近何論焉? 又伏[271]見梵刹琳宮, 遍布海內; 番僧喇
嘛, 時至中國。 卽如回回一教, 並無傳譯經典可爲証據, 累朝以來, 包
荒容納, 禮拜之寺, 所在有之。 高皇帝命翰林臣李翀・吳伯宗與回回

267　『徐光啓集』에는 뒤에 '路不拾遺, 夜不閉關.'(길에 떨어진 재물을 줍지 않고, 밤에 문을 잠
　　　그지 않는다.)이 더 있다.
268　『徐光啓集』에는 '維諸臣所自言'이 '雖諸陪臣自言'으로 되어 있다.
269　『徐光啓集』에는 '由余'가 '繇余'로 되어 있다.
270　『徐光啓集』에는 '金日磾'이 '金日磾'로 되어 있다.
271　『徐光啓集』에는 '伏'이 없다.

大司馬[272]何赤黑[273]·哈嚓[274]等, 謠[275]譯歷法[276], 至稱爲乾方先聖之書。

신이 들기로, 유여(由余)[277]는 서융(西戎)의 옛 신하로서 진(秦)나라를 도와 패권(覇權)을 일으켰고, 김일제(金日磾)[278]는 서역(西域)의 세자로서 한(漢)나라의 유명한 대신이 되었다고 합니다. 진실로 나라를 이롭게 한다면, 어찌 멀고 가까운 것을 논하겠습니까? 또한 엎드려 보건대 불교 사찰(寺刹)과 도교 사원들이 나라 안에 널리 분포되어 있고, 라마승은 수시로 중국에 옵니다. 이슬람교[回回敎] 같은 경우 증거가 될 만한 경전을 번역(漢譯)한 것이 없어도, 여러 대 이래로 관용적으로 수용되어 예배하는 사찰(寺刹)이 곳곳에 있습니다. 고황제(高皇帝)[279] 께서 한림원의 학사 이충(李翀)[280]과 오백종(吳伯宗)[281]에게 회회대사마(回回大司馬) 사역흑(沙亦黑), 마합마(馬合麻)[282] 등과 함께 회회역법(回回曆法)[283]을 번역하라 명령하시고, 서북방 성현의 책이라 칭찬하기까지 하였습니다.

---

272 『徐光啓集』에는 '大司馬'가 '大師馬'로 되어 있다.

273 『徐光啓集』에는 '何赤黑'이 '沙亦黑'으로 되어 있다.

274 『徐光啓集』에는 '哈嚓'가 '馬哈麻'로 되어 있다.

275 '謠'가 1906년본에는 '繙'으로 되어 있고, 『徐光啓集』에는 '飜'으로 되어 있다.

276 『徐光啓集』에는 '歷法'이 '曆法'으로 되어 있다.

277 춘추 시대 秦나라의 재상이다. 본래 晉나라 사람으로 西戎에 들어가 戎王에게 등용되었다가 戎王의 사신이 되어 秦나라에 왔었는데, 穆公이 그의 유능함을 알아보고 계략을 써서 억류하고 戎王과 틈이 벌어지게 한 다음 재상으로 발탁하였다. 由余는 이에 穆公을 도와 西戎을 정벌해서 20여 개의 나라를 얻고 국토를 천 리나 넓혀 秦나라는 서쪽 일대의 패자가 되었다.

278 본문에 '金日殫'이라 한 것은 '金日磾'을 잘못 쓴 것이다. 金日磾(B.C.134-B.C.86)의 字는 翁叔으로, 西漢 시대 匈奴族 출신의 정치가이다. 흉노 休屠王의 태자였으나, 漢 武帝 元狩 연간에 昆邪王이 休屠王을 죽인 후 무리를 이끌고 漢나라에 항복하였을 때, 金日磾도 그를 따라 귀순하였다. 당시 나이 14세였다.

279 明 太祖 洪武帝 朱元璋(1328-1398)이다. 高皇帝는 朱元璋의 諡號이다.

280 李翀은 明나라 초기 사람으로, 翰林院 侍講學士를 역임하였다. 洪武 15년(1382년) 朱元璋의 명을 받들어 武英殿太學士 吳伯宗, 回回大司馬 沙亦黑등과 함께 『回回曆』을 번역하였다.

281 吳伯宗(1333-1384)은 이름이 祐이고 伯宗은 그의 字이다. 金溪 新田人이다. 『大明日曆』을 편찬하는 데 참여하였다. 1382년에는 王命을 받들어, 翰林學士 李翀 등과 함께 『回回曆』, 『天文』 등의 책을 번역하였다.

282 원문의 인명 표기는 回回大司馬 沙亦黑, 馬哈麻 의 誤記이다. Sheikh(شيخ)의 음역이 '沙亦黑'이며, Mohammed(محمد)의 음역이 '馬哈麻'이다.

283 元·明 시대에 中國에 傳來된 아라비아 天文書이다. 그 내용은 『明史』에 실려 있다. 이것을 좀 더 보완한 것이 明末에 貝琳이 改訂 增補한 『七政推步』이다.

此見先朝聖意, 深願化民成俗, 是以應[284]表搜揭[285], 不遺遠外。而釋道諸家, 道術未純, 敎法未備, 二百五十年來, 猶未能仰稱皇朝表章之盛心。若以崇奉佛老者, 崇奉上帝[286]; 以容納僧衆[287]者, 容納陪臣, 則興化致理, 必出唐虞三代之[288]上矣。

이로 보건대 선대 왕조의 거룩한 뜻은 백성을 교화시켜 아름다운 풍속을 만들기를 간절히 원하는 것이었기에, 멀리 있는 것이라 하여 빠뜨리지 않고 기리고 표창하며 찾아서 들어 올렸던 것입니다. 그러나 불교와 도교의 무리는 도술(道術)이 아직 순수(純粹)하지 못하고 교리가 아직 갖춰지지 못했으니, 250여 년이 지나도 여전히 조정(朝廷)이 널리 세상에 칭찬하고자 하는 융성한 뜻에 우러러 부응할 수 없었습니다. 만약 부처와 노자를 받들어 모시듯 상제를 받들어 모시고, 승려들[289]을 받아들이듯 서양 신하(陪臣)를 받아 들였다면 교화를 흥성케 하고 통치를 이룩함이 반드시 당·우·삼대(唐虞三代) 이상이었을 것입니다.

皇上豢養諸陪臣一十七載, 恩施深厚, 諸陪臣報答無階, 所抱之道所懷之忠, 延頸企踵, 無由[290]上達。臣旣知之, 黙而不言, 則有隱蔽之罪, 是以冒昧陳請。倘蒙聖朝采納, 特賜表章, 俾[291]今暫與僧徒道士一體容留, 使敷宣勸化, 竊意數年之後, 人心世道, 必漸次改觀。乃至一德同風, 翕然丕變, 法立而必行, 令出而不犯。中外皆勿欺之臣, 比屋成可封之俗, 聖躬延無疆之遐福, 國祚永萬世之太平矣。

---

284 『徐光啓集』에는 '應'이 '襃'로 되어 있다. '襃'가 옳을 듯하다.
285 『徐光啓集』에는 '揭'가 '揚'으로 되어 있다. '揚'이 옳을 듯하다.
286 『徐光啓集』에는 '上帝'가 '上主'로 되어 있다.
287 『徐光啓集』에는 '僧衆'이 '僧道'로 되어 있다.
288 『徐光啓集』에는 '之'가 없다.
289 『徐光啓集』에 따르면 '승려들'은 '승려와 도사'가 될 것이다.
290 『徐光啓集』에는 '由'가 '繇'로 되어 있다.
291 『徐光啓集』에는 '俾'가 '目'으로 되어 있다.

황제께서 여러 (서양) 신하[陪臣]들을 돌보아 주신 것이 17년이며, 은혜를 베풀신 것이 깊고 두터운데 여러 (서양) 신하들이 보답하려 해도 길이 없으며, 그들이 추구하는 도(道)와 품고 있는 충성심을 알아주기를 간절히 바라지만 위로 전달할 길이 없습니다. 신(臣)은 이미 그것을 알고 있는 데 침묵하여 말하지 않는다면 (진상을) 은폐하는 죄를 짓는 것이므로 외람됨을 무릅쓰고 간절히 청원하는 것입니다. 만일 폐하께서 (저의 상소를) 받아들이신다면, 그들에게 특별히 표창을 내리시어 이제 잠시나마 승려와 도사와 마찬가지로 용납하여 머물게 하시고, 권면과 교화를 널리 펴게 하신다면, 신의 생각에 수년 후에는 인심과 세태[世道]가 반드시 점차 변하게 될 것입니다. 더 나아가서는 덕이 한결같이 되고 풍속이 모두 교화되며, 흘연히 크게 변화되는 데 이르러, 법(法)이 제정되면 반드시 행할 것이며 명령이 내려지면 어기지 않을 것입니다. 중국과 외국이 모두 다 속이지 않은 신하가 될 것이며, 집마다 칭찬할 만한[292] 풍속이 이루어질 것이며, 폐하께서는 한이 없는 큰 복을 길이 누리고 나라는 만세에 이르도록 태평성대를 영원히 누리게 될 것입니다.

倘以臣一時陳說, 難可遽信, 或恐旁觀猜忖, 尚有煩言, 臣謹設爲試驗之法有三, 將以上請。[293]

만일 신의 일시의 진술이 믿기 어려운 것이라 생각하시거나 혹 옆에서 보고 추측하여 오히려 군소리하는 것이 아닌지 염려되신다면, 신이 삼가 그것을 시험해 볼 수 있는 세 가지 방법을 만들어 청을 올립니다.

---

292 원문의 '比屋可封'은 나라에 어진 사람이 많음을 비유적으로 이르는 말이다. 중국 요순시절에 사람이 다 착하여 집마다 표창할 만하였다는 데서 나온 말이다.

293 『徐光啓集』에는 '試驗之法有三, 將以上請.'이 '試驗之法有三, 處置之法有三, 倂以上請.'으로 되어 있다. 또한 뒤에 본문에서 '處置之法' 세 가지에 대한 내용이 더 있다. 여기에서는 그 내용을 생략한 것으로 보인다.

試驗之法, 其一, 盡召疏中有名陪臣, 使至京師, 乃擇內外臣僚數人, 同譯西來經傳。 凡事天愛人之說, 格物窮理之論, 治國平天下之術, 下及歷[294]算·醫藥·農田·水利等, 興利除害之法[295], 一一成書, 欽命帝臣[296]共定其是非。 果係叛常拂經, 邪術左道, 卽行斥逐。 臣甘受扶同欺妄[297]之罪。

시험해 볼 수 있는 방법은 첫째, 소(疏)에서 지명한 (서양) 신하[陪臣]들을 수도[京師]로 모두 불러들이고, 내외의 신하들 몇 사람을 선발하여 서양에서 전래된 경전을 함께 번역하도록 하십시오. 모든 '사천애인'(事天愛人)의 설과 '격물궁리'(格物窮理)의 이론, 나라를 다스리고 천하를 태평케 하는 술책들과 아래로 역산(曆算), 의약(醫藥), 농전(農田), 수리(水利) 등 이로움을 일으키고 해로움을 없애는 방법을 일일이 다 책으로 엮은 후, 폐하께서 신하[廷臣]들에게 함께 그 시비를 가리도록 명령하십시오. 과연 떳떳한 법도와 도리에 어긋나며 사술과 이단으로 판단된다면 즉시 쫓아내십시오. 신은 (그들을) 돕고 (황제 폐하를) 속인 죄를 달게 받겠습니다.

其二, 諸陪臣之言, 與儒家相合, 與釋老相左, 僧道之流, 咸共憤嫉。 是以謗害中傷, 風聞流播, 必須定其是非。 乞命諸陪臣與有名僧道, 互相辨駁, 推勘窮盡, 務求歸一。 仍令儒學之臣, 共論定之。 如言無可採[298], 理屈辭窮, 卽行斥逐。 臣與受其罪。

---

294 『徐光啓集』에는 '歷'이 '曆'으로 되어 있다. '曆'이 옳을 듯하다.
295 『徐光啓集』에는 '法'이 '事'로 되어 있다.
296 『徐光啓集』에는 '帝臣'이 '廷臣'으로 되어 있다.
297 『徐光啓集』에는 '妄'이 '罔'으로 되어 있다.
298 『徐光啓集』에는 '採'가 '采'로 되어 있다.

둘째, 여러 (서양) 신하들의 말은 유가(儒家)와 서로 부합해도 석가(釋迦)와 노자(老子)와는 서로 다르니, 승려와 도사들이 모두 다 분노하고 미워합니다. 그래서 헐뜯고 중상(中傷)하여 유언비어[風聞]를 퍼뜨리니, 반드시 그 시비를 가리셔야 합니다. 청하건대 여러 (서양) 신하들이 이름난 승려와 도사들과 더불어 서로 옳고 그름을 논박(論駁)하도록 명령하여, 끝까지 (진리를) 규명하고 힘써 일치점을 찾도록 하십시오. 그리고 유학의 신하들이 함께 그것을 의논하여 확정하도록 명하십시오. 만약 (그들의) 말에 취할 만한 것이 없거나 도리에 어긋나거나 말이 궁색하다면 즉시 쫓아내십시오. 신도 함께 그 죄를 받겠습니다.

> 其三, 譯書苦[299]難就緒, 僧道或無其人, 卽令諸陪臣, 將敎中大意·誠勸規條與其事蹟功效, 畧述一書, 並已經譒[300]譯書籍三十餘券, 原來本文經典一十餘部, 一倂進呈御覽。如其駁雜[301]悖理, 不足勸善誠[302]惡, 易俗移風, 卽行斥逐. 臣與受其罪。此三者, 試驗之法也。[303] 已上諸條, 伏惟聖朝[304]裁擇, 如在可采, 乞賜施行。

셋째, 책을 번역하는 일이 만약 잘 진행하기 어렵고, 승려와 도사 중에서 혹 (토론에 임할) 적합한 사람이 없다면, 즉시 여러 (서양) 신하들에게 명령하여 교리 중의 대의(大意)와 계율(戒律)[305]의 조항들, 그리고 그 사적(事蹟)과 공효(功效)를 한 권의 책에 요약해서 기록하고, 아울러 이미 번역된 책 30여 권과 원

299　『徐光啓集』에는 '苦'가 '若'으로 되어 있다. '若'이 옳을 듯하다.
300　'譒'가 1906년본에는 '繙'으로 되어 있고, 『徐光啓集』에는 '飜'으로 되어 있다.
301　『徐光啓集』에는 '駁雜'이 '踏駁'으로 되어 있다.
302　『徐光啓集』에는 '誠'가 '戒'로 되어 있다.
303　『徐光啓集』에는 뒤에 處置之法 3條가 더 기록되어 있다.
304　『徐光啓集』에는 '聖朝'가 '聖明'으로 되어 있다.
305　불교의 계율에는 誡門과 勸門이 있다. 소극적으로 모든 나쁜 일을 금지한 것이 戒門이고, 적극적으로 모든 선한 일을 행하도록 권하는 것을 勸門이라고 한다.

문 경전 10여 부를 모두 함께 황제께서 보시도록 바치게 하십시오. 만약 그 (내용이) 난잡하고 도리에 어긋나 권선징악하고 풍속을 바꾸기에 부족하다면 즉시 쫓아내십시오. 신도 그들과 함께 죄를 받겠습니다. 이 세 가지는 그들을 시험하는 방법들입니다. 위의 여러 조목들을 엎드려 바라건대 폐하께서 살펴서 취사선택(取捨選擇)하시고 만약 채택하실 만하다면 부디 시행하여 주십시오.

臣于部臣爲衙門後輩, 非敢抗言與之相左。 特以臣考究旣詳, 灼見國家致盛治太平[306]之策, 無以過此。 倘欽允部議, 一時歸國, 臣有懷欲[307]吐, 私悔無窮。 是以不避罪戾, 齋沐陳請。

신은 (탄핵소를 올린) 예부의 신하에게 관아[衙門]의 후배가 되기에, 감히 그의 말에 대항해서 반대하고자 하는 것은 아닙니다. 다만 신이 자세히 고찰하여 보니 국가 통치의 융성과 태평성대를 가져올 방책으로 그 이상이 없음을 명확하게 보았기 때문입니다. 만약 황제께서 예부 신하의 논의를 윤허(允許)하시어 일시에 (서양 신하들을) 본국으로 돌려보내신다면, 신은 못다 한 말을 품은 채[308] 개인적인 회한이 끝이 없을 것입니다. 그리하여 죄에 걸림을 피하지 않고 목욕재계(沐浴齋戒)하고 간청합니다.

至於部臣所言風聞之說, 臣在昔日亦曾聞之, 亦曾疑之矣。 伺察數歲, 臣實有心竊[309]其情實, 後來洞悉底裏, 乃始深信不疑。 使其人果有纖芥可疑, 臣心有一毫未信。 又使其人雖非細作奸徒, 而未是聖

---

306 『徐光啓集』에는 '太平' 사이에 '保'가 있다.
307 『徐光啓集』에는 '欲'이 '不'로 되어 있다.
308 『徐光啓集』에 따라 '欲'을 '不'로 본다면, '소회를 말하지 못하여'라고 번역해야 할 것이다.
309 『徐光啓集』에는 '竊'이 '窺'로 되어 있다. '窺'가 옳을 듯하다.

賢流輩, 不能大有裨益[310], 則其去其留, 何與臣事? 修歷[311]一節, 關係非[312]輕, 臣身爲侍從之臣, 又安敢妄加稱許, 爲之遊說, 欺罔君父, 自干罪罰哉? 竊恐部臣而[313]伺察詳盡, 亦復如臣, 其推轂奬許, 亦不後于臣矣。臣干冒天威, 不勝惶恐待命之至。

예부 관리[部臣]가 말한 유언비어[風聞] 설에 관해서는 신도 이전에 들은 적이 있어, 또한 일찍이 그들을 의심한 적도 있었습니다. (하지만) 여러 해를 살펴보면서 신은 실로 마음을 써서 그들의 실정(實情)을 엿보았고, 그 후에는 그 속사정을 통찰하여 비로소 굳게 믿고 의심치 않게 되었습니다. 가령 그 사람들에게 과연 조금이라도 의심할 만한 점이 있었다면 신의 마음에 조금이라도 믿지 않는 바가 있었을 것입니다. 또한 가령 그 사람들이 비록 간사한 무리가 아니더라도 성현의 수준에 이르는 것은 아니어서 큰 도움이 되지 못한다면, 그들이 떠나든지 머물든지 신의 일과 무슨 상관이 있겠습니까? 역법을 수정하는 일 하나도 관계가 가볍지 않은 데, 신의 몸은 (황제를) 모시는 신하로서 어찌 감히 함부로 찬양하고 그것을 위해 유세하면서 임금을 속여 스스로 죄를 짓겠습니까? 아마도 예부 관리가 철저하게 살펴보았다면 그 역시 다시 신과 같을 것이며, [서양 신하를] 천거하고 칭찬하는 것 또한 신에게 뒤지지 않을 것이라 생각합니다. 신이 폐하의 위엄을 범하였으니, 황공한 마음 이기지 못하며 명을 내리시기를 기다리겠습니다.

---

310 큰 도움이 되다. [출전] 〈北齊書, 唐邕傳〉: 比及武平之末, 府藏漸虛, 邕度支取金, 大有裨益.
311 『徐光啓集』에는 '歷'이 '曆'으로 되어 있다. '曆'이 옳을 듯하다.
312 『徐光啓集』에는 '非'가 '亦'으로 되어 있다.
313 『徐光啓集』에는 '而'가 '之'로 되어 있다.

景敎碑文幷序
경교비문과 서문[314]

> 耶穌降世六百五十年, 敎入中華, 名爲景敎。 時唐太宗在位, 崇信
> 之。 大臣郭汾陽王亦捨地爲寺。 陝西西安府大秦寺有景敎碑, 今觀
> 其文[315], 敎中禮節雖有少異, 道實大同。 謹將原文附錄于後。

예수가 세상에 강림하신 지 650년에 가르침이 중국에 들어와 경교(景敎)라는
이름으로 불렀다. 그때 당(唐)나라 태종(太宗)이 재위하고 있었는데 그것[경교]
을 숭배하여 믿었다. 대신(大臣) 분양왕(汾陽王) 곽자의(郭子儀)[316]는 또한 땅을
희사(喜捨)하여 사원[교회]을 지었다. 섬서(陝西) 서안부(西安府)의 대진사(大
秦寺)에 경교비(景敎碑)가 있는데, 오늘날 그 비문을 살펴보니 경교[敎]의 예식
은 (지금의 기독교와) 비록 조금 차이가 있어도 도의 실체는 대체로 같다. 삼가
원문을 뒤쪽에 덧붙인다.[317]

---

314 1854년본, 1858년본에는 원래 中卷 끝부분에 부록으로 실려 있으며 별도의 제목이 없
    이 앞부분의 '耶穌降世六百五十年, 敎入中華, 名爲景敎.' 17자를 제목으로 삼았다. 여기
    에서는 1906년본에 의거하여 제목을 붙였다. 웹상에서 확인되는 경교비 탁본(https://
    ko.wikipedia.org/wiki/대진경교유행중국비)과 비교하여 同異를 밝혀 두었다. 다만 이체
    자의 경우는 제외하였다. 비문의 제목은 '景敎流行中國碑頌〈幷序〉'이며, 그 아래에 '大秦
    寺僧景淨述'이라 하여 작자가 밝혀져 있다. 또한 비석 상단에 별도로 大字로 '大秦景敎流
    行中國碑'라고 쓰여 있다.
315 1906년본에는 뒤에 '與聖敎參考'가 있다.
316 郭子儀(697-781)는 唐나라 華州 사람으로, 安祿山의 난과 史思明의 난을 평정하였다. 후
    에 汾陽王에 봉해졌다.
317 이 부분은 「景敎碑文幷序」에 대한 정위량의 해설이다. 경교비의 성격 및 그 원문 번역과
    관련해서는 다음과 같은 글이 참조할 만하다. 우심화, "大秦景敎流行中國碑" 비문(碑文)

> 粵若常然眞寂, 先先而无元; 窅然靈虛, 後後而妙有。總元[318]樞而造化, 妙衆聖以元尊者, 其惟[319]我[320]三一妙身, 無元眞主阿羅訶<譯卽神也>[321]歟!

아, 늘 변함이 없이 참된 고요이시며 처음의 처음이시나 시작[元]이 없고, 깊고도 아득하며 신령하고 비어 있으며 나중의 나중이나 신묘하게 있으시다. 신비한 추뉴(樞紐)들을 모아 만물을 창조하시며, 온갖 성스러움을 신묘하게 갖추심으로 가장 으뜸이 되신 지존자는 그 오직 우리 삼위일체 하나님의 묘신(妙身)[322], 시작이 없으신 참된 주 여호와[323]〈번역하면 곧 하나님[神]이다.〉[324]이시다!

> 判十字以定四方, 鼓元風而生二氣; 暗空易而天地開, 日月運而晝夜作。匠成萬物, 然立初人, 別賜良和, 令鎭化海。渾元之性, 虛而不盈; 素蕩之心, 本無希嗜。

십자 모양으로 구별하여 세상의 사방을 정하시고, 원풍(元風)을 일으키셔서 두 기운을 만드셨다. 깜깜한 허공이 바뀌어 천지가 열리고, 해와 달이 움직여 낮과 밤이 시작되었다. 만물을 만들고 나서 첫 사람을 만드시고, 특별히 타고난

역주(譯註)」, 2004, 『ACTS 神學과 宣敎』 8; 임영택, 「大秦景敎流行中國碑' 新譯」, 2016, 『中國文化硏究』 第31輯; 서윤동, 「경교의 아시아 전래 연구: 대진 경교 유행 중국비를 중심으로」, 2017, 호서대학교 신학과 박사학위논문. 여기에서의 번역도 이들 글의 도움을 일부 받았지만 꼭 그대로 따르지는 않았다.

318 비문에는 원래 '玄'으로 되어 있다.
319 惟: 비문에는 원래 '唯'로 되어 있다.
320 我: 비문에는 공경과 조심의 의미를 담아 앞에 두 칸을 비워두었다.
321 〈 〉 속의 내용은 원래 비문에는 없다.
322 '三一妙身'은 아래의 '三一分身'(聖子), '三一淨風'(聖靈)에 대해 聖父 하나님을 가리키는 용어인 것으로 보인다.
323 '阿羅訶'은 시리아어 'Alaha', 히브리어 'Elohim'을 음역한 것으로 '하나님'을 의미한다.
324 〈 〉 속의 내용은 원래 비문에는 없는 것으로 정위량의 해설이다. 아래 동일하다.

조화로운 마음[良和: 지혜][325]을 주시어 모든 것을 다스리게 하셨도다. 그의 혼연한 원래의 성품은 텅 비어 가득 찬 것이 없고[326], 타고난 바탕의 마음은 본래 바라고 즐기는 욕심이 없었도다.

泊乎娑殫 < 卽福音書中撒但魔鬼是也. > 施妄, 鈿飾純情精。間平大於此是之中, 陳冥同於彼非之內。是以三百六十五種, 肩隨結轍, 競織法羅。或指物以托宗, 或空有以淪二; 或禱祀以邀福, 或伐善以驕[327]人。智慮營營, 思情役役, 茫然無得, 煎迫轉燒。積昧亡途, 久迷休復。

사탄〈곧 복음서에서 사탄 마귀가 그것이다.〉이 거짓말을 하여 순전한 정령으로 가장함에 이르렀다. 한편으로 우리의 바른 진리 가운데서 공평하고 위대한 것에 틈을 내고, 또 한편으로는 저들 잘못된 가르침 가운데서 어리석은 것들을 더욱 분화시켰다. 이로써 삼백육십오 종파들이[328] 어깨를 나란히 하여 줄줄이 나타나서 앞다투어 자신들 교리의 그물을 지어냈다. 혹은 사물을 가리켜 근본으로 섬기게 하거나, 혹은 공(空)과 유(有)라는 두 가지에 빠져들었다.[329] 혹은 기도하고 제사하여 복을 구하거나, 혹은 자신의 선을 자랑하여 사람들이 교

---

325 '良和'는 '타고난 조화로운 마음'을 의미한다. 아마 '良知'와 '良行'이라는 전통적 용어를 염두에 둔 것으로 보인다. 혹은 '良知'를 잘못 쓴 것일 수도 있다. '良知'는 타고난 지식 혹은 지성, 양심을 의미한다.

326 '가득 찬 것이 없고'라는 것은 '선입견이나 편견이 없다'는 의미일 수도 있고, '겸허하여 교만하지 않다'는 의미일 수도 있다.

327 驕: 1906년본과 원래 비문에는 '矯'로 되어 있다.

328 원문의 '三百六十五種'에 대해 와일리는 삼백육십오 종파로 번역하였다. 여기에서도 그에 따랐으나, 단순히 1년 365일을 빗대어 종파의 숫자가 매우 많은 것을 수사적으로 표현한 것일 수도 있다.

329 '두 가지에 빠져들었다'라는 말의 의미는 불명료하다. 현실을 부정하는 허무론, 二元論에 빠졌다는 것을 의미하는 것인 듯하다. 즉, 앞의 문장과 연결해 보면, 작자는 진리에서 멀어져 세속적이고 물질주의적인 유물론적 일원론에 빠지거나, 세계를 부정하고 초월하려는 허무주의적 이원론에 빠져든 것을 비판하고 있다.

만해졌다.[330] 지혜와 사려를 발휘하여 골똘하고 애타도록 힘을 써도 아득하여 얻을 수 없어 불에 타는 듯이 답답하고 괴로웠다. 어리석음을 쌓아 길을 잃고 오랫동안 길을 헤매며 돌아가지 못하였다.

於是我三一分身<卽三位一體之神>, 景尊彌施訶<卽彌賽亞耶穌是也.>, 戠[331]隱眞威, 同人出代。神天宣慶, 室女<指馬利亞.>誕聖於大秦。景宿告祥, 波斯睹耀以來貢。

이에 우리 삼위일체 하나님의 분신[分身][332]〈곧 삼위일체의 하나님〉, 빛나고 존귀하신[333] 메시아〈곧 메시아 예수가 그이다.〉가 참된 위엄을 숨기고 사람과 똑같이 세상에 나오셨다. 천사가 기쁜 소식을 전하고 한 처녀〈마리아를 가리킨다.〉가 대진(大秦)[334]에서 거룩한 이를 낳았다. 밝은 별[景宿]이 길한 일을 알리자, 페르시아인이 그 빛을 보고 와서 예물을 드렸다.

圓廿四聖有說之舊法, 理家國於大猷; 設三一淨風[335]無言之新教, 陶良用於正信。制八境之度, 鍊塵成眞; 啓三常之門, 開生滅死。懸景日以破暗府, 魔妄於是乎悉摧; 棹慈航以登明宮, 含靈於是乎既

---

330 만약 1906년본과 원래 비문에 의하여 '矯'로 본다면 '사람을 속였다'라는 의미로 해석된다.
331 '戠'은 '戴'의 이체자로 추정된다. 1906년본에는 '戴'으로 되어 있다.
332 '三一分身'은 앞에서 나온 '三一妙身', 그리고 뒤에 나올 '三一淨風'과 구별하여 특별히 聖子에 대해 사용된 용어인 것 같다.
333 '景尊'은 '景教의 尊者'를 의미하는 특별한 용어일 수도 있다.
334 중국에서는 한나라 이래로 로마제국을 '大秦'이라 칭했다. 하지만 이후 꼭 엄밀하게 로마제국에 한정된 고유명사로 사용된 것은 아니었고 중국의 秦에 비견되는 서방의 큰 제국이라는 다소 일반적인 의미에서 사용되었다. 이 번역문에서는 '大秦' 혹은 '大秦國'이라는 명칭을 그대로 사용하였다.
335 '淨風'은 1854년본에는 '淨風'이라 되어 있으나, 1858년본, 1906년본, 원래 비문 등에 '淨風'으로 되어 있다. 그에 따라 여기에서는 '淨風'으로 고쳤다.

濟。能事斯畢，亭午昇眞。經留二十七部〈卽新約書〉，張元化以發靈
關。

(그는) 24명의 성인(聖人)[336]이 말했던 옛날 법을 완성하시어 가정과 국가를 대
도(大道)로서 다스리게 하셨고, 삼위일체 하나님의 정풍(淨風)[337]의 묵묵한 새로
운 가르침을 세우시어 바른 믿음 가운데 타고난 선한 행실[338]을 닦게 하셨다. 팔
복(八福)의 법도[339]를 세워 티끌 같은 이들을 다듬어 참된 사람을 이루셨고, 세
가지 영원한 문[340]을 열어 생명을 열고 죽음을 멸하셨다. 밝게 빛나는 해를 매달
아 어둠을 부수니 마귀의 망령됨이 여기서 모두가 좌절되었으며, 자비의 배를
노 저어 하늘나라[明宮]에 오르니 모든 영혼이 여기서 구원을 받았다. 능하신 일
이 이에 마치니 정오에 참된 곳으로 올라가셨다. 경전은 27부〈곧 신약성서〉를
남기셨으니, 큰 교화[元化: 구제]를 베풀어 영혼의 빗장을 여신 것이다.

法浴水風，滌浮華而結[341]虛白；印持十字，融四照以合無拘。擊木
震仁惠之音，東禮趨生榮之路。存鬚所以有外行，削頂所以無內情。
不畜臧獲，均貴賤於人；不聚貨財，亦[342]罄遺於我。齋以伏識而成，戒
以靜愼爲固。七時禮讚，大庇存亡，七日一薦，洗心反素。眞常之道，

336　구약성경의 24인의 선지자를 가리킨다.
337　‘三一淨風'은 앞에서 나온 ‘三一妙身'(성부), ‘三一分身'(성자)에 대해 聖靈 하나님을 가리키
　　는 말인 것으로 보인다. 淨風'은 1854년본에는 ‘淨風'이라 되어 있으나, 1858년본, 1906년
　　본, 원래 비문 등에 淨風'으로 되어 있다. 그에 따라 여기에서는 淨風'으로 고쳤다. 景敎
　　의 『迷師所經』에서는 涼風이라고도 표현했다. 그렇다면 淨風'이 옳은 것일 수도 있다.
338　‘良用'은 앞에 나온 ‘良和'와 마찬가지로 ‘良知'와 ‘良行'를 염두에 두고 고안된 말로서 아마
　　도 ‘良行'에 해당하는 것으로 보인다.
339　원문의 ‘八境之道'는 산상수훈의 八福을 가리킨다.
340　원문의 ‘三常之門'은 信, 望, 愛 곧 믿음, 소망, 사랑을 가리키는 것으로 보인다. 고린도전
　　서 13장 11절-13절
341　結: 비문에는 원래 ‘潔'로 되어 있다.
342　亦: 1906년본과 비문에는 ‘示'로 되어 있다.

妙而難名, 功用照[343]彰, 强稱景教。

물과 성령으로 세례를 주어 겉치레만 화려한 것[浮華]을 씻고 깨끗하게 하였으며, 증표인 십자가를 가지고 사방에 두루 다니며 구속받지 않고 사람을 모았다. 목판을 두드려서 인자와 은혜의 소리를 떨치고, 동쪽을 향해 예배드려 생명과 영광의 길로 나아갔다. 수염을 기르는 것은 밖으로 바른 행실이 있도록 함이고, 정수리를 자르는 것은 안으로 욕망이 없도록 하는 것이다. 노비를 두지 않음은 귀천이 없이 사람을 평등하게 대하는 것이며, 재물을 모으지 않음은 자신에게 남긴 것을 다했음을 나타내는 것이다. 지식을 억누름으로 재계[齋]를 완성하고, 고요함과 신중함으로 계율(戒律)을 견고하게 한다. (매일) 일곱 번씩 예배하고 찬송하여[344] 산 자와 죽은 자를 크게 위로하고, 7일마다 한 차례 예배(헌물)를 드려 마음을 씻고 본심으로 되돌아간다. 이 참되고 변함없는 도는 신묘하여 이름을 짓기가 어려우나, 쓰임새[功用]가 밝게 빛나므로 억지로 경교(景教)[345]라 부른다.

惟道非聖不宏[346], 聖非道不大。道聖符契, 天下文明。太宗文皇帝, 光華啓運, 明聖臨人。大秦國有上德曰阿羅本, 占靑雲而載眞經, 望風律以馳艱險, 貞觀九祀, 至於長安。帝使宰臣房公元[347]齡摠仗西郊,

---

343 照: 비문에는 원래 '昭'로 되어 있다.
344 와일리(Wylie)와 레그(Legge)는 '매일 일곱 번'으로 번역하였다. 대문(臺文)에서는 '고대에 가리키던 하루 십이 시의 일곱째 시'라고 해석했다. 시119:164에 "주의 의로운 규례를 인하여 내가 하루 일곱 번씩 주를 찬양하나이다."라고 하였다.
345 景教는 콘스탄티노플 총대주교였던 네스토리우스를 시조로 하는 기독교 일파이다. 그들은 二性說, 곧 예수의 神性과 人性을 분리하여 이해하는 그리스도론으로 말미암아 431년 개최된 에베소 공의회에서 이단으로 결정되어 파문당하였다. 이후 동로마제국과 적대 관계에 있던 페르시아 제국의 보호를 받으면서 페르시아 지역으로 전파되어 갔다.
346 宏: 비문에는 원래 '弘'으로 되어 있다.
347 元: 비문에는 원래 '玄'으로 되어 있다.

實迎入內, 翻經內[348]殿。問道禁闥, 深知正眞, 特令傳授。

오직 도(道)는 성인(聖人)[349]이 아니면 널리 퍼지지 않고, 성인은 도가 아니면 위대해질 수 없다. 도와 성인이 부신(符信)과 같이 서로 합하면 천하에 (비로소) 문명이 밝게 된다. 태종 문황제(文皇帝)[350]께서는 광채로 왕조를 창업하시고 명철한 성인으로서 사람들을 다스리셨다. 대진국의 사제[上德][351] 알로펜[阿羅本][352]이 높은 뜻을 품어 성경을 싣고 덕 있는 제왕[353]을 기대하고 험한 길을 찾아와서, 정관(貞觀) 9년(635년) 장안(長安)에 도착하였다. 황제께서 재상 방현령(房玄齡)[354]으로 하여금 호위병을 거느리고 서교(西郊)에서 그를 손님으로 영접하여 성안에 들이고, 황제의 서실[書殿]에서 성경을 번역하게 하였다. 또한 황실에서 도를 묻고, 참된 진리를 깊이 이해하여, 포교하도록 조서를 내렸다.

貞觀十有二年秋七月, 詔曰: "道無常名, 聖無常體, 隨方設教, 密濟群生。大秦國大德阿羅本, 遠將經像, 來獻上京。詳其教旨, 元[355]妙無爲; 觀其元宗, 生成立要。辭[356]無繁說, 理有忘筌。濟物利人, 宜行天下。"

---

348 內: 1906년본에는 '書'로 되어 있다. 원래 비문에도 '書'로 되어 있다.
349 여기에서는 문맥상 주로 聖王 곧 황제를 의미하는 것으로 보인다. 경교를 후원했던 황제들에 대한 이야기가 이어지고 있는 것이다.
350 太宗 文皇帝는 唐 太宗 李世民(599-649, 재위 626-649)을 가리킨다. 文은 그의 諡號이다.
351 上德 혹은 아래의 大德은 전통적으로 높은 덕성 혹은 덕성이 높은 인물을 가리키는 말이지만, 또한 불교에서 나이가 많고 덕이 높은 高僧 혹은 부처, 보살 등을 가리키는 말로 사용되었다.
352 알로펜은 景教 선교사로서 貞觀 9년(635년) 성경을 가지고 당나라 수도 長安에 이르러 선교하였다. 그는 사산 제국(페르시아) 혹은 시리아 출신으로서 시리아말을 했을 것으로 추정된다.
353 원문의 風律을 믈러(Moule, A.C.)는 덕 있는 제왕에 대한 비유로 보았다.
354 房玄齡(578-648)은 唐의 정치가이다. 건국 공신으로서 태종 재위 시기 15년간 재상을 맡았으며 어진 재상 杜如晦와 함께 '房杜'라고 불렸다. 이름의 '元'은 원래 비문에는 '玄'으로 되어 있다. '玄'을 피휘한 것으로 보인다.
355 元: 비문에는 원래 '玄'으로 되어 있다. 역시 '玄'을 피휘한 것으로 보인다.
356 辭: 비문에는 원래 '詞'로 되어 있다.

정관(貞觀) 12년(A.D.638년) 가을 7월에는 조서(詔書)를 내려 말하였다. "도(道)는 정해진 이름이 없고, 성인[聖]은 정해진 모습이 없으니, 지역에 따라[357] 가르침을 베풀어 중생을 면밀히 제도(濟度)한다. 대진국의 사제[大德] 알로펜은 멀리서 성경과 성상[像]을 가지고 와서 장안[上京]에 바쳤다. 그 가르침의 뜻을 상세히 살펴보니 현묘(玄妙)하여 억지로 함이 없고[無爲], 그 근본 진리를 살펴보니 (만물) 생성의 원리[要旨]를 구비하였다. 말에 번잡한 소리가 없고 이치는 유효함이 있다. 만물을 제도하고 사람을 이롭게 하니 천하에 실행함이 마땅하다."

所司即於京義寧坊造大秦寺一所, 度僧二十一人。宗周德喪, 青駕西昇, 巨唐道光, 景風東扇。旋令有司, 將帝寫眞, 轉模[358]寺壁。天姿汎彩, 英朗景門, 聖蹟騰祥, 永輝法界。

담당 관리가 곧 장안 의녕방(義寧坊)에 대진사(大秦寺) 한곳을 세우고 21명의 경교 사제들이 상주하도록 했다. 주(周)나라가 덕을 잃자 노자는 푸른 소를 타고[359] 서쪽(서방)으로 올라갔는데, 큰 당(唐)나라의 위엄이 빛나자 경교의 바람이 동방에서 불어온 것이다. 담당 관리에게 명하여 황제의 어진(御眞)을 (대진사) 사원의 벽에 모사하여 그리게 하였다. 그 자태(姿態)가 빛을 넘실거리며 경교 신도들을 영롱하게 비추니 성인의 자취가 상서로움을 타고 진리의 세계[法界]에 영원히 빛난다.

---

357 원문의 '隨方'에서 '方'은 '방편'을 의미하는 것일 수도 있다. 방편에 따라 맞추어서 적절하게 가르침을 전파한다는 것이다.
358 模: 1906년본과 비문에는 '摸'로 되어 있다.
359 青駕: 노자가 함곡관을 빠져 서쪽으로 갈 때 타고 갔다는 검은 소(青牛)를 의미한다. [출전: 김호동, 《동방기독교와 동서문명》 P130.

按[360]『西域圖記』及漢·魏史策, 大秦國, 南統珊瑚之海, 北極衆寶之山, 西望仙境花林, 東接長風弱水。其土出火浣[361]布, 返魂香, 明月珠, 夜光璧。俗無寇盜, 人有樂康。法非景不行, 主非德不立。土宇廣闊, 文物昌明。

『서역도기(西域圖記)』[362]와 한나라와 위나라의 역사책을 살펴보면, 대진국은 남쪽으로 산호(珊瑚)의 바다를 거느리고, 북쪽 끝으로는 중보(衆寶)의 산이 있으며, 서쪽으로 선경(仙境)의 꽃과 숲을 바라보고, 동쪽으로는 바람이 세차고 건너기 힘든 강에 접해 있다. 그 땅에는 화완포(火浣布)[363], 반혼향(返魂香)[364], 명월주(明月珠), 야광벽(夜光璧)[365]이 나온다. 세속(世俗)에는 도둑과 강도가 없으며 사람들은 안락하고 평강하다. 법은 경교가 아닌 것은 행하지 않고 군주는 덕이 아닌 것을 세우지 않는다. 영토는 광활하고 문물은 번창하였다.

---

360 按: 비문에는 원래 '案'으로 되어 있다.

361 浣: 비문에는 '浣'의 이체자로 추정되는 '綄'로 되어 있다.

362 중국 隋나라 때 裴矩가 서역 지방에 부임하여 그곳의 풍속, 산천의 지리 등에 관한 자료를 정리한 것이다.

363 火浣布는 불 속에서도 타지 않고, 불로 더러움을 지우는 천이다. 나무껍질이나 새털(혹은 쥐 털)로 짠 포목이 아니며, 불 속에서도 타지 않는 광물질로 만든 석면(石綿, asbestos)이다. 『列子』에는 중국 周나라 穆王이 西戎을 정복했을 때 서융이 화완포를 공물로 바쳤다는 기사가 나온다. 산지는 서역과 남방, 곤륜산 부근으로 알려져 왔다. 과학적인 직포술이 발달하기 이전(중세 이전)에는 불에 타지 않는 그 신기함으로 인해 많은 억측과 전설이 난무하였다. [출전]: (실크로드 사전, 2013. 10. 31., 정수일)

364 返魂香는 서쪽 바다 끝에 신선이 사는 十洲의 하나인 聚窟洲가 있고 그 위에 返魂樹가 있는데, 그 나무뿌리를 솥에 고아서 즙을 낸 뒤 반혼향이라는 丸藥을 만들어 죽은 이의 코에 대면 기사회생한다는 전설이 있다. [출전]: 〈述異記 卷上〉

365 明月珠와 夜光璧은 『魏略·西戎傳』 '大秦國條'에는 좀 더 구체적으로 대진에서 산출한 보석이라고 전한다. 즉 이 나라의 산에서는 청·적·황·백·흑·녹·홍·감색 등 9가지 색깔의 次玉(옥에 버금가는 돌)이 나오며, 보석으로는 마노·南金·符采玉·明月珠·夜光珠·典白珠·호박·산호와 함께 적·백·흑·녹색의 10여 가지 유리·球琳·琅玕·水晶·玫皮·碧·五色玉 등이 있다고 하였다.

> 高宗大帝, 克恭纘祖, 潤色眞宗, 而于諸州各置景寺, 仍崇阿羅本爲
> 鎭國大法主。 法流十道, 國富元休; 寺滿百城, 家殷景福。

고종(高宗) 대제(大帝)[366]는 조종(祖宗)을 공손히 잘 계승하여 진종(眞宗: 景敎)를 빛나게 하였고 모든 지방(州)에 각각 경교 사원[景寺]을 세우고 알로펜을 높여서 진국대법주(鎭國大法主)로 삼았다. 법(法: 진리)이 십도(十道)에 퍼지니 나라에는 큰 기쁨이 넘쳤으며, 경교 사원이 각 성읍마다 가득하니 집마다 큰 복[景福][367]이 번성하였다.

> 聖歷[368]年, 釋子用壯, 騰口於東周; 先天末, 下士大笑, 訕謗於西
> 鎬。 有若僧首羅含, 大德及烈, 並金方貴緒, 物外高僧, 共振元[369]綱,
> 俱維絶紐。

성력(聖曆: A.D.697-700)[370] 연간에는 불교 승려가 힘을 과시하면서 (경교를 대적하여) 낙양[東周]에서 입으로 경멸했다. 선천(先天)[371] 말년에는 어리석은 선비들이 크게 비웃으면서 장안[西鎬]에서 (경교를) 흉보고 헐뜯었다. 그러나 승수(僧首)인 라함[372]과 대덕(大德) 가브리엘[及烈][373] 그리고 서방[374]의 귀족들과 세속을 떠난 고승(高僧)들이 있어서 함께 현묘한 강령(綱領)을 진작(振作)시키고 모두 단절된 관계를 다시 이었다.

---

366 高宗大帝는 당 왕조의 제3대 황제인 李治(628-683)이다.
367 '景福'은 景敎의 福이라고 번역할 수도 있다.
368 '歷'이 비문에는 원래 '曆'으로 되어 있다.
369 '元'이 비문에는 원래 '玄'으로 되어 있다.
370 則天武后(624-705) 때의 열 번째 연호이다.
371 先天은 唐 玄宗의 첫 번째 年號로서, 712년 8월(음력)부터 713년 11월(음력)까지 사용되었다.
372 '羅含'은 Lohan; Abraham의 음역어이다.
373 '及烈'은 Gabriel or Cjillieh; Cyiacusd의 음역어 이다.
374 金方은 곧 西方이다.

元[375]宗至道皇帝, 令寧國等五王, 親臨福宇, 建立壇場, 法棟暫橈而
更崇, 道石時傾而復正。天寶初, 令大將軍高力士送 五聖寫眞, 寺
南[376]安置, 賜絹百匹, 奉慶睿圖。龍髯雖遠, 弓劍可攀, 日角舒光, 天
顏咫尺。三載, 大秦國有僧佶和, 瞻星向化, 望日朝尊。詔僧羅含普
論[377]等十七人, 與大德佶和於興慶宮修功德。於是天題寺榜[378], 額
載[379]龍書。寶裝璀翠, 灼爍丹霞, 睿札宏空, 騰凌[380]皦[381]日。寵賚比南
山峻極, 沛澤與東海齊深。道無不可, 所可可名; 聖無不作, 所作可
述。

현종(A.D.713-756) 지도황제(至道皇帝)[382]는 영국(寧國) 등 다섯 왕[383]에게 명
하여 예배당[福宇]에 친히 왕림하여 제단을 세우도록 하였으니, 잠시 꺾였던 법
(法: 진리)의 위세가 다시 높아졌고 잠시 기울어졌던 도(道)의 초석이 다시 바
르게 되었다. 천보(天寶: 742-756)[384] 초에 대장군 고력사(高力士)[385]에게 명하여
(자신에 앞선) 오대(五代) 성왕(聖王)들의 어진(御眞)을 보내 경교 사원 남쪽에
안치하도록 하고, 비단 100필을 하사하여 초상화[睿圖]를 받들어 섬기게 하였
다. 황제는 비록 멀리 떠나셨지만 (황제의) 활과 검이 손이 닿는 곳에 있었던 것

---

375 '元'은 비문에는 원래 '玄'으로 되어 있다.
376 '南'은 1906년본과 비문에는 '內'로 되어 있다.
377 '普論'은 1906년본과 비문에는 앞에 '僧'이 있다.
378 '榜'은 1906년본과 비문에는 '牓'으로 되어 있다.
379 '載'은 비문에는 원래 '戴'로 되어 있다.
380 '凌'은 비문에는 원해 '淩'으로 되어 있다.
381 '皦'는 1906년본과 비문에는 '激'으로 되어 있다.
382 원문의 元宗은 곧 玄宗의 尊號는 처음에는 開元神武皇帝였으며, 여러 차례 개칭되었다.
      757년 아들에게 양위한 후 太上皇이 되었는데, 그때의 존호가 太上至道聖皇帝였으며, 시
      호는 至道大聖大明孝皇帝이다.
383 玄宗의 다섯 형제로 寧國王은 그중 맏형이다. 현종은 일찍이 영국 등 다섯 왕으로 하여금
      경교사를 친히 방문하도록 했다.
384 天寶는 현종(玄宗) 집정 후기(742-756)의 연호이다.
385 高力士(684-762)는 중국 당나라의 宦官이다. 현종의 즉위 당시 太平公主 일당을 물리치는
      공을 세워 황제의 신임을 얻었으나, 안녹산의 난 이후에 실각하였다.

과 같았고[386] 해와 같은 모습이 빛을 발하니[387] 황제의 얼굴이 지척에 있는 듯하였다. 천보 3년(744)에 대진국의 경교승 '길화(佶和, Kih-ho)'가 별을 보고 귀복(歸服)하여 해를 바라보듯 황제를 알현하였다. 황제는 조서를 내려 사제 '라함(羅含)'과 '바오로(普論)' 등 17인이 주교 길화와 함께 홍경궁(興慶宮)에서 공덕을 닦게 하였다. 이에 경교 사원의 방(牓)에 황제께서 친히 쓴 편액(扁額)을 베풀었다. 보배롭게 빛나는 비취로 장식을 하니 붉은 노을처럼 빛났고, 성왕의 명찰(名札)이 하늘 높이 걸려 있으니 그 빛이 밝은 해를 능가하였다. 황제의 하사품[寵賚]은 남산의 높이와 견줄 만 하였고, 그 성대한 은택(恩澤)은 동해처럼 깊었다. 도(道)는 불가(不可)한 것이 없으나 그 가(可)한 것은 명명할 수 있고, 성왕은 만들지 않는 일이 없으나 그 만드신 일은 기록할 수 있다.

> 肅宗文明皇帝, 於靈武等五郡重立景寺, 元善資而福祚開, 大慶臨而皇業建。

숙종(肅宗) 문명황제(文明皇帝)[388]는 영무(靈武)[389] 등 다섯 개의 군(郡)에 경교 사원을 다시 세웠으니, 큰 선[元善]이 도움이 되어 국운이 열렸고, 큰 경사가 임하여 황제의 위업(偉業)이 이루었다.

> 代宗文武皇帝, 恢張聖運, 從事無爲。 每於降誕之辰, 錫天香以告成功, 頒御饌以光景衆。 且乾以美利, 故能廣生; 聖以體元, 故能亭毒。

---

386 '龍髯'과 '弓劍'은 『史記·封禪書』에 나오는 黃帝의 죽음과 관련된 故事에 의한 것이다.
387 '日角'은 이마의 중앙부가 융기하여 해와 같은 모습을 보이는 것으로 황제의 相이다.
388 唐나라의 제7대 황제 肅宗 李亨이다. 玄宗의 아들이다. 시호는 文明武德大聖大宣孝皇帝로서, 줄여서 宣皇帝라고도 한다. 초명은 李與이다.
389 靈武는 감숙성 영주를 말한다.

당 대종(代宗) 문무황제(文武皇帝)[390]는 성운(聖運: 성왕의 운세)을 널리 펼쳐 무위(無爲)로 통치하셨다. 해마다 강탄일에 향품을 하사하여 성공(成功)을 고하였고 음식을 베풀어 경교 신자들을 환대해 주시었다. 또한 하늘은 큰 이익으로 천지를 이롭게 하므로 (백성의) 삶을 넓힐 수 있었고, 성왕은 하늘의 뜻을 세심하게 살피어 (백성을) 양육할 수 있었다.

我建中聖神文武皇帝, 披八政以黜陟幽明, 闡九疇以維[391]新景命。化通元[392]理, 祝無愧心。

우리 건중(建中)[393] 성신문무황제(聖神文武皇帝)[394]는 8가지 정사(政事)[395]를 펼쳐 어두운 것은 물리치고 밝은 것은 등용하시며, 9가지 원칙[396]을 천명하여 경교의 사명을 새롭게 하였다. 현묘한 진리를 통달하여, 부끄러운 마음이 없기를 빌었다.

390　唐나라의 제8대 황제인 代宗 李豫(726-779, 재위762-779)이다. 시호는 睿文孝武皇帝로서, 줄여서 睿皇帝라고도 한다. 능호는 元陵이다.

391　維: 비문에는 본래 '惟'로 되어 있다.

392　元: 비문에는 본래 '玄'으로 되어 있다.

393　建中은 唐나라 제12대 황제인 德宗 李适(재위779-805) 때의 첫 번째 연호(780-783)이다. 780년 음력 1월부터 783년까지 4년 동안 사용되었다. 이 비석은 바로 建中2년(781년)에 건립되었다. 그러므로 廟號인 德宗이 아닌 연호를 앞세운 것이다.

394　聖神文武皇은 德宗의 생전 尊號이며, 시호는 神武孝文皇帝이다. 줄여서 孝文帝라고도 한다. 능호는 崇陵이다.

395　八政은 여덟 가지 政事를 뜻한다. 『書·洪範』에 기술된 아홉 가지 정치 원칙인 洪範九疇 중 세 번째이다. 그 내용은 첫째 먹거리, 둘째 재물, 셋째 제사, 넷째 땅을 다스림, 다섯째 백성을 가르침, 여섯째 범죄를 다스림, 일곱째 손님을 맞이함, 여덟째 군대를 키움이다.

396　九疇는 洪範九疇를 뜻한다. 『書·洪範』에 기술된 아홉 가지 정치 원칙을 말한다.

至於方大而虛, 靜專[397]而恕, 廣慈救衆苦, 善貸被羣生者, 我修行之大猷, 汲引之階漸也。若使風雨時, 天下靜, 人能理, 物能清, 存能昌, 歿能樂, 念生響應, 情發自誠者, 我景力能事之功用也。

바르고 크면서도 겸허하고, 오로지 고요하면서도 너그럽고, 넓은 자비로 중생(衆生)의 고통을 구제하고, 잘 베풀어 여러 사람에게 은택을 끼치는 것에 이르는 것이 우리 (경교의) 수행의 큰 길[大猷]이며, 사람들을 끌어들이는 점진적인 방법이다. 바람과 비가 제때에 있고, 천하가 고요하고, 사람이 능히 다스려지고, 만물이 능히 깨끗해지며, 산 자는 번창하고, 죽은 자는 극락을 누리고, 생각이 생김에 메아리처럼 울려 반응이 있고, 감정[情]이 진심으로부터 나온 것 같은 것들은 우리 경교의 역량이 잘 할 수 있는 쓰임새이다.

大施主金紫光祿大夫, 同朔方節度副使, 試殿中監, 賜紫袈裟, 僧伊斯, 和而好惠, 聞道勤行。遠自王舍之城, 聿來中夏, 術高三代, 藝博十全。始效節於丹廷, 乃策名於王帳。中書令汾陽郡王郭公子儀, 初總戎於朔方也, 肅宗俾之從邁, 雖見親於大內[398], 不自異於行間。爲公爪牙, 作君[399]耳目。能散祿賜, 不積於家。獻臨恩之頗黎, 布辭憩之金罽。或仍其舊寺, 或重廣法堂, 崇飾廊宇, 如翬斯飛。更效景門, 依仁施利。每歲集四寺僧徒, 虔事精供, 備諸五旬。餧者來而飯之, 寒者來而衣之, 病者療而起之, 死者葬而安之。清節達娑, 未聞斯美, 白衣景士, 今見其人。欲[400]刻洪碑, 以揚休烈。詞曰:

397　靜專: 비문에는 본래 '專靜'으로 되어 있다.
398　'大內'는 '臥內'를 잘못쓴 것으로 보인다. 1906년본과 비문에는 '臥內'로 되어 있다.
399　'君'은 '軍'을 잘못 쓴 것으로 보인다. 1906년본과 비문에는 '軍'으로 되어 있다.
400　'欲'은 비문에는 원래 '願'으로 되어 있다.

위대한 시주(施主), 금자광록대부(金紫光祿大夫)[401]이며 동삭방절도부사(同朔方節度副使)이며 시전중감(試殿中監)이었고 황제가 하사한 자색 법의를 받은 경교승 이사(伊斯)는 온화하며 은혜 베풀기를 즐기며 도리를 듣고 근면하게 실천하였다. 멀리 왕사(王舍)의 성[402]에서 마침내 중국에 와서 재능[術]이 3대에 걸쳐 높았고 학식[藝]은 모든 면에 걸쳐 완전무결하였다.[403] 처음부터 조정[丹廷]에 충절을 바치니 이름이 왕실 장부에 기록되었다. 중서령(中書令) 분양왕(汾陽王) 곽자의(郭子儀)가 처음으로 삭방(朔方: 북방)에서 모든 군사를 통솔할 때[404] 숙종이 그(이사)를 동행하도록 명하였는 데, 비록 매우 친밀한 관계였지만 스스로 전장에서는 다르게 행동하지 않았다. 곽자의에게 손발[爪牙]이 되고, 군대의 귀와 눈이 되었다. 녹봉(祿俸)을 사람들에게 나누어 주고 자기 집에 쌓아두지 않았다. 은사(恩賜)로 받은 유리구슬[405]마저 헌납하였고, 사임(辭任)하여 쉴 때 받은 황금과 모직은 보시하였다. 혹은 오래된 사원을 수축(修築)하고, 혹은 법당을 넓혀 회랑(回廊)과 지붕을 마치 오색의 꿩이 날 듯이 숭고하게 장식했다. 더욱 경교에 귀의하여 인(仁)으로 이로움을 베풀었다. 해마다 사원 네 곳의 경교승과 신도를 모아서 경건하게 섬겨 정성껏 공양하기를 50일간 하였다. 굶주린 자가 오면 밥을 먹이고, 헐벗은 사람이 오면 옷을 입히고, 병자가 (오면) 치료하여 일으키고, 죽은 자가 (생기면) 장사를 치러 안식하게 했다. 고결한[淸節] 달사(達娑)[406] 중에서도 아직 이러한 미덕을 (행한 사람을) 들어본 적 없었는

---

401 1906년본 각주에 의하면 이는 劉詔를 가리킨다 劉詔는 대략 唐代 中期 代宗과 德宗 시기 사람으로, 자는 正朝, 호는 石陂이다. 唐 德宗 때 正義大夫를 제수받았고 후에 金紫光祿大夫에 加封되었으며, 一品大司農兼侍講大學士를 지냈다. 그는 致仕한 후에는 지금의 江西省 寧都 安福馬跡村에 거주하였다. 별세 후 安福馬跡村에 葬事되었는데, 그 묘를 '鐵墓地'라고 부른다. 하지만 본문 문맥상 이는 伊斯를 가리키는 것으로 보는 것이 옳을 듯하다.

402 폴 펠리오(paul pelliot)의 고증에 의하면 이는 본 비석의 시리아어 타후리스탄 발흐성을 가리키며, 13세기 이전에 발흐성은 경교 24개 총주교 거주지 중 하나였다.

403 '術'과 '藝'는 모두 탁월한 개인이 지닌 實踐的이고 知的인 능력과 재능을 의미하는 말이다.

404 郭子儀는 755년 안녹산의 난 때 朔方節度使가 되어 河北에서 史思明을 격퇴하였다.

405 '頗黎'는 '頗梨'라고도 한다. 산스크리트어의 sphaṭika(수정)에서 연유하며 불전에서는 七寶 중의 하나로 꼽는다. 일반적으로 무색투명한 유리를 지칭한다.

406 '達娑'는 景敎 신도의 호칭이다. PL tḥat-sa "Christian", Middle Pers. tarsāg, Sogd. tar-sāk [출처]:Johannes den Heijer, Andrea Schmidt, Tamara Pataridze (eds.), Scripts beyond Borders: A Survey of Allographic Traditions in the Euro-Mediterranean World, Louvain: Peeters, 2014, p.329-349. 와일리와 레그는 이를 불교 신도로 번역했다.

데, 백의(白衣)[407]의 경교 선비[景士]에게서 이제 그러한 사람을 볼 수 있는 것이다. 이에 큰 비석을 세워 새겨서 그의 아름다운 행적을 현양하고자 한다. 그 글은 다음과 같다.

> 眞主无元, 湛寂常然。權輿匠化, 起地立天; 分身出代, 救度無邊。
> 日昇暗滅, 咸證眞元。[408]

참되신 주는 시작이 없나니, 깊고 고요하고 언제나 한결같으시다. 만물의 시초가 정교하게 조화를 이루도록 땅을 일으키고 하늘을 세우셨고, 분신(分身)으로 세상에 나타나시어 구원하시고 제도(濟度)하심이 끝이 없으시도다. 해가 떠오르면 어둠이 없어지듯, 모두가 심오한 진리를 증거하도다.

> 赫赫文皇, 道貫[409]前王. 乘時撥亂, 乾廓坤張。明明景教, 言歸我
> 唐。譒[410]經建寺, 存歿舟航。百福皆[411]作, 萬邦之康。

혁혁한 문황(文皇)[412]께서는 도(道)가 이전 왕들보다 뛰어나셨다. 때를 따라 전란(戰亂)을 다스리시니 하늘이 넓어지고 땅이 확장되었다. 밝고 밝은 경교가 우리 당나라에 들어오니, 경전을 번역하고 사원을 지어서 산 자와 죽은 자들이 구제의 배에 동승하게 했다. 만복이 함께 일어나고 만방이 평안하게 되었다.

---

407 白衣가 의미하는 바는 문자 그래도 흰색 복장을 의미한다. 통상 관직에 있지 않은 평민 신분을 가리키거나, 승려에 대해 평신도를 가리키는 말로 사용되었다.
408 '元'은 비문에는 원래 '玄'으로 되어 있다.
409 '貫'은 1906년본과 비문에는 '冠'으로 되어 있다.
410 '譒'은 1906년본과 비문에는 '翻'으로 되어 있다.
411 '皆'는 비문에는 원래 '偕'로 되어 있다.
412 文皇은 곧 唐 太宗이다.

高宗續[413]祖, 更築精宇。 和宮廠[414]朗, 徧滿中土。 眞道宣明, 式封法
主。 人有樂康, 物無災苦。

고종(高宗)께서는 선업(先業)을 계승하여 아름다운 사찰[精宇]을 다시 건립
하였다. 우뚝하고 선명한 아름다운 건물들[和宮]이 온 중국 땅에 가득하였다.
참된 도를 분명하게 선포하셨고, 법주(法主)[415]를 임명하셨다. 사람들에게는 즐
거움과 평안함이 있었고 만물에는 재앙과 고통이 없게 되었다.

元[416]宗啓聖, 克修眞正。 御榜[417]揚輝, 天書蔚映。 皇圖璀璨, 率土高
敬。 庶績咸熙, 人賴其慶。

현종(玄宗)[418]은 성업(聖業)을 열어 능히 참되고 바른 도를 닦아 수행하셨다.
황제의 편액이 찬연히 빛나고, 황제의 글이 아름답게 빛났다. 황제의 초상화가
찬란하니 온 땅이 높이 공경하였다. 많은 공적(功績)이 모두 빛을 발하니 사람
들이 그의 큰 복을 누렸다.

肅宗來復, 天威引駕。 聖日舒晶, 祥風掃夜。 祚歸皇室, 祲氛永
謝。 止沸定塵, 造我區夏。

413　'纘'은 비문에는 원래 '纂'으로 되어 있다.
414　'廠'은 비문에는 원래 '敞'으로 되어 있다.
415　法主는 진리의 주인이라는 의미로 원래 불교에서 부처를 지칭하는 명칭이지만, 여기에서
　　는 主教의 의미로 사용한 것으로 보인다.
416　'元'은 비문에는 원래 '玄'으로 되어 있다.
417　榜: 비문에는 원래 '牓'으로 되어 있다.
418　元宗은 곧 玄宗이다.

숙종(肅宗)께서 나라를 회복하니 하늘의 위엄이 황제의 마차[御駕]를 이끄셨다. 성스러운 해가 사방에 비추고 상서로운 바람이 어둠을 제거했다. 만복이 황실로 돌아오고 재앙[祅氣]은 영원히 사라졌다. 온갖 소요(騷擾)를 진정시키시고 우리 중화를 통합하셨다.

> 代宗孝義, 德合天地。開貸生成, 物資美利。香以報功, 仁以作施。暘谷來威, 月窟畢萃。

대종(代宗)은 효성스럽고 의로워서 덕(德)이 천지에 합하였다. 널리 은혜를 베풀어 생성(生成)하니 물자가 매우 풍성하였다. 향을 바쳐 공로에 보답하고 인으로써 자선을 베풀었다. 해 뜨는 곳에서 위력을 발산했고, 달이 뜨는 곳에서 수렴하고 응집하였다.

> 建中統極, 聿修明德。武肅四溟, 文淸萬域。燭照[419]人隱, 鏡觀物色。六合照[420]蘇, 百蠻取則。

건중(建中)[421]께서는 천하를 통치하심에 명덕(明德)을 닦으셨다. 무용(武勇)으로 사해를 바로잡고 문치(文治)로 만방을 정화하였다. 인간 내심의 속사정을 밝게 비추고, 만물의 모습을 거울 보듯 관찰하셨다. 천지사방을 밝히고 소생시키니, 수많은 오랑캐들이 이를 본받았다.

---

419 '照'는 1906년본과 비문에는 '臨'으로 되어 있다.
420 '照'는 1906년본과 비문에는 '昭'로 되어 있다.
421 建中은 곧 唐 德宗의 첫 번째 연호로서, 780년에서 783년까지 사용되었다. 이 비석의 건립연대가 781년이므로 바로 이 시기에 해당하며 따라서 아직 지칭할 廟號가 없었으므로 建中이라 칭한 것이다.

道惟廣兮應惟密, 强名言兮演三一。 主能作兮臣能述, 建豐碑兮頌元吉。[422]

도는 오직 광대무변(廣大無邊)하며 (도의) 감화력은 오직 주도면밀하시니, 애써 그 이름을 말한다면 삼위일체라 추연(推演)하네. 주께서는 일하시기에 능하시며 주의 신복(臣僕)은 그것을 전술(傳述)하기에 능하니, 여기 큰비를 세워 대길(大吉)을 송축하네!

---

422 경교비에는 뒤에 別行으로 '大唐建中二年歲在作噩大簇月七日大耀森文日建立. 時法主僧寧西知東方之景衆也.'가 있다. '唐나라 建中2年(781년) (辛)酉年 1월 7일 일요일에 건립한다. 이때 法主인 사제 寧西가 동방의 경교 신도들을 관할하고 있다.'는 의미이다.

下卷
하권

第一章 論聖書原文譯文
제1장 성서의 원문과 번역문을 논하다

> 昔天父欲以道覺一時, 特假聖人之口以宣之; 欲以道訓萬世, 特假
> 聖人之手以筆之, 名曰聖書. 書凡兩部, 其一著于救主未降之前, 其
> 一著于救主既降之後。 以其書爲天父黙示己旨, 故稱新舊兩詔書; 以
> 其書爲天父立約救人, 故亦稱新舊兩約書。 舊約書係猶太國古文, 名
> 希伯來字, 後猶太人服于希臘, 習希臘字, 故新約書係希臘文字。

옛날 천부께서는 도로써 한 시대를 깨닫게 하실 때에는 특별히 성인의 입을
빌려 그것을 선포하였고, 도로써 만세를 훈계하실 때에는 특별히 성인의 손을
빌려 그것을 기록하셨으니 이름하여 성서라고 한다. 그 책은 총 2부로 되어 있
는데, 한 부는 구주가 강생하시기 전을 기록하였고, 다른 한 부는 구주가 강생
하신 후를 기록하였다. 그 책은 천부께서 자신의 뜻을 묵시하신 것이라고 하여
신·구양조서(新·舊兩詔書)라고 부르기도 하고, 천부께서 사람을 구원하고자
언약을 세운 것이라고 하여 또한 신(新)·구(舊) 양(兩) 약서(約書) 라고 부르기
도 한다. 구약서는 유대국의 옛날 문자인 '히브리[423]문자'로 되어 있고, 후에 유
대인들이 헬라에 복속(服屬)되어 '헬라[424]문자'를 배웠으니 이 때문에 신약서는
헬라문자로 되어 있다.

---

423 希伯來는 '히브리(Hebrew)'의 음역어
424 希臘은 '그리스(Greece)'의 음역어

此兩約書, 天父以之啓示大道, 不獨其義不任人擅改, 卽其文亦以聖靈默牖, 不使有魯魚亥豕之訛。記書之人, 代天宣化, 故稱之曰聖人。其才德雖有高下, 學問雖有淺深, 而各述己所默受, 不少參以己意, 故所著之書, 初無是非彼此之別。譬如爲徒者, 記錄師傳, 卽義有未明, 必盡錄之以待後日之領悟。記聖書者, 旣受默示, 雖未深知其意, 亦必盡錄之, 不敢少爲增减, 以待後日之研究。故彼得曰, "昔先知預言爾所沾之恩, 探索救道, 夷考基督之靈, 牖先知夷, 預明基督何時遭艱苦, 何時受榮光。"

이 두 약서[성서]는 천부께서 이를 통해 큰 도[大道]를 계시하신 것이니, 그 뜻을 사람이 함부로 고치도록 놔두지 않으셨을 뿐만 아니라, 곧 그 문자 또한 성령으로 묵묵히 깨우치셔서, [말하자면] 노(魯)가 어(魚)로, 해(亥)가 시(豕)란 글자로 와전(訛傳)되지 못하게 하였다.[425] 그 책을 기록한 사람들은 하늘을 대신하여 교화를 선포하니 그들을 가리켜 성인이라 한다. 그 재주와 덕에 비록 높음과 낮음의 차이가 있을지라도, 그리고 학문에 비록 얕음과 깊음의 차이가 있을지라도, 각각 자신이 묵묵히 받은 것을 기록하였고, 자신의 뜻을 조금도 섞지 않았으니 그러므로 기록된 책은 처음부터 시비와 피차의 구별이 없었다. 비유하자면 마치 제자가 스승이 전한 것을 기록함에 즉시 뜻을 깨닫지 못해도 반드시 모두 기록해서 후일에 깨닫게 되기를 기다리는 것과 같다. 성서를 기록한 사람들이 묵시를 받고서 비록 그 뜻을 깊이 알지 못하여도 반드시 모두 기록하고 결코 조금도 더하거나 빼지 않은 것은 후일의 연구를 대비(對備)한 것이었다. 그러므로 베드로가 말하였다. "옛날 선지자들이 너희에게 임할 은혜를 예언하고 구원의 도를 탐색하며, 선지자 자신의 속마음에 계시된 그리스도의 영을 자세히 살펴, 그리스도가 언제 고난을 당할지 언제 영광을 받을지를 미리 밝혔

---

425 『抱朴子』: "諺云, 書三寫, 魚成魯, 帝成虎." 魯魚亥豕은 글자 모양이 비슷해 잘못 쓰는 오류를 비유하는 말이다.

다."[426]

舊約書之文, 爲天父所黙牖, 新約書可爲之證。耶穌曰, "天地未廢, 律法一點一畫不能廢, 皆得成焉。" 彼得曰, "先知之語, 猶光燭暗, 原非臆說, 乃感于聖靈而言之也。"

구약 성서의 글은 천부께서 우리를 묵묵히 깨우쳐 인도하신 것으로, 신약 성서가 그것을 증명할 수 있다. 예수께서는 말씀하셨다. "천지가 없어지기 전에는 율법의 일점일획도 없어지지 아니하고 다 이루어질 것이다."[427] 베드로는 말하였다. "선지자의 말씀은 어둠을 비추는 빛 같아서 원래 억지소리가 아니고 성령에 감동되어 말한 것이다."[428]

至于新約書, 亦爲黙牖, 尤可明見。耶穌命使徒曰, "爾將爲我故, 解之候王, 爲證于斯人及異邦人。解之時, 勿慮將如之何, 出言若何。時至, 必賜爾以何言也, 非爾自言, 乃爾天父之靈, 在爾衷言耳。" 夫聖靈將黙牖于候王之前以爲證, 何況著書以訓萬世, 不更黙牖之哉? 耶穌曰, "惟保惠師卽聖靈, 父緣我名而遣之者, 將以衆理示爾, 使憶我所言耳。" 又曰, "眞理之靈至, 將導爾悉知眞理, 亦以未來之事示爾。" 彼得責讀保羅書者曰, "學弗思信弗篤者, 故反其意如反他經, 而自取敗亡。" 可知使徒之書, 皆稱爲聖經也。

신약 성서의 경우 역시 묵묵히 깨우쳐 인도하신 것임을 더욱 분명하게 볼 수

---

426   베드로전서 1:10-11
427   마태복음 5:18
428   베드로후서 1:19-21

있다. 예수께서 사도들에게 명령하여 말씀하셨다. "너희가 장차 나로 말미암아 제후와 왕들에게 끌려가서 그들과 이방인들에게 증인이 될 것이다. 끌려갈 때 장차 어떻게 할까, 무슨 말을 할까 염려하지 말라. 때가 이르면 반드시 너희에게 할 말을 주리니 너희 스스로 말하는 것이 아니라, 너희 천부의 영이 너희 마음속에서 말할 것이다."[429] 무릇 성령이 제후와 왕들 앞에서 묵묵히 깨우쳐 인도하여 증거하실 것인데, 하물며 책을 지어서 온 세상을 훈계하심에 더욱 묵묵히 깨우쳐 인도하시지 않겠는가? 예수께서 말씀하셨다. "오직 보혜사 곧 성령, 아버지께서 내 이름 때문에 보내신 자가 장차 너희에게 뭇 이치들을 보여주며 내가 말한 바를 기억나게 할 것이다."[430] 또 말씀하셨다. "진리의 영이 오시면 장차 너희 모두를 인도하여 진리를 알게 하고, 또 미래의 일들을 너희에게 보여주리라."[431] 베드로는 바울 서신을 [잘못] 읽은 자들을 책망하며 말하였다. "배워도 생각하지 않고 믿어도 독실하지 않은 자들이 일부러 그 뜻을 거스르기를 마치 다른 성경[432]을 거스르듯 하여 스스로 패망하게 된다."[433] 사도들의 책들을 다 성경이라 부르는 것을 알 수 있다.

保羅曰, "全經皆神所默示, 有益于敎誨·督責·正己·學義, 俾事神之人, 無不練達, 百善悉備。" 是言新舊兩約書, 皆爲神所默牖, 字字各有精義。 其書載人類之所自始, 所自終, 及立心之要道, 修身之要務。 並載神蹟, 以證耶穌救世之權, 又載先知與使徒辨論之道, 以明耶穌救世之功。 錄天父所降之律法, 俾人知所從違, 錄先知所撰之聖詩, 使人昭其敬虔。 他若諸國之興衰, 列代之災祥, 無不悉記, 以顯天父之賞罰。 古人之得失, 言行之邪正, 無不悉錄, 以爲斯人之勸戒。

429　마태복음 10:18-20
430　요한복음 14:26
431　요한복음 16:13
432　원문의 經은 구약성경과 다른 사도들의 문서를 의미한다.
433　베드로후서 3:16 .

바울이 말하였다. "모든 성경은 다 하나님께서 묵시하신 것으로 교훈과 책망과 몸을 바르게 함과 의를 배우기에 유익하고, 하나님을 섬기는 사람들이 익히고 통달하지 못함이 없게 하여 모든 선한 것을 갖추게 한다."[434] 이것은 신구약 두 책 모두 하나님께서 묵묵히 깨우쳐 인도하시는 것으로 글자마다 정밀한 뜻이 있음을 말한다. 그 책은 인류의 시작과 종말, 그리고 마음을 세우는데 중요한 방법과 몸을 닦는 데 중요한 일들을 담고 있다. 아울러 이적을 담아서 예수께서 세상을 구원하시는 권세를 증명하고, 선지자와 사도들이 변론한 도를 담아서 예수께서 세상을 구원하시는 공로를 밝혔다. (또한) 천부께서 내려 주신 율법을 기록하여 사람들이 취사[從違]할 것을 알도록 하였고, 선지자들이 지은 거룩한 시문을 기록하여 사람들이 그 경건함을 밝히 알도록 하였다. 그외에도 여러 나라의 흥망성쇠와 역대의 재앙과 복 같은 것을 모두 기록하여 그로써 천부의 상벌을 드러내었다. 옛사람들의 득실과 언행의 그릇됨과 올바름을 모두 기록하여 그로써 이 시대 사람들에게 권면과 경계가 되게 하였다. 성서는 대단히 유익하니, 우리 인간들이 감히 조심하여 지키지 않겠는가?

故聖書原文, 古之人抄于羊革, 以防朽腐, 筆畫偶有錯誤, 卽行重抄, 以防傳訛。至今千餘年前所抄之書, 猶謹藏于西國書院。如欲重刊聖書, 必取古遺之羊革, 精心校對, 不使有纖微之訛。譯書者將原文考核, 字義或有難明, 必詳審互考, 以求其當, 不敢以己意旁參。迄今以中華字譯全部聖書, 工已四竣。其譯之又譯者, 無非句斟字酌, 詳參互訂, 以期盡善盡美, 使人讀譯文, 一如讀原文耳。然聖書中辭句, 不無有詳畧顯晦之處, 學者不厭精詳, 互爲考訂, 則庶有所得。下

文卽聖書之數端以辨明之, 爲讀聖書者入門之一助云.

그러므로 성서 원문은 옛사람들이 양피지에 베껴 부패를 방지하였고, 필획에 뜻하지 않게 착오가 있으면 즉시 다시 써서 와전되는 것을 방지하였다. 오늘날까지 천여 년 전에 베껴 쓴 성서가 여전히 서양의 대학[書院]에 정중히 보관되어 있다. 만일 성서를 다시 간행하고자 한다면 반드시 옛적에 남겨진 양피지를 취하여 정성껏 교열하여 미세한 와전이라도 없도록 하였다. (또한) 번역자들이 원문을 검토할 때 글자의 뜻이 간혹 이해하기 어렵다면 반드시 자세히 살피고 서로 따져서 그 마땅한 뜻을 구하고 감히 자신의 생각을 뒤섞지 않았다. 지금까지 중국의 문자로 성서 전체를 번역한 일이 이미 네 차례[435]나 있었다. 그 번역에 번역을 거듭한 것은 한 구절 한 글자를 살피고 검토하고 자세히 따지고 서로 교정하여 완벽[盡善盡美]을 기하지 않음이 없었으니, 사람들이 번역문을 읽어도 마치 원문을 읽는 것과 같게 했다. 그런데 성서의 구절에는 상세한 부분과 간략한 부분 분명하게 이해되는 부분과 이해하기 어려운 부분이 없지 않아서, 배우려는 자가 정밀하고 상세하게 하기를 싫증 내지 않고 서로 살피고 교정한다면 깨닫는 바가 많이 있을 것이다. 다음 글들은 성서의 단서 몇 가지를 변증하는 것이니, 성서 읽기에 입문하는 데 얼마간의 도움이 될 것이다.

---

435 천도소원 초판본(1854년) 출판 이전에 이루어진 성서 번역본은 다음과 같다. (1) 모리슨(Robert Morrison) 역본: 신약 1814년, 구약 1823년. (2) 마쉬만(Joshua Marshman) 역본: 신약 1811년, 구약 1822년. (3) 사인소조(四人小組) 역본: 신약 1837년, 구약 1840년. 사인소조에 속한 사람들은 메더스트(W.H.Medurst), 귀츨라프(K.F.A.Gutzlaff), 브리지맨(E.C.Brigeman), 존 모리슨(J.R.Morrison) 이다. (4) 위원회(委員會) 역본 또는 대표자 역본 : 신약 1852년, 구약 1854년. 이것은 19세기 중국에서 선교활동을 한 '런던선교회', '미국공리회', '미국침례회', '모리슨교육회'가 위원회역본위원회를 결성하여 성서를 번역하기로 결정하고 번역하였다. 그러나 이 위원회역본 번역 사업은 나중에 인사변동과 의견의 차이로 분열되어 최종 3종류의 번역이 나오게 된다. 자세한 내용은 송강호의 『중국어 성경과 번역의 역사』를 참고하라.

第二章 論魂之永生身之復甦與末日之審判
제2장 혼의 영생, 몸의 부활 그리고 말세의 심판을 논하다

聖書中論死生大旨有三。有曰"耶穌以福音光燭無壞之生命", 是言人身雖死, 靈魂永存而不滅也。又曰"在墓內者將聞人子聲而出", 是言身將復甦, 與魂合而爲人也。又曰"人固有一死, 旣死有鞫之事", 是言復甦後, 人將被鞫而受善惡之報應也。或疑身死, 靈魂卽歸于烏有, 是實不知天理人性者矣。

성서에서는 죽음과 삶의 요지를 세 가지로 설명하고 있다. "예수는 복음으로써 썩지 아니할 생명을 비추었다."[436]라고 말한 것이 있는데, 이것은 사람의 몸이 비록 죽어도 영혼은 영원히 존재하여 멸망하지 않는다는 말이다. 또한 "무덤 안에 있는 자가 장차 인자(人子)의 소리를 들으며 나오리라."[437]라고 말하였는데, 이것은 장차 몸이 다시 살아나 혼과 합하여 사람이 된다는 말이다. 또한 "사람은 본래 한번 죽고 죽은 후에는 국문[심판]의 일이 있다."[438]라고 말하였는데, 이것은 부활 이후에 사람이 장차 국문당하고 선악의 보응을 받는 것을 말한다. 어떤 이들은 몸이 죽으면 영혼은 곧 무(無)로 돌아간다고 의심하는데, 이는 참으로 천리와 인성을 알지 못하는 것이다.

---

436 디모데 후서 1:10

437 요한복음 5:28

438 히브리서 9:27. 鞫은 심문, 국문의 뜻으로 鞠자로도 사용된다. "국옥불실(鞠獄不實)" 『漢書』

> 夫天道大公, 福善禍淫, 自有至理。 使有今生以別善惡, 而無來生
> 以定禍福, 旣無報應, 安云大公?

무릇 천도는 대단히 공평하여, 선한 자에게 복을 주고 악한 자에게 화를 주니 본래 지극한 이치가 있는 것이다. 만약 금생(今生)에서는 선악을 분별하게 하면서 내생(來生)에서는 화복을 결정하지 않는다면 보응이 없는 것이니 어찌 대단히 공평하다고 할 수 있겠는가?

> 若謂今生之榮辱貧富, 卽爲善惡之報應, 何以顏回貧而夭, 盜跖富
> 而壽乎? 卽使榮辱貧富, 各視其人所應得, 亦不過少酬其分。 後時必
> 復有總計, 猶如百工受定物之價, 正爲後日工成揭算之據耳。

만약 금생의 영욕과 빈부를 곧 선악의 보응으로 여긴다고 말하면, 어찌하여 안회(顏回)는 가난하여 요절하고 도척(盜跖)[439]은 부유하여 장수하였는가? 설혹 영욕과 빈부가 각각 그 사람이 마땅히 얻어야 할 바에 따른 것이라고 해도, 또한 그 받아야 할 분량의 작은 일부에 불과하다. 나중에 반드시 전부를 계산하여 다시 받게 될것이니, 마치 모든 기술자가 받는 정해진 물건의 값은 바로 나중에 일을 완성한 후 정산하는 근거가 되는 것과 같다.[440]

---

439 盜跖의 연대에 대해서는 정론이 없다. 『맹자』와 『상군서』에서 다 언급했다. 『莊子·盜跖』에서 "그의 병사는 9000여명 있었고 온 천하에 다니면서 후왕들을 침략했다."고 하였다. 그러나 현대 학계에서는 이 사람이 결코 없었다는 연구가 있다.
440 이 부분은 뜻을 명확하게 해석하기 어렵다. 아마도 내용상 '장인이 일정한 금액을 받고 일을 하고 나중에 일이 다 끝난 후 다시 정산을 한다.'는 의미로 볼 수 있을 듯하다.

蓋善惡猶樹, 禍福猶果, 有此樹必有此果。 試觀仁愛之人, 人皆愛之, 兇暴之人, 人皆惡之, 寡慾者得享其壽, 荒淫者自促其生。 爲義者心安而自樂, 背義者心恐而多悔。 此生前之報應, 不過少試其端。

대개 선악은 나무와 같고 화복은 열매와 같아서, 이런 나무에는 반드시 이런 열매가 열린다. 시험 삼아 보면, 인애(仁愛)한 사람은 모든 사람이 그를 사랑하고, 흉포한 사람은 모든 사람이 그를 미워하고, 욕심이 적은 자는 장수하고, 음탕한 짓을 하는 자는 스스로 그 목숨을 재촉한다. 의로운 자는 마음이 평안하고 스스로 즐기지만, 의를 버린 자는 마음이 두렵고 많이 후회한다. 이것은 생전의 보응으로, 그 단서를 약간 맛 보여준 것에 불과하다.

至若忠臣義士, 不得其生, 奸讒兇惡, 得享其榮。 喪天良[441]者, 爲非而無所忌憚, 存天理者, 小過卽不免自責。 倘謂忠臣義士, 死後仍不得其賞, 奸讒兇惡, 死後仍不受其罰, 喪天良者, 死後仍可無所畏, 存天理者, 死後仍不得其樂, 所謂天道無私, 賞罰不爽者, 將安在乎?

그런데 어떤 경우에는 충신과 의사(義士)가 생을 얻지 못하고 간교하고 탐욕스러운 자와 흉악한 자가 영화를 누린다. (그리고) 양심을 잃어버린 자는 잘못을 하고도 아무런 거리낌이 없지만, 하늘의 도리를 보존한 자는 작은 잘못에도 자신을 책망하는 것에서 벗어나지 못한다. 만약 충신과 의사가 죽은 후에도 여전히 그 상을 얻지 못하고, 간교하고 탐욕스러운 흉악한 자가 죽은 후에도 여전히 그 벌을 받지 않으며, 양심을 잃어버린 자는 죽은 후에도 여전히 두려워할 것이 없고, 하늘의 도리를 보존한 자는 죽은 후에도 여전히 그 복락을 얻지 못한다고 한다면, 이른바 천도에는 사사로움이 없고 상벌에 차별이 없다는 것은

---

441   천량(天良) : 타고난 선심, 양심(良心)

도대체 어디에 있겠는가?

> 或以身後之事, 人不及見, 難以定論。曰, "何不卽目所及見者, 推度之乎? 人于幼時縱慾耗精, 老時則多患疾病; 幼時習惡爲非, 老時必多受災禍。有前因, 必有後果, 特其間有顯有隱耳。其顯者可以明知, 其隱者雖不能測其由來, 自可知其終極。

어떤 이는 몸이 죽은 뒤의 일은 사람이 볼 수 없어서 확고한 이론으로 정하기가 어렵다고 한다. 대답한다. "어찌하여 눈으로 보는 것을 미루어 그것을 짐작하지 않는가? 사람이 어려서 욕심대로 하면서 정력을 소모하면 늙어서는 걱정과 질병이 많아지고, 어려서 못된 것을 배워 못된 짓을 하면 늙어서는 반드시 많은 재앙과 화를 당하게 된다. 먼저 '원인'이 있으면 반드시 나중에 '결과'가 있으니, 다만 그 사이에 드러난 것과 숨은 것이 있을 뿐이다. 그 드러난 것은 명백히 알 수 있고, 그 숨은 것은 비록 그 유래를 추측할 수 없어도 그 결말은 분명히 알 수 있다.

> 試觀星宿, 仰視之殊覺紛亂, 詳察之自有次第。彗星雖暫見而悠隱, 而考其運行之常道, 確有定期。近者或數年而一周, 吾得見其出沒。遠者或數十年, 或數百年而一周, 吾亦可以曆法度其出見之期。善惡之因, 禍福之果, 亦然! 近則在于生前, 吾得見其報應, 遠則在于死後, 我雖不及見, 亦可以天理而信其爲必有也。保羅曰, '毋自欺也, 神不可罔也。蓋所種必觀所種, 種以慾者, 則所穡亦慾而敗壞, 種以靈者, 則所穡亦靈而永生。' 況天父造物類以供人用, 所望者修德以克副天心耳。

시험 삼아 별들을 관찰하여 그것들을 우러러보면 매우 뒤섞여 어지러운 것처럼 느껴지지만, 상세히 살펴보면 나름대로 질서가 있다. 혜성은 비록 잠깐 드러났다가 빨리 숨어버리지만, 그 움직임의 궤도를 살펴보면 확실히 정해진 기간이 있다. 가까운 것은 수년에 한 번 돌아오는데 나타나고 사라지는 것을 우리가 볼 수 있다. 먼 것은 수십 년 혹은 수백 년에 한 번 돌아오는데 우리가 또한 역법에 따라 그 출현의 때를 측정할 수 있다. 원인으로써 선악과 결과로써 화복 역시 그러하다! 가깝게는 생전에 우리가 그 보응을 볼 수 있고, 멀리는 사후에 우리가 비록 직접 볼 수 없어도 하늘의 이치로써 그것들이 반드시 있다고 믿을 수 있다. 바울이 말하였다. '자신을 속이지 말지니 하나님은 속일 수 없다. 대개 거두는 것은 반드시 그 심는 대로이니, 욕심을 심으면 거두는 것 또한 욕심이니 썩어 없어지고, 영을 심으면 거두는 것 또한 영이니 영원토록 살리라.'[442] 더욱이 천부께서 만물을 만들어 사람이 쓰도록 공급하셨으니, (우리가) 바랄 바는 덕을 닦아 능히 천심에 부응하는 것일 뿐이다.

德不易成, 孔氏年至七十, 方不踰矩。以數十年修省之功, 始克成厥德, 而謂於死之日遽歸烏有, 生前修省之功, 不幾勞而無功乎? 希臘書有曰, '古時罪囚, 負大石登高山, 負至山頂, 甫釋肩, 石卽墮下。復下山而負石以登, 終無已時。'是使之任其勞而無其功也。若修德之事, 任重道遠, 亦屬勞而無功, 誰其樂爲君子? 夫畫棟高樑, 經營締造, 其功不知凡幾, 落成之日, 必不毁之而他適也明矣。而謂天父造人, 欲其修德, 及其德成, 卽使消亡, 無論有德無德, 不分優劣, 同歸於盡, 天父不若是之愚甚。

덕을 이루기는 쉽지 않으니, 공자도 나이 칠십이 되어서야 비로소 법도에서

---

442 갈라디아서 6:7-8

벗어남이 없었다.[443] 수십 년의 수양과 성찰의 공로로써 비로소 그 덕을 완성할 수 있게 되었는데 죽는 날 돌연히 무(無)로 돌아간다면, 생전의 수양과 성찰의 공로가 노력했음에도 없어지는 것에 가깝지 않은가? 헬라 책에 이런 말이 있다. '옛날에 죄수가 큰 돌을 메고 높은 산을 오르는데 메고서 산꼭대기에 이르러 어깨에 멘 돌을 풀어놓으면 돌은 곧 아래로 떨어졌다. 다시 산에서 내려가서 돌을 메고서 올라가는 것이 끝내 그칠 때가 없었다.'[444] 이것은 그가 아무리 노력해도 그 공로가 없는 것과 같다. 만약 덕을 닦는 일이 무거운 짐을 지고 먼 길을 가는 것 같으며[445], 또한 노력해도 공로가 없는 부류에 속한다고 한다면 누가 군자 됨을 즐거워하겠는가? 무릇 기둥을 화려하게 장식하고 들보를 높이 올리며, 경영하여 얽어 집을 만들매, 그 공이 모두 얼마인지는 알 수 없지만 완공되는 날에는 반드시 그것을 허물고 다른 곳으로 가지 않을 것이 분명하다. 그런데 천부께서 사람을 만들어 덕을 닦도록 하신다고 말하면서, 덕이 완성됨에 이르러 즉시 덕의 유무와 상관없이 우열을 나누지 않고 함께 무로 돌아가게 소멸시킨다고 한다면, 천부께서는 이처럼 심하게 어리석지는 않으실 것이다.

耶穌曰, '將燒稗以火, 斂穀入倉.' 稗, 無德者也; 穀, 有德者也。或燒或斂, 分其類而或舍或取也。又耶穌喻言, '有貴者召役, 各予十金, 觀其忠心與否, 以定黜陟.' 路加十九章詳記之。忠與不忠, 人之有德與無德也; 或黜或陟, 視其人而或賞或罰也。觀乎此, 而身後之事, 雖未及見, 又何疑哉?

예수께서 말씀하셨다. '장차 가라지는 불사르고 알곡은 거두어 창고에 넣을

---

443 『論語·爲政』: "七十而從心所欲不踰矩."
444 그리스 Sisyphus 신화에서 나오는 이야기이다.
445 『論語·泰伯』: "曾子曰: '士不可以不弘毅, 任重而道遠. 仁以爲己任, 不亦重乎? 死而後已, 不亦遠乎?'"

것이다.[446] 가라지는 덕이 없는 자이며, 알곡은 덕이 있는 자이다. 어떤 것은 불태우고 어떤 것은 거두어들인다는 것은 그 부류를 나누어 혹은 버리고 혹은 취한다는 것이다. 또한 예수께서 비유로 말씀하셨다. '어떤 높은 사람이 일꾼을 불러 각각 금 10냥을 주어, 그 충심의 여부를 보고 내쫓을지 뽑아 쓸지를 결정하였다.'[447] 누가복음 19장에 이것을 자세하게 기록하였다. 충성스러움[忠]과 충성스럽지 못함[不忠]은 사람에게 덕의 유무와 관련이 있고, 혹은 내치든지 혹은 등용하든지 한다는 것은 그 사람을 보고 혹은 상을 주고 혹은 벌한다는 뜻이다. 이를 본다면, 죽은 후의 일들을 비록 직접 볼 수는 없지만, 또한 어찌 의심하겠는가?"

或謂"靈魂賴身體以運動, 身死卽無所託", 不知身體猶屋宇, 靈魂猶居室之人, 屋壞而人其卽死乎? 夫身體實藉靈魂而立, 苟無靈魂, 耳目手足雖具備, 則皆廢而無用, 必至速朽。 其或能視而不能見, 能聽而不能聞, 能食而不知味, 靈魂雖在而別有所思, 五官[448]亦冥頑不靈。 可知五官專藉靈魂之指揮矣。

어떤 이는 "영혼은 신체를 의뢰하여 움직이니, 신체가 죽으면 의탁할 곳이 없다"고 말하는데, [이것은] 신체가 집과 같다면 영혼은 방에 있는 사람과 같음을 알지 못하는 것이니, 집이 무너진다고 해도 사람이 그 즉시 죽겠는가? 무릇 신체는 실로 영혼을 빌려서 서게 되니, 만약 영혼이 없다면 이목과 손발을 비록 갖추고 있어도 모든 것을 쓰지 못하고 쓸모없게 되어 반드시 빨리 썩게 된다. 그 혹은 볼 수 있어도 보지 못하고 들을 수 있어도 듣지 못하고 먹을 수 있어도

---

446 마태복음 3:12; 13:30
447 누가복음 19:13
448 오관(五官) : 인간에게 있는 다섯가지 감각으로 귀, 눈, 코, 입, 마음을 뜻한다.

맛을 알지 못하는 경우는[449], 영혼이 비록 존재하더라도 따로 생각하는 것이 있어서 오관도 또한 어둡고 어리석으며 영민하지 못하게 된 때문이다. 오관은 오로지 영혼의 지휘에 기댈 뿐임을 알 수 있다.

又酣睡時, 目不啓視, 有時仍有所見; 耳不聽聲, 有時怳有所聞。其舍耳目而能見能聞者, 靈魂也。可知靈魂自能行動, 無藉于五官矣。況靈魂雖用五官以知外物, 而思忖愛惡·分別是非等類, 靈魂自主之, 初無藉於五官。故卽瘋手跛足, 盲目聾耳, 而於思忖諸事, 初無少損。何疑身死之後, 卽不能思忖愛惡·分別是非乎?

또한 단잠을 잘 때 눈을 뜨고 보지 않지만 때로는 여전히 보이는 것이 있고, 귀는 소리를 듣지 않으나 때로는 어슴푸레 들리는 것이 있다. 그 눈과 귀를 쓰지 않고도 볼 수 있고 들을 수 있는 것은 영혼이다. 영혼은 스스로 행동할 수 있어 오관에 의지함이 없음을 알 수 있다. 하물며 영혼이 비록 오관을 사용하여 외부 사물을 안다고 해도, 사랑과 미움을 생각하고 옳음과 그름을 분별하는 것 등의 종류는 영혼이 그것들을 스스로 주관하여, 처음부터 오관에 의지함이 없다. 그러므로 손에 피부병이 나거나 다리를 절거나 눈이 멀고 귀가 먹어도 (영혼이) 제반의 일을 생각하고 헤아림에 처음부터 조금도 모자람이 없다. 어찌하여 몸이 죽은 후 애오(愛惡)를 헤아려 생각할 수 없고 옳음과 그름을 분별할 수 없다고 의심하는가?

---

449   『禮記·大學』: "心不在焉, 視而不見, 聽而不聞, 食而不知其味, 此謂脩身在正其心."

且魂乃靈虛, 不若形體七年一變, 衰健肥瘰之時易。夫體骨或化而爲汗, 或化而爲糞與溺, 惟賴飲食以調補之。靈魂則無所變易, 自無須于調補也。人身至老, 精氣不免耗乏, 而其才其德, 愈鍊愈精, 則靈魂不隨身體以俱衰矣。由此言之, 靈魂既無藉于身體, 身死之後, 不自在而自生乎?

또한 혼은 곧 신령하고 형체가 없이 비어 있어서, 형체(形體)가 7년에 한 번씩 변하여, 쇠하거나 건강하거나 비만이거나 병드는 것이 때에 따라 바뀌는 것과는 같지 않다. 무릇 체골(體骨)은 어떤 경우 땀으로 변하거나 어떤 경우 똥과 오줌으로 변하므로 다만 음식을 의지하여 조절하고 보양한다. (반면에) 영혼은 변화가 없어서 결코 조절하거나 보양할 필요가 없다. 사람의 몸이 늙으면 정기가 소모되어 부족함을 면할 수 없어도, 그 재능과 그 덕은 단련하면 할수록 더욱 정교해지니, 영혼은 신체를 따라 함께 쇠하지 않는다. 이로써 말하면, 영혼은 이미 신체에 의지하지 않으니, 몸이 죽은 후에도 스스로 존재하고 스스로 살지 않겠는가?

若以未曾目擊, 不免懷疑, 獨不思魂無形狀, 生前尙未得見, 乃欲于死後見之乎? 然目雖未見, 而人之靈本乎神之靈, 旣知神之靈不憑質而存, 自可知人之靈亦不憑質而存矣。

만약에 아직 (사후의 영혼을) 목격하지 못했다고 해서 의심하는 마음을 피할 수 없다면, 어찌 영혼[魂]에는 형상이 없어서 생전에도 오히려 볼 수 없었음을 생각하지 않고, 곧 죽은 뒤에 그것을 보고자 하는가? 그러나 비록 눈으로는 아직 보지 못해도 사람의 영은 하나님의 영에 뿌리를 두므로, 하나님의 영이 물질[質]에 의지하지 않고 존재함을 알듯 사람의 영도 물질에 의지하지 않고 존재함을 저절로 알 수 있다.

若謂"神卽造物主自然而有者, 非受造之物可比", 何不思人之上, 猶有天使, 皆純靈而無質乎? 聖書旣明證其有, 卽憑己之思索, 亦可知其必有也. 試觀生物浩繁, 大地之廣, 幾無空隙; 四海之大, 幾見充物. 地不獨有禽獸也, 一莖之草, 亦有微物居乎其間; 海不獨有鱗介也, 一滴之水, 必有無數小蟲行乎其間. 則天之大, 星辰之多, 不皆有生靈居于其中乎?

만약 "하나님은 조물주로서 스스로 있는 자이기에 피조물과는 비교할 수 없다"라고 말한다면, 어째서 사람 위에 천사와 같은 것이 있는 데 모두 순전한 영으로서 질료(質料)가 없는 것임을 생각하지 못하는가? 성서에서 이미 분명하게 그것이 있음을 증명하였으니, 곧 자신의 사색에 근거해도 그것이 반드시 있음을 알 수 있다. 시험 삼아 생물의 크게 번성함을 관찰해보면, 넓은 대지를 거의 빈틈이 없이 채우고 있고 큰 바다를 거의 가득 채우고 있다. 땅에는 금수만이 홀로 있는 것이 아니라 한 포기 풀에도 미물(微物)이 그 사이에 거주하며, 바다에는 물고기와 조개만 홀로 있는 것이 아니라 한 방울 물에도 반드시 무수한 작은 벌레들이 그 안에서 움직이고 있다. 그렇다면 큰 하늘의 수많은 별에는 모두 살아있는 영이 그 가운데 거주하고 있지 않겠는가?

自微物而推至于人, 其類不堪勝數, 自人而上揆夫神, 不且有更貴更大之靈乎? 最小者目不及見, 可以顯微鏡鏡之; 至大者目不及見, 須以心之明鏡鏡之. 故以未曾目擊懷疑者, 無異于蚌居壳內, 無耳無目, 卽不信身外之有天地人物也已.

미물로부터 사람에 이르기까지 그 종류를 이루 다 헤아릴 수 없듯이, 사람으로부터 위로 신(神)을 헤아려도 또한 더욱 귀하고 큰 영이 있지 않겠는가? 가장 작은 것은 눈으로 볼 수 없어도 현미경으로 그것을 볼 수 있고, 가장 큰 것은 눈으로 볼 수 없어도 반드시 마음의 밝은 거울로 비추어보아야 한다. 그러므로 아직 목격하지 못했다고 해서 의심하는 자는 껍질 안에 있는 펄조개가 들을 수 없고 볼 수 없으므로 곧 몸 밖의 하늘과 땅, 사람과 사물이 있음을 믿지 못하는 것과 다를 바 없다.

或謂, "身死而靈魂不死, 何以身病而靈魂同苦乎?" 曰, "嬰兒在母胎中, 母有病, 嬰卽有病; 逮生産時, 母雖死, 嬰固無恙。可知魂居于身, 與身同其甘苦; 魂離于身, 不與身同其死亡也。"

어떤 이는 말하기를 "몸은 죽어도 영혼은 죽지 않는데, 어찌하여 몸이 병들면 영혼도 함께 고통스러운가?"라고 한다. 대답한다. "갓난아이가 태중에 있을 때는 어머니가 병들면 갓난아이도 곧 병에 드는데, 태어나서는 어머니가 비록 죽어도 갓난아이는 진실로 문제가 없다. (그를 통해) 혼이 몸에 거할 때는 몸과 더불어 그 즐거움과 괴로움을 함께 하지만, 혼이 몸에서 떠나면 몸과 함께 죽지 않음을 알 수 있다."

且嬰在胎中, 口鼻緘閉, 無飮食呼吸, 惟賴臍帶以得生; 至於分娩, 臍帶斷而耳目口鼻頓開, 光華聲音臭味, 皆供其喜樂。正如善者之魂, 離乎身體, 別開境地, 非入於死, 乃復生而入至明極樂之所。"彼處光明, 無藉於日月。" 天父榮光, 自致耿耀, 而羔乃其燭也。

또한 갓난아이는 뱃속에 있을 때는 입과 코가 닫혀서 먹고 마시고 호흡하는 것이 없어도 오직 탯줄에 의지하여 살 수 있는데, 분만하면 탯줄이 끊어지고 눈, 코, 입, 귀가 즉시 열려서 '빛'과 '소리'와 '냄새'와 '맛'이 모두 그 기쁨과 즐거움을 제공한다. 이것은 바로 선한 사람의 혼이 신체를 떠나면 별도의 경지가 열려, 죽음으로 들어가는 것이 아니라 곧 부활하여 지극히 밝은 극락의 장소로 들어가는 것과 같다. "그곳은 밝게 빛나니 해와 달에 의지하지 아니한다."[450] 천부의 영광이 스스로 빛이 나는데 어린 양은 곧 그 등불이다.

且靈爲天所賦, 而居於以土造成之身。譬如明燈, 置於覆盆之下, 光不得耀。若碎其盆, 非特無損於光, 反使其光顯耀, 得通日月之光矣。

또한 영은 하늘이 준 것이지만, 흙으로 만든 몸에 거한다. 비유하자면 마치 밝은 등을 뒤집어 놓은 그릇 아래에 두어 빛나지 못하는 것 같다. 만약 그 그릇을 깨뜨리면 빛에 손실이 없을 뿐만 아니라 도리어 그 빛이 밝게 빛나 해와 달의 빛에 연결될 수 있을 것이다.

此永生之說, 非屬創論, 萬國古今之人共信之, 皆若出於天性, 以之爲眞。卽如中華有三敎, 儒家祭祖先, 釋家超度陰魂, 道家求仙, 雖皆涉於錯謬, 而言靈魂之永生, 不皆深信不疑乎? 知其錯謬而歸於正道, 庶乎可矣。

이 영생의 말씀은 만들어 낸 이론이 아니라 만국 고금의 사람들이 다 같이 믿

---

450   요한계시록 21:23

어, 모두가 마치 천성에서 나온 것처럼 참되다고 여겼다. 곧 예를 들어 중국에는 세 종교가 있는 데, 유교는 조상을 제사하고, 불교는 죽은 이의 영혼을 제도(濟度)[451]하며, 도교는 신선을 구하니, 비록 모두가 잘못된 길로 넘어갔으나 영혼이 영생한다고 말하였으니, 모두 그것을 깊이 믿어 의심하지 않는 것이 아닌가? 그 오류를 알고 올바른 길로 돌아선다면 거의 괜찮을 것이다.

至於身之復甦, 同受報應, 亦無可疑。盖身於生時, 既與魂共行善惡, 則復甦時, 與魂共受賞罰, 不亦宜乎? 是故我救主既憂其心, 復喪其身, 以贖人之身與靈。身靈復合, 而善者之樂必愈暢, 惡者之苦必愈甚矣。

몸이 부활하여 함께 보응을 받는다는 것에 이르러서는 또한 의심할 수 없다. 대개 몸이 살아 있을 때 곧 혼과 함께 선악을 행하였으니, 부활할 때 혼과 함께 상벌을 받는 것이 또한 마땅하지 않겠는가? 그러한 까닭에 우리 구주께서는 이미 그 마음을 근심하여 다시 그 몸을 죽임으로써 사람들의 몸과 영혼을 대속하였다. 몸과 영이 다시 합해져, 선한 자의 즐거움은 반드시 더욱 커지고 악한 자의 고통은 반드시 더욱 심해질 것이다.

新舊兩約書, 皆詳論之。約百曰, "願錄吾言, 筆之於書, 或以鐵以鉛, 刻之於永石。吾知救主永生, 後日將降臨塵凡, 我膚雖腐, 我肉雖壞, 我由肉身將見神焉。我目擊之, 非他人示我也。"大闢曰, "爾不遺我長在墓中, 不任爾之虔者見朽。爾必示我以生路, 在爾之前, 其

451　원문에 超度라고 한 것은 지옥에서 벗어나 극락으로 간다는 의미이다. 濟度는 중생을 번뇌의 속박에서 벗어나게 한다는 의미이다.

樂惟足, 在爾之右, 其福無窮。"以賽亞曰, "爾死者將復生, 我屍亦
將復起。"但以理曰, "寢於塵土之衆, 必將復醒, 或得永生, 或得永
辱焉。"保羅曰, "吾儕知萬物至今共嘆劬勞, 不第此, 我儕初得聖靈
者, 亦心歡望衆子之顯·吾身之贖焉。"且耶穌降世, 旣使死者復生,
己亦復生而昇天, 則復生之事, 不信然乎?

신·구약성서는 모두 그것을 자세히 말하고 있다. 욥은 말하였다. "나의 말을
기록하여 그것을 책에 쓰고, 혹은 철이나 납으로 그것을 영원한 돌에 새기길 원
한다. 내가 알기에는 구주께서 영원히 살아계시고 뒷날에 장차 인간 세상에 오
실 것이니, 내 피부가 비록 썩고 내 육신이 비록 무너져도 나는 육신으로 말미
암아 장차 하나님을 보리라. 내가 그를 직접 목격할 것이요, 다른 사람이 나에
게 보이는 것이 아니다."[452] 다윗은 말하였다. "당신이 나를 무덤 가운데 오랫동
안 버려두지 아니하시고, 당신의 경건한 자가 썩게 되도록 내버려 두지 아니하
시리라. 당신이 반드시 나에게 살길을 보이시리니 당신 앞에는 오로지 충만한
기쁨이 있고, 당신 오른쪽에는 무궁한 복이 있나이다."[453] 이사야는 말하였다.
"당신의 죽은 자들이 다시 살아나고 나의 시신(屍身)도 역시 다시 일어나게 하
소서."[454] 다니엘은 말하였다. "흙먼지 중에 잠자던 많은 자들이 반드시 다시 깨
어나, 어떤 이는 영생을 얻고 어떤 이는 영원한 욕됨을 얻을 것이로다."[455] 바울
은 말하였다. "우리는 만물이 지금까지 함께 탄식하며 고생하는 것을 알고, 이
뿐 아니라 우리 처음으로 성령을 받은 자들 역시 마음속으로 탄식하며 양자(衆
子)들[456]의 나타남 곧 우리 몸의 속량(贖良)을 바라고 있다."[457] 또 예수께서 세상

---

452 욥기 19:23-27. 27절의 한글 번역은 "내가 친히 그를 보리니 내 눈으로 그를 보기를 외인처
     럼 하지 않을 것이라."이고, 대표자역본의 번역은 "내가 친히 그를 보리니 그는 실재 구주
     이시지 원수가 아닙니다. 이는 이와 같이 내 마음의 큰 소망입니다."이다.
453 시편 16:10-11
454 이사야서 26:19
455 다니엘서 12:2
456 衆子는 嫡長子 이외의 아들들을 의미하지만, 여기서는 양자로 번역하였다.
457 로마서 8:22-23

에 내려와서 이미 죽은 자들을 다시 살아나게 하였고 자신도 다시 살아나 하늘로 올라가셨으니, 부활의 일은 진실한 것이 아닌가?

或問, "死者如何復生, 彼憑何身而甦?" 哥林多前書有曰, "爾所播之種, 必化而後生, 爾所播之體, 與所生之體異。 所播者, 或麥或百穀, 一粒而已, 神乃隨意賜體, 各殊其形。" "復生之理亦然。 播能壞, 甦不能壞; 播辱而甦榮, 播柔而甦强。 播者血氣之身, 甦者純靈之體。" 又約翰第一書曰, "今我儕爲神之子。 末路若何? 未能逆覩, 所可知者, 主顯著時, 我見而克肖之。" 腓立比書曰, "望救主耶穌基督由天而降, 旣有大力服萬物歸己, 必能化我卑陋之身, 效厥榮顯之體。" 夫救主榮顯之體若何? 黙示錄曰, "其容如日, 輝光丕著。"

어떤 이는 묻는다. "죽은 자가 어떻게 다시 살아나며 그는 어떤 몸에 의지하여 소생하는가?" 고린도전서는 말하였다. "너희가 뿌린 씨는 반드시 썩은 다음에 살아나니, 너희가 뿌린 몸[體]은 살아난 몸과는 다르다. 뿌린 것이 혹은 보리 혹은 백곡의 씨알 하나일 따름이지만, 하나님께서는 그 뜻대로 몸을 주셔서 각각 그 형체를 다르게 하셨다."[458] "부활의 이치 역시 그와 같다. 썩을 것을 뿌리고 썩지 않는 것으로 살아나며, 욕된 것을 뿌리고 영광된 것으로 살아나고, 연약한 것을 뿌리고 강한 것으로 살아난다. 뿌린 것은 혈기의 몸이고 살아난 것은 순전한 영의 몸이다."[459] 또 요한일서는 말하였다. "지금 우리는 하나님의 자녀들이라. (우리의) 끝이 어떤지 아직 예측하지 못하나 알 수 있는 것은 주가 나타나실 때 우리가 보고서 그와 같이 될 것이다."[460] 빌립보서는 말하였다. "구주 예수 그리스도께서 하늘로부터 강림하심을 바라나니, 이미 큰 힘으로 만물을

458   고린도전서 15:36-38
459   고린도전서 15:42-44
460   요한일서 3:2

자기에 복종케 하셨으니, 반드시 우리의 비천한 몸을 변화시키고 그의 영광스러운 몸을 본받게 하시리라."[461] 무릇 구주의 영광스러운 몸은 어떠한가? 요한계시록이 말하였다. "그의 얼굴은 해와 같아서 찬란하게 빛남이 크게 드러나도다."[462]

> 或謂"肉身不能化而得無壞之榮", 獨不思耶穌既有大力服萬物歸己, 必能化我卑陋之身乎? 予嘗見土或化爲磁器, 石或化爲玻璃。良工製器, 猶能化物若此, 神旣創造人類, 其使之復生, 而化辱以爲榮, 化弱以爲強, 夫復何疑? 不見夫蠶旣老而作繭自封, 固已僵死, 後復生而身化爲蛾, 卽能飛騰乎? 夫前爲爬蟲, 後爲飛蟲, 類不同矣; 前食桑柘, 後飮淸露, 嗜欲亦頓易矣。人之復生, 不可作如是觀哉?

어떤 이는 말하기를 "육신은 변화하여 썩지 않는 영광을 얻을 수 없다"라고 하는데, 어찌하여 만물을 복종시켜 자기에게 돌아오게 할 큰 힘을 지니신 예수께서 반드시 우리의 비천한 몸을 변화시킬 수 있음을 생각하지 않는 것인가? 나는 일찍이 흙이 혹 변하여 자기(磁器)가 되고 돌이 혹 변하여 유리가 되는 것을 보았다. 좋은 장인(匠人)이 그릇을 만들 때 이처럼 사물을 변화시킬 수 있는 것처럼, 하나님께서 이미 인류를 창조하셨으니, 그가 그들로 다시 살아나게 하시고 욕된 것을 바꿔 영광스러운 것이 되게 하며 약함을 바꿔 강한 것이 되게 하심을 다시 어떻게 의심하겠는가? 무릇 누에가 늙으면 고치 짓는 것을 스스로 닫아버려 진실로 이미 뻣뻣하게 되어 죽었지만, 나중에 다시 살아나서 몸이 변하여 나비(蠶蛾)가 되어 높이 날아오른 것을 보지 못하였는가? 무릇 전에는 기어다니는 벌레였다가 나중에 날아다니는 벌레가 되는 것은 종류가 같지 않은

---

461   빌립보서 3:20-21
462   요한계시록 1:16

것이고, 전에는 뽕나무를 먹다가 나중에 맑은 이슬을 마시는 것은 기욕(嗜慾)이 또한 갑자기 변한 것이다. 사람이 다시 살아나는 것을 이와 같은 것으로 볼 수 없겠는가?

或問: "死者於何時復生?" 聖書曾曰, "父所予我, 我不失之, 至末日, 我將復生之焉。" 夫世既有開闢之日, 則必有窮盡之日。 人有死亡之時, 則天地必有敗壞之時; 人死而復生, 天地亦將沒而復興。 彼得後書有曰, "太初之世, 神有命, 天地以成, 今之天地, 神存之, 至審判惡人敗亡之日, 焚之以火, 天熱而崩, 有形色者焚而燬。 神有命, 天地一新, 義人處乎其中, 我儕所望也。"

어떤 이는 묻는다. "죽은 자는 어느 때에 다시 살아나는가?" 성서에서 일찍이 말씀하셨다. "아버지께서 내게 주신 자는 내가 그를 잃어버리지 아니하고 마지막 날에 내가 그를 다시 살리리라."[463] 무릇 세상에 개벽하는 날이 있으면 반드시 다하여 없어지는 날이 있다. 사람에게 죽는 때가 있으면 천지도 반드시 부서져 무너지는 때가 있다. 사람이 죽어서 다시 살아나면 천지 또한 장차 없어졌다 다시 일어날 것이다. 베드로후서에는 다음과 같이 말하였다. "태초에 하나님의 명령이 있어 천지가 완성되었고 지금의 천지는 하나님께서 그것을 보존하고 계시나, 악인을 심판하여 패망케 하는 날에는 불로써 그들을 태우시리니, 하늘은 불타서 무너지고 물질은 불살라 훼손된다. 하나님께서 명령하셔서 천지가 완전히 새로워지고 의인이 그 가운데 거하는 것이 우리가 소망하는 것이다."[464]

---

463   요한복음 6:39
464   베드로후서 3:5, 7, 12-13

或問, "神既無不知, 何待末日始審判世人?" 曰, "神固不待審判而知人之善惡也。人身既死, 神卽別其善惡, 使其魂徃受禍福。至末日而復甦, 萬世善惡之人齊集, 使神子執法以審之, 卽神使魔鬼, 亦皆受判。是欲使天地間之生靈, 共知其大公無私耳。"

어떤 이는 묻는다. "하나님께서는 알지 못하는 것이 없으신데, 어찌하여 마지막 날을 기다려 비로소 세상 사람을 심판하는가?" 대답한다. "하나님께서는 진실로 심판을 기다리지 않고도 사람의 선과 악을 아신다. 사람의 몸이 이미 죽으면 하나님께서는 즉시 그 선과 악을 분별하셔서 그 혼이 가서 화복을 받도록 한다. (또한) 마지막 날에 이르러 다시 살아나 만세의 선한 사람과 악한 사람이 모두 모이면, 하나님의 아들이 법을 집행하여 그들을 심판하도록 하시니, 곧 천사[神使]와 마귀 모두 다 심판을 받는다. 이것은 천지 사이에 살아있는 영들이 모두 함께 그가 크고 공평하며 사사로움이 없다는 것을 알게 하려는 것이다."

夫天法大異於王法, 人若懷惡念而未行惡事, 王法視之爲良民, 天法則視之爲惡人矣。王法雖嚴, 惡人或可隱匿而避之, 或可恃勢而抗之。而天視則鑒觀四方, 無處可避; 天威則赫然一怒, 無勢可抗。且王法僅加刑於一身, 天法則合身靈, 同受刑罰, 天討不綦嚴哉?

무릇 하늘의 법은 왕의 법과 크게 다르니, 사람이 만약 악한 생각을 품고도 (실제로) 악한 일을 행하지 아니하였으면, 왕의 법은 그를 선량한 백성으로 여기지만 하늘의 법은 그를 악한 사람으로 여긴다. 왕의 법이 비록 엄중하여도 악한 사람은 간혹 숨어서 그 법을 피할 수 있으며, 혹은 세력을 의지하여 그 법에 대항할 수 있다. 그러나 하늘이 보는 것[天視]은 곧 사방을 자세히 살피고 관찰하므로 피할 곳이 없으며, 하늘의 위세[天威]는 한번 벌컥 화를 내시면 대항할 세력이 없다. 또한 왕의 법은 겨우 몸에만 형벌을 가하지만, 하늘의 법은 몸과 영을 합쳐서 함께 형벌을 받도록 하니 하늘의 벌주심이 매우 엄격하지 아니한가?

> 然而較王法, 仍爲更寬。 人初犯罪, 王法卽究治之, 天則明鑒我隱微之罪, 而寬宥我。 且日以大恩賜我, 專望我之感格。 嗚呼! 人何藐視其鴻慈寬容恒忍, 不知神之仁愛導爾悔改乎?"爾乃剛愎, 罔有悛心[465], 積愆干怒, 待神震怒。 義鞫顯日, 視各人之行而報之矣。"

그러나 왕의 법과 비교해 한층 더 관대하기도 하다. 사람이 처음 죄를 범했을 때, 왕의 법은 곧 끝까지 그를 처벌하지만, 하늘은 우리의 은밀하고 작은 죄까지 밝히 비춰 보시면서도 우리를 너그럽게 용서하신다. 또한 날마다 큰 은혜를 우리에게 주시고 오직 우리가 감화하기를 바라신다. 오호! 사람은 어찌하여 그 넓고 큰 은혜와 관용과 오래 참으심을 업신여겨, 하나님의 인애가 너희를 인도하여 회개케 함을 알지 못하는가? "너희는 다만 강퍅(剛愎)하여 회개하는 마음이 없고, 허물을 쌓아 노여움을 부르며, 하나님의 진노를 기다린다. 의로운 심판이 나타나는 그날에 각 사람이 행한 것을 보고 갚아주시리라."[466]

---

465   『尙書・泰誓上』: "惟受罔有悛心, 乃夷居弗事上帝神祇."
466   로마서 2:5-6

第三章 論始祖違命累人
제3장 시조가 명을 어겨 사람에게 누를 끼침을 논하다

今夫神肇造人類, 賦以善性, 心本純良, 不生惡念, 身無疾病, 何有死亡? 其後性一變而心爲惡藪, 性一壞而身爲朽屍者, 蓋有故焉。聖書曰, "以一人在世有罪, 因罪而死, 于是人皆有罪, 人皆有死。" 此卽言始祖干犯天怒, 心身受罰, 累及後世, 後世踵其邪僻之心, 同遭刑戮也。創世記曰, "神造人肖乎己像, 神栽園于埃田東, 置其人于園中, 令美觀甘食之樹, 由土發生, 又生命之樹, 及別善惡之樹, 均在園中。諭其人曰, '園中果樹, 任意可食, 惟別善惡之樹不可食, 食之之日必死矣。'"

하나님께서 처음으로 인류를 만드실 때, 선한 본성을 부여하여 마음이 본래 순결하고 선량하며 악한 생각이 생겨나지 않고 몸에는 질병이 없었으니 어찌 사망이 있었겠는가? 그 후에 본성이 한번 변하여 마음이 악의 소굴이 되고, 본성이 한번 무너져 몸이 부패한 시체가 된 것은 대개 까닭이 있었다. 성서에서 말했다. "한 사람이 세상에서 죄를 짓고 죄 때문에 사망함으로써, 이에 모든 사람이 죄를 짓고 모두가 죽게 되었다."[467] 이것은 즉 시조가 하늘의 노여움을 범하여 몸과 마음이 벌을 받음에 후세까지 누(累)가 미쳐, 후세가 그 옳지 않은 마음을 뒤쫓아 함께 형벌을 받게 되었음을 말한 것이다. 창세기에서 말했다. "하

---

467   로마서 5:12.

나님께서 자신의 형상을 닮은 사람을 만들고, 하나님께서 에덴 동쪽에 동산을 세워 그 사람을 동산에 두고 아름답고 먹음직한 나무가 그 땅에서 자라게 하였고, 또한 생명의 나무와 선악을 구별하는 나무가 함께 동산 가운데에 있도록 하였다. (또한) 그 사람에게 깨우쳐 말하길, '동산 가운데 과일나무는 임의로 먹을 수 있지만, 오직 선악을 구별하는 나무는 먹을 수 없다. 이를 먹는 날에는 반드시 죽을 것이다.'라고 하셨다."[468]

後魔鬼幻形如蛇, 誘人食別善惡之樹, 曰, "園有百樹, 神豈語汝云勿食乎?" 曰, "園樹結果, 我俱可食. 惟有一樹, 神命毋食毋捫, 恐陷死亡。" 蛇曰, "汝未必死, 食之之日, 爾目必明, 能辨善惡, 一如神然。" 人遂視其樹, 食可適口, 觀可娛目, 能益智慧, 使人生慕, 故取果食之. 神責之曰, "爾旣食我禁食之果, 爾必終生勞苦, 由地得食. 地將爲爾發荊棘, 爾食田産, 汗顔得食, 至爾歸土而後已. 爾本乎塵, 必歸于塵也。" 以是觀之, 人之本性, 至聖至善, 肖乎天父, 使遵天命而行, 卽可永存不死. 何始祖被誘食果, 失其永福, 以貽患于後世哉?

그 후에 마귀가 뱀과 같은 모습으로 변하여 사람을 유혹해 선악을 구별하는 과실[樹]을 먹게 하려고 말했다. "정원에 많은 나무가 있는데, 하나님께서 어찌 너에게 말하여 먹지 말라 하셨는가?" 대답했다. "정원의 나무가 맺은 과실을 내가 모두 먹을 수 있는데, 오직 한 나무만 하나님께서 먹지도 말고 만지지도 말라 명하셨는데 사망에 빠질까 염려하신 것이다." 뱀이 말했다. "너는 반드시 죽지 않을 것이다. 이를 먹는 날에는 너의 눈이 반드시 밝아져 하나님과 마찬가지로 선악을 분별할 수 있을 것이다." 사람이 드디어 그 나무를 보니 먹으면 입에 맞을 수 있을 것 같고, 보면 눈을 즐겁게 할 수 있을 것 같고 지혜를 더할 수 있

---

468   창세기 1:27; 2:8-9, 16-17.

을 것 같아 사람에게 선망하는 마음이 생기게 하니 그러므로 과실을 취해 먹었다. 하나님께서 꾸짖어 말씀했다. "내가 먹지 말라고 한 과실을 너희가 먹었으니 너희는 반드시 평생토록 수고해야 땅에서 먹을 것을 얻을 것이다. 땅은 너희를 위해 가시덤불을 낼 것이며 너희는 밭의 소산을 먹되 얼굴에 땀을 흘려야 먹을 수 있다. 너희가 흙으로 돌아간 이후에야 [수고를] 그칠 것이다. 너희는 먼지에 근본했으니 반드시 먼지로 돌아가리라." 이로써 보면, 사람의 본성은 지극히 거룩하고 지극히 선하여 천부를 닮았으니, 만약 천명을 따라 행했다면 영존불사(永存不死) 할 수 있었다. 어째서 시조는 유혹을 받아 과실을 먹어 그 영원한 복을 잃고 후세에 우환을 남기었는가?

夫天父無所不知, 無所不能, 其造人也, 性無不善。聖書既明言之, 卽中華綱鑑, 亦有言曰, "萬物既生, 聖人卽出。"他國亦有古傳曰, "太古之人, 德厚福備, 不勞不病, 名曰金世。今則福德衰微, 不特疾病死亡, 且以干戈自相兇殺, 故曰鐵世。"可見人之性本無不善, 人自壞之耳。

대저 천부께서는 무소부지(無所不知)하고 무소불능(無所不能)하셔서 그가 창조한 사람은 본성에 선하지 않음이 없었다. 성서가 그것을 이미 명확하게 말했고, 곧 중국의 역사책[綱鑑][469]에서도 "만물이 생겨나니 성인(聖人)이 곧바로 나왔다."라는 말이 있다. (또한) 다른 나라에서도 예부터 전해오는 말이 있어, "태고의 사람은 덕이 후덕하고 복이 갖춰져 수고도 하지 않고 아프지도 않았으니, 황금시대라고 이른다. 오늘날은 복과 덕이 쇠미하여 질병이 생기고 사망할 뿐만 아니라 또한 창과 방패(무기)로 스스로 서로 죽이니 그러므로 철의 시대

---

469 중국의 明清 시대 사람들은 朱熹의 『通鑑綱目』의 體例를 원용하여 역사서를 작성하고, 그것을 司馬光의 『資治通鑑』과 朱熹의 『通鑑綱目에서 한 글자씩 떼어내 '綱鑑'이라 부르고는 하였다.

[鐵世]라 이른다."라고 하였다. 사람의 본성에는 본래 선하지 않은 것이 없는데 사람이 스스로 이를 무너뜨렸을 뿐임을 알 수 있다.

> 或曰"人之死, 有自然之理, 未必食果卽以致死", 不知理出于性, 皆本乎天命。 順命者生, 逆命者死。 故秉善性者, 卽有生理; 壞善性者, 卽無生理。 或死或生, 皆視人之遵命與否以爲斷。

어떤 이는 말하기를, "사람의 죽음에는 자연스러운 이치가 있으니, 반드시 과실을 먹었다고 해서 곧 그 때문에 죽게 되는 것은 아니다"라고 하는 데, 이는 [삶과 죽음의] 이치(理)가 본성(性)에서 나오고, (그것들은) 모두 천명에 근본을 두고 있음을 알지 못한 것이다.[470] 명을 따르는 자는 살고 명을 거역하는 자는 죽는다. 그러므로 선한 본성을 지닌 자는 즉 생명의 이치가 있고, 선한 본성을 무너뜨리는 자에게는 즉 생명의 이치가 없다. 혹 죽거나 혹 사는 것 모두 사람이 명을 따르는지 아닌지에 따라 결정되는 것이다.

> 况人之死, 各有其所以然, 或病而死, 或枉而死, 或老而死。 病死者, 或由于自取, 或由于祖遺。 始祖旣無祖遺之病, 而身違神命, 則病實由自取矣。 枉死者, 或受人之戕害, 或自殘其身命, 是皆與神好生之德[471]相反。 人苟能遵神之命, 順理而行, 則擧世和睦, 百物恬熙, 何有枉死?

더구나 사람의 죽음에는 각기 그 까닭이 있는데, 혹 병들어 죽고, 혹 억울한 일

---

470 『中庸』: "天命之謂性." 송나라 유학자들은 '性'을 곧 '理'로 인식하였기에, "理出於性, 皆本乎天命."이 라고 마틴은 설명한다. -역자주-
471 『書・大禹謨』: "好生之德, 洽于民心, 玆用不犯于有司."

로 죽고, 혹 늙어서 죽는다. [그 중] 병들어 죽는 자는 혹 스스로 얻었거나 혹 조상의 유전 때문이다. (그런데) 시조에게는 조상이 유전한 병이 없고, 몸소 하나님의 명을 위배했으니, 그 병은 실로 스스로 얻은 것에서 비롯되었다. [또한] 억울하게 죽는 자는 혹 다른 사람의 해침을 받거나 혹 스스로 그 몸의 목숨을 해치는 것인데, 이는 모두 하나님의 생명을 좋아하는 덕(好生之德)과 상반된다. 사람이 만약 하나님의 명을 따라 이치에 순종해서 행할 수 있었다면 온 세상이 화목하고 만물이 편안하고 태평했을 것이니 어찌 억울한 죽음이 있겠는가?

人至于老, 其筋絡臟腑, 譬如器皿已屬朽舊, 不適于用, 故津液漸消, 身日卽于衰頹。 脫令始祖不犯神命, 而食能綿生之生命果, 將見百體安固, 氣血充周, 歷千年如一日, 無所謂老, 何有于死? 則信乎人之必歸于死, 實違命食果之所由致也。

[또한] 사람이 늙으면 그 근육과 경락, 오장과 육부는 비유하자면 마치 그릇이 이미 썩고 낡은 것에 속해 사용하기에 적합하지 않게 된 것과 같아서 진액(津液)[472]이 점차 줄어들고 몸이 날로 쇠퇴해진다. 만약 시조가 하나님의 명을 범하지 않고 삶을 연장할 수 있는 생명 과실을 먹었다면 장차 온몸이 안정되고 튼튼하며 기혈이 충만하게 두루 퍼져 천년을 하루 같이 보낼 것이므로 늙는다고 말할 것도 없었을 것이니 어찌 죽음이 있었겠는가? 그러므로 진실로 사람이 반드시 죽음으로 돌아가는 것은 실로 [하나님의] 명을 어겨 [선악을 알게 하는] 과실을 먹은 것에서 비롯되어 이른 것이다.

---

472 장부(臟腑)의 작용(作用)으로 몸 안에 만들어진 영양(營養) 물질(物質). / 생물(生物)의 몸 안이나 줄기 · 뿌리 · 열매 등(等)의 안에 생명(生命) 현상(現象)으로서 생기거나 흐르는 액체(液體). 수액 · 체액 따위.

或問, "始祖旣有善性, 何爲受惑?" 曰, "雖有善性, 仍有情欲在焉。但非若今人之放從也。故魔鬼欲惑之, 必變形自食禁果, 以誘其目, 說謊以迷其耳。彼見蛇食所禁之果, 反能人言, 始信魔鬼若人食之卽能成神之說, 違逆天父, 干犯禁令。是性雖善, 而精欲尙可誘惑也。"

어떤 이는 묻는다. "시조에게 선한 본성이 있다면 어째서 유혹을 받아들였는가?" 대답한다. "비록 선한 본성이 있어도 여전히 정욕(情欲)이 존재했기 때문이다. 다만 지금 사람들의 방종(放縱)과는 같지 않았다. 그러므로 마귀가 이를 유혹하고자 함에는 반드시 형태를 바꿔 금지한 과실을 스스로 먹어 이로써 그 눈을 유혹하고, 거짓을 말해서 그 귀를 미혹했던 것이다. 그는 뱀이 금지된 열매를 먹어도 도리어 사람의 말을 할 수 있음을 보고 비로소 마귀가 '이를 먹으면 하나님이 될 수 있다'라고 한 주장을 믿어 하늘 아버지를 거역하고 금령을 범하였다. 이것은 본성이 비록 선하다고 해도 정욕은 여전히 유혹당할 수 있었던 것이다."

或曰, "食一果, 其罪甚小, 何用重刑?" 曰, "是罪不旣大乎? 天父爲人栽樂園, 使之不勞不病, 而人聽外誘, 是爲負恩; 天父使人爲萬物之靈, 而人竟妄想成神, 是爲忘分; 天父警以食禁果者必死, 而人竟不畏死, 違命摘食, 是爲棄信。且彼禁果爲順天之號, 聽信魔鬼而食之, 是爲叛逆。譬如爲臣者, 獻印于寇敵, 君王討之, 何得飾辭曰'印爲銅鐵之材, 値價無多'乎? 今食禁果, 有負恩·忘分·棄信·叛逆諸大罪, 罰之以死, 猶恐不足矣。"

어떤 이는 묻는다. "과실 하나 먹은 것은 그 죄가 심히 작은데 어째서 중형으로 다스리는가?" 대답한다 "그 죄가 이미 크지 않는가? 천부께서 사람을 위해 낙원을 세워 저로 수고하지도 않고 병들지도 않게 하셨지만, 사람은 외부의 유혹을 받아들였으니, 이는 은혜를 저버린 것이다. 천부께서 사람을 만물의 영(靈)으로 삼으셨지만, 사람은 마침내 하나님이 되려고 헛되이 생각하였으니, 이는 본분을 잊은 것이다. 천부께서 금지된 과실을 먹는 자는 반드시 죽는다고 경고했지만, 사람은 마침내 죽음을 두려워하지 않고 명을 어겨 [과실을] 따 먹었으니, 이는 믿음을 버린 것이다. 또한 저 금지된 열매는 하늘에 순종함의 신호였는데, 마귀를 경청해 믿어 그것을 먹었으니, 이는 반역한 것이다. 비유하자면 마치 신하 된 자가 옥새를 적에게 바친 것과 같으니, 군왕이 그를 벌하고자 함에 어찌 듣기 좋게 꾸며서 '옥새는 동과 철의 재료로 만들어져 가치가 크지 않다.'라고 말할 수 있겠는가? 이제 금지된 열매를 먹은 것은 은혜를 저버리고 본분을 망각하며 믿음을 버리고 반역하는 모든 큰 죄가 있으니, 죽음으로 이를 처벌하여도 오히려 아마 부족할 것이다."

且天父命人以死, 其義更奧。夫魂離吾身, 吾身卽死, 我魂若離于神, 我魂亦如死然。雖欲建德, 無由强立, 猶如樹旣被斫, 與根相離, 無由結果。又如地藉日光以生物, 旣遠離乎太陽, 則必幽暗嚴寒, 百物消滅。今人旣失愛于天父, 不特禁人食生命之果, 使人身死, 卽天父之光華亦與人相離, 不照臨于其身, 而世更暗昧矣。聖書曰"人皆陷于罪惡如死", 此之謂也。

또한 천부께서 사람에게 죽음을 명하셨던 것은 그 뜻이 더욱 오묘하다. 대저 혼이 우리 몸에서 떠나면 우리 몸은 곧 죽는데, 나의 혼이 만약 하나님에게서 떠나면 나의 혼은 또한 죽은 것과 마찬가지이다. 비록 덕(德)을 세우고자 하여도 억지로 세울 방도가 없으니, 마치 나무가 베어져 뿌리와 서로 떨어지면 과실을 맺을 방도가 없는 것과 같다. 또한 마치 땅은 햇빛에 의지하여 만물을 살리므로 태양에서 멀리 떨어지면 반드시 어두컴컴하고 몹시 추워 만물이 소멸하는 것과 같다. 이제 사람들이 천부에 대한 사랑을 잃었으니, 생명의 과실을 먹는 것이 금지되어 그들의 몸이 죽게 되었을 뿐만 아니라, 곧 천부의 광채가 또한 사람과 서로 떨어져 그 몸[473]에 비춰 임하지 않게 되어 세상은 더욱 어두워졌다. 성서에서 "사람은 모두 죄악에 빠져 죽은 것과 같다."[474]라고 한 것이 이를 말함이다.

或問, "始祖有重罪, 旣聞命矣, 但罰及子孫, 未免太過乎?" 曰, "人苟爲善, 止有益于人類, 初無益于神也。而神常賜之以福, 且使其子孫得蒙其庥, 是特爲天之恩賜, 非其分所應得也。今旣有罪, 絶其子孫之福澤, 不過自斬其恩賜耳, 無所爲罰。其罰及子孫者, 乃因子孫繼其祖之惡念, 法其祖之惡行, 是以共受刑罰耳。

어떤 이는 묻는다. "시조에게 무거운 죄가 있음에 대해서는 이미 말을 들어 알겠지만, 벌이 자손에게 미친다는 것은 아무래도 지나치지 않은가?" 대답한다. "사람이 만약 선을 행하면, 다만 인류에게만 이익이 있지 애초에 하나님에게는 이익이 없다. 그러나 하나님은 항상 그들에게 복을 주시며 또한 그 자손도 덕을 보게 하시니 이것은 특별히 하늘의 은사이지 그 몫으로서 응당 얻어야 할 바는 아니다. 이제 이미 [시조가] 죄를 짓고 나서, 그 자손의 복과 은택을 끊는 것은 단지 그 은사를 스스로 끊으신 것일 뿐 벌을 주신 것은 아니다. 그 벌이 자손에게 미친다는 것은 곧 자손이 그 조상의 악한 생각을 이어받아 그 조상의 악한 행실을 본받기 때문에 이로써 모두 형벌을 받는 것일 뿐이다.

---

473   1906년본에는 '身'(몸)이 '心'(마음)으로 되어 있다.
474   로마서 6:23

譬如人臣獲罪, 爲君者削其蔭襲。 是使子孫不得亨祖父之榮, 非罰及子孫也。 迨子孫踵祖父之罪惡, 而加以刑罰, 則仍子孫之自取罪戾焉。 然而善樹結善果, 惡樹結惡果, 不特貧富榮辱, 祖或遺于其孫, 父或遺于其子。 卽身體之强弱, 性情之邪正, 亦無不傳于子孫。 況一人糜財用, 貧苦累及于一家; 一人患惡疾, 傳染徧及于一族; 一人驕奢强暴, 後人屢繼其惡弊。 今天下人, 皆爲始祖之所生, 而始祖旣失天祿·喪天性, 有不累我後人以勤勞爲生計·因疾病而死亡, 惡根盤固, 流毒無窮哉?"

비유하자면 마치 신하가 죄를 지으면 임금된 자는 그 음습(蔭襲)[475]을 끊어 버리는 것과 같다. 이것은 그 자손들이 조상의 영화를 누리지 못하게 하는 것이지 벌이 자손에게 미치도록 한 것은 아니다. 자손들이 조상의 죄악을 답습하는데 이르러 형벌이 더해지는 것은 곧 자손들이 스스로 죄악을 취했기 때문이다. 그런데 선한 나무는 선한 결실을 맺고 악한 나무는 악한 결실을 맺으니, 단지 빈부와 영욕만 할아버지가 혹 그 손자에게 물려주거나 아버지가 혹 그 아들에게 물려주는 것이 아니다. 즉 신체의 강약 그리고 성정(性情)의 옳고 그름도 자손에게 전해지지 않는 것이 없다. 하물며 한 사람이 재물을 소비하면 빈궁이 한 집안에 쌓여 이르고, 한 사람이 나쁜 병에 걸리면 일족에게 전염되어 두루 미치며, 한 사람이 교만하고 사치하며 포악하면 후대 사람들이 거듭 그 나쁜 폐단을 이어받는다. 지금 천하의 사람들은 모두 시조의 후손인데, 시조가 이미 하늘의 녹을 잃고 하늘의 본성을 잃었으니, 우리 후대 사람들이 힘을 들여 부지런히 일해야만 먹고 살 수 있고 질병 때문에 죽게 되는 누를 끼치고, 악의 뿌리가 견고하여 독이 퍼지는 것이 무궁하지 않을 수 있겠는가?"

---

475 과거를 거치지 아니하고 조상의 덕으로 상을 받거나 벼슬을 이어받던 일.

或謂"人之惡, 由于習俗, 未必始祖遺留", 不知習必有所由。今世之人, 子習于父, 父習于祖, 而溯其惡源, 則實由于始祖。夫始祖性本善良, 得之于天, 何有惡習? 其惡也, 其習于外誘也。聖書曰, "受惑于魔, 干犯禁令。"又曰, "人性譬如善種, 播之于田。仇人夜至, 而播稗于麥中。"以是知惡根由于魔鬼。既有惡根, 不徒世世遺傳, 且因魔鬼之迷惑·世人之習染, 而時爲增益矣。"

어떤 이는 말하기를, "사람의 악은 습관과 풍속에서 비롯된 것이지 반드시 시조가 물려준 것은 아니다."라고 하는데, [이는] 습관에는 반드시 유래가 있음을 알지 못한 것이다. 지금 세상의 사람들은 자식이 아버지에게서 배우고 아버지는 할아버지에게서 배우니, 그 악의 근원을 거슬러 올라가면 실로 시조에게서 비롯되었다. 대저 시조의 본성은 본래 선량하며 이를 하늘에서 얻었는데, 어째서 악한 습관이 있게 되었는가? 그 악은 외부의 유혹에 의해 염습(染習)된 것이다. 성서에서 말했다. "마귀에게 유혹을 받아 금지된 명령을 범했다." 또한 말했다. "사람의 본성은 비유하자면 좋은 씨앗을 밭에 파종한 것과 같다. 적이 야밤에 와 곡식(麥) 가운데 가라지를 심었다."[476] 이를 통해 악의 뿌리는 마귀에게서 비롯되었음을 안다. 이미 악의 뿌리가 있었으니, 세세에 유전할 뿐만 아니라, 또한 마귀의 미혹에 세상 사람들이 염습되었기 때문에 시간이 흐를수록 더욱 더해졌다.

夫人心之有惡根, 可觀孩提而知之。孩提雖無外習, 而能言卽說謊, 能行卽相爭, 能知父母之意, 而輒多違逆。父母雖誨之諄諄, 孩提終聽之藐藐, 譬如蛇本毒人, 無俟于學習也。況人心惟危, 道心惟微, 人卽誠于爲善, 亦戞戞乎難之。如逆水挽舟, 必須盡力, 一或息肩, 卽任

---

476   마태복음 13:24-25

水而流蕩。聖書曰, "我所好者不行之, 我所惡者斯行之。我覺其情, 卽樂于爲善時, 每若有惡在前。"保羅之言, 不信然歟?

대저 사람의 마음에 악의 뿌리가 있으니, 어린아이를 보면 알 수 있다. 어린아이는 비록 외부적인 학습이 없어도 말할 수 있게 되면 곧 거짓말을 하고, 행동할 수 있게 되면 곧 서로 싸우며, 부모의 뜻을 알 수 있어도 곧 많이 거역한다. 부모가 비록 간곡하게 타일러도 어린아이는 끝내 귀담아 듣지 않으니, 비유하자면 마치 뱀이 본래 사람을 상하게 하는 데 학습을 필요로 하지 않는 것과 같다. 하물며 인심(人心)은 오직 위태롭고 도심(道心)은 오직 희미하니[477], 사람이 곧 진실하게 선을 행하려 해도 참으로 어렵다. 마치 물을 거슬려 배를 나아가게 하려면 반드시 힘을 다하여야 하니, 혹 한 번이라도 멈추면 물의 흐름에 따라 이리저리 옮겨 다니게 되는 것과 같다. 성서에서 말했다. "내가 좋아하는 바는 행하지 않고 내가 싫어하는 바는 이에 행하는 도다. 나는 그 실상을 깨달았으니, 곧 선을 행하기를 즐거워할 때마다 악이 앞에 있는 것과 같다."[478] 바울의 이 말은 믿을 만하지 않은가?

或謂"人非樂于爲惡, 逼于勢者實多", 不知貧婦不盡因困窮而行姦, 卽富家之女, 亦有淫行; 窮人不盡爲口腹而攘竊, 彼富貴之人, 亦多貪婪。卽彼足衣食而無權勢者, 自守本分, 設使假之以勢, 必爲貪暴; 迫之以境, 必至攘竊。其一時守分者, 正如虎豹受制不能噬人, 果腹不思攫食, 而旣爲惡獸, 貪噬之性, 仍自若也。可見世人內有惡性, 外有惡行, 彼外貌良善, 勤謹寡慾者, 無非恐傷財敗名染疾耳。

---

477   『尙書 大禹謨』: "人心惟危, 道心惟微, 惟精惟一, 允執厥中。"
478   로마서 7:19~21

어떤 이는 말하기를, "사람이 악을 행하기를 즐기는 것이 아니라, 세(勢: 형세)에 휘둘려 그렇게 된 경우가 실로 많다."라고 하지만, [이는] 가난한 여인이 다 곤궁 때문에 행음하는 것이 아니고, 부유한 집안의 여인 또한 음란한 행실이 있으며, 가난한 사람이 다 음식 때문에 도둑질을 하는 것이 아니고, 저 부귀한 사람 역시 탐욕이 많음을 알지 못한 것이다. 즉 저 의식(衣食)이 넉넉하면서 권세가 없는 자가 스스로 본분을 지키더라도, 만약 권세를 빌리면 반드시 탐욕스럽고 포악하게 되고, 환경의 압박이 있으면 반드시 도둑질을 하게 된다. 그가 일시적으로 본분을 지키는 것은 바로 호랑이와 표범이 제약을 받아 사람을 물어뜯지 못하는 것과 같으니, 배가 고프다고 하여 음식을 움켜쥘 생각을 하지는 않지만 이미 악한 짐승이기에 탐욕과 물어뜯으려는 본성은 여전히 평소와 같다. [여기에서] 세상 사람들이 안으로는 악한 본성을 갖고 밖으로는 악한 행동을 하는데, 저 겉으로 보기에 선량하고 근면하며 욕심이 적은 것은 모두 다만 재산을 축내거나 명예를 실추시키거나 질환에 걸리는 것을 두려워해서 그런 것임을 알 수 있다.

為一己謀, 初無善功, 猶之臣受君命, 擇利己之事, 而後為之。人謂其勤王事, 吾謂其從己欲也。

자신 하나를 위해 도모하는 것은 애초에 선한 공덕이 없으니, 신하가 임금의 명을 수행함에 자신에게 유리한 일을 고른 이후에 그것을 행하는 것과 같다. 사람들은 그가 왕의 일을 부지런히 한다고 생각하지만, 나는 그가 자신의 욕심을 따른다고 생각한다.

今世人無一非天父之臣，自宜行天父之事。若祇因一己之名利而始行善，人以爲善，天父不以之爲善也。然使所行盡遵天命，亦祇爲分內之事，斷不能積功以補旣徃之罪。猶爲奴者，身爲人役，終日事主，乃分內事，安有暇時自行積蓄以償私負乎？

지금 세상 사람들은 한 사람도 천부(天父)의 신하가 아닌 자가 없으니, 본래 천부의 일을 마땅히 행해야 한다. 만약 다만 자신의 명예와 이익 때문에 비로소 선을 행한다면, 사람들은 선하게 여겨도 천부께서는 이를 선하게 여기지 않는다. 그런데 설혹 행한 것이 다 천명을 따른 것이라고 해도 또한 다만 본분으로서 당연히 해야 하는 일이니, 결단코 공덕을 쌓아서 이전의 죄를 보상할 수 없다. 마치 노예 된 자가 몸으로 남을 위해 일하여 종일토록 주인을 섬기어도 이는 신분상 마땅히 하는 일인 것과 같으니, 어찌 스스로 저축을 해서 사사로운 빚을 갚을 겨를이 있겠는가?

況乎人卽銳志遵命，在神視之，不能無過。蓋天父之法，直鞫夫人之內心，非如王法止禁人之外行也。外行猶易于謹持，內心實難於純一。保羅曰，"我中心悅神之法，惟四體不覺有法，與我心之法戰，而執我從四體之惡法。"可知盡心爲善者，尚難自持如此，況彼未嘗遵天父之法者，其罪不更多乎？

하물며 사람이 곧 굳건한 마음으로 명을 따르더라도 하나님께서 이를 볼 때 과실이 없다 할 수 없다. 대개 천부의 법은 뭇사람들의 속마음을 곧바로 심문하니, 왕의 법처럼 단지 사람들의 겉으로 드러난 행실을 금지하는 것과는 같지 않다. 겉으로 드러난 행실은 오히려 정중히 유지하기에 쉬우나, 내심은 실로 거짓이 없기[純一] 어렵다. 바울은 말했다. "내 중심은 하나님의 법을 즐거워하나 오직 지체[四體]는 법이 있는지 알지 못하고, 내 마음의 법과 싸워서 나를 붙잡아 지체의 악법을 따르게 한다."[479] 마음을 다해 선을 행하는 자도 오히려 스스로를 유지하는 것이 이같이 어려움을 알 수 있으니, 하물며 저 일찍이 천부의 법을 따른 적이 없는 자들은 그 죄가 더욱 많다고 하지 않겠는가?

而飾辭者曰, "不知者不[480]罪。 我旣不知天父, 何以知天父之法乎?" 曰, "人旣爲天所生, 且爲天所養[481], 可[482]自從其欲而無感恩報德之心乎? 旣秉天良, 辨別是非, 是卽天父之法, 錄於其心, 可自昧其心而不奮力遵循乎? 知善不爲卽爲罪, 聖書已明言之。 況明知其惡而爲之, 日積月累, 其罪何可限量哉? 聖書曰, '諸口已塞, 擧世服罪於神前。 蓋恃法而行者, 無人得稱義於神前, 法第使人知罪耳。'"

그런데 듣기 좋게 꾸며 말하는 자들은 말한다. "알지 못한 자에게는 죄가 없다. 나는 천부를 알지 못했으니 어떻게 천부의 법을 알겠는가?" 대답한다. "사람은 이미 하늘이 낳은 바이며 또한 하늘이 기른 바이니, [어찌] 스스로 그 욕심을 쫓아, 은혜에 감사하고 은덕에 보답하는 마음이 없을 수 있겠는가? 이미 하늘의 양심을 품어 시비를 변별하니 이는 곧 천부의 법이 그 마음에 기록되어 있는 것인데, [어찌] 스스로 그 마음을 어리석게 해서 힘써 따르지 않을 수 있겠는가? 선을 알면서 행하지 않으면 죄가 되니, 성서는 이미 이를 명확하게 말했다. 하물며 그 악을 명확히 알고도 이를 행하여 날마다 달마다 쌓으니, 그 죄를 어찌 한량할 수 있겠는가? 성서에서 말씀했다. '모든 입이 이미 막히고 온 세상이 하나님 앞에서 죄를 자복(自服)한다. 대개 법에 의지해 행하는 자는 하나님 앞

479   로마서 7:22~23
480   不: 1906년본에는 '無'로 되어 있다.
481   養: 1906년본에는 뒤에 '安得日不知?'가 있다
482   可: 1906년본에는 앞에 '又烏可'가 있다.

에서 의롭다 칭함을 얻을 사람이 없으니, 법은 단지 사람들이 죄를 알게 할 뿐이다.[483]"

---

483   로마서3:19-20

第四章 論耶穌贖罪救人
제4장 예수가 죄를 속하고 사람을 구원함을 논하다

上章既論人類已負罪戾, 使人僅知己之有罪, 而不知如何可以贖罪, 則終身憂愁, 莫得解免之方。猶之罪囚既罹國法, 惟知己之當受刑罰。安知其君將賜恩赦免乎? 世上之人亦然, 法第使人知罪, 遵法不足以贖罪。幸天父降赦罪之福音曰, "神不以法稱人爲義, 惟以信耶穌基督稱其義。"又曰, "其道昭著, 律法與先知爲之證。"此言人不能以善行贖己罪, 惟賴耶穌之功, 可得罪赦也。

앞장에서 이미 인류가 죄 지었음을 논하여 사람들이 자신에게 죄가 있음을 겨우 깨닫도록 하였으나, [그들이] 어찌해야 죄를 속할 수 있는지 알지 못한다면, 종신토록 근심하면서 죄를 면할 방도를 얻지 못할 것이다. 마치 죄수가 국법에 걸려 오로지 자기가 마땅히 형벌을 받을 줄로만 아는 것과 같다. 임금이 장차 은혜를 베풀어 사면해 줄지 어찌 알겠는가? 세상 사람들도 그와 같으니, 법은 다만 사람들이 죄를 깨닫게 할 뿐, 법을 지키는 것으로는 속죄하기에 부족하다. 다행히 천부께서 죄를 용서해 주신다는 복음을 내려주시며 말씀하시기를, "하나님께서는 율법으로 사람을 의롭다고 하지 않으시고 오직 예수 그리스도를 믿음으로써 그를 의롭다고 하신다."[484]라고 하였다. 또 이르시기를, "이제는 율법 외에 하나님의 한 의가 나타났으니, 율법과 선지자들에게 증거를 받은

---

484 갈라디아서 2:16

것이라."라고 하였다.[485] 이것은 사람이 선을 행함으로 자신의 죄를 속할 수 없고, 오직 예수의 공로를 의지하여야 죄 사함을 얻을 수 있다고 말씀한 것이다.

耶穌雖未降, 而舊約書已無不預言證之。創世記言人之所以陷罪, 遂記天父許女之後裔, 將敗亡蛇魔, 而己受損傷。此指耶穌將舍己命, 救人脫于魔權也。後天父命祭司獻犧牲, 以爲耶穌之表影, 復命先知明解祭禮之微意, 使民不徒事儀文, 篤信將來之救主。迨耶穌已降, 以十字架爲祭壇, 獻躬於其上爲贖罪之祭。乃少易前時之禮儀, 以餅指身, 爲人之罪而傷, 以酒指血, 爲人之罪而流。復明宣此道, 與萬民共聞之; 行此禮, 俾萬民共見之。卽至世末, 皆可證救主爲人罪而死也。

예수가 비록 아직 세상에 내려오지 않았어도, 구약성서에서 이미 그것을 예언하여 증거하지 않음이 없었다. 창세기는 인간이 죄에 빠진 이유를 이야기하고, 이어서 천부께서 허락하시기를 여자의 후예가 장차 마귀를 패망시키겠지만 그 자신도 해를 입게 될 거라고 기록하였다.[486] 이는 예수께서 장차 그 자신의 목숨을 버려 사람들이 마귀의 권세에서 벗어나도록 구원하실 것을 가리킨다. 이후 천부께서는 제사장에게 명하여 희생제물을 바치도록 하셔서 그것을 예수의 예표를 삼으셨고, 또 선지자들에게 명하여 제례의 숨겨진 뜻을 명확히 밝히도록 하셔서 백성들로 하여금 의문(儀文)만을 섬기지 않고 장차 오실 구주를 독실히 믿게 하셨다. 예수께서 세상에 내려오심에 미쳐서는, 십자가를 제단으로 삼으시고, 그 제단 위에서 몸을 바쳐 속죄의 제사를 드리셨다. 이에 이전시대의 의례를 조금 바꾸셨으니, 떡으로는 사람의 죄를 위하여 상한 몸을 가리

---

485 로마서 3:21
486 창세기 3:15

키셨고, 술(포도주)로는 사람의 죄를 위하여 흘린 피를 가리키셨다.[487] 또한 다시 이 도를 분명히 선포하여 만민이 함께 이 도를 듣게 하였고, 이 예를 행하여 만민이 그 예를 함께 보게 하셨다. 즉 말세에 이르기까지 구주께서 사람의 죄를 위해 죽었다는 것을 모두 증거할 수 있도록 하신 것이다.

夫魔鬼誘惑始祖, 必先迷其耳目, 而天父宣其道使人共聞, 設其禮俾人共見, 亦以人之耳目, 引人復歸于天父。 故新舊兩約書, 律法與福音, 先知與使徒, 無不證耶穌舍命救人之事。 且救世之耶穌, 與禍世之亞當, 遙相反映。 亞當見試于魔鬼, 耶穌亦見試于魔鬼, 但耶穌不爲所惑, 而亞當則受其惑, 違命食果。 其故有三, 貪甘旨, 一也, 望益智, 二也, 求超昇, 三也, 是皆縱己而違天父者也。

저 마귀가 시조를 유혹함에 반드시 먼저 그들의 귀와 눈을 미혹케 하였기에, 천부께서는 그 도를 베풀어 사람들이 함께 듣게 하시고, 그 예를 베풀어 사람들이 함께 보게 하셨으며, 또한 사람들의 귀와 눈으로써 그들이 천부께 되돌아가도록 이끄신다. 그러므로 신구약 두 책과 율법서와 복음서, 선지자와 사도들은 예수께서 목숨을 버려 사람 구원하신 일을 증거하지 않음이 없다. 또한 세상을 구원하신 예수와 세상에 화를 입힌 아담은 멀리서 서로를 반영한다. 아담은 마귀에게 시험을 당했고 예수도 마귀에게 시험을 당했지만, 예수는 미혹되지 않았고 아담은 미혹당하여 하나님의 명을 거스르고 열매를 먹었다. 그 이유는 세 가지가 있으니, 첫째는 맛있는 것을 탐하는 것이며, 둘째는 지혜를 더하려는 것이며, 셋째는 [하나님처럼] 더 높아지려는 것이다. 이 모두는 자기 멋대로 굴어 천부를 거스르는 것이다.

---

487   고린도전서 11:23

魔鬼試耶穌, 其端亦有三。耶穌飢餓四旬, 誘之以令石爲餅, 耶穌則謂命在神。耶穌貧窮, 無枕首之所, 誘之以諸國榮華, 耶穌則謂當拜神。耶穌無令名, 誘之以自高投下, 可顯爾爲神之子。耶穌則謂勿試神, 不徇嗜欲, 不貪名利。此誠克己而順天父者也。迨預定之死期已邇, 耶穌思'天父有公罰, 我無罪而就死地, 有功而受凌辱。且死難免于痛楚, 刑又極其兇殘', 一若被魔迷惑, 而三求天父"以此去我", 卽以"非我之意, 惟爾旨是成", 却魔之惑。後在十字架呼曰"成矣", 遂俯首而卒。是耶穌之生死, 無不遵天父之旨, 代我世人之罪, 其功無可限量也。

마귀가 예수를 시험할 때 그 단서는 세 가지였다. 예수가 사십일을 주리자, 돌덩이를 명하여 떡이 되게 하라고 유혹했으나, 예수는 다만 이르시기를 목숨은 하나님께 있다고 하였다. 예수가 빈궁하여 머리 누일 자리도 없자, 제국의 영화로써 유혹하였으나, 예수는 다만 이르시기를 마땅히 하나님께 경배하라 하셨다. 예수께 아름다운 이름이 없으셨으니, 높은 곳에서 뛰어내리면 하나님의 아들임을 나타낼 수 있다고 유혹하였다. 예수는 이르시기를 하나님을 시험하지 말라, 향락을 따르지 말라, 명예와 이익을 탐하지 말라고 하였다.[488] 이것은 실로 자신을 극복하고 천부를 따르는 것이다. 예정된 죽음의 날이 가까워지니 예수께서 생각하시기를, '천부께서는 공의(公義)로 [죄를] 벌하시는데, 나는 죄가 없는 데도 죽게 되었으며, 공로가 있음에도 능욕을 받게 되었다. 게다가 죽어도 고문의 고통을 피하기 어려우며, 형벌 또한 극도로 흉악하고 잔인할 것이다.'라고 하여, 마치 마귀의 미혹을 받는 것 같았으나, "이 일이 나를 떠나가게 하소서"라고 천부께 세 차례 구하되, 곧 "내 뜻이 아니라 오직 당신의 뜻을 이루소서."라고 하시어 마귀의 유혹을 물리치셨다.[489] 후에 십자가에서 부르짖

---

488 마태복음 4:1-11
489 마태복음 26:36-42

기를, "다 이루었다."라고 하시고 드디어 머리를 떨어뜨리고 죽으셨다. 이 예수의 탄생과 죽음은 천부의 뜻을 따르지 않음이 없었고, 우리 인간의 죄를 대신하신 것이니, 그 공로가 한량이 없다.

舊約書預言基督臨世曰, "主不欲以牲牷祭祀, 乃使我成人身以祀之, 燔祭贖罪爾不喜. 典籍載我, 我自降臨, 遵神之命." 新約書曰, "耶穌基督遵斯命, 一獻其身, 則我之罪贖矣." 我始祖違天父之命而貽患于後世. 耶穌遵命而身救夫天下. 故聖書稱亞當爲後至者之對曰, "罪愆不如恩賜, 定擬由一人之罪, 不如恩賜由一人之義. 蓋審判由一罪以定擬, 恩賜則多罪而稱義. 是衆見擬者, 以一人之愆, 稱義而生者, 以一人之義也; 是衆爲罪者, 以一人之逆, 衆爲義者, 由一人之順也."

구약성서에서 그리스도가 세상에 임하실 것을 예언하여 이르기를, "주께서는 희생제물로 제사하기를 원치 않으시고, 곧 나로 하여금 온전한 몸으로 제사를 드리게 하셨으니, 번제의 속죄는 기뻐하지 않으시는 것이다. 책에 나에 대해 기록하였으니, 내가 스스로 강림한 것은 하나님의 명령을 따른 것이다."[490]라고 하였다. 신약성서는 "예수 그리스도께서 이 명령을 따라 단번에 그 몸을 드려서 우리의 죄를 속하셨다."라고 한다.[491] 우리의 시조는 천부의 명령을 거스르고 후세에 후환을 남겼다. (반면에) 예수는 명령을 따라 몸소 온 천하를 구원하였다. 그러므로 성서에서는 아담을 오실 자의 상대[對, 짝]라고 칭하면서 다음과 같이 말했다. "죄는 은사(恩賜)와 같지 않으니, 정죄가 한 사람의 죄로 말미암은 것은 은사가 한 사람의 의로 말미암은 것과는 같지 않다. 대개 심판은 하나의 죄로 인해 정죄에 이르렀지만, 은사는 많은 범죄로 말미암아 의롭다 하심에

---

490   시편 51:16-19; 히브리서 10:5-9; 로마서 12:1
491   히브리서 10:10

이른 것이기 때문이다. 이 많은 사람이 정죄를 받은 것은 한 사람의 과실(허물) 때문이며 의롭다 칭함을 받아 살게 된 것은 한 사람의 의(義) 때문이다. 이 많은 사람이 죄인이 된 것은 한 사람이 순종하지 않음 때문이며 많은 사람이 의롭게 된 것은 한 사람이 순종함으로 말미암은 것이다."[492]

　　或問,"耶穌既爲始祖之後裔, 則亦爲始祖所累, 安能救人?"曰, "人則爲其所累, 今耶穌神也, 何累之有? 夫人類無不爲始祖之罪所維繫, 繼其惡性, 加以惡行。 身既有罪, 不能自救, 安救他人? 譬如數人同溺于海。 既我躬之不閱, 遑恤他人? 必須有局外者操舟而至, 始可行其拯救也。"

　　어떤 사람은 묻는다. "예수께서 이미 시조의 후예라고 한다면, 그 역시도 시조가 누를 끼치는 바가 되었으니 어찌 다른 사람을 구원할 수 있겠는가?" 대답한다. "사람은 시조가 누를 끼치는 바가 되지만 이제 예수는 신이니 어찌 그가 누를 받겠는가? 무릇 인류는 시조의 죄에 얽매이는 바 되지 않음이 없어서, 그 악한 성품을 이어 거기에 악행을 더한다. 자신에게 이미 죄가 있어서 스스로를 구원할 수 없으니, 어찌 다른 사람을 구원하겠는가? 비유하자면 마치 여러 사람이 함께 바다에 빠진 것과 같다. 이미 자기 자신도 돌보지 못하는 형편에 어떻게 다른 사람을 구제하겠는가? 반드시 외부 사람이 배를 끌고 와야 비로소 구출할 수 있는 것이다."

　　而或者曰"信如斯言, 天使既非人類, 且力大于人, 亦能救世。 安必耶穌?". 不知救人不專恃乎力, 必須有能代人之罪, 能完人之分者,

---

492　　로마서 5:14-19

始能救人。天使雖擅大力，亦各有己之本分，即能盡己之分，究無餘功可完人之分以補人之罪。況皆受生於天父，生命不能自主，安能代人自舍其命以贖人之罪？惟我耶穌，既爲神，自無本分，其降世所爲之善行，盡爲餘功，有一己之餘功，始能贖世人之積罪。況其降世也，成肉身惟己之意，則捐生命以代人之罪，亦惟己是主矣。故曰，"我命非人所奪，我自捐之。我能捐，亦能復，是我奉天父之命也。"

그런데 어떤 이는 이르기를, "이 말을 믿는다면 천사는 이미 인류와 같지 않고 또한 사람보다 힘이 세니 그들도 세상을 구원할 수 있다. 어찌 반드시 예수만 그럴 수 있는가?"라고 하는 데, 이는 사람을 구하는 것이 힘에만 달려 있지 않다는 것과, 모름지기 사람의 죄를 대신할 수 있고 반드시 사람의 본분을 완성할 수 있는 자라야 비로소 사람을 구할 수 있다는 것을 모르는 말이다. 천사가 비록 큰 능력을 가졌어도 그들 또한 각자의 본분에 따라 자신의 역할을 다할 뿐, 결국 사람의 죄를 도와서 사람의 본분을 완성할 수 있는 여분의 공로가 없다. 하물며 그들 모두가 천부께 생명을 받았으니 생명을 스스로 주관할 수 없다. 어찌 사람을 대신하여 스스로 그 목숨을 바쳐 사람의 죄를 속할 수 있겠는가? 오직 우리 예수는 이미 신이시므로 자연히 본분(本分)이 없었으니, 그가 세상에 내려오셔서 선을 행하신 것은 모두 여분의 공로가 되었고, 자기에게 여분의 공로가 있으셨으므로 비로소 세상 사람들의 쌓인 죄를 속할 수 있으셨다. 더구나 그가 세상에 내려오심에, 육신을 입은 것도 자기 뜻으로 말미암은 것이었으니, 생명을 바쳐 사람의 죄를 대속하신 것도 오직 자기가 주관하신 것이었다. 그러므로 이르기를, "내 목숨은 다른 사람이 빼앗은 바가 아니라 내가 스스로 버린 것이다. 나는 버릴 수도 있고 다시 얻을 수도 있으니, 이는 내가 받은 천부의 명령이다"[493]라고 말씀하였다.

---

493   요한복음 10:17-18

況普世之罪, 徃古來今, 不可屈指, 非神誰能任之? 聖書曰, "神盡形於基督, 基督爲諸權力之首, 爾以之得全備。" 又曰, "其爲萬物主, 舍己贖我罪。" 信乎贖罪者非神莫屬矣。

하물며 온 세상의 죄는 옛적부터 지금까지 헤아릴 수 없이 많으니, 신이 아니고서야 누가 그 일을 맡겠는가? 성서에서 이르시기를, "하나님이 그리스도 안에서 모두 형상화되었다. 그리스도는 모든 권력의 머리이시니, 너희는 그로 말미암아 온전함을 얻었다."[494]라고 하였다. 또 이르시기를, "그는 만물의 주인으로서 그 몸을 바쳐 우리 죄를 속하였다"[495]라고 하였다. 죄를 속하는 것은 신이 아니면 할 수 없다는 것이 정말 믿을 만하도다.

然使神不成肉身, 卽不能救人。何則天父之刑典曰"有罪必罰", 使神自恃其權而赦之, 則天父之大公無私安在乎。故欲救人, 必先降成肉身, 代人積功而罪乃可贖, 代人受刑而禍乃可免。

그런데 만약 하나님께서 성육신하지 않으시면 곧 인간을 구원할 수 없다. 왜냐하면, 천부의 법전[刑典]에 이르기를, "죄가 있으면 반드시 벌한다."라고 하였는데, 만약 하나님께서 스스로 그 권세를 의지하여 죄를 용서한다면, 천부의 공평무사하심이 어디에 있겠는가? 그러므로 사람을 구원하려면 반드시 먼저 세상에 내려와 성육신해서, 사람 대신 공로를 쌓아야 죄를 곧 속할 수 있고, 사람 대신 형벌을 받아야 화를 곧 면할 수 있게 된다.

---

494   골로새서 2:9-10
495   디모데전서 2:6

且耶穌欲不假凡胎, 以造始祖之能造己身, 於神力自無所難, 而必假乎人以成肉身者, 曷故? 蓋有罪者人類, 救人者必須同類。 使自造己身, 則非與我同出一祖, 雖有餘功, 於世無益。 譬如人臣有罪, 累及後世, 異姓即有功績, 不能補救。 必其族挺生一大勳之人, 方可將功補罪, 免其受刑。 聖書曰, "萬物本之歸之之神, 欲令衆子享其榮, 緣救世之君受難, 應賞賚焉。" 贖人罪者, 與被贖罪者同出于一, 故視若兄弟, 不以爲恥。 彼乃血氣之屬, 主亦血氣之屬, 故當凡事同于兄弟, 爲矜恤忠信之祭司長, 事神而贖民罪焉。

또한 예수가 평범한 태(胎)를 빌리지 않고, 시조를 만든 능력으로 자신의 몸을 만들려고 해도 하나님의 능력에는 분명히 어려운 바가 없음에도, 반드시 사람의 몸을 빌려 성육신한 것은 어떤 까닭인가? 대개 죄를 지은 자가 인간이니, 인간을 구하는 자도 반드시 같은 인간이라야 하기 때문이다. 스스로 자기 몸을 만들면 우리와 같은 조상에게서 난 것이 아니므로, 비록 여분의 공로가 있더라도 세상에 무익하다. 비유하자면 어떤 신하가 죄를 지어 후세에 누를 끼치게 되었는데, 다른 가문의 사람이 공적을 쌓아도 그를 도울 수 없는 것과 같다. 반드시 그 신하의 가족 중에서 태어난 사람이 큰 공훈을 세워야 죄를 보상(補償)하고 그 형벌을 면할 수 있다. 성서에 이르기를, "만물의 근본이며 만물이 돌아갈 하나님께서 많은 자녀들이 그분의 영광을 누리기 원하시고, 구세주가 고난 받으심으로 인하여 상 주시기를 허락하셨다."[496]라고 하였다. 사람의 죄를 속하는 자가 속죄받은 자와 더불어 같은 곳에서 나왔으므로, 형제처럼 여겨져도 부끄러워하지 않으셨다. 저들이 곧 혈기에 속하고 주께서도 혈기에 속하셨으므로, 그는 범사에 형제들과 같이 되어 긍휼하시며 충직한 제사장으로서 하나님을 섬기며 백성의 죄를 속하셨다.

---

496   히브리서 2:10-17

"其降生必假胎於童女者, 何也?" 曰, "始祖不以人欲而生, 則天父降耶穌以重生世人, 自亦不以人欲而生, 別成一祖。蓋以人欲生者, 無不爲始祖所累, 惟耶穌以神爲父, 性不與人之惡。故天使謂馬利亞曰, '爾將生之聖者, 得稱爲神子。' 所謂聖者, 言其無罪而生也。以人爲母, 身卽與人共患。聖書曰, '屆期, 神遣其子, 由女而生, 服於法下, 贖法下人, 使我衆得爲子焉。'"

"그가 강생함에 반드시 동정녀의 태를 빌려야 한 이유는 무엇인가?" 대답한다. "[사람의] 시조는 사람의 욕정으로써 태어난 것이 아니었으니, 천부께서 세상 사람들을 거듭나게 하기 위해 예수를 내려보내심에도 자연히 또한 사람의 욕정으로써 태어나게 하지 않고, 별도로 새로운 조상이 되게 하신 것이다. 대개 사람의 욕정으로써 태어난 자는 모두 시조의 잘못에 영향을 받지만, 오직 예수는 하나님을 아버지로 삼으므로 그의 성품은 사람의 악함과 같지 않다. 그러므로 천사가 마리아에게 이르기를, '네가 장차 낳을 거룩한 자는 하나님의 아들이라 칭함을 얻을 것이다.'[497]라고 하였다. 거룩한 자라는 말은 그가 죄 없이 태어남을 말한다. (하지만) 사람으로 모친을 삼았으니 몸은 사람과 더불어 근심을 함께하신 것이다. 성서에 이르시기를, '때가 이르니 하나님께서 그 아들을 보내어 여자에게서 태어나게 하시고, 율법 아래 복종하게 함으로써 율법 아래 있는 사람을 속량하게 하셨고, 우리가 모두 자녀 됨을 얻게 하셨다.'[498]라고 하였다."

或曰"世上爲父者, 切望其子之改惡爲善, 不追念其前非。人苟悔罪改過, 天父亦當赦其旣往之罪, 何必移刑於耶穌之身乎?", 不知天父不特以好生爲德, 其德無不備, 而要莫重於公義。義者事之宜也。

---

497   누가복음 1:35
498   갈라디아서 4:4-5

有功不賞, 有罪不罰, 非事之宜, 安得爲義? 故使神僅爲世人之天父,
則父子主恩, 神固可獨用其仁慈。乃爲天父者卽爲天主, 則君臣主
義, 神不得不賞善罰惡以昭其公義矣。

어떤 이는 "세상의 아버지 된 자는 그 자녀가 악을 고치고 선을 행하기를 간
절히 바라면서 이전의 잘못은 돌아보지 않는다. 사람들이 만약 죄를 뉘우치고
잘못을 고친다면, 천부께서도 마땅히 그들이 예전에 지은 죄를 용서해 주어야
지, 어째서 반드시 형벌을 예수의 몸으로 옮겨야 하는가?"라고 하는 데, 이는 천
부께서 살리기를 좋아하심으로 덕을 삼을 뿐 아니라, 그의 덕은 온전하지 않음
이 없는 데 요체로는 공의보다 중요한 것이 없음을 알지 못하는 말이다. 의라는
것은 일의 마땅함이다. 공(功)이 있으되 상주지 않고, 죄가 있으되 벌하지 않는
것은 일의 마땅함이 아니니, 어찌 의롭다고 하겠는가? 그러므로 만약 하나님께
서 겨우 세상 사람들의 하늘 아버지[天父]가 되신다면, 아버지와 아들은 은혜를
주축으로 삼으니, 하나님께서 진실로 그 인자만을 쓰실 수도 있다. 그런데 하늘
아버지이신 하나님께서는 곧 하늘의 주인[天主]이시라면, 임금과 신하의 의를
주축으로 삼으니, 하나님께서는 선을 보상하고 악을 벌함으로써 그분의 공의
를 드러내지 않을 수 없는 것이다.

況國法以仁義爲利, 若爲君者徒以煦煦爲仁, 不忍誅戮, 有罪者盡
得寬宥, 是任彼兇人, 復得殘害良民, 奚啻惡獸旣被束縛, 因不忍其
觳觫, 卽行釋放, 使復噬人乎? 此實不仁之甚者也。況刑典已廢, 民
無所畏, 將見各任其欲, 至于亂國, 伊誰之咎? 此少有智畧之君, 有所
不爲, 而謂天主以煦嫗者自害其義, 以之廢法敗度哉? 然神雖爲天主
而罰人之罪, 亦爲天父而憐人之禍。其遣神子贖罪以開法網, 實上守
天法, 下憐世人, 仁義兩全之事也。

하물며 국법은 인의(仁義)로써 이로움을 삼으니, 만약 임금 된 자가 단지 어질고자 약간의 은혜를 베풀거나 차마 벌하여 죽이지 못해 죄지은 자 모두를 너그러이 용서한다면, 그것은 저 흉악한 사람들을 방임하여 또다시 착한 백성을 해치는 것과 같으니, 어찌 속박된 악한 짐승이 무서워 떠는 것을 차마 보지 못해 석방해 주어 또다시 사람을 물게 하는 것에 그치겠는가? 이는 실로 어질지 못함이 심한 것이다. 하물며 형법이 이미 폐하였으니, 백성은 두려운 바가 없어 장차 각각 욕심을 따라 나라를 어지럽히는 데 이르리니, 그것은 대체 누구의 잘못인가? 이것은 지략이 적은 군주도 그렇게 행하지 않는 바인 데, 천주께서 친절함으로써 그분의 의를 스스로 해치고, 그럼으로써 법도를 무너뜨린다고 말하는가? 그러나 하나님께서는 천주로서 사람의 죄를 벌하시며, 또한 천부로서 사람의 재앙을 불쌍히 여기신다. 하나님께서는 그 아들을 보내어 죄를 속하고 법의 올무를 풀어주셨다. 실로 위로는 하늘의 법을 지키고 아래로는 세상 사람들을 불쌍히 여기는 것이니, 인과 의 두 가지 모두를 완성한다.

昔希臘王有新例, 作姦者, 無論貴賤, 必刺其雙目成瞽以爲罰。不料定例後, 皇子偶犯淫行。王聞之不勝憂慮。若不按例加罰, 旣恐民有暱親廢法之論, 而民心不服。若按例加罰, 則已盲其目, 不能臨理天下, 而社稷無主, 事在兩難。不得已以己之一目, 易其子之一目, 上以循例, 下以全情。夫皇子不得苟免于刑, 王猶爲之共受通楚, 旣仁義之兩全, 民自感其德而服其敎。今天父于神子, 不徒一目之親, 而遣之以生命贖人, 我世人不當感其恩慈, 循理而行乎。夫神不以權赦人之罪, 必以神子身當其罪, 可見天父典刑, 至嚴至一。世人安可妄爲, 自取罪戾, 故耶穌之十字架, 實爲仁義之表記, 天理之權衡也。

옛날에 그리스 왕이 새로운 법을 만들어 간음한 자는 귀천을 막론하고 반드시 두 눈을 찔러 맹인을 만듦으로써 벌을 주었다. 뜻밖에 이 법을 정한 뒤 태자(皇子)가 우발적으로 음행을 범했다. 왕이 이를 듣고 우려를 금치 못하였다. 만약 법에 따라 벌하지 않는다면 백성들 사이에 가족을 가까이 하여 법을 폐한다는 여론이 일어나, 민심이 왕을 따르지 않을까 두려워했다. 만약 법에 따라 벌한다면, 곧 그 아들은 눈을 잃어 천하를 다스릴 수 없게 되고, 나라에 주인이 없게 되니, 일이 두 가지로 어렵게 된다. 그러자 왕은 부득이 자기의 눈 하나로 그 아들의 눈 하나를 대신함으로써 위로는 법을 지키고 아래로는 정을 온전케 했다. 태자는 형벌을 면제받지 않았고, 왕은 그와 함께 고초를 받았다. 왕의 인의가 모두 완전하므로, 백성들이 그의 덕에 자연히 감동하여 그 가르침에 순종했다. 이제 천부께서는 그 친아들을 통해 그의 한쪽 눈에 그치지 않고 그의 생명으로써 사람들을 속량하게 하셨으니, 우리 세상 사람들이 그의 은혜와 자비에 감동하여 그 다스림을 따르고 행함이 마땅하지 않은가? 하나님께서 사람의 죄를 용서하심은 권세로서가 아니라 반드시 하나님 아들의 몸으로서 그 죄를 담당케 하신 것이니, 천부의 법[典刑]이 지극히 엄하고 유일함을 알 수 있다. 세상 사람들이 어찌 함부로 행동하여 스스로 죄를 지을 수 있겠는가. 그러므로 예수의 십자가는 실로 인의의 표시이며 하늘 이치[天理]의 잣대가 된다.

至于耶穌贖罪之道, 其義甚廣。 夫祖宗有善行, 爲子孫者無不沾其福。 今耶穌居然一祖, 以重生世人, 于天理既無不合。 國法准以罪人之親友爲中保, 而耶穌爲神人間之中保, 于人情又無或乖。 且古來諸國之人, 皆以犧牲獻祭, 以申贖罪之意。 而耶穌獻躬爲罪祭, 又非悉合夫禮儀哉?

예수의 속죄의 도는 그 뜻이 심히 광대하다. 무릇 조상이 선을 행했으면 자손된 자가 그 복을 누리지 못함이 없다. 이제 예수가 한 조상이 되어 세상 사람을 다시 태어나게 하니, 천리에 맞지 않음이 없다. 국법에 의하면 죄인의 친한 벗이 중보(中保)가 되는데, 예수께서 하나님과 사람 사이의 중보가 되는 것 또한 인정(人情)에 조금도 어긋남이 없다. 또한 예로부터 지금까지 모든 나라 사람들이 모두 희생제물로써 제사에 바쳐 속죄의 뜻을 나타냈다. 그런데 예수가 자기 몸을 바쳐 속죄제를 드렸으니 이 또한 참으로 예의에 합당하지 않은가?

而或者曰"犧牲之禮, 無非爲媚神邀福耳", 不知湯禱七年之旱。剪髮斷爪, 身爲犧牲, 非代罪以求免人之災乎? 夫湯爲帝王, 剪髮斷爪, 以救一國之災, 何若耶穌降生舍命, 以救萬世之罪? 湯時旱災祇及于一國, 乃擧世干犯天命, 天父之烈怒, 不啻烈日. 自棄聖靈, 衆心之大惡, 居然大旱。自耶穌以己身代之, 而天恩汪洋, 一若霖雨之沛然下矣。故無耶穌之代人受刑, 天父之公義難全, 無耶穌之代人循法, 人心亦無由自安。何也? 人覺己之有罪, 不補其過, 必悔之不已。

또 어떤 사람은 "희생제[犧牲之禮]는 모두 단지 신에게 아첨하여 복을 구하는 것일 뿐이다"라고 하는데, 이는 탕왕이 칠 년의 가뭄에 기도하였음을 알지 못하는 말이다. 그가 머리를 자르고 손톱을 깎아 자기 몸으로 희생을 삼은 것은 죄를 대신하여 사람들이 재앙을 면하기를 구함이 아니겠는가? 탕은 제왕으로서 머리를 자르고 손톱을 깎아서 한 나라의 재앙을 구하려 한 것인데, 어찌 예수께서 강생하여 목숨을 바침으로써 만세의 죄를 구하심과 같겠는가? 탕왕 때의 가뭄은 다만 한 나라에 미쳤지만, (예수의 시대는) 온 세상이 천명을 범하여 천부의 맹렬한 진노는 단지 해가 맹렬하게 뜨거워지는 데 그치지 않았다. [온 세상이] 성령을 스스로 버리고 많은 무리들의 마음이 크게 악해져 마치 큰 가뭄에 처한 것과 같았다. 예수께서 자기 몸으로 그들을 대신함으로부터, 하늘의 은혜가 크게 넘침이 마치 장맛비가 아래로 쏟아져 내림 같았다. 그러므로 예수께서 사람 대신 벌을 받지 않았으면 천부의 공의를 완성하기 어려웠으며, 예수께서 사람들 대신 법을 따르지 않았으면 사람의 마음 또한 스스로 평안할 방도가 없었다. 어째서인가? 사람은 자기에게 죄 있음을 알아도 그 죄과를 보상하지 못하니, 반드시 끊임없이 후회하게 되는 것이다.

古時有亞力山得王, 因醉暴怒, 手殺忠臣。 及其旣醒, 不勝自忿, 面無喜色, 心如錐刺。 蓋以無辜而殘害忠良, 實爲己之罪戾也。 卽欲以萬鎰之金, 使臣復生以贖殺臣之罪, 而生命非金所可贖, 王終無由自釋其憂愁矣。 又使人有資産, 我曾破之, 後聞其凍餓, 心卽有所不安。 蓋以我若不破其資産, 彼未必至于此極也, 問心之下, 負罪良多。

고대에 알렉산더 왕이 술에 취하여 격노하는 바람에 충신을 죽인 일이 있었다. 술이 깨서는 스스로 분노를 이기지 못하며 얼굴에 기뻐하는 기색이 없고 마음은 바늘로 찌르는 듯하였다. 죄가 없는데도 충신을 잔인하게 죽인 것은 실로 그의 죄과이다. 곧 이십만 냥[499]의 금으로 신하를 다시 살려내어 그를 죽인 죄를 속하려 했으나, 생명은 금으로 속할 수 있는 바가 아니므로, 왕은 결국 그의 슬픔을 스스로 풀 도리가 없었다. 또 가령 어떤 사람이 재산이 있었는데, 내가 일찍이 그것을 전부 파산시켰고 이후에 그가 추위에 굶주렸다는 소식을 듣는다면, 마음이 곧 편안하지 않을 것이다. 대개 내가 만약 그의 재산을 써버리지 않았다면 저가 그런 극단에 이르지 않았을 것이 분명하기 때문이니, 양심상 미안한 바가 매우 많은 것이다.

---

499   일(鎰)은 옛날 중량 단위로, 20량(兩)이다. 일설에는 24량이라고도 한다.

> 卽或有人賙濟之, 究屬非我之功, 我心總無由安, 必也。我雖無餘資以償其乏, 而我友能代我捐資, 濟其困窮, 則與我自出己資無異, 前愆可補, 我心始可獲安。今世人獲罪于天, 亦正如是, 天父雖欲以權赦人之罪, 而不以功補人之過, 人心仍不得其安。乃人又不能盡分, 不特無功績以償前愆, 反日積月累以增其惡。非賴耶穌之功, 何以補我之罪乎?

그렇다면 혹 어떤 사람이 그를 도와서 구제한다고 해도, 결국 내 공로에 의한 것이 아니므로 내 마음은 그로 말미암아 전혀 편안해지지 않을 것이 분명하다. 그런데 내게 비록 그의 손해를 보상할 여분의 재산이 없지만, 나의 친구가 대신 재산을 기부하여 그를 곤궁에서 건질 수 있다면, 곧 내가 내 재산을 내어준 것과 마찬가지이며, 이전의 잘못을 되갚을 수 있으니, 내 마음이 비로소 편안해질 것이다. 지금 세상 사람들이 하늘에 죄를 얻은 것이 또한 꼭 이와 같다. 천부께서 비록 권세로써 사람들의 죄를 용서하기 원하신다고 해도, 공로로써 그들의 과실을 보상하지 않으면 사람들의 마음이 여전히 평안을 얻지 못한다. 그런데 인간은 또한 그 본분을 다할 수 없으므로 다만 이전의 잘못을 보상할 공적이 없을 뿐 아니라 오히려 날마다 달마다 그 악을 더한다. 예수의 공로를 의뢰하지 않으면 무엇으로 우리의 죄를 갚겠는가?

> 夫耶穌奉命降而爲人, 以彰天父廣大之恩; 身代世人之刑, 以顯天父大公之義。人逆天理, 耶穌順之; 人辱天父, 耶穌歸榮之。此皆非人之功也。天父已許信者卽可爲耶穌之同儕。非僅可以赦罪, 亦可以耶穌之功, 推稱爲義。旣稱我爲義, 始可內心無虧, 俯仰無愧。聖書曰, "誰能訟神之選民乎? 神稱義之矣, 誰能罪之乎? 基督爲之死而復生, 居神之右, 恒保我矣。"

무릇 예수께서는 명을 받들어 세상에 내려와 인간이 되었으니, 이로써 천부의 광대한 은혜를 나타냈고, 몸으로 세상 사람들의 형벌을 대신하였으니, 이로써 천부의 큰 공의를 드러냈다. 사람들은 천리(天理)를 거슬렀으나 예수는 순종했고, 사람들은 천부를 욕보였으나 예수는 그에게 영광을 돌렸다. 이는 모두 인간의 공로가 아니다. 천부께서는 이미 믿는 자들이 예수의 동반자가 되는 것을 허락하셨다. 다만 죄를 용서하실 뿐만 아니라 예수의 공로로써 말미암아 미루어 의롭다고 칭할 수 있게 하신 것이다. 이미 우리를 의롭다고 칭하셨으니, 비로소 마음에 부족함이 없어지고 땅을 굽어보고 하늘을 우러름에 부끄러움이 없어진다. 성서에 이르시기를, "누가 능히 하나님께서 택하신 백성을 고발하리오? 하나님께서 그들을 의롭다 칭하셨으니, 누가 그들을 정죄할 수 있으리오? 그리스도가 그들을 위해 죽었다가 다시 살아나 하나님의 우편에 거하며 항상 우리를 위해 중보하신다."[500]라고 하였다.

故耶穌舍命, 上以顯天父之義, 下以安世人之心。是以古人宰牲, 以指耶穌之身, 可贖罪愆; 灑血潔器, 以指耶穌之血, 能潔人心。今我輩所奉之聖禮, 一以酒餅, 指耶穌贖人之罪; 一以淸水, 指耶穌滌人之心。其禮雖異, 其義則同。保羅曰, "兄弟乎, 我賴耶穌血, 得毅然入至聖所, 基督身猶幔裂之, 則爲我闢永生之新路, 故當意誠信篤, 洗心去惡, 潔身去垢焉。"

그러므로 예수는 목숨을 버려, 위로는 천부의 의를 드러내고, 아래로는 세상 사람들의 마음을 편안케 하였다. 이런 까닭에 옛날[구약시대] 사람들이 바친 희생제물은 그로써 예수의 몸이 죄를 속량할 수 있음을 지시하며, 피를 뿌려 제기를 정결하게 하는 것은 그로써 예수의 피가 사람의 마음을 정결하게 할 수 있음

---

500   로마서 8:33-34,

을 지시한다. (또한) 이제 우리가 드리는 성례는 하나(성찬)는 포도주와 떡으로써 예수가 인간의 죄를 대속하셨음을 지시하며, 하나(세례)는 맑은 물로써 예수가 인간의 마음을 씻어냄을 지시한다. 그 의례는 비록 다르지만 그 의미는 같다. 바울은 말했다. "형제여 우리는 예수의 피를 힘입어 당당히 지성소에 들어갈 수 있게 되었다. 그리스도의 몸이 휘장과 같이 찢어진즉 우리에게 영생의 새로운 길이 열렸다. 그러므로 마땅히 뜻을 성실히 하고 믿음을 두텁게 하며, 마음을 씻고 악을 멀리하며, 몸을 씻어 더러움을 멀리하라."[501]

---

501   히브리서 10:19-22

第五章 論聖靈復人之本性
제5장 성령이 사람의 본성을 회복시킴을 논하다

人有諺云"人爲一小天", 今試卽天文之一端, 罕譬而喩之。[502] 夫地球憑太陽之翕氣, 以循行常道, 又藉太陽之光輝熱氣, 以生長萬物。設或地球被觸而易其位, 遠至黃道之外, 則翕氣不能引之使歸。勢必愈久愈遠, 不得復見太陽, 而幽暗嚴寒, 萬物皆死。天父設欲挽回之, 必先申其大命, 復地球于本位, 則晝夜四時, 仍得周行如常。又因百物旣絶其種, 雖有日暄雨潤, 猶爲不毛之地, 必爲之重造物類以傳其種, 萬物始能生生不息也。

세상 사람의 속담에 "사람은 하나의 작은 하늘이다."라고 하였으니, 이제 한 번 천문의 한 단서로 나아가 비유로 말해 보자. 지구는 태양의 인력[翕氣]을 의지하여 일정한 궤도를 돌고, 또 태양의 빛과 열을 의지하여 만물을 생장시킨다. 만약 혹 지구가 무엇에 부딪혀서 그 위치가 변하게 되어 멀리 황도(黃道) 밖으로 나간다면, (태양의) 인력이 그것을 잡아당겨 제자리로 돌아오게 하지 못한다. 그러면 형세 상 반드시 시간이 지날수록 점점 더 멀어져서 태양을 다시 볼 수 없게 되고, 어두컴컴하고 매우 추워져서 만물이 다 죽게 된다. 천부께서 그 것을 바로 잡아 회복하시려면 반드시 먼저 그 큰 명령을 내려 지구를 본래 위치에 복귀시켜야 낮과 밤과 사계절이 곧 평소와 같이 운행하게 될 것이다. 또한

---

502   今試卽天文之一端, 罕譬而喩之: 1906년본에는 '今試卽上文之一喩而論之'로 되어 있다.

만물은 이미 그 종(種)이 멸종되면 비록 날이 따뜻하고 비가 넉넉해도 불모의 땅이 되기 때문에, 반드시 그가 사물의 류(類)를 다시 창조하여 그 종을 전하여야 만물은 비로소 끊임없이 생겨날 수 있게 된다.

救人之道, 亦猶是焉。 人之本初, 性善德備, 實藉天父靈光, 昭臨于其心也。 惜其後甘受魔惑, 違逆天父, 失福澤而絶靈光, 心遂至于暗昧。 歷時愈久, 則違天父愈遠, 竟不知有此天父。

사람을 구원하는 방법 역시 이와 같다. 사람은 본래 처음에 본성이 선하고 덕이 갖추어져 있었는데, 이는 실로 천부의 신령한 빛을 통해서 그 마음에 밝게 임하는 것이다. 애석하게도 그들이 나중에 마귀의 유혹을 기꺼이 받아서 천부를 거역하여 복과 혜택을 잃어버리고 신령한 빛이 끊어지자, 마음이 드디어 어리석게 되었다. 세월이 갈수록 천부를 거역하여 더욱 멀어지고, 결국 이 천부가 계신 것을 알지 못하게 되었다.

噫! 人已至此, 天父旣欲救之, 必須爲之贖罪, 使之免刑, 賜之感化, 使之歸神。 故神父降神子舍命以贖人之罪, 稱人爲義, 譬如地球遠離太陽, 復之于本位也。 又降聖靈以感化人心, 使之重生, 譬如復造物類, 使之生生不息也。 至是而救人之道以全。 其始也神父賜恩, 繼也神子贖罪, 末則神靈感化。 三位一體之神, 無不共賜救人之恩, 而感化乃成終之事則尤亟。 蓋使神父賜恩, 神子贖罪, 而無聖靈以感化之, 則使之免刑, 不能使之向善。

아! 사람이 이 지경이 되었으니, 천부께서 그들을 구원하시려면 반드시 죄를 속하여 형벌을 면하게 해야 하고, 감화를 주어서 하나님께 돌아오게 해야 한다. 그러므로 하나님 아버지께서 하나님의 아들을 내려보내 그 목숨을 버려서 사람의 죄를 사해주고 사람을 의롭다 칭하게 하셨으니, 비유하자면 마치 지구가 태양을 멀리 벗어났다가 본래 자리로 돌아오는 것과 같다. 또한 성령을 내려보내 사람의 마음을 감화하여 거듭나게 하셨으니, 비유하자면 마치 사물을 다시 창조하여 끊임없이 생장하게 하는 것과 같다. 이렇게 하여 사람을 구원하는 도(道)가 완전하게 되었다. 하나님 아버지께서 은혜를 주시는 것이 그 시작이요, 하나님의 아들이 죄를 속하는 것이 그 다음이요, 성령(神靈)의 감화가 그 마지막이다. 삼위일체의 하나님께서 다같이 사람을 구원하는 은혜를 주시지 않음이 없지만, 감화시키는 것이 곧 그 끝을 완성하는 일이기에 더욱 긴요하다. 설사 하나님 아버지께서 은혜를 주시고 하나님 아들께서 죄를 속하여 주신다고 해도 성령께서 사람을 감화시키지 않는다면, 그들로 형벌을 면하게 한다고 해도, 선으로 나아가게는 할 수 없기 때문이다.

其如人不獨有罪, 且喜于爲惡何? 安足以云救哉? 中華有律曰, "販食鴉片者, 擬定重罪。"設有大臣勸君宥其重罪, 而不勸民戒食鴉片, 則民將爲惡不悛, 有何益哉? 故耶穌旣爲神人間之中保, 不第以身當人之刑, 上全天父公義, 且降聖靈, 下使人心感化。此其所以稱耶穌, 譯卽救者, 蓋救其民于罪惡中也。

그 만약 사람이 죄가 있을 뿐만 아니라 또한 악행을 좋아한다면 어찌할 것인가? 어찌 구원을 운운(云云) 할 수 있겠는가? 중국에는 다음과 같은 법률이 있다. "아편을 팔거나 피우는 것은 중죄로 규정한다." 만약 대신(大臣)이 임금에게는 그 중죄를 용서하라 권하면서도, 백성들에게는 아편 피우는 것을 경계하도록 권면하지 않으면 백성들이 장차 악을 행하고도 뉘우치지 않을 것이니 어찌 유익이 있겠는가? 그러므로 예수께서 하나님과 인간 사이에 중보자가 되어, 자신의 몸으로써 사람의 형벌을 담당하여 위로는 천부의 공의를 완전하게 하셨을 뿐만 아니라, 또한 성령을 내려 보내어 아래로는 사람의 마음을 감화시키셨다. 이것이 '예수'로 칭하는 까닭으로서, 번역하면 '구세주'이니, 그 백성을 죄악 중에서 구원하셨기 때문이다.

或曰"人苟知砥礪, 卽能自改其過, 何藉于聖靈之助?", 不知人名爲改過, 其實未嘗改也。 人或爲己而改其過, 而心不遵夫天命, 則改與不改者等; 或改一過, 卽生一過, 則惡根未能刪盡; 或志欲改, 而行未果, 則惡念愈覺叢生。 此三者, 世人之通弊也。 試言之, 人或沉湎酒色, 後悔其敗名·糜財·耗精, 卽痛改而不爲, 人謂其克己, 我謂其好名·好利·好壽, 仍爲一己之私, 安云克己乎?

어떤 이는 "사람이 만약 연마[砥礪]를 안다면 스스로 그 잘못을 고칠 수 있는데 어째서 성령의 도움이 빌리는가?"라고 하는 데, 이것은 사람이 입으로는 고쳐도 그 실상은 고친 적이 없음을 몰라서이다. 사람들은 혹 자기를 위해 그 잘못을 고쳐도 마음이 천명을 따르지 않으니, 고쳐도 고치지 않은 것과 같다. 또한 혹 하나의 잘못을 고치면 또 하나의 잘못이 생겨나니, 악의 뿌리는 제거하지 못한 것이다. 또한 혹 고치려는 마음은 있어도 행동에 열매가 없으니, 악한 생각만 더욱 자라나는 것을 깨닫는다. 이 세 가지는 세상 사람들의 일반적인 폐단이다. 한번 말해 본다면, 사람이 혹 주색에 빠졌다가 나중에 그 명예를 망치고 재물을 낭비하고 정력을 소모했음을 뉘우쳐서 통렬하게 고쳐서 다시 그렇게 행하지 않는다면, 사람들은 그것을 '극기'라고 하겠지만, 나는 그것을 명예를 탐하고 이익을 탐하고 장수를 탐한 것이라고 하겠다. 여전히 개인의 사욕을 위한 것이니 어찌 '극기'를 운운하겠는가?

夫世人甘于爲惡, 其原在于違逆天父, 故改過遷善, 必先愛敬天
父。 愛敬既至, 則大本已立, 萬善卽由此而發生。 知天父所好惟善,
我亦好而爲之; 知天父所惡惟惡, 我亦惡而絶之。 如是方可謂改過。
非然者, 譬如人子違逆父命, 縱欲糜財, 後因積蓄己資, 自勤自儉, 惟
不孝養厥父母。 雖曰勤儉, 而不孝之罪己[503]著, 烏足云改過乎?

무릇 세상 사람들이 기꺼이 악을 행하는 것은 그 근원이 천부를 거역한 데 있
으니, 그러므로 개과천선(改過遷善)하려면 반드시 먼저 천부를 사랑하고 공경
해야 한다. 사랑하고 공경함이 지극해지면, 큰 근본이 확립되어 모든 선함이 곧
여기서부터 생겨난다. 천부께서 좋아하시는 것이 오직 선(善)인 줄 알기에 나
또한 좋아하여 행하며, 천부께서 미워하시는 것이 오직 악(惡)인 줄 알기에 나
또한 미워하여 끊어버린다. 이렇게 해야 비로소 잘못을 고친 것이라고 할 수 있
다. 그렇지 않은 것은 비유하자면 마치 자식이 아버지의 명령을 거역하고 욕심
을 좇아 재산을 낭비한 후에 자신의 재산을 모으려고 스스로 부지런하고 검소
하지만 그 부모를 효행으로 봉양하지는 않는 것과 같다. 비록 부지런하고 검소
하다 해도 불효의 죄가 이미 드러났으니, 어찌 잘못을 고쳤다고 말하기에 족하
겠는가?

況不舍己以從天父, 則幽居獨處, 無所忌憚, 卽使改過, 亦僅飾其外
行。 改傷財妄用之過, 而志在斂財, 則必貪婪以求財矣; 改敗名喪節
之過, 而志在務名, 則或背義以邀名矣。 否則自驕其志, 自伐其善, 一
若擧世無可與我頡頏者, 而藐視他人。 其外雖無惡行, 其內實多惡
念, 則惡根之未刪除也。

---

503   己: 의미상 '已'의 이체자로 보인다.

더욱이 자신을 버려 천부를 따르지 않으면, 외딴곳에 홀로 살면서 아무것도 꺼릴 것이 없는 것 같아서, 설혹 잘못을 고치더라도 겨우 그 겉치레를 꾸미는 것이다. 재물을 축내고 함부로 쓰는 잘못을 고친다고 해도, 뜻은 재물 모으는 것에 있으니 반드시 탐욕스럽게 재물을 구한다. 또한 명예를 망치고 절개를 잃은 잘못을 고친다고 해도, 뜻은 명예 얻는 것에 있으니 혹 의리를 배반하고 명예를 추구하게 된다. 그렇지 않다면 스스로 자신의 뜻을 뽐내고 스스로 자신의 선을 자랑하여, 한가지로 마치 온 세상에 자신과 견줄 자가 없는 것 같이 하면서 다른 사람을 업신여긴다. 그 겉에는 비록 악행이 없어도 그 속에는 실로 악한 생각이 많으니, 악의 뿌리가 아직 제거되지 못한 것이다.

況恃己力改過, 每患其不果。蓋人之精力有限, 勉于一時, 未必能貞于常時。智識無多, 辨其大節, 未必不失于小節。況乎改過以全名, 而名有未成, 甚有易其志而敗名, 有所不惜矣。改過以望利, 而利有未足, 甚有縱其欲而貪利, 無所不爲矣。卽彼誠于爲善者, 一不及檢, 自喪天良, 必將自暴自棄, 頓易初心。譬如人已溺于水, 得登高岸, 一時失足, 則岸愈高, 其沉溺也必愈深。

하물며 자신의 힘을 의지하여 잘못을 고친다면, 매번 그 결과가 없을 우려가 있다. 왜냐하면 사람의 정력은 한정되어 있어 일시적으로는 힘을 써도 항시적으로 반드시 올곧게 하지는 못한다. 지식이 많지 않아서 그 큰 절목(節目)은 분별해도 작은 절목에서는 반드시 실수하지 않을 수 없기 때문이다. 더구나 잘못을 고쳐서 명예를 온전케 하려 했으나 명예가 여전히 이루어지지 않으면, 심지어 그 뜻을 바꾸어서 명예를 잃어도 애석해 하지 않는다. 이익을 바라고 잘못을 고쳤으나 이익이 여전히 부족하면, 심지어 마음껏 그 욕심을 쫓아가서 이익을 탐내서 하지 않는 바가 없다. 곧 저 선을 실천함에 진실한 자도 한번 검증함에 이르지 못하면 스스로 양심[天良]을 잃어버려 반드시 자포자기해서 갑자기 초심을 바꾸는 것이다. 비유하자면 마치 사람이 이미 물에 빠졌다가 높은 언덕에 올랐는데, 한번 발을 헛디디면 언덕이 더욱 멀어져서 그의 가라앉음도 더욱 깊어지는 것과 같다.

耶穌曾喩言曰, "有惡鬼自人而出, 後見其室空寂, 卽携七鬼惡于己者, 復入而居之, 則其後患較前更甚。" 是言暫時悔改, 而未受聖靈之感化, 不能恒于爲善, 後乃更惡耳。夫始祖未失天性之時, 全藉聖靈黙牖, 與天父相感通, 則我受聖靈之感化, 自能復其天性, 與天父相友善。聖書曰, "凡爲神之靈所導者, 是爲神之子。"

예수께서 일찍이 비유로 말씀하셨다. "나쁜 귀신이 사람에게서 나온 뒤, 그 집이 텅 비고 조용한 것을 보고서 곧 일곱 귀신을 데려와서 그 사람에게 다시 들어가 살면 그 나중 환난이 이전보다 더 심해진다."[504] 이 말은 잠시 회개하여도 성령의 감화를 미처 받지 못하면 늘 선을 행할 수 없고, 나중에는 곧 더욱 악해진다는 것이다. [우리] 시조가 천성을 아직 잃어버리지 않았을 때는 성령의 암묵적 계시에 전적으로 의지하여 천부와 서로 통하였으니, 우리가 성령의 감화를 받고 스스로 그 천성을 회복하여 천부와 서로 화목한 관계가 되었다. 성서가 말씀하셨다. "무릇 하나님의 영으로 인도함을 받는 자는 하나님의 아들이다."[505]

---

504 마태복음 12:43-45
505 로마서 8:14

故舍己以順天父，則萬端之善行，無非擴充其孝道。不求令譽，惟求人之歸榮天父；不畏惡名，惟畏天父之不悅己。世間之富貴，既爲天父所賜，我則受之；未爲天父所賜，我則安之。誠知夫爵莫貴于爲天父之子，祿莫大于享天父之恩也。且知生命受于天父，不敢自輕其生，而致身以事神，要無畏死。好惡同于天父，不敢偶涉于私，而盡力以事神，未嘗少懈。又自思'賴耶穌之功以免刑，藉聖靈之助以建德，雖有過人之處，總無可誇之功，己有善，非己之力，伐于何有？'

그러므로 자신을 버림으로써 천부에게 순종하면 온갖 갈래의 선행이 그 (천부에 대한) 효의 길을 넓혀나가지 않음이 없다. 명예를 구하지 않고 단지 사람들이 천부에게 영광을 돌리기를 구하며, 나쁜 평판[惡名]을 두려워하지 않고 단지 천부께서 나를 기뻐하지 않음을 두려워한다. 세간의 부귀는 천부께서 주신 것이면 내가 받아들이고, 천부께서 아직 주시지 않았어도 나는 편안할 것이다. 진실로 천부의 아들이 되는 것보다 더 귀한 벼슬이 없고, 천부의 은혜를 누리는 것보다 더 큰 녹(祿)이 없음을 안다. 또한 생명을 천부로부터 받은 것임을 알아 감히 그 생명을 함부로 업신여기지 않되, (자기) 몸을 바쳐서 하나님을 섬김에 마땅히 죽음을 두려워하지 않는다. 좋고 싫음[好惡]을 천부와 같이 하여서 감히 우연이라도 사심(私心)에 휘말리지 않고, 힘을 다해 하나님을 섬겨 조금도 해이해지지 않는다. 또 스스로 생각하기를, '예수의 공로를 의지하여 형벌을 면제받았고 성령의 도움을 빌려서 덕을 세웠으니, 비록 남을 넘어서는 탁월함이 있어도 결코 자랑할 만한 공로가 없으며 비록 나에게 선함이 있어도 나의 힘으로 한 것이 아니니 자랑할 것이 어디에 있는가?'라고 한다.

聖書曰，"爾曹以恩得救，由于信主。非由己，神所賜也；非恃功，無可誇也。"況藉聖靈以建德，不患旋得而旋失。聖書曰，"神既助爾爲善, 必竣其工焉。"夫人身猶室宇, 或居以聖靈, 或居以魔鬼, 惟人自召耳。魔鬼去而聖靈未至, 則其室空寂, 無怪乎鬼旣出人, 復招惡鬼, 偕入居之。倘居以聖靈, 則以魔巢化爲神殿, 魔鬼安得復入哉?

성서는 말씀하셨다. "너희가 은혜로 구원받은 것은 주를 믿음으로 말미암음이다. 너희 자신으로 말미암음이 아니요 하나님께서 주신 것이며, (너희) 공로를 의지한 것이 아니니 자랑할 것이 없도다."506 하물며 성령에 의지하여 덕을 쌓으니, 금방 얻었다가 금방 잃을 것을 근심하지 않는다. 성서는 말씀하셨다. "하나님께서 이미 너희가 선한 일을 하도록 도우시니, 반드시 그 일을 이루실 것이다."507 무릇 사람의 몸은 집과 같아서 혹은 성령이 거하고 혹은 마귀가 거하는 것은 다만 사람이 스스로 불러들인 것일 뿐이다. 마귀가 떠났는데 성령이 이르지 않으면 그 집이 텅 비고 쓸쓸하니 이미 떠나갔던 귀신이 다시 악귀들을 불러 함께 그곳에 들어가 거하여도 이상할 것이 없다. 만약 성령이 거하면 마귀의 소굴이 하나님의 전으로 변하니, 마귀가 어찌 다시 들어갈 수 있겠는가?

耶穌曰, "我羊聽我聲而從我, 我賜之永生終不沉淪, 無有能奪之于我者也。"夫恃己力以改過, 猶水之就下, 決諸東方則東流, 決諸西方則西流, 勢雖順而易, 而過且叢生。感聖靈以改過者, 如水逆流而上, 雖與我心相違, 不憑己力, 而過且日寡。故惟造物者能使人重生。重生之後, 人則猶是, 而其心則與前大異。

예수께서 말씀하셨다. "내 양은 내 음성을 듣고 나를 따르니, 나는 그들에게 영생을 주어 끝내 멸망하게 하지 아니할 것이요, 그들을 나에게서 빼앗을 수 있

---

506 에베소서 2:8-9
507 빌립보서 1:6

는 자가 없느니라."[508] 무릇 자신의 힘에 의지하여 잘못을 고치는 것은 마치 물이 아래로 흐르는 것 같아 동쪽을 터주면 동쪽으로 흐르고 서쪽을 터주면 서쪽으로 흘러[509] 그 흐름이 비록 순조롭고 쉬워도 잘못이 또한 너무 많아진다. (반면에) 성령의 감화로써 잘못을 고치는 것은 마치 물이 역류하여 위쪽으로 흐르는 것 같아서, 비록 내 마음과 서로 어긋나 내 힘을 의지하지 않더라도 잘못 또한 날로 적어진다. 그러므로 오직 조물주만이 사람을 거듭나게 할 수 있다. 거듭난 후에는, 사람은 여전하지만 그 마음이 이전과는 크게 달라진다.

耶穌曰,"風任意而吹, 聽其聲, 不知其何來何往, 由聖靈生者亦若是。"夫風之來往, 知之于草, 而人之重生, 知之于行。苟其所愛所惡, 大異于平日, 則其人一如再造, 故曰重生。而初非心中別開一竅也, 復其性之本然而已。蓋人之向往, 當以神之旨爲定向, 乃昧所向而從己之私欲, 雖有是非心錄神之法, 仍無所益。譬如舟之有指南針盤以定向也。針若爲舟中之鐵所翕, 失其正指, 則針無益, 盤上雖有南北界劃, 而無以定南北, 卽難于免沉淪。故人不舍己以從天父, 亦終歸于沉淪矣, 則將恃己力以轉移之乎? 不能也。

예수께서 말씀하셨다. "바람은 마음대로 불어 그 소리를 들어도 어디서 와서 어디로 가는지 알지 못하니 성령으로 난 사람도 이와 같다."[510] 바람이 오고 가는 것은 풀을 보면 알 수 있고, 사람이 거듭난 것은 행동을 보면 알 수 있다. 만약 그가 사랑하는 것과 미워하는 것이 평소와 크게 다르다면 그 사람은 다시 태

---

508   요한복음 10:27-28
509   『孟子·告子上』: "性猶湍水也, 決諸東方則東流, 決諸西方則西流. 人性之無分於善不善也,
       猶水之無分於東西也."
510   요한복음 3:8

어난 것과 같으므로 중생이라고 한다. 그러나 처음부터 마음속에 다른 구멍[511]이 열린 것이 아니고, 그 본성을 회복한 것일 따름이다. 대개 사람이 앞으로 나아감에 마땅히 하나님의 뜻대로 방향을 정해야 하는데, 나아갈 바를 알지 못하고 자기의 사사로운 욕심을 따르면, 비록 시비(是非)를 가릴 줄 아는 마음이 하나님의 법을 기록하고 있더라도 여전히 아무런 이익이 없다. 비유하자면 마치 배에는 나침반이 있어 방향을 정하는 것과 같다. 만약 자침(磁針)이 배에 있는 쇠붙이의 영향을 받아 그 올바른 지시를 잃어버리면 나침반은 무익해져서 나침반 위에 비록 남북의 경계가 그어져 있어도 남북을 가리킬 수 없으니 곧 침몰을 면하기 어렵다. 그러므로 사람이 만약 자기를 버려 천부를 따라가지 않으면 또한 끝내 멸망(沈淪)하게 되니, 장차 자기 힘을 의지하여 멸망을 벗어날 수 있겠는가? 불가능하다.

聖靈助我, 我其能之。 如耶穌命瘋手者伸手, 而其手卽愈。 夫手旣瘋, 何能伸手? 其伸而得愈者, 惟賴耶穌之命而自增其力也。 今天父命我世人行善, 我雖無能, 而苟誠意奉命, 亦無不自增其力。 經云, "飢渴慕義者福矣, 以其將得飽也。" 耶穌曰, "求則得之, 尋則遇之, 叩門則啓之。 爾曹惡人, 尙知以善物予子, 何況天父不更以聖靈賜求之者乎?"

성령이 우리를 도우시면 우리는 할 수 있다. 마치 예수께서 손이 마비된 자에게 손을 펴라 명령하시니 그 손이 즉시 나은 것과 같다. 그 손이 마비되었는데 어찌 펼 수 있었는가? 그 손이 펴지고 나은 것은 오직 예수의 명령만을 의지하여 그 힘이 저절로 증강되어서이다. 이제 천부께서 우리 세상 사람들에게 선을

---

511 옛날에는 심장에 생각을 가능하게 하는 구멍(竅)이 있다고 여겨서 지혜나 심안(心眼)을 뜻하는 심규(心竅)라는 말이 생겼다.

행하라고 명령하시니 우리가 비록 무능하여도 진실로 성심껏 명령을 받들면 역시 그 힘이 저절로 증가되지 않음이 없을 것이다. 성경이 말씀하셨다. "의에 주리고 목마른 자는 복이 있나니 그들이 장차 배부를 것이다."[512] 예수께서 말씀하셨다. "구하면 얻을 것이요 찾으면 만날 것이요 문을 두드리면 열릴 것이니라. 너희가 악인일지라도 오히려 좋은 물건을 자식에 줄 줄 알거든 하물며 천부께서 구하는 자에게 더욱 성령을 주시지 않겠느냐?"[513]

然天父降神子以啓我生路, 又降聖靈以助我爲善, 而我苟安于自棄, 終不得救, 是果誰之咎哉? 昔亞非利加[514]有將軍, 王擬之以死, 有爲之求赦者曰, "王若宥之, 彼必感王之恩, 事王愈忠矣。" 王將釋之, 而將軍大聲呼曰, "我不願生。王卽生我, 我亦不願事王。" 王乃怒而殺之, 則可謂王殺之乎? 實彼之自取其死耳。今耶穌已爲我世人求赦于天父, 又賜聖靈以更生我, 我猶怙罪而不改, 則自作孽[515], 不可逭矣。夫背天父之法, 猶可賴恩以得救, 負天父之恩, 則恃何法以得救乎? 耶穌曰, "凡罪惡謗讟, 其人可赦, 惟謗讟聖靈, 終不可赦, 必置之永刑焉。"人其猛省哉!

그런데 천부께서 아들을 내려 보내셔서 우리의 살길을 여시고 또한 성령을 내려 보내셔서 우리가 선을 행하도록 도우셨는데도 우리가 만약 자포자기에 안주하여 끝내 구원을 얻지 못한다면 이는 과연 누구의 잘못인가? 옛날 아프리카에 한 장군이 있었는데 왕이 그를 의심하여 죽이려고 하였더니, 그를 위하여

---

512 마태복음 5:6
513 누가복음 11:10, 13
514 亞非利加: 아프리카(Africa)의 음역어 이다.
515 自作之孽으로서 자기가 저지른 일로 말미암아 생긴 재앙을 뜻한다. 『孟子 公孫丑』: 「天作孽, 猶可違; 自作孽, 不可活」; 『尙書』「太甲中」에 "天作孽, 猶可違; 自作孽, 不可逭."이라고 하였다.

용서를 구하는 자가 있어 말하였다. "왕께서 만약 그를 용서하시면 그는 반드시 왕의 은혜에 감동하고 왕에게 더욱 충성하며 섬길 것입니다." 왕이 그를 풀어주려 하자 장군이 크게 소리쳐 말했다. "저는 살기를 원하지 않습니다. 왕께서 저를 살려주셔도 저는 여전히 왕을 섬기고 싶지 않습니다." 왕이 이에 노하여 그를 죽였으니, 왕이 그를 죽였다고 말할 수 있겠는가? 사실은 그가 스스로 죽음을 택한 것일 뿐이다. 이제 예수가 우리 세상 사람을 위하여 이미 천부께 용서를 구하고 또 성령을 주어 우리를 거듭나게 하였는데 우리는 여전히 죄를 의지하고 회개하지 않는다면 재앙을 자초하는 것을 피할 수 없다. 무릇 천부의 법을 배반해도 여전히 은혜를 의지하여 구원을 받을 수 있지만, 천부의 은혜를 저버리면 무슨 법을 의지하여 구원을 받을 수 있겠는가? 예수께서 말씀하셨다. "사람에 대한 모든 죄악과 모독[謗讟]은 용서할 수 있어도 오직 성령을 모독하면 끝내 용서할 수 없고 반드시 영원한 형벌에 처할 것이다."[516] 사람은 진실로 맹렬하게 반성해야 한다!

516　마태복음 12:31

第六章 論世人賴信以得救
6장 세상 사람들이 믿음으로 구원 얻음을 논하다.

耶穌贖罪, 聖靈感化, 神已開救人之法, 人當何爲以望得救乎? 耶穌曾喻言勸衆曰, "勿爲可敗之糧而勞, 當爲永生之糧而勞。"衆聞之不勝生慕, 其意蓋謂必爲神服勞, 始可得永生之賞。故問曰, "我何行, 方爲神之工?"耶穌曰, "信神所遣者, 卽神之工也。"夫天父予人以糧, 人苟棄而不食, 則無益于身。今天父憐人賜救, 人苟棄而不信, 有何益于魂乎? 故耶穌命徒徃敎萬民, 曰, "信者得救, 不信者擬罪。"斯言誠爲要旨已。

예수의 속죄와 성령의 감화로 하나님께서 이미 사람을 구원하는 길을 열어 놓으셨다고 한다면, 사람은 마땅히 무엇을 해야 구원을 받기를 소망할 수 있는가? 예수께서 일찍이 비유로써 무리들에게 권하여 "썩을 양식을 위하여 일하지 말고 마땅히 영생의 양식을 위하여 일하라."[517]라고 말씀하셨다. 무리들이 그것을 듣고서 매우 본받기를 원했는데, 그 뜻은 대개 반드시 하나님을 위하여 일해야 비로소 영생의 상을 얻을 수 있다는 것이다. 그러므로 묻기를 "우리가 어떻게 하여야 하나님의 일을 하는 것입니까?"[518]라고 하였다. 예수께서 대답하셨다. "하나님께서 보내신 자를 믿는 것이 하나님의 일이니라."[519] 무릇 천부께서

517 요한복음 6:27
518 요한복음 6:28
519 요한복음 6:29

사람에게 양식을 주실지라도 사람이 만약 버리고 먹지 않으면 몸에 유익이 없다. 이제 천부께서 사람을 긍휼히 여겨 구원해 주시는데도 사람이 만약 저버리고 믿지 않으면 영혼에 무슨 유익이 있겠는가? 그러므로 예수께서 제자들에게 가서 만민을 가르치라 명하시며 말씀하셨다. "믿는 자는 구원을 얻을 것이요 믿지 않는 자는 정죄(定罪)를 받을 것이다."[520] 이 말은 진실로 중요한 뜻이다.

何謂信? 聖書曰, "信則未見而可憑, 所望若旣得者是。" 夫曰可憑, 言其證足憑也; 曰若旣得, 言其證之實也。 蓋人之心, 必藉于證而能信, 如人之目, 必藉于光而能視。 今天父遣其子降世救人, 賜以確證, 使人可徵而信之。 耶穌未降, 歷代先知預言以證之; 耶穌旣降, 使徒記其言行以證之。 無一非可憑之據, 實無一非可信之端。 況乎道之美善, 敎之神化, 其確證不一而足, 自可信深無疑哉!

무엇을 '믿음'이라 말하는가? 성서에서 말씀하셨다. "믿음은 보지 못하고도 의지할 수 있고, 소망하는 바를 이미 얻은 것처럼 여기는 것이 그것이다."[521] 저 '의지할 수 있다.'라고 말함은 그 증거가 의지하기 충분함을 말하고, '이미 얻은 것처럼 여긴다.'라고 말함은 그 증거가 사실임을 말한다. 대개 사람의 마음은 반드시 증거를 의지해서 믿을 수 있으니, 마치 사람의 눈이 반드시 빛을 의지하여 볼 수 있는 것과 같다. 이제 천부께서 그 아들을 세상에 내려보내 사람을 구원하심에, 확실한 증거를 주서서 사람들이 그것을 증거로 삼아 믿을 수 있게 하였다. 예수가 (세상에) 오기 전에는 역대 선지자들의 예언으로 그를 증거하였고, 예수가 (세상에) 온 후에는 사도들이 그 언행을 기록하여서 증거하였다. 의지할 만한 증거가 아닌 것이 하나도 없고, 실로 믿을 수 있는 단서가 아닌 것이

---

520   마가복음 16:15-16
521   히브리서 11:1

하나도 없다. 게다가 아름답고 선한 진리[道] 그리고 신령한 감화를 주는 가르침[教]에는 그 확실한 증거가 하나도 부족함이 없으니, 저절로 믿음이 깊어져 의심을 없앨 수 있다!

> 然信非人所能自立也。夫世人陷罪如死, 雖有耶穌之光, 旭日之東升, 而目不能見, 心何能覺? 故必須聖靈重生之, 其心方能明鑒。聖書曰, "信非由己, 乃神之恩賜也。"所以使徒曾求曰, "願主加吾以信。"又百夫長曰, "吾信矣。願益吾之所未信。"我輩欲堅立信德, 亦宜如是求之。

그런데 믿음은 사람이 스스로 세울 수 있는 것이 아니다. 무릇 세상 사람들은 죄에 빠져 죽은 것과 같아서 비록 예수의 빛이 동쪽에서 솟아오른 태양처럼 있어도 눈으로 볼 수 없으니 마음으로 어찌 깨달을 수 있겠는가? 그러므로 반드시 성령이 그들을 거듭나게 해야 그 마음이 비로소 밝게 비추어 볼 수 있게 된다. 성서에 이르기를 "믿음은 너희에게 비롯된 것이 아니라, 하나님께서 은혜로 주신 것이니라."[522]라고 하였다. 그래서 사도들이 일찍이 구하여 말하였다. "주께서 우리에게 믿음을 더해 주시기를 원하나이다."[523] 또 백부장이 말하였다. "내가 믿나이다. 나의 믿지 못함을 도와주시기를 원하나이다."[524] 우리가 '믿음의 덕'을 굳게 세우고자 하면 또한 마땅히 이와 같이 구하여야 한다.

---

522 에베소서 2:8
523 누가복음 17:5
524 마가복음 9:24 본문에서는 백부장이 말한 것으로 나오는데 성경에서는 귀신들린 아이의 아버지가 말하였다.

所謂'所望若旣得'者, 蓋言旣知其證之實, 而深信不疑, 雖未得, 視爲必得也。 夫以人情而論, 莫不以旣得者爲實, 未得者爲虛。 故爲人作工者, 寧目前受當得之値, 不願遲數年而得分外之値。 誠恐其人自食其言[525], 或窮乏而不能償我, 且難保己之不卽于死不能受賞耳。

이른바 '소망하는 바를 이미 얻은 것처럼 여긴다'라고 한 것은, 대개 그 증거가 확실한 것을 알고 깊이 믿어 의심하지 않음으로 비록 아직 얻지 못했어도 반드시 얻게 될 것으로 본다는 말이다. 무릇 세상 인심을 가지고 말한다면, 이미 얻은 것을 실제[實]라고 여기고 아직 얻지 못한 것은 헛것[虛]이라 여기지 않음이 없다. 따라서 남을 위하여 일하는 자는 차라리 지금 마땅한 삯을 받을지언정 몇 년이 지나서 분수에 넘치는 삯을 받기를 원하지 않는다. (그것은) 그 주인이 약속한 말을 지키지 않거나 혹은 궁핍해져서 나에게 보상할 수 없게 될 것을 진실로 염려하기 때문이며, 또한 자신이 곧 죽어서 그 삯을 받을 수 없게 되지 않음을 보장하기 어렵기 때문이다.

而爲神作工者則不然。 神則誠實无妄, 決不食言; 富有天下, 決無窮乏。 我之魂旣永存不滅, 雖越千載, 何患不得所許之賞? 故聖書曰, "我所望之福, 藏于幔內, 使心猶舟之有錨, 鞏固不移。"

그러나 하나님을 위하여 일하는 자는 그렇지 않다. 하나님은 성실하고 속임이 없으시니 결코 약속한 말을 어기지 않고, 부유하여 천하를 가지셨으니 결코 궁핍함이 없으시다. (또한) 우리 영혼은 영원불멸하니 비록 천년이 지나더라도 어찌 허락된 상을 얻지 못할까 염려하겠는가? 그러므로 성서에 이르시기를 "우리가 소망하는 복은 휘장[幔] 안에 보관되어 있으니 우리 마음을 배의 닻처럼 견

525   自食其言: 식언(食言)하다. 말해 놓고 약속을 지키지 않는다.

고하게 하여 움직이지 않도록 한다."[526]라고 하였다.

> 正如人有錢票, 必須問其來歷, 察其印章, 明知其非假冒, 又必問其
> 人之財, 足償票價與否。 旣信而不疑, 然後收而藏之, 無異于銀錢。
> 是誠'未見而可憑, 所望若旣得'也。 今我輩所望之永福, 一若資財積
> 之于天, 而天父賜我以聖書, 一若天父所出之票。 旣情察而知其來
> 歷, 識其印章, 明辨其非假爲, 而彼又極其富有, 我不可篤信厚望之
> 哉?

마치 사람이 전표(錢票)[527]를 가지고 있는 것과 같아서, 반드시 그 내력을 묻고 그 인장을 살펴 그것이 가짜가 아님을 분명히 알아야 하고, 또 반드시 그 사람의 재력이 전표의 값을 충분히 갚을 수 있는지 여부를 물어야 한다. 믿어 의심하지 않게 된 후 받아서 보관하면 현금과 다름이 없다. 이것은 참으로 '아직 보지 못했지만 믿을 수 있고, 소망하는 바를 이미 얻은 것처럼 여긴다'라고 한 것에 해당한다. 이제 우리가 소망하는 영원한 복은 한가지로 마치 재물이 하늘에 쌓여 있는 것과 같으며, 천부께서 우리에게 주신 성서는 한가지로 마치 천부가 발행하신 전표와 같다. 이미 자세히 살펴서 그 내력을 알았고, 그 인장을 확인하였고, 그것이 가짜 아님을 명백히 알았으며, 그는 또한 매우 부유하니, 우리가 독실하게 믿고 크게 기대하지 않을 수 있겠는가?

> 夫我望未見之福, 猶如目之視物, 近則大, 遠則小。 一莖之草, 蔽于
> 目前, 能掩海中之舟楫; 一羽之微, 蔽于目前, 能掩天上之星宿。 然海

---

526   히브리서 6:19
527   옛날, '錢鋪'·'錢庄' 등에서 발행한 동전 대용의 지폐. 돈표.

中舟楫, 視之雖如微物, 我則知其不秪方寸; 天上星宿, 視之雖如粒火, 我則知其大若地球。 此其心能正目中之誤, 故造千里鏡, 以視遠若近也。

무릇 우리가 아직 보지 못한 복을 소망하는 것은 마치 눈이 사물을 보는 것과 같아, 가까우면 크게 보이고 멀면 작게 보인다. 한 떨기 풀이 눈앞을 가리면 바다에 있는 배를 가릴 수 있고, 작은 깃털 하나라도 눈앞을 가리면 하늘에 있는 별들도 가릴 수 있다. 그러나 바다에 있는 배가 비록 작아 보여도 우리는 그것이 다만 한 치가 아님을 알고, 하늘에 별들이 비록 불씨처럼 보여도 우리는 그것이 지구와 같이 큰 것임을 안다. 이것은 그 마음이 눈의 잘못을 바로잡을 수 있는 것으로, 그러므로 망원경을 만들어서 먼 것을 가까운 것처럼 보는 것이다.

今人旣縈于私欲, 僅圖目前, 亦可以灼見正其目之誤。 憑一信以視遠若近, 則信者之所望若旣得矣。 夫人思未見之事, 而信其必得, 此其所以異于禽獸也。 禽獸任己欲, 以取目前之樂, 人則權重輕, 而忽近以圖遠; 禽獸知一時飽煖, 不防後日之飢寒, 人則節財用, 習勤勞, 以足一生之衣食。

오늘날 사람들이 사욕에 사로잡혀 겨우 눈앞(의 일)만을 꾀하나, 역시 명철한 견해로써 그 눈의 잘못을 바로 잡을 수 있다. 믿음 하나에 의지하여 먼 것을 가까이 있는 것처럼 보니, 곧 믿는 자의 소망은 이미 얻은 것과 같다. 무릇 사람은 아직 보지 못한 일을 생각하고 그 반드시 얻을 것을 믿으니, 이것이 짐승과 다른 까닭이다. 짐승은 자신의 욕심을 따라 눈앞의 즐거움에 취하나 사람은 [가치의] 경중을 따져서 근시안적인 것은 소홀히 하고 심원한 것을 도모한다. 짐승은 한때의 배부름과 따뜻함만을 알아서 뒷날의 배고픔과 추위는 대비하지 않지만, 사람은 쓸 재물을 절약하고 부지런히 일함을 익혀서 일생의 의식(衣食)을 넉넉하게 한다.

雖曰人有知愚, 其愚者沉湎安逸, 亦秖圖此日歡娛, 而知者無不遠慮深謀, 以望衰年之樂境。 然吾獨惜其慮雖遠而非極, 謀雖深而非至深, 能圖畢生之安樂, 而不圖身後之永福也, 或信世上變遷之儔類, 而不信天上永存之天父也。

[그런데] 사람에는 '지혜로운 자'와 '어리석은 자'가 있어서, 그 어리석은 자는 안일함에 빠지고 또한 단지 그날의 즐거움만을 꾀하지만, 지혜로운 자는 먼 훗날의 일을 헤아리고 깊이 생각하여 노년의 즐거움을 바라지 않는 사람이 없다고들 한다. 하지만 나는 그 사람의 헤아림이 비록 먼 후일에 미치지만 마지막 날까지는 아니고, 생각함이 비록 깊지만 지극히 깊지는 않고, 일생의 안락을 꾀하는 데는 능하지만 사후의 영원한 복은 꾀하지 않으며, 혹 세상의 변천하는 동료는 믿어도 천상에 영원히 계시는 천부는 믿지 않는 것을 홀로 안타깝게 여긴다.

夫謀及永生, 而篤信天父, 是爲大知。 聖書曰, "摩西有信, 願與神之民, 共受艱辛, 不敢暫亨淫樂。 自謂爲基督受訛評, 較埃及獲利倍蓰。 其恒心如見無形之神。" 夫人亨世間之樂, 不過暫時, 曷不舍之以求永福乎?

무릇 영생에 이르기를 꾀하며 천부를 독실하게 믿는 그것은 큰 지혜이다. 성서는 말씀하셨다. "모세는 믿음이 있어 하나님의 백성들과 함께 고생하기를 원하여 잠시라도 음탕한 쾌락을 감히 즐기지 않았다. 스스로 그리스도를 위하여 받는 수모[詬詈]를 애굽에서 얻은 이로움보다 몇 갑절 되는 것으로 여겼다. 그는 한결같은 마음으로 형체가 없는 하나님을 마치 보는 것처럼 하였다."[528] 무릇 사람이 세상의 쾌락을 즐기는 것은 잠시에 불과하니, 어찌 그것을 버리고 영원한 복을 구하지 않는가?'

昔有小兒登高樓而失足, 幸得懸繩攀扶, 身懸空中。但未能升降, 力又不支, 勢必下墮而死。適有大力者見而呼曰, "舍繩墮下, 我當接爾。"小兒聽信其言, 得免于死。其得免于死者, 仗一信耳。今世人生天地間, 正如小兒身懸于繩, 力不能久持, 下墮卽在朝夕, 幸耶穌憐而呼之曰, "信我, 則可得永生。蓋能信者, 雖死而不畏, 不信者, 天地間無賜他名, 可賴以得救。"人其知所信哉!

옛적에 어린아이가 높은 건물을 오르다 실족하였는데, 다행히 매달린 줄을 붙잡아서 몸이 공중에 매달려 있었다. 그러나 올라갈 수도 내려올 수도 없고 힘으로 또한 지탱할 수 없어 형세 상 반드시 떨어져 죽게 되었다. 때마침 힘센 어른이 보고 소리쳤다. "밧줄을 버리고 뛰어내려라. 내가 너를 안을 수 있다." 어린아이가 그 말을 듣고 믿어서 죽음에서 벗어날 수 있었다. 그가 죽음에서 벗어날 수 있었던 것은 믿음 하나를 의지하였기 때문이다. 오늘날 천하 사람들이 마치 어린아이가 밧줄에 매달린 것과 똑같아서 오랫동안 매달릴 힘이 없어 조만간[朝夕] 떨어지려는데, 다행히 예수께서 그들을 불쌍히 여겨 소리 질러 말씀하셨다. "나를 믿으면 영원히 살 수 있다. 무릇 믿을 수 있는 자는 죽어도 두려워하지 않고[529], 믿지 않는 자에게는 천하에 믿고 구원을 얻을 수 있는 다른 이름을 주신 것이 없다.[530]" 사람들은 그들이 믿어야 할 바를 알아야 한다!

---

528   히브리서 11:24-27
529   요한복음 11:25-26
530   사도행전 4:12

然而信有誠亦有僞。保羅曰，"我常勸人悔改歸神，信主耶穌基督。"可見誠信耶穌者，必悔過而改惡，舍己以歸神，無此三者，卽非誠于信也。

그러나 믿음에는 진실된 것도 있고 또 거짓된 것도 있다. 바울이 말하였다. "나는 늘 사람들이 회개하고 하나님께 돌아가고, 주 예수 그리스도를 믿을 것을 권면하였다."[531] 진실로 예수를 믿는 사람은 반드시 잘못을 회개하고, 악을 고치고, 자신을 버려 하나님께 돌아가는 것을 볼 수 있으니, 이 세 가지가 없으면 곧 진실로 믿는 것이 아닌 것이다.

而或曰"不信者亦未嘗不悔其過"，不知不信者之悔，大異乎信者之悔。彼或以世俗之樂，雖盡亨之，而皆爲無益，因而悔之; 或以無資費，卽悔己之素不節用; 或以無令名，卽悔己之素未修德。凡此者，祇以利己之事爲權衡，雖平心自考，無不切悔其初，而終不憂己獲罪于天也。

그런데 어떤 이는 "믿지 않는 자도 일찍이 그 잘못을 뉘우치지 않은 적이 없다."라고 말하는 데, (이것은) 믿지 않는 자의 뉘우침은 믿는 자의 뉘우침과 크게 다르다는 것을 알지 못한 것이다. 그는 어떤 경우 세상의 쾌락을 비록 다 누렸어도 모두 무익하므로 그것을 뉘우치며, 어떤 경우 돈이 없으므로 곧 자신이 평소에 절약하지 않은 것을 뉘우치며, 어떤 경우 높은 명성이 없어지니 자신이 평소에 덕을 닦지 않은 것을 뉘우친다. 이 모든 것은 단지 자기 이익만을 기준[權衡]으로 삼은 것이니, 비록 마음가짐을 평정하게 하여 스스로를 살펴 그 이전 (일을) 절실하게 뉘우치지 않음이 없더라도 끝내 자신이 하늘에 죄를 지을

---

531   사도행전 20:21

까를 걱정하지는 않는 것이다.

又或者以神之命, 度己之行, 而自知其非, 惟懼後日之刑罰, 卽媚神行善, 以望消災. 或以罪惡重多, 難得赦免, 而晝夜憂愁, 飮食皆廢, 中心戰慄, 如臨深淵, 是非惡己之罪, 乃惡己罪之必受刑也. 所惡在刑, 則必惡施刑之神矣. 凡此之人, 安能蒙天父之赦宥哉?

또 어떤 이는 하나님의 명령으로써 자기의 행동을 헤아려 스스로 그 잘못을 아는데, 오직 훗날의 형벌이 두려워서 하나님께 아첨하고 선을 행함으로써 재앙을 없애고자 한다. 혹은 죄악이 무겁고 많아서 사면되기 어렵다고 하여 밤낮으로 근심하여 먹고 마시는 모든 것을 폐하고 마음속으로 두려워하고 떨기를 마치 깊은 연못에 다다른 것과 같이 하니 이것은 자기 죄를 미워해서가 아니라, 자기 죄로 인해 반드시 벌 받게 될 것을 싫어하기 때문이다. 미워하는 바가 형벌에 있으니, 형벌을 시행하는 하나님을 미워하는 것은 필연적이다. 무릇 이런 사람들이 어찌 천부의 사면(赦免)을 받을 수 있겠는가?

聖書曰, "從世俗而憂者, 致人於死, 遵神之道而憂者, 其悔改無後悔而得救." 蓋遵神之道者, 其悔改由于信神耳. 非不憂其素行之不利于己, 非不懼己罪之將受刑罰, 而切思天父常賜我以洪恩, 我未嘗感謝之. 賦我以性靈, 俾知是非, 我反知其是而不爲, 知其非而獨爲之. 忘恩負義兩大罪, 旣無可恕矣. 而我救主又爲世人之罪代受痛楚, 卽我與我之同類, 累其至于此極. 旣明知其降以救民于罪惡中, 倘猶怙罪而不改, 則與助彼兇人殘害我救主者, 何異哉? 且天父已賜聖靈以復我本性, 我若明知其罪而故犯之, 是直貽憂于聖靈矣.

성서에서 말씀하셨다. "세속을 쫓아서 근심하는 사람은 죽음에 이르게 되고, 하나님의 도를 쫓아서 근심하는 사람은 그 회개가 후회함이 없이 구원을 얻게 한다."[532] 무릇 하나님의 도를 따르는 사람은 그 회개가 하나님을 믿음으로 말미암는다. 평소 행실이 자신에게 불리함을 근심하지 않는 것이 아니며, 자신의 죄가 장차 받을 형벌을 두려워하지 않는 것은 아니지만, 천부께서 늘 나에게 큰 은혜를 베푸셨음을 절실히 생각해보니 나는 일찍이 그것을 감사한 적이 없다. 나에게 영명한 본성[性靈]을 주시고 시비를 알게 하셨지만, 나는 도리어 그 옳은 것을 알고도 행하지 않았고 그 잘못된 것을 알면서도 그것만 행하였다. 은혜를 잊어버리고 의로움을 저버린 두 가지 큰 죄는 이미 용서 받을 수 없다. 그리고 우리 구주는 또 세상 사람의 죄를 위하여 대신 고난을 받았는데, 곧 나와 나의 동료는 거듭 이 지경에 이르렀다. 예수가 강생하여 죄악 가운데 있는 세상 사람을 구원한 것을 이미 분명히 알고도 만일 여전히 죄를 의지하고 회개하지 않는다면, 저 흉악한 사람들을 도와서 우리 구주를 해치는 것과 무엇이 다르겠는가? 또한 천부께서 이미 성령을 주셔서 우리 본성을 회복하셨으니, 우리가 만약 그 죄를 잘 알고도 일부러 죄를 범한다면 그것은 곧 성령에게 근심과 걱정을 끼치는 것이다.

故信者仰思天父洪恩, 救主痛楚, 聖靈黙牖。且俯念己愆, 熱中自責, 拊膺哀求, 不敢擧目仰天, 惟曰, "我有罪, 神其憐之。" 夫如是, 方爲誠信者之悔矣。但信者固憂己之罪, 亦深幸天父之將赦其罪, 不獨認己之罪, 且痛改屛絶夫一己之罪。耶穌曰, "目陷爾于罪, 則抉而去之, 手陷爾于罪, 則斷而棄之。寧百體失一, 勿致全身投地獄。" 誠信者時念斯言, 則棄其素行, 雖有抉目斷手之苦, 亦弗憚改。

532　고린도후서 7:10

그러므로 믿는 자는 우러러 천부의 큰 은혜와 구주의 고난과 성령의 말없이 깨우쳐 인도하심을 생각한다. 또한 아래로 자기의 허물을 생각하며 스스로를 맹렬히 자책하고 가슴을 치며 애원하여 감히 눈을 들어 하늘을 우러러 보지 못하고, 다만 "나에게 죄가 있으니, 하나님 그것을 불쌍히 여기소서."[533]라고 말한다. 무릇 이와 같아야 비로소 진실하게 믿는 자의 회개가 된다. 그러나 믿는 자는 진실로 자기의 죄를 걱정하지만 천만다행으로 천부께서 장차 그 죄를 사하여 주실 것이니, 자기의 죄를 인정할 뿐만 아니라 그 자신의 죄를 통렬하게 고치고 끊어버린다. 예수께서 말씀하셨다. "눈이 너희를 죄에 빠지게 하면 그것을 도려내 없애버리고, 손이 너희를 죄에 빠지게 하면 그것을 잘라 없애버려라. 차라리 사지(四肢) 하나를 없애더라도 온몸이 지옥에 떨어지지 않게 하라."[534] 진실하게 믿는 자는 늘 이 말씀을 생각하니, 그 평소 행실을 버리는 것에 비록 눈을 도려내고 손을 자르는 고통이 있어도 잘못을 고치기를 꺼리지 아니한다.[535]

猶路加傳十五章所記蕩子, 旣心悟諸非, 回心向善。即思'在外遊蕩, 曷不歸家從父', 于是歸而認罪, 父卽以子視之。可見誠信悔改, 歸而認罪者, 無不蒙赦宥也。

누가복음 15장에 기록된 탕자와 같으니, 마음으로 여러 가지 잘못을 깨닫고서 마음을 돌이켜 선으로 나아간다. 곧 '외지에서 방탕하게 놀았으니 어찌 집으로 돌아가 아버지를 따르지 않겠는가.'라고 생각하고, 이에 집에 돌아가 그 죄를 인정하자, 아버지는 즉시 그를 아들로 여겼다. 진실하게 믿고 회개하여 돌아가서 그 죄를 인정하는 자는 모두 사면을 받지 못하는 자가 없음을 알 수 있다.

---

533   누가복음 18:13
534   마태복음 5:29-30
535   『論語·學而』: "子曰, 君子不重則不威, 學則不固. 主忠信, 無友不如己者, 過則勿憚改."

約翰第一書曰, "我若認罪, 神本公義, 言出惟行, 將赦我罪, 滌我愆尤焉。" 然自名爲信耶穌, 而悔改未至者, 其人必非誠信。譬如人與朋友交, 人告之曰, "爾友貌爲仁愛, 內實兇殘, 將陰謀以害爾矣。" 若其人不惡其友之兇殘, 而仍相友善, 安得曰'我實信告者之言'乎? 今耶穌遺聖書以告我曰, "人之私慾, 陷人于永苦者也。" 而我尚戀之不舍, 則我于耶穌, 信于何有? 且人卽能悔改, 而不歸于神, 亦非誠信。

요한일서는 말하였다. "우리가 만일 죄를 인정하면 하나님은 본래 공의로우시며 말씀하신 것은 꼭 행하시니 장차 우리 죄를 사하시고 우리의 허물을 씻어 주시리라."[536] 그러나 스스로 예수를 믿는다고 하면서도 여전히 회개하지 않는 자, 그는 틀림없이 진실로 믿는 것이 아니다. 비유하자면 마치 어떤 사람이 친구와 사귀는 데, 사람들이 "네 친구의 겉모습은 인애하나 그 속은 참으로 흉악하고 잔인하니, 장차 나쁜 일을 꾸며 너를 해칠 것이다."라고 조언하는 것과 같다. 만약 그 사람이 그 친구의 흉악하고 잔인함을 미워하지 않고 여전히 서로 친구로 사귀면, 어찌 '나는 조언자의 말을 진실로 믿는다.'라고 말할 수 있겠는가? 이제 예수께서 성서를 남겨 우리에게 말씀하셨다. "사람의 사사로운 욕심이 사람을 영원한 고통에 빠뜨린다."[537] 그러나 내가 오히려 그것을 사랑하여 버리지 않는다면 예수에 대한 나의 믿음이 어디에 있겠는가? 또한 사람이 회개할 수 있어도 하나님에게 돌아가지 않으면 역시 진실로 믿는 것이 아니다.

夫天父旣生我身, 又重生我靈, 則我皆屬于神, 故當歸榮于神。苟或不歸, 卽不信救贖之道者也。耶穌曰, "凡稱我曰主也主也者, 未必

---

536 요한일서 1:9
537 이와 유사한 구절은 야고보서 1:14-15

盡入天國, 惟遵我父旨者得入焉。"又使徒雅各曰, "人言信主而不行善, 何益之有? 第信不行, 豈能得救乎? 神惟一, 爾信之誠善, 但群鬼亦信之而戰慄。虛誕之人乎! 爾當知信而不行, 其信歸于無有。"

무릇 천부께서 이미 내 몸을 낳으시고 또 내 영혼을 거듭나게 하셨으니, 내 것은 다 하나님께 속한 것이고, 그러므로 마땅히 하나님께 영광을 돌려야 한다. 만약 돌리지 않는다면 구속(救贖)의 도를 믿지 않는 자이다. 예수께서 말씀하셨다. "무릇 나더러 주여 주여 하는 자가 다 천국에 반드시 들어가는 것이 아니라, 오직 나의 아버지의 뜻을 좇는 자가 들어갈 수 있다."[538] 또한 야고보 사도가 말하였다. "어떤 사람이 주를 믿는다고 말하면서 선을 행하지 않는다면 무슨 유익 있겠는가? 다만 믿기만 하고 행하지 않으면 어찌 구원을 얻을 수 있겠는가? 하나님은 유일하신 분이시니 너희가 그를 믿는 것은 진실로 잘하는 것이나 귀신들도 그를 믿고 두려워 떤다. 허탄한 사람들아! 너희는 믿고 행하지 않으면 그 믿음이 헛것으로 돌아가는 줄 마땅히 알아야 한다."[539]

以是觀之, 惟誠信者斯有善行。天父之所以別人善惡者, 亦視其信之誠而已矣。聖書曰, "苟不信, 不能爲神所悅。"我始祖未陷罪之先, 神則試之以行, 欲知其能守本福與否; 今則試人以信, 欲見其能脫于罪與否。信者救之, 不信者棄之, 且于信者, 歷試諸艱, 以煉其信德。

이로 보건대, 오직 진실하게 믿는 자에게는 곧 선한 행실이 있다. 천부께서 사람의 선과 악을 구별하는 기준 역시 그 진실한 믿음을 볼 뿐이다. 성서는 말

---

538 마태복음 7: 21
539 야고보서 2:14-20

쏨하셨다. "진실로 믿지 않으면 하나님을 기쁘시게 하지 못하느니라."[540] 우리 시조가 죄를 짓기 전에는 하나님께서는 행위로 그들을 시험하여 그들이 본래의 복을 지킬 수 있는지 없는지를 알고자 하셨는데, 오늘날은 믿음으로 사람들을 시험하여 그들이 죄에서 벗어날 수 있는지 없는지를 보고자 하신다. 믿는 자는 구원하시고 믿지 않는 자는 버리시며, 또 믿는 자에 대해서는 온갖 고난으로 시험하여 그로써 그 믿음의 덕을 연단하신다.

昔西方有敎師, 欲以信神之道敎女, 見女以香珠爲玩, 命其委之于火。 女不敢違, 而珍惜其物, 不免墮淚。 父謂之曰, "汝棄此物, 我將以更美者予爾, 爾可弗悔。" 女信父言, 翌日, 父果予以更美之物, 而珍惜香珠之心頓息。 蓋欲使女信神之道, 姑卽香珠以煉其信德也。

옛날 서방에 어떤 교사가 하나님을 믿는 도를 딸에게 가르치려 하였는데, 그 딸이 예쁜 진주[香珠]를 가지고 노는 것을 보고 딸에게 불에 내던지라 명령하였다. 딸이 감히 어기지 못하나 그 물건을 소중히 여겼기에 눈물을 흘리지 않을 수 없었다. 아버지가 딸에게 일러 말하였다. "네가 이 물건을 버리면 내가 장차 더 좋은 것을 줄 터이니 너는 후회하지 않을 것이다." 딸이 아버지의 말을 믿었고 이튿날 아버지가 과연 더 좋은 물건을 주니 예쁜 진주를 소중히 여기던 마음이 즉시 그쳤다. 대개 딸로 하여금 하나님의 도를 믿게 하려고 우선 예쁜 진주로 그 믿음의 덕을 연단한 것이다.

---

540   히브리서 11:6

而天父煉我世人之心，無異于是。其試約百[541]也，約百本巨富，敬事天父。而魔鬼譏其私心求福，天父于是降災以試之。其倉廩爲天火所焚，其僕婢爲敵人所殺，其羣畜爲强徒所刼。其時約百一無所有，曰，"我裸而出世，則當裸而歸土。凡此之物，乃神所賜，今神取之，惟當頌讚神耳。"後天父既試其心，更賜之以富有，較前尤盛。

그런데 천부께서 우리 세상 사람들의 마음을 연단하시는 것이 이것과 다르지 않다. 그가 욥을 시험하심에, 욥은 본래 거부(巨富)로서 천부를 공경하여 섬겼다. [그런데] 마귀가 욥이 제 욕심으로 복을 구한다고 헐뜯자 이에 천부께서 재앙을 내려서 그를 시험하셨다. 그러자 그의 곡식 창고가 하나님의 불에 타버리고, 그의 노비들은 적에게 죽임을 당하였고, 그의 가축들은 강도에게 약탈되었다. 그때 욥에게는 아무것도 없었지만, "내가 알몸으로 세상에 태어났으니 알몸으로 흙으로 돌아가는 것이 당연하다. 이 모든 재물은 곧 하나님께서 주신 것이요 이제는 하나님께서 그것들을 거두어 가셨으니 오직 하나님을 찬송함이 마땅하다."[542]라고 말하였다. 이후에 천부께서 그의 마음을 시험하시고 나서 그에게 더 많은 부유함을 주시니 그 이전보다 더욱 풍성하였다.

其試亞伯拉罕也，既許之曰"爾將生後裔，多如天星"，後至百歲果生一子，而天父命之曰，"殺子以獻祭。"亞伯拉罕雖有所戀惜，而篤信不疑，即將子縛于壇上，持刀欲殺，忽聞聲曰，"爾子莫擊莫傷。我知爾畏我，蓋爾惟此獨子，猶且不惜以獻于我也。後其苗裔生育繁衍，如重星之在天，海沙之無量。"此二人爲天父所試，尤爲明著。

---

541   約百: 욥(Job)의 음역어 이다.
542   욥기 1:21

(또한) 그가 아브라함을 시험하심에, 이미 허락하여 "장차 너의 후손이 하늘의 별처럼 많아지리라."[543]라고 말씀하셨고, 그 후에 그가 백세가 되자 과연 한 아들을 낳았는데, 천부께서 명령하여, "아들을 죽여 제사를 드리라."[544]라고 말씀하셨다. 아브라함이 비록 연연하고 애석해했지만 독실하게 믿어 의심하지 않고 즉시 아들을 결박하여 제단 위에 놓고 칼을 잡고 죽이려 하였는데 홀연히 소리가 들려왔다. "네 아들을 치지 말고 상처를 입히지 말라. 나는 네가 나를 두려워하는 줄 알겠으니, 왜냐하면 네가 이 독자까지도 오히려 아끼지 아니하고 나에게 바쳤기 때문이다. 이후에 너의 후손이 크게 번성하여 하늘의 뭇별과 같고 바닷가의 헤아릴 수 없는 모래와 같으리라."[545] 이 두 사람은 천부께서 시험하셨음이 더욱 분명하다.

而天父亦未嘗不試選民也。 希百來書曰, "主懲其所愛者, 且責凡所納之子也。" 彼得前書曰, "今爾若當歷艱難, 鬱伊秪俄頃間, 使爾信主, 見試而彌堅。" 雅各書曰, "兄弟歷試諸艱, 當以爲喜。 因知爾信主, 試以艱難, 則忍自生, 惟恒忍至極, 則全備無缺焉。"

그런데 천부께서는 또한 일찍이 택하신 백성을 시험하시지 아니한 적이 없으시다. 히브리서가 말하였다. "주께서 그 사랑하는 자를 징계하시고 또한 그가 받아들이는 모든 자녀를 꾸짖으신다."[546] 베드로전서는 말하였다. "이제 너희가 만약 고난을 당해 겪으면 잠시 답답하여도, 너희가 주를 믿는 것이 시험을 받아 더욱 견고해지게 한다."[547] 야고보서는 말하였다. "형제들아 여러 가지 시험

---

543 창세기 22:17
544 창세기 22:2
545 창세기 22:12,17
546 히브리서 12:6
547 베드로전서 1:6-7

을 겪으면 마땅히 기뻐할지니라. 이는 너희가 주를 믿는 것이 고난으로써 시험하면 인내가 스스로 생겨나며 오직 항상 인내하여 지극해지면 완전무결해짐을 알기 때문이다."[548]

> 吾願世人以誠信耶穌爲得救之本, 聖書曰, "若口認耶穌爲主, 心信神已甦之, 則得救。夫人心信以稱義, 口認以得救也。"

나는 세상 사람들이 진실하게 예수 믿는 것을 구원을 얻는 근본으로 삼기를 원한다. 성서는 말씀하셨다. "만약 입으로 예수를 주로 시인하고, 하나님께서 이미 그를 다시 살리신 것을 마음으로 믿으면, 구원을 얻으리라. 무릇 사람이 마음으로 믿어 의롭다 칭함 받고, 입으로 시인하여 구원을 얻으리라."[549]

---

548   야고보서 1:2-3
549   로마서 10:9-10

第七章 論信者當力修聖德
제7장 신자는 마땅히 성덕을 힘써 닦아야 함을 논하다

聖德者何? 人感聖靈以成德, 而德無不純者是。 夫聖德必本于聖靈, 世人不能自爲也。 保羅曰, "我情欲中無懿德, 因好之者雖在前, 而行其善者不得也。" 加拉太書五章曰, "情欲之行, 有姦淫, 苟合, 汚穢, 邪侈, 拜偶像, 用巫術, 結仇, 爭鬪, 媢嫉, 憤怒, 朋黨, 釁隙, 異端, 嫉妒, 兇頑, 沉湎, 蕩檢之類。" 夫聖靈感化人心, 猶如刪惡樹之枝, 而接以善樹之枝。 其根雖惡, 而善樹之枝, 勾萌畢達, 其結實自無不善。 故感聖靈以成德, 聖書稱之曰, "聖靈之結實, 仁愛, 喜樂, 和平, 忍耐, 慈祥, 良善, 忠信, 溫柔, 操節, 諸德是也。"

성덕(聖德)이란 무엇인가? 사람이 성령에 감화되어 덕을 이루어서 덕에 순수하지 않음이 없는 것이 그것이다. 대저 성덕은 반드시 성령에 근본을 두기에, 세상 사람들이 스스로 (행)할 수 없다. 바울이 말했다. "나의 정욕 속에는 좋은 덕행이 없으니, 그것을 좋아함은 비록 앞에 있어도 그 선을 행함은 할 수 없기 때문이다."[550] 갈라디아서 5장에서 말했다. "정욕의 행실에는 간음, 간통, 더러운 것, 사치, 우상숭배, 주술을 사용하는 것, 원수 맺는 것, 쟁투, 시기, 분노, 당 짓는 것, 불화, 이단, 질투, 흉악함, 탐닉, 방탕의 종류가 있다."[551] 대저 성령이

550 　로마서 7:18
551 　갈라디아서 5:19-21

사람의 마음을 감화하는 것은 나쁜 나무의 가지를 제거해 좋은 나무의 가지로 접붙이는 것과 같다. 그 뿌리가 비록 나쁘더라도 좋은 나무의 가지에 새싹이 반드시 돋아나 그 결실이 절로 선하지 않은 것이 없다. 그러므로 성령에 감화되어 덕을 이루니, 성서는 그것을 칭하여 말씀하셨다. "성령의 결실은 사랑[仁愛]과 희락과 화평과 인내, 자비[慈祥]과 양선(良善), 충성[忠信] 그리고 온유와 절제라는 모든 덕이 그것이다."[552]

然惟重生者, 始能建其德, 亦惟重生者, 益宜自修其德。蓋重生之能爲善, 猶如人初生之能求食。生之者天, 養之者人, 雖賴他人之乳哺以生長, 而及其既長, 學習武藝, 其力必愈用而愈大。靈魂亦然. 既藉天而得重生, 亦賴他人之敎誨以明善, 及其既明, 而守以篤志, 矢以貞心, 其德乃日新而月盛。修毋怠而毋荒, 德彌精而彌粹矣。

그런데 오직 중생(重生)한 자라야 비로소 그 덕을 세울 수 있으며, 또한 오직 중생한 자가 더욱 마땅히 그 덕을 스스로 닦는다. 대개 중생한 자가 선을 행할 수 있는 것은 마치 처음 태어난 아기가 먹을 것을 구할 수 있는 것과 같다. 낳은 자는 하늘이고 기르는 자는 사람이니 비록 다른 사람의 젖을 먹고 자라더라도, 그 장성함에 이르러서는 무예를 배우면 그 힘은 반드시 쓰면 쓸수록 더욱 커질 것이다. 영혼 또한 그러하다. 이미 하늘에 의지해 중생을 얻고 또한 다른 사람의 가르침에 의지해 선을 밝히는데, 그 깨달음에 이르고 나서는 독실한 의지로 지키며 곧은 마음으로 시행하면 그 덕은 곧 나날이 새롭고 왕성해진다. 수양에 게으르지 않고 거짓되지 않는다면 덕은 더욱 정밀해지고 더욱 순수해질 것이다.

---

552   갈라디아서 5:22-23

聖書曰, "如孩提初生索乳, 宜求眞道, 使爾漸長。" 又曰, "爾當畏懼戰慄, 力行以得救。 蓋神以其恩澤施行于爾中。" 又曰, "當練習敬虔。 調劑乎身者其益小, 敬虔乎主者其益大也。" 蓋練武者, 雖增幾分精力, 至老不免于衰頹; 煉丹者, 雖獲數年壽算, 至後仍歸于死亡。 何若修煉聖德者, 永興而無衰, 永生而無死, 今生來生, 皆許有福乎?

성서에서 말씀하셨다. "어린아이가 처음 태어나 젖을 찾는 것처럼 마땅히 참된 도를 구해 점차 성장하라."[553] 또 말씀하셨다. "너희는 마땅히 무서워하고 두렵고 떨림으로 구원 얻기를 힘써 행하라. 대개 하나님이 그 은택(恩澤)을 너희 가운데에 베푸실 것이다."[554] 또한 말씀하셨다. "마땅히 경건을 연습하라. 몸을 단련하는 자는 그 유익이 작지만 주님께 경건한 자는 그 유익이 크다."[555] 대개 무예를 연마하는 자는 비록 얼마간의 정력을 증가시키더라도 늙어서는 쇠퇴를 피하지 못하며, 연단술(煉丹術)을 하는 자는 비록 수년간의 수명을 얻더라도 후에는 여전히 사망으로 돌아간다. 어찌 성덕을 수련한 자가 영원히 흥하여 쇠퇴함이 없고 영생하여 사망이 없으며 금생과 내생에 모두 복이 있는 것과 같겠는가?

但欲修聖德, 必有其端, 欲求其端, 養心持行二者盡之。 養其心而心無不正, 必使內心悉合乎神心; 持其行而行無不端, 必使外行悉合乎神命。 斯誠德成而上者也。

다만 성덕을 닦고자 하면 반드시 그 단서가 있어야 하며, 그 단서를 구하고자

---

553 베드로전서 2:2
554 빌립보서 2:12-13
555 디모데전서 4:8

하면 마음을 기르는 것과 행실을 견지하는 것 이 두 가지가 전부이다. 그 마음을 길러, 마음에 올바르지 않음이 없이 반드시 내심(內心: 속마음)이 하나님의 마음에 모두 부합하게 해야 하며, 그 행실을 견지하여, 행실에 단정(端正)하지 않음이 없이 반드시 외행(外行: 바깥의 행실)이 하나님의 명에 모두 부합하게 하여야 한다. 이렇게 진실로 덕을 완성시키는 것이 으뜸이다.

今言養心之端, 有二, 曰愛惡, 曰是非。 上券既論其理, 此則申言修之之法。 夫人愛則親而近之, 惡則推而遠之。 聖書命人盡心愛神, 蓋能盡心愛神, 無不盡力守神之法也。 且或愛或惡, 不能違心而出, 一如耳之于聲, 目之于色, 口之于味, 皆有自然之理。 我不能强耳目口腹, 使之厭和聲, 棄美色, 舍旨味, 則愛善惡惡, 一心自有定衡, 亦不能强制爲矣。

이제 마음을 기르는 단서를 말해 본다면 두 가지가 있으니, 애오(愛惡)와 시비(是非)가 그것이다. 상권에서 이미 그 이치를 논했으니, 여기서는 이를 닦는 방법을 부연하여 설명하겠다. 대저 사람이 사랑하면 친하여 가까이하고 미워하면 미루어 멀리한다. 성서는 사람에게 마음을 다해 하나님을 사랑하라 명했으니, 대개 마음을 다해 하나님을 사랑할 수 있으면 힘을 다해 하나님의 법도를 지키지 않음이 없기 때문이다. 그런데 혹은 사랑하며 혹은 미워하는 것은 마음을 거슬러 나갈 수 없으니, 마치 귀는 소리에 눈은 색에 입은 맛에 대해서 모두 자연스러운 이치가 있는 것과 같다. 내가 억지로 귀와 눈, 입과 배, 그것들로 화성(和聲)을 싫어하고 미색을 버리며 맛을 포기하게 할 수 없으니, 곧 선을 사랑하고 악을 미워하는 한결같은 마음에는 자체에 일정한 저울이 있어서 또한 강제로 할 수 없는 것이다.

惟被聖靈默牖, 能建信德者, 猶如別開耳目, 聽之于無聲, 視之于無形。 深知夫神之可愛, 不勝戀慕, 心中切欲效摩西之所求"顯爾榮光, 使我目擊焉"。 但神之榮光, 旣盡形于神子, 且明著于聖書, 人若建信德以觀聖書, 則天父之榮光自可僾見愾聞。 況日思我救主之懿德洪恩, 積思生慕, 積慕成愛, 不誠以心交神哉?

오직 성령의 암묵적인 계시에 의해 신덕(信德)[556]을 세울 수 있는 자는 마치 별도로 귀와 눈을 열어서 소리가 없는 곳에서도 듣고 형체가 없는 곳에서도 보는 것과 같다. 하나님의 사랑하심을 깊이 알아 매우 그리워하며, 마음속으로는 모세가 "당신의 영광을 나타내시어 나로 목격하게 하소서."[557]라고 간구한 것을 간절히 본받고자 한다. 그러나 하나님의 영광은 이미 하나님 아들에게서 모두 나타났고 또한 성서에서 뚜렷이 드러났으니, 사람이 만약 신덕을 세워 성서를 본다면 천부의 영광은 자연히 은연중에 알 수 있다. 하물며 우리 구주의 아름다운 덕과 넓은 은혜를 날마다 생각하면, 생각이 쌓여 사모함이 생기고 사모함이 쌓여 사랑을 이루니, 진실로 마음으로 하나님과 교류하지 않겠는가?

昔波斯居魯士王與亞美尼戰, 勝之, 虜其太子家屬。 居魯士問太子曰, "爾有貴妃, 願贖之以幾金。 " 太子曰, "卽贖之以生命, 亦我所願也。 " 後居魯士盡釋之, 太子于貴妃前, 頌居魯士之德不衰, 幷稱羨其威儀品貌, 而貴妃則曰, "我僅見以生命贖我之人, 未見居魯士之威儀品貌也。 " 彼蓋深感太子願以生命贖己, 故有是言。 今耶穌旣舍命以贖我罪, 我不當專愛以酬其洪恩, 不雜以他念, 注目仰觀我救主之光華哉? 人誠能專愛我救主, 則其所愛惡, 無不各得其當矣。

---

556   주님을 향한 三德인 信德, 望德, 愛德 중 하나. 하나님의 가르침을 굳게 믿는 덕이다.
557   출애굽기 33:18

옛날 페르시아 고레스(Cyrus)[558]왕이 아르메니아(Armenia)[559]와 전쟁에서 승리해 그 태자의 가족을 사로잡았다. 고레스가 태자에게 물어 말했다. "너에게 귀비(貴妃)가 있으니 얼마의 금으로 그녀를 속해주길 원하느냐?" 태자가 대답했다. "곧 내 목숨으로 그녀를 속하는 것이 또한 나의 소원이다." 후에 고레스가 모두 놓아주니 태자가 귀비 앞에서 고레스의 덕이 쇠하지 않도록 기리고 아울러 그 위엄과 용모를 칭찬하며 부러워했다. 그러나 귀비는 도리어 말했다. "나에게는 오직 자기 목숨으로 나를 속한 사람이 보일 뿐 고레스의 위엄과 용모는 보이지 않습니다." 저가 대개 태자가 생명으로 자신을 속해주길 원했음에 깊이 감동되었기 때문에 이 말을 한 것이다. 오늘 예수가 이미 생명을 버려 나의 죄를 속해주셨으니, 내가 마땅히 오로지 사랑으로 그 넓은 은혜를 갚으며, 다른 생각을 하지 않고 우리 구주의 영광을 주목하여 바라보아야 하지 않겠는가? 사람이 진실로 우리 구주를 오로지 사랑할 수 있다면 그 사랑하고 미워함이 각기 그 마땅함을 얻지 않음이 없을 것이다.

夫神之造人肖乎己像, 人雖惑于邪魔, 而神之用愛無已, 且以感化復其本性。中卷第六章已詳論之。保羅曰, "我觀主榮如鑑照我, 主之靈化我, 效主像, 久而彌光。" 譬如洋銀, 有君像以爲誌, 人苟壞其像而存其銀, 仍可鎔化之而復其本像。人若能擴其愛神之心, 而同神之愛惡, 豈非肖乎神像哉?

대저 하나님께서 사람을 만드심에 자신의 형상과 같게 하셨고, 사람이 비록 사악한 마귀에게 유혹되었어도 하나님께서 사랑을 베푸심은 그치지 않았고, 또한 감화하심으로 그 본성을 회복시키셨다. 중권 6장에서 이미 이를 상세히

558　원문의 居魯士는 구약 바사(페르시아)의 왕 '고레스'(Cyrus)의 음역.
559　원문의 亞美尼는 아르메니아(Armenia)의 음역. 현대 표기는 '亞美尼亞'.

논했다. 바울은 말했다. "내가 거울이 나를 비추는 것처럼 주의 영광을 보니 주의 영이 나를 변화시켜 주의 형상을 본받게 하니 시간이 지날수록 더욱 빛나도다."[560] 비유하자면 마치 서양 은전에 임금의 형상을 표지로 삼은 것이 있는데, 사람들이 만약 그 형상을 손상시켜도 그 은이 남아 있으면 이를 열에 녹여 예전과 같이 본래의 형상을 복원시킬 수 있는 것과 같다. 사람들이 만약 하나님을 사랑하는 마음을 확장하여, 하나님과 함께 사랑하고 미워함을 같이 할 수 있다면, 어찌 하나님의 형상을 닮은 것이 아니겠는가?

且神所愛惟善, 所惡惟惡, 神以此心予人, 故人各有是非心。而是非心又屢爲物欲所蔽, 當爲之事, 知而不爲, 其患旣在于不行。且識見狹小, 雖欲行善, 而不能明善, 其患又在于不明。幸天父憐其謬妄, 卽降聖書以導人成德。如以明燭導人行路, 使人于昏暗之中, 知所適從。

또한 하나님이 사랑하는 바는 오직 선이요 미워하는 바는 오직 악인데, 하나님께서 이 마음을 사람에게 주셨기 때문에 사람에겐 각기 시비(是非)의 마음이 있게 되었다. 그런데 (우리의) 시비의 마음은 또한 자주 물욕에 가려져서 마땅히 행해야 하는 일을 알면서도 행하지 않으니, 그 병[患]은 이미 행하지 않음에 있었다. 또한 식견이 협소해 비록 선을 행하고 싶어도 선을 밝히 알지 못하니, 그 병은 또한 밝히 알지 못함에 있었다. 다행히 천부께서 그 오류와 망령됨을 불쌍히 여겨 즉시 성서를 내려주셔서 사람들을 이끌어 덕을 이루게 했다. 마치 촛불을 밝혀 사람을 인도해 길을 가게 하는 것 같이 어둠 속에 있는 사람들로 의지하여 따라갈 바를 알게 하신 것이다.

---

560   고린도후서 3:18

故人若知善而行，將見日行其道。日明其義，如燭之照人，隨步以前，自可遠到。約翰福音七章曰，"人遵其旨，必知斯道。彼徒誦其文而不行其道，有何益哉？"況知其善而不爲，知其惡而竟爲之，外行旣極其顚倒，則是非心必漸至昏迷而莫辨邪正。勢必偏解聖書，妄興異端，而失之愈歧。

그러므로 사람들이 만약 선을 알고 행하면 날마다 그 도를 행하고 날마다 그 의를 깨닫게 될 것이니, 마치 촛불이 사람을 비춰줌에 걸음을 따라 앞으로 나아가 자연히 멀리 이를 수 있는 것과 같다. 요한복음 7장에서 말했다. "사람이 그 뜻을 따르면 반드시 이 도를 알 것이다. 저가 단지 그 글을 외우기만 하고 그 도를 행하지 않으면 무슨 유익이 있겠는가?"[561] 하물며 그 선을 알고도 행하지 않으며 그 악을 알고도 마침내 이를 행하여, 겉으로 드러난 행동이 이미 매우 뒤바뀌었다면 시비의 마음은 반드시 점차 혼미함에 이르러 그릇됨과 올바름을 분별하지 못한다. 그 형세상 틀림없이 성서를 편파적으로 해석해 이단을 헛되이 일으켜서 그릇됨이 더욱 심해질 것이다.

提摩太前書一章曰，"良心守所信之道。蓋有人拒此，背道以致沉淪矣。"夫能行正道，神則牖以聖靈；不行正道，神則蔽其耳目。耶穌所謂"有者將加予之，無者並其所有亦盡奪之"也。故人能閱聖書而知天父之所愛所惡，幷知我之是非心，卽導我之去就。

디모데전서 1장에서 말했다. "양심(良心)으로 믿는 바의 도를 지키라. 어떤 사람이 이를 거역하고 도를 배반해 타락에 이르렀다."[562] 무릇 바른 도(正道)를 행

---

561   요한복음 7:17
562   디모데전서 1:19

할 수 있으면 하나님께서 성령으로 깨우치고, 바른 도를 행하지 못하면 하나님께서 그 귀와 눈을 가리신다. 예수께서, "있는 자에게는 장차 더 줄 것이며 없는 자에게는 또한 그 있는 것도 모두 빼앗을 것이다."[563]라고 하신 것이 그것이다. 그러므로 사람이 성서를 읽어 천부께서 사랑하는 바와 미워하는 바를 알고 아울러 우리들의 시비의 마음을 알 수 있다면 곧 우리들의 거취를 인도할 것이다.

> 譬如良友, 褒貶不爽。我偶爲惡, 必忠言以阻我, 至屢諫而我不能從, 彼雖不復責我, 我固知其不悅我之所爲也; 我能爲善, 必慫惥以成之, 至善旣成而勸無待勸, 彼雖不復譽我, 我知其深悅我之所爲也。

비유하자면 마치 좋은 벗이 선악을 포폄(褒貶)함에 어긋남이 없는 것과 같다. 그는 내가 우연히 악을 행하면 반드시 충성스러운 말로 저지하는데, 매우 여러 번 간청하여도 내가 따를 수 없으면 저는 비록 다시 나를 책망하지 않더라도 나는 진실로 그가 나의 한 바를 기뻐하지 않음을 안다. (또한 그는) 내가 선을 행할 수 있으면 반드시 권면하여 이를 완성시키는데, 선이 이미 완성되어 더 이상 권할 필요가 없으면 저는 비록 다시 나를 칭찬하지 않더라도 나는 그가 나의 한 바를 매우 기뻐함을 안다.

> 夫爲惡旣久, 後且不覺而爲之, 斯其惡爲至惡; 爲善旣久, 後亦不覺而爲之, 斯其善爲至善. 至善與至惡, 皆視乎良心之存與不存.

대저 악을 행함이 이미 오래되어 후에는 또한 깨닫지 못하면서 그것을 행하

---

563   마태복음 25:29

면 곧 그 악이 지극한 악이 됨이요, 선을 행함이 이미 오래되어 후에는 또한 깨닫지 못하면서 그것을 행하면 곧 그 선이 지극한 선이 된 것이다. 지극한 선과 지극한 악은 모두 양심의 존재 여부에 따른 것이다.

約翰第一書三章曰, "若心自責, 則無所不知之神較我心更明澈, 亦將責我; 心無可責, 則于神前無所懼矣。" 若人能誠心考察己之素行, 則無不爲其心所責。 旣知其往日之非, 又念及後日之刑, 心中無不愧恥恐懼, 慨然曰, "往日之我, 悔不可追。 神若使我復歷旣往之日, 我必不如此妄行也。" 今耶穌已謂信者曰, "我不擬爾罪, 爾往母再犯。"

요한일서 3장에서 말했다. "만약 마음이 스스로 책망하면, 알지 못하는 바가 없는 하나님께서는 내 마음보다 더욱 명철하여 또한 장차 나를 책망할 것이며, 마음에 책망할 것이 없으면, 하나님 앞에서 두려워할 것이 없을 것이다."[564] 만약 사람이 진심으로 자신의 평소 행실을 고찰할 수 있다면 그 마음에 책망하지 않을 바가 없을 것이다. 이미 지난날의 잘못을 알고 또한 후일의 형벌을 생각하면 마음속에 부끄러워하며 두려워하지 않음이 없으니, 탄식하여 말하기를 "지난날의 나는 후회해도 되돌릴 수 없다. 하나님께서 만약 나를 지난날로 되돌아가게 하신다면 절대로 이와 같이 함부로 행동하지 않을 것이다."라고 할 것이다. 이제 예수가 믿는 자에게 이미 일러 "나는 너의 죄를 정죄하지 않으리니 너는 가서 다시는 범죄치 말라."[565]라고 말씀하셨다.

---

564   요한일서 3:20-21
565   요한복음 8:11

且聖靈已重生之，復其赤子之心，一若使之復歷既往之日，如孩提然。既如孩提，則既往無所憂，後日無所懼，而其智識，儼若成人，是非又不難明辨。夫如是，何患其不循理而行哉？彼不能愼行者，聖書喻之以豕雖經洗滌，不免旋入泥塗矣。

그런데 성령께서 이미 그를 중생시키고 그 갓난아기의 마음(순결한 마음)을 회복시키셨으니, 꼭 마치 다시 과거로 되돌아가 어린아이처럼 되는 것과 같다. 이미 어린아이와 같다면 과거를 염려할 바가 없고 후일은 두려워할 바가 없으며, 그렇지만 그 지식은 엄연히 어른과 같으니 시비를 또한 명확하게 분별하기에 어렵지 않을 것이다. 무릇 이와 같다면 그가 순리대로 행하지 않음을 어찌 걱정하겠는가? 저 행동을 신중하게 할 수 없는 자를 성서는 돼지가 비록 깨끗이 씻어도 도리어 진흙탕에 들어가는 것을 면치 못하는 것에 비유하였다.[566]

且能守良心，不特明知其罪而不敢犯，卽事屬可疑，亦無不時爲嚴防。蓋有識者，決不舍嘉穀而食可疑之物，恐己之遭其毒害也。亦不舍大路以行邪曲之徑，恐己之入于迷途也。善人于可疑之事亦然。未深知其可否，必不苟且而行之，恐己之罹于罪戾也。故聖書曰，"凡疑而故行之者，罪也。"

또한 양심을 지킬 수 있으면, 그 죄를 명확하게 알아 감히 범죄하지 않을 뿐만 아니라 의심할 만한 일에 속한 것에 대해서도 또한 항상 엄중히 막는다. 대개 식견(識見)이 있는 자는 좋은 곡식을 버려두고 의심스러운 먹을거리를 먹는 일을 결코 하지 않으니, 자신이 그 해로운 독을 당할 것을 두려워하기 때문이다. 또한 큰길을 버리고 사악하고 굽은 길로 나아가지 않는데, 자신이 그릇된

566　베드로후서 2:22

길로 들어가는 것을 두려워하기 때문이다. 선인(善人)이 의심스러운 일에 대해서도 역시 그러하다. 그 가부(可否)를 깊이 알지 못하면 반드시 구차하게 행하지 않는데, 자신이 죄악과 허물에 휘말리는 것을 두려워하기 때문이다. 그러므로 성서에서 말씀하셨다. "무릇 의심하면서 고의로 행하는 것은 죄이다."[567]

至于持行, 其功亦有二. 一在堅志, 一在克己。 夫志也者, 心之帥也。 人之一言一行, 一動一靜, 無非其志爲之主宰. 然志之制事, 必有所因, 或因所好而就之, 或因所惡而遠之; 或以此爲是而爲之, 或以彼爲非而舍之. 志雖爲心之帥, 亦必謀之于情欲是非而後行, 則情欲與是非, 同爲參謀矣。

행실을 견지하는 것[持行]에 이르러서는, 그 방법에 또한 두 가지가 있다. 하나는 의지를 굳세게 하는 것[堅志]이고, 다른 하나는 자신을 극복하는 것[克己]이다. 대저 의지라는 것은 마음의 장수이다. 사람의 말 하나 행동 하나, 한 번 움직이고 한 번 멈추는 것에 그 의지가 주재하지 않는 것이 없다. 그러나 의지가 일을 처리하는 데에는 반드시 원인이 있으니, 혹 좋아하는 것으로 인해서 나아가고 혹 미워하는 것으로 인해서 멀리하며, 혹 이것을 옳다고 여겨 행하고 혹 저것을 그르다고 여겨 버린다. 의지가 비록 마음의 장수라 하더라도 반드시 정욕과 시비와 공모한 후에 행하니 그러므로 정욕과 시비는 함께 참모가 된다.

夫人之初, 性無不善, 是非悉合乎天意, 其情欲退居于下而不得逞. 自人受惑于魔, 退居者得進而操其勝, 人不復以天意爲主, 反以己私爲重。 是非心雖效忠而不失其守, 不免亦有所蔽. 故其後, 遇目前之安樂, 嗜欲得乘其勢, 如快馬之奔騰, 不可羈縻, 雖馭之以是非心, 而朽索難以馭快馬也。

대저 사람이 처음에는 본성이 선하지 않음이 없으며, 시비가 모두 하늘의 뜻[天意]에 부합하니, 그 정욕은 아래로 물러나 드러날 수 없었다. 사람이 마귀에게 유혹을 받으면서부터 물러났던 것이 나아가서 그 승세를 잡았으니, 사람이 다시 하늘의 뜻을 주인으로 삼지 않고 도리어 자신의 사욕을 중한 것으로 삼았다. 시비의 마음이 비록 충성을 다해 그 지키려는 것을 잃지 않으려 했지만 역시 꺼리는 바가 있음을 피하지 못했다. 그러므로 그 후에 눈앞의 안락을 만나면 탐욕[嗜欲]이 기세를 타는데 마치 빠른 말이 내달림에 구속할 수 없는 것과 같아서, 비록 시비의 마음으로 이끌려 해도 썩은 고삐로는 빠른 말을 제어하기 어렵다.

然是非心雖不能馭之, 是非心先有以告我矣。 但情欲旣熾, 是非心之所告者, 置若罔聞。 及其後, 是非旣明, 始悔而自誓曰, "我必不更負此天良也。" 而情欲旣縱, 他時不覺復爲其所惑, 此其志飄蕩無定, 靡有已時, 烏得爲心之主哉?

그러나 시비의 마음이 비록 그것을 제어할 수는 없어도, 시비의 마음이 먼저 나에게 알려주는 것이 있다. 그렇지만 정욕이 이미 맹렬하게 일어나면 시비의 마음이 알려주는 것을 못 들은 척 내버려 둔다. 그 후에 시비가 분명해지면 비로소 후회하고 스스로 맹세해 말한다. "나는 이 하늘이 내린[天賦] 양심을 기필코 다시는 저버리지 않을 것이다." 그러나 정욕이 이미 방종하면 그 때에 다시 그 유혹하는 것을 깨닫지 못하니, 이는 그 의지가 정처 없이 떠돌아 멈출 때가 없는 것이니, 어찌 마음의 주인이 될 수 있겠는가?

東漢獻帝, 失其威權, 封爵之典, 惟臣自主。奸臣得勢者, 各邀己榮, 及勢衰而削其封典, 旋歸他人。是出爾反爾, 有君一如無君。夫治國必振君之勢以約束斯民, 臣下無不受君之命, 斯民有主而得亨恬安。修性者, 亦必堅己之志以節制嗜欲, 遇事無不權以心之理, 斯心常定而得其安泰矣。

동한(後漢)의 헌제(獻帝)[568]가 그 위세와 권력을 잃자, 작위(爵位)를 봉하는 전례(典禮)를 오직 신하가 스스로 주관하였다. 간신이 득세하면 각기 자신의 영광을 구하였지만, 그의 권세가 쇠하면 그 봉하여 받은 영전(榮典)[569]을 삭탈해 다른 사람에게 돌아가게 했다. 이는 '너에게서 나온 것이 그대로 너에게 돌아간다'[570]고 한 것에 해당하는 것으로, 임금이 있어도 임금이 없는 것과 같았다. 대저 나라를 다스림은 반드시 임금의 권세를 진작시켜 이 백성을 제약하고 구속하며 신하가 임금의 명을 수용하지 않음이 없어야, 이 백성들에게 주군이 있어 형통하고 편안함을 누릴 수 있다. 본성을 닦는 것 역시 반드시 자신의 의지를 굳게 해 욕망을 절제하며, 일을 만남에 마음의 이치로 판단하지 않음이 없어야, 이 마음이 항상 정함이 있어 평안하고 태평할 수 있다.

然欲堅其志, 必先正其愛惡, 明其是非。誠使愛神之所愛, 惡神之所惡, 行其是而黜其非, 則愛惡與是非, 恊力以輔志, 志自能堅强而無懦; 行之既久, 愛惡愈切, 是非愈明, 則其志必愈堅矣。

568 　獻帝는 劉協(181-234)이다. 東漢의 제14대 최후의 황제이다.(재위 189-220)
569 　원문의 封典은 조정에서 공신 및 그 선조 · 처에게 내린 爵位 · 名號 등을 가리킨다.
570 　너에게서 나간 것은 너에게로 돌아온다. 자기가 행한 일은 자기가 다 결과를 받는다. 선악이나 화복은 다 자기가 自招(자초)하는 일임을 나타낸다. 『孟子·梁惠王下』: "出乎爾者, 反乎爾者也."

그런데 그 의지를 견고케 하고자 한다면, 반드시 먼저 그 사랑과 미움을 바르게 하고 그 시비를 분명하게 해야 한다. 진실로 하나님께서 사랑하는 바를 사랑하고 미워하는 바를 미워하며 그 옳음을 행하고 그 그릇됨을 내친다면 사랑과 미움 그리고 시비는 협력하여 의지를 도우니, 의지는 저절로 단단하고 강해져 나약함이 없을 것이다. 그것을 행함이 이미 오래되어 사랑과 미움이 더욱 절실할수록 시비도 더욱 분명해지니 그러므로 그 의지는 반드시 더욱 견고해질 것이다.

其或不行所好之善, 反行所不好之惡者, 是嗜欲得操其勝也。保羅曰, "因四體有法, 與我心之法戰, 執我以從四體之惡法。" 故欲永堅其志, 使無變易, 尤必制服其嗜欲, 則克己之功, 不容或緩矣。

그가 혹시 좋아하는 선을 행하지 않고 도리어 좋아하지 않는 악을 행한다면 이것은 욕망이 그 승기를 잡은 것이다. 바울이 말했다. "사지(四肢:지체)에 법이 있어 내 마음의 법과 싸워 나를 잡아 사지의 악법을 따르게 한다."[571] 그러므로 영원히 그 의지를 견고케 해 변함이 없게 하고자 한다면 더욱 반드시 그 욕망을 억눌러 복종시켜야 하니, 극기의 공은 혹시라도 느슨해지는 것을 용납하지 않는다.

保羅曰, "從欲者必死, 惟藉聖靈以滅身之情欲, 則生且安。" 但聖靈滅身之嗜欲, 必藉乎人之信。我見人能因恥而寡己之欲, 或能舍小而求其大。乃信能使未見者若已見, 所望者若已得, 人誠能立其信德, 則心常謹懼, 時以神之鑒臨爲約束, 自不至逞私欲以喪己行。且

571　로마서 7:23

視在天之大福若已得, 必不姑舍之而圖目前至小之樂。故人遇誘惑, 一念夫天父之大恩, 天上之至樂, 有不堅其守以禦之, 使誘惑無能勝我哉? 聖書曰, "拒魔則魔離爾矣。"

바울이 말했다. "욕심을 따르는 자는 반드시 죽을 것이요, 오직 성령을 의지해 육신의 정욕을 없애면 살고 평안할 것이다."[572] 그러나 성령이 몸의 욕망을 없애려면 반드시 사람의 믿음을 빌려야 한다. 나는 사람이 수치심 때문에 자신의 욕심을 적게 하거나 혹은 작은 것을 버리고 큰 것을 구할 수 있음을 보았다. 곧 믿음은 아직 드러나지 않은 것을 마치 이미 드러난 것처럼 바라는 것을 이미 얻은 것처럼 할 수 있으니, 사람이 진실로 그 믿음의 덕[信德]을 세울 수 있으면 마음은 항상 삼가 두려워하며 늘 하나님의 살펴보시고 임하심을 약속(約束: 제약)으로 삼아 스스로 사욕을 멋대로 해 자신의 행동을 망치는 데에 이르지 않는다. 또한 하늘의 큰 복을 이미 얻은 것처럼 여겨 필히 잠시라도 이를 버리고 눈앞의 지극히 작은 즐거움을 도모하지 않는다. 그러므로 사람이 유혹을 만날 때 천부의 큰 은혜와 천상의 지극한 즐거움을 한결같이 생각하여, 그 지키는 것을 견고하게 해 그것을 막지 않는다면, 유혹으로 하여금 자신을 이길 수 없도록 하겠는가? 성서에서 말씀하셨다. "마귀를 대적하면 마귀가 너를 떠날 것이다."[573]

夫情欲之迷惑, 其幾當謹之于先。迷惑初至, 而我有以勝之, 其後不至復振。一爲其所勝, 則其勢愈强, 後必害我。故不特當謹防陷罪, 卽無關于罪戾, 而理所可爲, 偏爲我心所不喜者, 必故爲之; 理所可已, 而爲我心所喜者, 必故棄之。以使情欲不得乘權, 而志乃彌堅,

---

572　로마서 8:6
573　야고보서 4:7

誠爲克己中之要務。聖書曰, "制己心, 較攻陷城垣爲更美。"何以世之人, 欲克敵而未能克己, 欲勝人而未能持一己之行? 何自棄之甚哉?

대저 정욕의 미혹은 마땅히 우선적으로 그 기미(幾微)를 조심해야 한다. 미혹이 처음 이를 때에 내가 이를 이길 수 있으면 그 후에 다시 떨쳐 일어나는 데에 이르지 않는다. (그러나) 한번 미혹이 이기면 그 기세가 더욱 강해져 후에 반드시 나를 해칠 것이다. 그러므로 다만 죄에 빠지는 것을 마땅히 삼가 방지할 뿐만 아니라, 곧 죄와 허물에 무관한 것으로서, 이치상 행할 만하지만 치우쳐 내 마음이 좋아하지 않는 것은 또한 반드시 일부러 행하며, 이치상 그만둘 만하지만 내 마음이 좋아하는 것은 반드시 일부러 버려야 한다. 그렇게 함으로써 정욕이 권세에 올라 탈 수 없게 해야, 의지가 이에 더욱 견고케 되는 것이니, 진실로 극기 가운데 중요한 임무이다. 성서에서 말씀하셨다. "자신의 마음을 다스리는 것이 성벽을 공격하여 함락하는 것보다 더 나으니라."[574] 어째서 세상 사람들은 적을 이기고 싶어 하면서도 자신을 이기지는 못하며, 남을 이기고 싶어 하면서도 자신 한 몸의 행실을 지키지는 못하는가? 얼마나 자포자기가 심한가?

然所不喜者故爲之, 所喜者故棄之, 以此制服情欲, 雖有益于持行, 初無所爲陰功也。彼世之名爲修行, 而棄人倫, 守寂滅, 獨苦其身而無所爲者, 亦不足言修行。修行者, 謹守己分, 時時刻其志, 苦其心, 不敢自暇自逸, 盡心愛神, 不避險阻。是以耶穌曰, "不負十字架而從我者, 不得爲我門徒。"保羅曰, "我克己, 使百體從令焉。"

그런데 (이치와 무관하게) 좋아하지 않는 것을 일부러 행하고 좋아하는 것을

일부러 버려, 그로써 정욕을 억제해 복종시키는 것은 비록 행실을 지키는 데는 유익이 있더라도 애초에 (덕을 닦는데) 도움이 되는 공[陰功]은 없다. 저들 세상에서 수행이라는 명목으로 인륜(人倫)을 버리고 적멸(寂滅)[575]을 지키며, 홀로 그 몸을 고통스럽게 하고 하는 바가 없게 하는 것[無所爲]은 또한 수행(修行)이라고 말하기에 부족하다. 수행하는 자는 삼가 자신의 본분을 지키고, 늘 그 의지를 돈독하게 하며, 그 마음을 고달프게 해 감히 스스로 한가하거나 안일하지 않고, 마음을 다해 하나님을 사랑하며, 험난함을 피하지 않는다. 이 때문에 예수께서 말씀하셨다. "십자가를 지고 나를 따르지 않는 자는 내 제자가 될 수 없다."[576] 바울이 말했다. "나는 자신을 이겨 내 몸이 명령을 따르게 하노라."[577]

要之, 愛惡是非一歸于正, 則心悉合夫天之心; 堅志克己能奮其力, 則行無違于神之命。聖德之成, 成以此也。雖曰民鮮能之, 而力修聖德, 將見有其功。聖書曰, "當自潔乃身, 去一切身之汚心之穢, 畏神而成聖。"欲修聖德者, 其以養心持行爲要務哉!

요약하면, 사랑과 미움 그리고 시비가 하나같이 올바름으로 돌아가면 마음은 모두 저 하늘의 마음에 부합하고, 의지를 굳게 하고 자신을 이겨냄이 그 힘을 분발할 수 있으면 행실이 하나님의 명령에 어긋남이 없을 것이다. 성덕(聖德)의 완성은 이것으로 완성된다. 비록 백성 중에 이를 할 수 있는 자가 드물다고 말하더라도 힘써 성덕을 닦으면 장차 그 공로가 있음을 보게 될 것이다. 성서에서 말씀하셨다. "마땅히 스스로 너의 몸을 깨끗하게 하여 모든 몸의 오염된 것

---

575   1. 죽음·입적·열반과 같은 뜻. 2. 생멸(生滅)이 함께 없어져 무위적정(無爲寂靜)하게 되는 것. 번뇌 망상의 세계를 떠난 열반의 경지.
576   마태복음 10:38
577   고린도전서 9:27

과 마음의 더러운 것을 없애버리고, 하나님을 경외하여 거룩함을 이루라."[578] 성덕을 닦고자 하는 자는 마음을 기르고 행실을 지키는 것을 중요한 임무로 삼아야 할지니라!

[578] 고린도후서 7:1

第八章 論信者當恒心祈禱
제8장 신자는 마땅히 항심(恒心)으로
기도해야 함을 논하다

神之鑒觀下民也, 夫人而知之矣。旣知神, 卽欲求神。或以神眸徧
注而我目不能覩, 因祈禱而以心通之; 或以神恩浩大, 而我身受其賜,
因祈禱而以言謝之; 或知己身柔弱, 不能自保其生, 因祈禱以求神之
佑; 或思己罪貫盈, 無由自脫其罪, 因祈禱以求神之赦; 或慕神德純
全, 無能效其萬一, 因祈禱以頌神之聖。此祈禱之所由起也。

하나님께서 거울을 보듯 백성들을 바라보심은 사람들도 안다. 이미 하나님
을 안다면 곧 하나님을 찾고자 한다. 혹은 하나님의 눈동자는 두루 보시지만 우
리의 눈은 볼 수 없다고 하여, 기도를 인하여 마음으로 하나님께 통한다. 혹은
하나님의 은혜가 너무나 큰데 우리 몸이 그 베푸신 은혜를 받는다고 하여, 기도
를 인하여 말로써 감사드린다. 혹은 자기 몸이 유약하여 스스로 자신의 삶을 지
켜낼 수 없음을 알기에, 기도를 인하여 하나님의 도우심을 구한다. 혹은 자기
죄가 가득하여 스스로 그 죄를 벗어날 까닭이 없음을 생각해서, 기도를 인하여
하나님의 용서를 구한다. 혹은 하나님의 덕과 순전하심을 사모하지만 그 만분
의 일도 본받을 수 없으므로, 기도를 인하여 하나님의 거룩하심을 찬송한다. 이
러한 것들이 기도가 말미암아 일어나는 까닭이다.

而或者曰"神極其尊榮, 而我處于卑微, 卽有祈禱, 不得升聞", 不知神乃世人之天父。 上而帝王, 下而庶民, 皆屬神之子輩, 則皆爲神所垂聽。 夫世間之爲父者, 子輩有所祈求, 不分嫡庶, 無不各聽其言, 各遂其願。 況神乃至公無私, 其將偏視人乎? 且天父無所不在, 非若帝王身居深宮, 無暇聽民自訴, 必分立官長以代理民務也。 則雖天下億兆, 同時禱告, 神固歷歷聞之矣。

그런데 어떤 사람이 말하기를, "하나님께서는 지극히 존귀하시고 영화로우시나 우리는 비천한 곳에 거하니, 기도하더라도 하나님께서 듣지 않으실 것이다"라고 하는 데, 이는 하나님께서 세상 사람들의 하늘 아버지[天父]이심을 모르는 말이다. 위로 제왕이나 아래로 서민이나 모두 하나님의 자녀에 속하니, 모두가 하나님께서 경청하시는 대상이 된다. 대저 세상에서 아버지 된 자는 자녀가 원하는 것이 있다면 적자와 서자를 구분하지 않고 그들의 말을 듣지 않음이 없으며, 각각 그들의 원하는 바를 이루어준다. 하물며 하나님께서는 지극히 공평하고 사사로움이 없으시니[至公無私], 그가 어찌 사람을 차별하시겠는가? 또한 하늘 아버지께서는 무소부재 하시니, 제왕이 궁궐 깊숙한 곳에서 살며 백성의 하소연을 들을 겨를이 없어 반드시 따로 관리[官長]를 세워 대신 백성의 일을 다스리게 하는 것과 같지 않다. 그러므로 비록 천하 수억 조에 달하는 사람들이 동시에 기도하더라도, 하나님께서는 확실하고 분명히 그들의 기도를 들으신다.

或謂"世人日有所求, 必逐事而偏聽之, 何天父之不憚煩乎?", 不知人之願欲存于心, 語言宣于口。 心與口皆爲天父所造, 則其所願所言, 天父自能神而明之, 何待逐事偏聽之乎? 其有禱必聞者, 聖書已明言之。 聖書曰, "祈禱不輟, 萬事謝恩, 乃神之旨。 "又曰, "求則爾與, 尋則遇之, 叩門則啓之。凡求者得也, 尋者遇也, 叩門者啓也。"
觀乎此, 而有求必應, 自可知矣。

어떤 사람은 말하기를, "세상 사람들은 날마다 구하는 바가 있는데 사안마다 모두 다 들어주어야만 한다면 어찌 천부께서 귀찮아하지 않으시겠는가?"라고 하는 데, 이는 사람의 소원과 욕심은 마음에 있고 말은 입에서 나온다는 것을 모르는 말이다. 즉 마음과 입은 모두 하나님께서 지으신 것이므로, 그 원하는 바와 말하는 바를 천부께서 스스로 신묘하고 분명하게 아시니, 어찌 사안마다 듣고자 기다리시겠는가? 그분은 기도하면 반드시 들으신다는 것은 성경에서 이미 밝히 말씀하셨다. 성경에서 이르시길, "기도를 쉬지 말라, 모든 일에 은혜를 감사하라, 이것이 하나님의 뜻이다."[579]라고 하였다. 또 이르시길, "구하면 곧 너희에게 주시리라, 찾으면 곧 그를 만나리라, 두드리면 곧 그것이 열리리라. 무릇 구하는 자는 받고, 찾는 자는 찾게 되고, 두드리면 열리리라."[580]라고 하였다. 이것을 보면 구하는 자에게 반드시 응답하신다는 것을 자연히 알 수 있다.

或謂"天父前定諸事, 未必因求而改其初意", 不知凡事固屬前定,
而前因後果, 必以類從, 天父既預定賜恩于人, 又命人祈禱以得之。
正如既預定賜人以食, 亦命人勤勞以得之也。

어떤 사람은 말하기를, "천부께서 모든 일을 미리 정해놓으셨으니 기도한다고 해서 반드시 그분의 처음 뜻을 바꿀 수 있는 것은 아니다."라고 하는 데, 이것은 모든 일이 본래 미리 정해져 있지만 앞선 원인과 그 후의 결과는 반드시 유(類)에 따라 오는 것이기 때문에, 천부께서는 사람들에게 베푸실 은혜를 이

579　데살로니가전서 5:17-18 참고.
580　마태복음 7:7-8, 누가복음 11:9-10 참고.

미 예정하셨지만 또한 사람들이 기도하여 그 은혜를 얻도록 명하셨음을 모르고 하는 말이다. 마치 그분이 사람들에게 베풀 음식을 미리 예정하셨지만, 또한 사람들이 힘써 노동하여 그것을 얻으라고 명하신 것과 같다.

> 或謂"天父無所不知, 未禱之先, 已知我之心願, 何容多瀆?"曰, "天父命人祈禱, 非不知其所願而欲人之禱告也, 正欲使人心歸己耳。"心未歸神, 必不誠于祈禱, 祈禱不誠, 安望神之恩澤乎? 然而妄有所求, 神必不聽。 故望神納其所禱, 務必遵道而求。 耶穌曰, "若爾在我, 我道在爾, 凡所欲求, 必成之焉。"此言與救主感通之門徒, 乃信神之所許而以爲願者, 始可禱而望應也。

어떤 사람은 "천부께서는 알지 못하는 바가 없으셔서 기도하기도 전에 이미 우리 마음의 소원을 아시는 데, 어찌 여러 번 귀찮게 구는 것을 용인하시겠는가?"라고 말한다. 대답한다. "천부께서 사람들이 기도하게 명하신 것은 그가 사람들의 소원을 알지 못해서 기도하기를 원하신 게 아니라, 바로 사람들의 마음이 하나님에게로 돌아오기를 바라신 것일 뿐이다." 마음이 하나님께로 돌아가지 않으면 반드시 기도에 진실하지 않으니, 기도가 진실하지 않은데 어찌 하나님의 은택을 바라겠는가? 그러나 거짓되게 구하는 바가 있다면 하나님께서는 절대 들어주지 않으신다. 그러므로 하나님께서 그 기도하는 바를 받아들여 주시기를 원한다면, 반드시 가르침[道]을 따라 구하기를 힘써야 한다. 예수께서 말씀하시길, "만약 너희가 내 안에 거하고 내 가르침이 너희 안에 있으면 무릇 바라고 구하는 바가 반드시 이루어지리라"[581]하였다. 이것은 구주와 더불어 마음이 통하는 제자들이 하나님께서 허락하신 바를 믿고 원해야 비로소 기도하고 응답을 바랄 수 있다는 말씀이다.

---

581   요한복음 15:7 참고.

且人果能正心歸依, 則求神之所許, 神固必償其願。卽求所非宜而
爲神所未許者, 神亦必牖其心而錫以他福。蓋天父視之如子, 子以美
物求父, 父必予之, 卽所求乃害己之物, 亦必易之以美物也。且人之
識見狹小, 未必能辨利害, 天父則無所不知, 我不如舍己意而從之。
故耶穌命我祈禱時當曰, "非吾意, 乃爾旨是成。" 可知人苟能以天
父之聖旨爲願, 則無不得其所願者矣。

또한 사람이 참으로 마음을 바르게 해 귀의할 수 있다면 곧 하나님께서 허락
하신 바를 구하니, 하나님께서는 진실로 반드시 그 원하는 바를 베풀어 주신다.
그런즉 마땅하지 않아서 하나님께서 허락하지 않으신 것을 구한다면, 하나님
께서는 또한 반드시 그 마음을 깨우치시고, 다른 복을 베풀어 주신다. 대개 천
부께서는 사람을 자녀처럼 보시니, 자녀가 좋은 것을 아버지께 구하면 아버지
는 반드시 그것을 주시며, 그런즉 자신에게 해로운 물건을 구한다면 또한 반드
시 그것을 좋은 것으로 바꾸어 주시는 것이다. 그리고 사람의 식견은 협소하여
늘 이로움과 해로움을 분별할 수 있는 건 아니지만, 천부께서는 무소부지하시
므로 우리 사람들이 자신의 뜻을 버리고 그분을 따르는 것이 훨씬 좋다. 그러
므로 예수께서 우리가 기도하기를 명하실 때 마땅히 이렇게 말씀하셨다. "나의
뜻이 아니라 당신의 뜻을 이루소서."[582] 사람이 천부의 거룩한 뜻을 자신의 소원
으로 삼으면, 곧 그 원하는 바를 얻지 못함이 없음을 알 수 있다.

況誠心祈禱, 其有益于己者無窮。一則旣知我之所需, 天父將以賜
我, 專待我之祈求, 則不憂匱乏, 胸中自覺平安。一則救主與我, 儼如
心腹之友, 我若被惑懷憂, 皆可上訴而得其慰藉。一則旣以心上交天
父, 無不慕其德而是則是傚。世俗之敎, 雖足浼人, 而恒于祈禱, 心

582　누가복음 22:42 참고.

自與世相違, 世俗焉能浼我? 一則重生者, 可藉祈禱, 感聖靈以堅其德。 如人呼吸天空之氣以養其生也。 一則時以己行上達天父, 面陳得失, 勢必謹心修行, 力務聖德。 今日請罪, 更防明日之再犯。 所以耶穌曰, "當警醒祈禱, 以免入于迷惑。" 況求天父助我行善, 既立其願, 必能盡心盡力, 惟恐隕越。 求之愈切, 志必益堅, 而所行必有善果。 然則恒心祈禱, 其爲益不甚大哉?

하물며 진실한 마음으로 기도하면 자기 자신에게 유익함이 무궁하다. 하나는, 우리가 필요로 하는 바를 이미 아시는 천부께서 장차 우리에게 베푸실 것이며 오로지 우리가 기도하기만을 기다리시니, 그러므로 결핍을 근심하지 않고 마음 가운데 스스로 평안한 것이다. 하나는, 구주께서 우리와 더불어 엄연히 마치 가장 친밀한 벗과 같으시니, 우리가 만약 미혹되거나 근심을 품으면 모두 고하여 그분의 위로를 받을 수 있다는 것이다. 하나는, 마음으로 위에 계신 천부와 교제하는 것이니, 그의 덕을 사모한즉 그를 본보기로 삼지 않음이 없게 되는 것이다. 세속의 가르침은 비록 사람을 오염시키기에 족하지만, 항상 기도에 힘쓰면 마음이 저절로 세상과 어긋나게 되니, 세속이 어떻게 우리를 더럽힐 수 있겠는가? 하나는, 거듭난 사람은 기도에 의지하며 성령에 감동되어 그의 덕을 견고히 할 수 있다는 것이다. 마치 사람이 하늘의 공기를 호흡하여 그 목숨을 유지하는 것과 같다. 하나는, 때에 따라 자기 행위를 천부께 알리고 그 앞에 나아가 잘잘못을 진술하니, 형세 상 반드시 마음을 삼가고 행실을 닦으며, 거룩한 덕에 힘쓰게 되는 것이다. 오늘의 죄를 고함은 더욱 내일 다시 범죄하는 것을 막는다. 이러한 까닭에 예수께서 이르시기를, "마땅히 경계하고 기도하여 미혹에 빠지기를 피하라."[583]라고 하셨다. 더 나아가 천부께서 우리를 도우사 선을 행하기를 구하고, 이미 소원을 세웠으면 반드시 마음과 힘을 다할 수 있을 것이니, 오직 넘어져 미혹에 빠지는 것을 두려워하라. 간절히 구할수록 뜻이 반드시

---

583   마태복음 26:41

더욱 견고해져서, 행하는 바에 반드시 선한 열매가 생길 것이다. 그런즉 항심(恒心)으로 기도하면, 그 유익함이 매우 크지 않겠는가?

至于祈禱之名有二, 會中與他人共禱, 無論人數之衆寡, 皆名曰公祈禱。 其在家中與親屬同禱[584], 或在私室惟一人獨禱, 皆名曰私祈禱。 此二者不可缺一。 蓋在會中祈禱, 同歸榮于天父, 而聽聖書之講解, 共相勸勉, 其心必愈切, 其守必愈堅, 習練信德, 爲益甚大。 聖書曰, "爾會集毋止。" 又耶穌曰, "有二三人爲我名隨地而集者, 我亦在其中矣。" 會集祈禱之期, 安息日是也。 或于安息日外另定日期, 約衆祈禱, 亦無不可。 至于家中, 則每早晚, 必當與親屬同禱一二次。 雖一家中惟己獨信, 亦可率子女僕婢共禱。 每飯之時, 必先謝神之恩而後食。 私室獨處之時, 必統察一日之言行, 認罪而求神之宥。 其餘暇時, 黙而求之可也。 將祈禱時, 當先誦聖書數節, 黙會于心, 以爲模楷。

기도의 명칭으로는 두 가지가 있으니, 모임 중에 다른 사람들과 함께 기도하면, 사람의 수가 많고 적음에 상관없이 모두 이름하여 '공기도(公祈禱)'라 한다. 집에서 친족과 더불어 기도하거나[585], 오직 한 사람이 자기 방에서 홀로 기도하면, 모두 이름하여 '개인기도[私祈禱]'라 한다. 이 두 가지 중 하나라도 빠뜨리면 안 된다. 대개 모임 중에 기도하면, 함께 천부께 영광을 돌리고, 성경 강해를 듣고, 서로 함께 권면하여, 그 마음이 반드시 더욱 간절해지고 그럴수록 그 지킴은 반드시 더욱 군세어지니, 믿음의 덕을 익히고 연단함에 유익함이 매우 크다.

---

584 1858년본 이후에는 뒤에 '名曰家祈禱'가 있다.
585 초판본 이후에는 "其在家中, 與親屬同禱, 名曰家祈禱."라고 하여 '사기도'와 '공기도' 두 가지 외에 '家祈禱'라는 명칭을 추가하여 세 가지로 나누었다.

성서에서 이르시길, "너희는 모이기를 그치지 말라."[586]라고 하였다. 또 예수께서 말씀하시길, "두세 사람이 내 이름을 위해 어디서나 모이거든 나 역시 그들 가운데 있다."[587]라고 하였다. 모여서 기도하는 시기는 안식일이 옳다. (하지만) 혹 안식일 외에 별도로 날을 정하여 여럿이 기도하기로 약속하여도 안될 것이 없다. 집안에서는, 곧 매일 아침저녁에 한두 차례 반드시 친족과 더불어 기도함이 마땅하다. 비록 가정 중에 오직 자기 혼자만 믿는다면, 자녀와 노비를 이끌어 함께 기도하는 것도 좋다. 식사 때마다 반드시 먼저 하나님의 은혜에 감사드린 후 먹으라. 자기 방에 홀로 있을 때는, 반드시 하루의 언행을 통찰하여 죄를 깨닫고 하나님의 용서를 구하라. 여가 시간에는 잠잠히 기도하는 것이 좋다. 기도하기 원할 때에는 먼저 성경 여러 절을 송독하고 잠잠히 마음으로 깨달아서, 본보기로 삼으라.

---

586 사도행전 2:46
587 마태복음 18:20

隨讀隨禱[588]
성경을 읽는대로 기도하라

平時誦讀聖書, 亦可隨時祈禱。讀天父命人爲善之文, 卽可黙求聖
靈助我; 讀錄善之文, 可求神助我以效之; 讀記惡之文, 可求神助我
以絶之; 讀恩賜之文, 當感而謝之; 讀災罰之文, 當警而懼之。倘有奧
義, 不能明晰, 亦當求神之啓牖以明之。誠如是也, 讀其書, 無異於天
父之親爲傳授, 則我卽可藉聖書而與天父相感通矣。聖書曰, "神之
諭, 活潑潑地, 自有功效, 利于鋒刃, 靈與氣, 骨與髓, 無不剖刺, 心之
意念無不鑒察也。"

평상시 성경을 읽으면서 또한 수시로 기도할 수 있다. 즉, 천부께서 사람에
게 명하사 선을 행하게 하신 글을 읽으면, 곧 잠잠히 성령께서 우리를 도우시기
를 구할 수 있다. 선에 대해 기록한 글을 읽으면, 하나님께서 우리를 도우사 그
것을 본받기를 구할 수 있다. 악에 대해 기록한 글을 읽으면, 하나님께서 우리
를 도우사 그것을 끊어내기를 구할 수 있다. 은사를 기록한 글을 읽으면, 감동
하여 감사함이 마땅하다. 재앙과 벌에 대한 글을 읽으면, 경계하고 두려워함이
마땅하다. 만약 어떤 깊은 뜻이 있는데 분명히 깨달을 수 없다면, 또한 하나님
께서 깨우쳐 주셔서 밝히 깨닫게 되기를 구함이 마땅하다. 진실로 이와 같다면,
성경을 읽는 것은 천부께서 친히 가르침을 전수해 주시는 것과 다름이 없으니,
우리는 곧 성경에 의지하여 천부와 더불어 서로 느끼고 통할 수 있다. 성경에

588　이 소제목은 원래 1854년 초반본에는 없지만 편의상 1858년본 상란에 붙어 있는 것을 가
　　져온 것이다. 아래도 마찬가지이다.

이르시길, "하나님의 말씀은 활발하여 스스로 효험이 있으며, 칼날보다 날카로워 영혼과 기운, 뼈와 골수를 쪼개지 않음이 없으며, 마음의 뜻과 생각을 감찰하지 않음이 없다."라고 하였다.[589]

589   히브리서 4:12

禱以內心 不以外儀
기도는 마음 속으로 하고, 겉으로 드러내지 않는다

若祈禱之禮儀, 不拘或立或跪, 務必誠敬其心, 肅恭其貌。 不須別服禮衣, 焚化香燭, 亦無庸供奉禮物。聖書曰, "牛羊血不能滌除人罪。 故基督臨世曰, '主不欲牲牲祭祀, 乃使我成人身以祀之。 燔祭贖罪, 爾不喜也。'" 又曰, "神乃靈, 拜之者當以靈以誠拜之焉。"

기도의 형식[禮儀]은 일어서든지 무릎을 꿇든지 제한되지 않으며, 반드시 그 마음을 진실하고 경건하게 하며, 그 외모를 엄숙하고 공손하게 하는 데 힘쓴다. 따로 예복을 입거나 향초를 태울 필요가 없으며, 예물도 바칠 필요도 없다. 성경에 이르시길, "소와 양의 피로는 사람의 죄를 씻을 수 없다. 그러므로 그리스도께서 세상에 임하셔서 말씀하시길, '주께서 희생 제사를 원치 않으시기에 나를 보내어 사람의 몸이 되어 제사를 드리게 하셨도다. 번제와 속죄제는 당신께서 기뻐하지 않으시도다.'"라고 하였다.[590] 또 이르시길, "하나님은 영이시니, 그를 예배하는 자는 마땅히 영과 진실로써 예배할지라."라고 하였다.[591]

---

590   히브리서 10:4-6
591   요한복음 4:24

大旨有五
[기도의] 큰 의미에는 다섯 가지가 있다

至于祈禱文之大意, 要在讚神之德, 謝神之恩, 認己之罪, 幷求一己之所需, 亦爲他人代求。此五者爲祈禱之綱領。其文詞或先書而臨時誦之, 或隨意而謹愼言之, 語勿涉于反覆, 徒以多言瀆神之聽。耶穌曰, "爾祈禱時, 語勿反覆, 如異邦人。彼以爲言多乃得聲聞也。勿效之。蓋未求之先, 爾所需者, 父已知之矣。" 敬將耶穌敎人祈禱原文, 附錄于後, 又另撰祈禱文三篇。其意相同, 而其詞則加詳焉, 人亦可以此爲祈禱之式。

기도문의 큰 의미를 요약하면, 하나님의 덕을 찬양하는 것, 하나님의 은혜에 감사하는 것, 자기 죄를 인정하는 것, 아울러 자기의 필요한 바를 구하는 것, 또한 다른 사람을 위해 대신 구하는 것이 있다. 이 다섯 가지가 기도의 강령이 된다. 기도문은 혹 먼저 써두었다가 때가 되면 그것을 읽거나, 혹은 생각나는대로 삼가면서 말하되, 했던 말을 반복하거나 헛되이 많이 말함으로써 하나님께서 들어주시는 것을 번잡하게 해서는 안된다. 예수께서 이르시길, "너희는 기도할 때 이방인처럼 말을 반복하지 말라. 저들은 말이 많아야 들음을 얻는다고 여긴다. 그들을 본받지 말라. 아직 구하기도 전에 너에게 필요한 것을 아버지께서 이미 아신다."라고 하였다.[592] 삼가 예수께서 가르친 기도 원문을 뒷부분에 덧붙여 기록하였고, 또 따로 기도문 세 편을 지었다. 그 뜻은 서로 같지만 그 표현에 있어 더 자세하니, 사람들이 기도의 모범으로 삼는 것도 괜찮다.

592   마태복음 6:7-8

耶穌敎人祈禱原文
예수께서 가르치신 기도 원문

吾父在天[稱之曰父, 親之愛之也], 願爾名聖, 爾國臨格, 爾旨得成, 在地若天[求神顯其尊榮, 感化人心共歸天父]。 所需之糧, 今日錫我, 我免人負, 求免我負。 俾勿我試, 拯我出惡[求神養我之身, 赦我之罪, 堅我之德]。 以國權榮, 皆爾所有, 爰及世世, 固所願也。 [頌贊天父而歸榮之]。

하늘에 계신 우리 아버지[그를 아버지라 부르는 것은 그를 가까이 하며 그를 사랑하는 것이다.], 아버지의 이름이 거룩하며, 아버지의 나라가 임하며, 아버지의 뜻이 하늘에서와 같이 땅에서도 이루어지기를 원합니다.[하나님께서 그의 존귀와 영광을 드러내사 사람들의 마음이 감화되어 함께 천부께 돌아오기를 구하는 것이다.] 필요한 양식을 오늘 우리에게 주시고, 우리가 다른 사람이 빚진 것을 면해주니, 우리가 빚진 것을 면해주시기를 구합니다. 우리를 시험에 들게 하지 마시고, 우리를 악에서 나오도록 구원하소서.[하나님께서 우리 몸을 기르시고, 우리 죄를 사하여 주시고, 우리 덕을 견고하게 해주시기를 구하는 것이다.] 나라와 권세와 영광이 모두 아버지께 있으니, 지금부터 세세토록 미치기를 진실로 소원합니다.[천부를 찬송하고 그에게 영광을 돌리는 것이다.]

懺悔文式
참회 기도문 형식

天父造我, 異乎禽獸, 賦以良知, 俾分邪正. 而我偏溺于世俗, 迷于私慾, 知其是而不爲, 知其非而怗作. 蒙天之佑而不申感謝, 受天之恩而未嘗圖報. 或崇邪神, 或縱己欲, 日積月累, 罪愆重多, 上干天父之義怒, 安能補救于將來? 幸天父大發慈悲, 特降愛子, 身受痛苦, 以贖人罪, 旣爲罪人開永生之路, 益知我躬有至重之愆. 故我念救主贖罪之恩, 不勝痛悔, 求天父念愛子贖罪之功, 赦我前非. 且使我得感聖靈, 中心悅服, 無復背違, 幷[593]使人廣布福音, 聞者信從, 脫于永苦. 庶三位一體之神, 獲無窮之榮光, 固所願也.

천부께서 우리를 지으심에 금수와 달리 양지(良知)를 부여하셔서 옳고 그름을 구분하게 하셨지만, 우리는 치우쳐 세속에 빠지며 사욕에 미혹되니, 옳은 것을 알면서도 행하지 않고, 그른 것을 알면서도 행합니다. 하늘의 도우심을 입고도 감사하지 않으며, 하늘의 은혜를 받고도 보답하려 한 적이 없습니다. 혹은 거짓 신을 섬기고, 혹은 자기 욕심을 좇으며, 날마다 달마다 쌓은 죄와 잘못이 중대하여 위에 계신 천부의 의로운 분노를 범하니, 어찌 장래에 구제될 수 있겠습니까? 다행히 천부께서 자비를 크게 베푸셔서, 특별히 사랑하시는 아들을 내려 보내셨고 그 몸에 고난을 받아 사람들의 죄를 속하셨으니, 곧 죄인을 위하여 영생의 길을 여시고, 우리 자신에게 지극히 무거운 과오가 있음을 더욱 깨닫게 하십니다. 그러므로 우리가 구주의 속죄하신 은혜를 생각하면 통회함을 이기

---

593   幷 : 1906년본에는 뒤에 '求'가 있다.

지 못하나, 천부께서 사랑하시는 아들의 속죄의 공로를 생각하사 우리의 이전 잘못을 용서해 주시기를 구합니다. 또한 우리로 하여금 성령에 감화되어 중심에 기뻐하며 복종하고, 다시는 배반하여 거스르지 않도록 하시고, 아울러 사람들로 하여금 복음을 널리 선포하여 듣는 자들이 믿고 복종하여 영원한 고난을 벗도록 하옵소서. 오직 삼위일체 하나님만이 무궁한 영광 받으시기를 진실로 소원합니다.

祇禱文式
일반 기도문 형식

我天父至尊至聖, 我輩在爾前跪拜祈禱, 敢求垂聽。天乃爾之坐位, 地乃爾之足几。赫赫爾威, 人莫能測, 巍巍爾德, 人莫能名。先天而在, 後天而存, 開天闢地, 總攝星辰。生育人物, 共仰化醇, 懿與休哉, 永活眞神。我輩柔弱, 無力無德, 祖遺之罪, 不能痛改, 反增益之, 以遠天父, 生遭災禍, 死墮冥獄, 理所當然, 夫復何言? 幸賴天父寬容仁愛, 不忍加誅, 恩賜神子。代人贖罪, 顯榮光于天上, 宣和平于世間, 世人之罪, 可得赦免, 則公義旣全, 仁慈丕著矣。又復賜聖靈感化人心, 不使復蹈前轍, 身免刑罰, 魂得重生, 念厥恩慈, 無由圖報。惟有敬求天父, 垂念我救主之痛楚, 赦宥我平生之罪戾, 降聖靈以復我本性, 賜智慧以明我心目, 啓我之心, 堅我之德。俾我明聖道, 不惑他岐, 遵聖旨, 歸于力行。

우리 천부께서는 지극히 존귀하시고 지극히 거룩하시니, 우리들이 당신 앞에서 무릎 꿇고 경배하며 기도하며, 감히 들어주시기를 구합니다. 하늘은 곧 당신의 보좌이며, 땅은 곧 당신의 발판입니다. 혁혁한 당신의 위엄을 사람들이 측량할 수 없으며, 높고 큰 당신의 덕을 사람들이 부를 수 없습니다. 선천에도 계시며, 후천에도 계시고, 하늘과 땅을 여시고, 뭇별을 다스리십니다. 만물을 낳고 기르시니, 만물이 함께 의지하며 변화하는 것이 끊임없고[共仰化醇],[594] 아름답고도 훌륭하신, 영원히 살아계시는 하나님이십니다. 우리들은 유약하고 힘도

---

594   『周易 · 繫辭傳』, 天地絪縕, 萬物化醇, 男女構精, 萬物化生.

덕도 없어 조상이 남긴 죄를 철저하게 고치지 못하고, 오히려 그 죄를 더하여 천부로부터 멀어지니, 살아서는 재화를 만나고, 죽어서는 지옥에 떨어지는 것이 당연한 이치입니다. 무슨 말을 더 하겠습니까? 다행히 천부의 관용과 인애하심에 의지하니, 차마 더 이상 책망하지 않으시고 은혜로 하나님의 아들을 주셨습니다. 사람을 대신하여 죄를 속량하시어, 하늘에는 영광을 나타내시며 세상에는 화평을 베푸시니, 세상 사람들의 죄는 사면을 얻을 수 있게 되었고, 그 공의가 이미 온전해졌고, 인자하심이 크게 나타났습니다. 또 다시금 사람의 마음을 감화시키는 성령을 주셨습니다. 그는 이전의 실패를 되풀이하지 않게 하시고, 몸은 형벌을 면하게 하시며, 영혼은 거듭남을 얻게 하시니, 은혜와 자비를 생각하면 보답할 방법이 없습니다. 삼가 천부께 구할 뿐이니, 우리 구주의 고통[痛楚]을 생각하시어 우리 평생의 죄악을 용서하시고, 성령을 내리시어 우리 본성을 회복시키시고, 지혜를 주사 우리 마음과 눈을 밝히시며, 우리의 마음을 열어주시고, 우리의 덕을 굳게 해주십시오. 우리로 하여금 거룩한 도를 밝히 깨닫게 하시어, 잘못된 길로 미혹되지 않게 하시고, 거룩한 뜻을 좇게 하시며, 돌이켜 힘써 행하게 해주십시오.

又使宣福音者言所當言，聞福音者聽毋藐聽，彼沉溺于世俗，亦警醒而信從。士人守正不阿，能以眞道勵俗，商人先義後利，無不積財于天，百工克儉克勤，各安本業，農夫或耘或耔，共樂豊年。又願爾警覺四民，啓其見識，俾感天父之洪恩，歸耶穌之正敎，誠心悔改，共得永生。我輩所有疾病患難，願爾天父明爲啓示，俾知受責之緣由，錫以恩慈，俾享一生之安樂。更願爾天父使君上以正敎化俗，信從天父，無慚天子之名，官長以正道治民，克享天心，永受天堂之福。且于我輩所未求者，敬求爾開厥洪恩，酌量錫予。我輩無以報德，惟有極感謝之微忱。賴我救主之大功，以望升聞。心願誠實如是。

또한 복음을 선포하는 자로 하여금 마땅한 말씀을 하게 하시고, 복음을 듣는 자로 하여금 듣고 업신여기지 못하게 하시고, 저가 세속에 빠지면 또한 깨우쳐서 믿고 따르게 하소서. 선비로 하여금 바른 것을 지키고 아부하지 않으며 참 도로써 풍속을 권면하게 하시고, 상인으로 하여금 의를 앞세우고 이익을 뒤로 하여 모든 재물을 하늘에 쌓게 하시고, 모든 공인으로 하여금 지극히 검소하고 지극히 근면하여 각기 본업에 편안하게 하시고, 농부들로 하여금 혹은 김매고 혹은 가꾸어 함께 풍년을 즐기게 하소서. 또 원하나니 아버지께서 온 백성[四民]을 경계하고 깨우쳐서 그들의 식견을 열어주시고, 그들로 하여금 천부의 크신 은혜에 감사하며 예수의 바른 가르침으로 돌아와 진실한 마음으로 회개하게 하시고, 함께 영생을 얻게 하소서. 우리들에게 질병과 환난이 있는바, 원하오니 천부께서 분명히 계시해 주셔서 책망받는 이유를 깨닫게 하시고, 은혜와 자비를 베푸셔서 일생의 안락을 누리게 하소서. 또 원하기는 천부께서 군주[君上]로 하여금 바른 가르침으로 풍속을 교화하게 하시고, 천부를 믿고 따르며, 하나님 아들의 이름에 부끄러움이 없게 하시고, 관리[官長]들로 하여금 바른 도로써 백성을 다스리게 하시고, 능히 천심을 누리고 영원히 천당의 복을 받게 하소서. 또한 우리들이 구하지 못한 것들에 대해 아버지께서 크신 은혜를 베푸셔서 우리에게 주시기를 삼가 구합니다. 우리들은 은혜를 갚을 도리가 없으며, 오직 작은 정성으로 지극히 감사합니다. 우리 구주의 크신 공로를 의지하여, 들어주시기를 바랍니다. 진실된 마음으로 이와 같기를 기원합니다.[595]

---

595 이 구절의 뒷 부분은 위와 아래 기도문의 마지막 부분과 마찬가지로, 아마도 '아멘'을 풀어 쓴 것으로 보인다.

每飯謝恩文式
매 식사 감사 기도문 형식

敬謝天父, 賜我食物, 養我肉軀, 俾我暫生于世間。實爲鞠我之天父, 至恩至德, 莫可罄言。況復憐憫我罪, 特降愛子耶穌, 代我罪戾, 救我靈魂, 使我可永生于天上。又爲莫大之恩慈。我惟有每飯, 不忘傾心感謝。祈天父賜我每日所需之糧, 且令我飢渴慕義而得飽。心之所願誠如是也。

삼가 천부께 감사드리기는, 제게 먹을 것을 주시고, 제 몸을 기르시고, 저로 하여금 잠시 세상에 살게 하셨습니다. 실로 저를 기르시는 천부께서는 지극히 은혜롭고 지극히 덕스러우심을 이루다 말할 수 없습니다. 더욱이 제 죄를 불쌍히 여기시어 특별히 사랑하시는 아들 예수를 내려주사, 저의 죄악을 대신하시고, 저의 영혼을 구해주시고, 저로 하여금 천상에서 영원히 살 수 있게 하셨으니, 또한 막대한 은혜와 자비입니다. 저는 오직 매 끼니를 먹음에 잊지 않고 마음을 기울여 감사드립니다. 기도하기는 천부께서 제게 매일 필요한 양식을 주시고, 또한 저로 하여금 의로움에 굶주리고 사모하여 배부름을 얻게 하소서. 마음이 원하는 바는 진실로 이와 같습니다.

第九章 論信者當謹守聖禮
제9장 신자는 마땅히 삼가 성례를 지켜야 함을 논하다

今夫禮儀三百, 威儀三千世俗之禮, 制之者人, 故繁文縟節, 指不勝
屈。而天命之禮, 秖有二端[596], 以水滌身, 以聖餐念主, 無可損亦無可
益也。聖書記耶穌降臨, 擘餅予門徒, 曰"此乃我身", 又取杯飮門徒
曰"此乃我血。" 且命信者守之爲常禮, 是爲聖餐。又命信者以水滌
身, 隱指以己代罪之血, 滌其內心。此二禮, 乃萬世不易之常禮也。
滌水之禮, 惟初入聖會時, 一次行之, 後則屢守聖餐, 以懷贖罪之恩,
會中之敎師, 主其事焉。

이제 저 예의(禮儀) 삼백 가지와 위의(威儀) 삼천 가지[597]라는 세속의 예식[禮]
은 만든 이가 사람이기 때문에 번거롭고 불필요한 내용이 이루다 헤아릴 수 없
다. 그러나 하나님이 명하신[天命] 예식[禮]은 다만 두 가지가 있으니, 곧 물로
몸을 씻는 것[세례(洗禮)]과 성찬(聖餐)으로 주님을 기념하는 것으로, 뺄 수도
더할 수도 없다. 성서는 예수께서 강림하여 제자들에게 떡을 떼어 나누어 주면
서 "이것은 나의 몸이로다."라고 하시고, 또 잔을 취하여 제자들에게 마시라고
하면서 "이것은 곧 나의 피로다."라고 말씀하신 것을 기록하였다. 또한 믿는 자

---

596 1906년판에는 '天命之禮, 秖有二端'이 '耶穌設敎, 則聖禮惟二'로 되어 있다.
597 『禮記·中庸』: "禮儀三百, 威儀三千." 또한 『禮記·禮器』: "經禮三百, 曲禮三千."도 참조. 經
     禮는 강령이 되는 예법이라고 한다면 曲禮는 세부적인 예법이다.

들이 이것을 영원한 예식으로 지키도록 명령하셨으니, 이것이 성찬이다.[598] 또 믿는 자들에게 물로써 몸을 씻도록 명령하셨는데, 그것은 죄를 대속하는 자신의 피로 그 속마음을 씻도록 은밀히 지시하신 것이다. 이 두 가지 예식은 곧 영원토록 변하지 않는 일상의 예식이다. 물로 씻는 예식은 처음 교회[聖會]에 입교할 때 한번만 행하고 그 후에는 성찬을 자주 행하여 속죄의 은혜를 생각하는데, 교회의 목사[敎師][599]가 그 일을 주관하여야 한다.

而或者曰"心已信道, 何必拘于禮節?", 殊不知列國之民, 以遵守禮法爲順從之號. 今耶穌旣設此聖禮, 則認耶穌爲主者, 不當遵行耶穌之禮乎? 況聖禮不第爲順從之號, 亦爲恩約之據. 昔以色列民受虐於埃及, 神將救之, 先命塗羔血于門以爲誌, 則免于同受災禍. 設使以色列民不塗羔血, 其能免于滅亡乎? 今耶穌立新約, 以此二禮爲信從之據, 則不遵其禮, 卽難受其福, 將何恃以得救? 故賴恩望救者, 必遵其禮而行之.

그런데 어떤 이는 "마음으로 이미 그 도를 믿는데 어찌 반드시 예절에 얽매일 필요가 있는가?"라고 말하는 데, 이것은 특히 열국의 백성이 예법을 준수하는 것을 순종의 표식으로 삼는 것을 알지 못한 것이다. 이제 예수가 이미 이 성례(聖禮)를 설립하셨으니, 예수를 주님으로 인정하는 자는 예수의 예식을 준행하는 것이 마땅하지 않은가? 하물며 성례는 순종의 표식이 될 뿐만 아니라 또한 은혜로운 언약[恩約]의 증거이다. 옛날 이스라엘 백성들이 이집트에서 학대를 받을 때 하나님께서 장차 그들을 구원하시려고 먼저 명하여 어린 양의 피를 문에 발라 표지로 삼으면 [이집트인과] 함께 재앙을 받는 것에서 벗어나게 하셨

---

598 고린도전서 11:23-29
599 여기서 말하는 교사(敎師)는 개신교의 목사를 말하며, 천주교에서는 신보(神甫, 곧 神父)로 통칭한다.

다. 만약 이스라엘 백성들이 어린 양의 피를 바르지 않았다면 그들이 멸망에서 벗어날 수 있었겠는가? 이제 예수께서 새로운 약속을 세워 이 두 가지 예식을 믿고 따르는 증거로 삼으셨으니 그 예식을 준수하지 않으면 그 복을 받기 어려울 것이며 장차 무엇을 의지하여 구원을 얻겠는가? 그러므로 은혜를 힘입어 구원을 바라는 자는 반드시 그 예식을 준수하여 행하여야 한다.

> 且聖禮又爲義之表記, 耶穌旣不辭惡人之淩辱, 與十字架之痛楚, 拯我出于苦海, 我安可因世人之訕笑, 而自外于禮法? 故懷義者, 必遵其禮而行之。 且聖禮之作, 實以証耶穌贖罪之功, 與聖靈重生之恩, 故信道者, 欲証其道以示他人, 必遵其禮而行之。

또한 성례는 더욱 의(義)의 표식[表記]으로, 예수께서 이미 악인의 능욕과 십자가의 고통을 마다하지 않고 고해에서 우리를 벗어나도록 구원하셨으니, 우리가 어찌 세상 사람의 비웃음 때문에 스스로 예법에서 벗어날 수 있겠는가? 그러므로 의를 품은 자는 반드시 그 예식을 준수하여 행해야 한다. 또한 성례를 만드신 것은 실로 예수의 속죄의 공로와 성령의 중생의 은혜를 증거하려는 것이니, 그러므로 진리[道]를 믿는 자는 그 진리를 증거하여 다른 사람에게 보여주고자 하면 반드시 그 예식을 준수하여 행해야 한다.

> 況耶穌旣設此聖禮, 或從或違, 無不各受其報。 耶穌曰, "凡認我于人前者, 我亦認之于天父前, 凡拒我于人前者, 我亦拒之于我天父前。" 安得曰"心已信道, 何必拘于禮節乎"? 然聖禮在所宜遵, 而造次行之, 亦非受福之據。 故將入教者, 必先內省己心。 '我旣獲罪于天, 果能信耶穌之道以悔改, 賴耶穌之功以求赦, 感聖靈之黙佑以爲

善?' 始敢藉三位一體之名, 而領滌水之聖禮。誠恐三者未全, 而行止偶虧, 適以玷辱聖教, 自遭天誅也。

더욱이 예수께서 이미 이 성례를 설립하셨으니, 혹은 따르거나 혹은 어기거나 각기 그 보응을 받지 아니함이 없다. 예수께서 말씀하셨다. "무릇 사람들 앞에서 나를 시인하는 자는 나 역시 천부 앞에서 그를 시인할 것이요, 무릇 사람들 앞에서 나를 거절하는 자는 나 또한 천부 앞에서 그를 거절하리라."[600] 어찌 "마음으로 이미 진리를 믿는데 꼭 예절에 얽매어야 하는가?"라고 말할 수 있겠는가? 그런데 성례는 마땅히 준행해야 하지만, 경솔하게 그것을 행하면 또한 복을 받을 근거가 되지 않는다. 그러므로 장차 입교하려는 자는 반드시 먼저 자기의 마음을 살펴보아야 한다. '내가 이미 하늘에 죄를 지었는데, 과연 예수의 도를 믿어 회개하고, 예수의 공로를 의지하여 용서를 구하며, 성령의 은밀한 도우심에 감화되어 선을 행할 수 있겠는가?' 그때 비로소 감히 삼위일체의 이름에 의지하여 세례의 성례를 받는다. 진실로 이 세 가지가 온전하지 아니하여 행동거지에 어그러짐이 있음으로써, 마침 성교(聖敎)를 더럽혀 스스로 하늘의 벌을 만나게 될까 두렵다.

既入教, 欲守聖餐, 亦必返躬自問。我克深明其義否? 我克自改其過否? 惟恐義有未明, 過有未改, 則深辱聖禮, 以自取罪戾也。誠如是, 則道雖未甚明晰, 行雖未能純全, 而謹守聖禮, 意無不誠, 亦可因之而增德矣。

입교하고 나서 성찬을 지키고자 하면 또한 반드시 자신을 돌이켜보아 스스로 물어야 한다. 나는 그 의미[義]를 깊이 이해할 수 있는가? 나는 나의 잘못을 스

---

600 마태복음 10:32-33. 대표자역본과 동일하다.

스로 고칠 수 있는가? 오직 의미를 이해하지 못함이 있고 잘못을 고치지 못함이 있어서, 성례(聖禮)를 심히 욕보이어 스스로 죄악을 불러들이게 될까 두렵다. 진실로 이와 같이 하면, 진리[道]가 비록 아직 매우 명료하게 이해되지 않고 행동이 비록 아직 순전하지 못하더라도, 삼가 성례를 지키고 뜻에 매우 진실되면 또한 그것으로 인해 덕(德)을 더할 수 있다.

> 或曰,"聖禮固所宜守, 但不知祖遺之禮儀, 可兼行否?"曰,"其禮與聖經合者可行之, 其不合者當棄之. 夫朝廷之禮, 惟君是主, 祭神之禮, 惟天所定. 今列國有祭天之禮, 其意雖屬于至尊獨一之神, 而其禮既爲人所設, 卽當舍而從天命之聖禮. 況一切之淫祀乎? 十誡之首曰,'余而外, 不可有別神.'可見非主宰天地獨一眞神, 卽不可崇奉矣. 其二誡曰,'毋雕偶像, 毋拜跪之, 毋崇奉之.'可見人不可供奉偶像矣。

어떤 이는 말한다. "성례는 진실로 마땅히 지키는 것이지만, 조상이 물려준 예의(禮儀)는 알지 못하니 겸해서 행할 수 있는가?" 대답한다. "그 예(禮)가 성경과 합치하면 그것을 행할 수 있고, 그것이 합치하지 않으면 마땅히 그것을 버려야 한다. 무릇 조정의 예(禮)는 오직 임금이 주인이고 신(神)에게 제사하는 예는 오직 하늘이 정한다. 지금 여러 나라에서 하늘에 제사하는 예가 있는데, 그 뜻은 비록 지존하시고 유일하신 하나님(神)에게 속해 있어도 그 예는 이미 사람이 설립한 것이니, 마땅히 그만 폐하고 하늘이 명하신 성례를 따라야 한다. 하물며 모든 우상숭배[淫祀][601]에 대해서는 어떠해야 하겠는가? 십계명[602]의 첫 번째 계명이 '나 외에 다른 신(神)을 두어서는 안 된다.'라는 것이다. 천지를 주

---

601 원문의 淫祀는 원래 예법에 맞지 않게 욕심으로 과도하게 드리는 제사를 의미한다.
602 출애굽기 20:3-17

재하는 유일한 참 하나님이 아니면 곧 숭배할 수 없음을 알 수 있다. 그 두 번째 계명은 '우상을 새겨 만들지 말고, 무릎 꿇어 절하지 말며, 숭배하지 말라.'라는 것이다. 사람이 우상을 공양할 수 없음을 알 수 있다."

而或者曰, "偶像不可拜, 旣聞命矣. 但子孫而祭其祖宗, 或爲孝思之所發, 神其許之乎?" 曰, "立主懸像, 向之而拜, 與拜偶像何異乎? 陳俎豆以妥先靈, 與陳犧牲以供偶像, 何異乎? 倘謂祖宗誠來格而來享, 不祀, 則 '若敖之鬼, 不其餒而?' 是無論理有不合, 卽情亦有所不忍. 己則朝饗夕飱, 而祭祀之禮, 每歲不過數次, 何己腹之是親, 而忍令祖先之時餒乎?"

그런데 어떤 이는 말한다. "우상을 숭배할 수 없다는 것은 이미 알아들었다. 그러나 자손이 그 조상을 제사하는 것은 어떤 경우 효(孝)를 생각함에서 나온 것이니 하나님께서 그것을 허락하지 않겠는가?" 대답한다. "신주(神主)를 세우고 상(像)을 걸고 그것을 향해 절하는 것은 우상에게 절하는 것과 무엇이 다른가? 제기[俎豆]를 진설하여 선조의 영혼을 평안하게 하는 것은 희생 제물을 진설하여 우상에게 바치는 것과 무엇이 다른가? 만일 조상이 참으로 제사 때 와서 제물을 받는다고 말한다면, 제사하지 않으면 '약오씨(若敖氏)의 귀신이 아마도 굶주리지 않겠는가?'[603]라는 말에 해당할 것이다. 이것은 이치에 맞지 않는 것은 물론이고, 인정(人情)상 또한 차마 하지 못할 바가 있다. 자신은 아침과 저녁을 먹으면서 제사의 예는 매년 몇 차례에 불과하니, 어째서 자신의 배(腹)는

---

603 『春秋左氏傳』 宣公4年: "鬼猶求食, 若敖氏之鬼, 不其餒而?" 若敖氏는 춘추시대 초나라 귀족인 약오씨 집안을 가리킨다. 이 말은 그 집안의 子良이라는 이가 越椒라는 아들을 낳았는데, 그의 형 子文이 越椒가 熊虎之狀과 豺狼之聲을 가지고 있어 결국 滅門의 재앙을 가져올 것이라 하여 죽일 것을 권하였으나 子良이 듣지 않자, 멸문되어 제사 지낼 이가 없어질 것을 우려하면서 한 말이다.

이렇게 사랑하면서 조상은 모질게도 늘 굶주리게 한단 말인가?"

若謂"父母之養育恩深, 廟中祭祀, 不過自盡其孝心, 推而至于先世, 亦以報本追遠, 示不忘其所自出之意", 其亦知天父造人, 人莫不出于天父乎? 天父造萬物以供人用, 人莫不賴天父之養育乎? 夫生我育我者父母, 而所以能生能育者, 天父之命也; 長我鞠我者父母, 而所以能長能鞠者, 天父之恩也。

만약 "부모의 양육의 은혜가 매우 깊으므로, 사당에서 제사 지내는 것은 스스로 그 효심(孝心)을 다하는 것에 불과하며, 미루어 선대의 조상에 이르기까지 제사 지내는 것도 또한 뿌리에 보답하고 먼 조상을 추모함[報本追遠]으로써[604] 그 비롯된 유래를 잊지 않는다는 뜻을 나타내는 것이다."라고 말한다면, 그는 또한 천부께서 사람을 창조하셨으니, 사람은 모두 천부로부터 생겨났음을 알고 있는 것인가? 또한 천부께서 만물을 창조하셔서 사람이 사용하도록 주셨으니, 사람은 모두 천부의 양육에 힘입지 않음이 없음을 알고 있는가? 무릇 나를 낳고 기른 자는 부모이나, 낳아서 기를 수 있는 까닭은 천부의 명령이고, 나를 기르고 키워주신 자는 부모이나, 기르고 키울 수 있는 까닭은 천부의 은혜이다.

『魯論』曰, "死生有命, 富貴在天。" 可知制人之命者惟天, 天爲生人之大本。 人或忘其本而負其恩, 是無異父母命乳媼哺兒, 而嬰兒感乳媼之豢養, 竟忘父母之深恩矣。 夫乳媼之豢養, 非曰無功, 究難擬父母之深恩, 父母之深恩, 雖曰罔極, 究難擬天父之大德。

---

604 『論語』「學而」에 "曾子曰, 愼終追遠, 民德歸厚矣."라고 하였다.

『노론(魯論)』605에서 "죽고 사는 것에는 명(命)이 있고, 부귀는 하늘에 달려있다."606라고 하였다. 사람의 목숨을 다스리는 자는 오직 하늘이며, 하늘은 사람을 낳은 큰 근본임을 알 수 있다. 사람이 혹시 그 근본을 잊고 그 은혜를 저버리면, 이것은 부모가 유모에게 명령하여 아이에게 젖을 주었는 데 갓난아이가 유모의 양육에 감사하면서 결국 부모의 깊은 은혜는 잊어버리는 것과 다름이 없다. 무릇 유모의 양육이 공로가 없다고 말할 수는 없지만 따져보면 부모의 깊은 은혜에 견주기는 어렵고, 부모의 깊은 은혜가 비록 망극하다 해도 따져보면 천부의 큰 덕에 견주기는 어렵다.

故明聖教者, 知父母受天父之命以生我養我, 無不倍盡其孝敬。父母旣歿, 魂有所歸, 祭祀之禮, 在所不設。惟崇奉獨一永存我所自出之天父, 仰其尊榮, 頌之讚之, 沐其恩慈, 感之謝之, 虔其心以自報其本, 遵其命以自救其魂。謹守聖禮, 棄絕淫祀。庶倫常無所乖違, 而事天乃得其宗旨歟!

그러므로 성교(聖教)를 밝히 아는 사람은 부모가 천부의 명령을 받아서 나를 낳고 기른 것을 알아, 그 천부에 대한 효도와 공경을 갑절로 다하지 아니함이 없다. 부모가 이미 죽고 나면 혼(魂)이 돌아가는 곳이 있으니, 제사의 예식은 베풀지 않아도 된다. 오직 우리의 근원이 되신 유일하고 영존하신 천부를 높이 받들고, 그 존영(尊榮)을 우러러보며 그를 찬송하고 기리며, 그 은혜와 자비를 입어 그에게 감사하고, 그 마음을 경건하게 하여 스스로 그 근본에 보답하며, 그 명령을 준수하여 스스로 그 영혼을 구원한다. 성례를 정성껏 지키고 우상숭배

---

605   『노론(魯論)』은 즉 노논어(魯論語)이다. 『논어(論語)』는 한나라 시대 3가지 판본이 있었다. 즉 노론(魯論), 제론(齊論) 그리고 고론(古論)이다. 『노론(魯論)』은 노나라 사람들이 전했다고 한다. 현대본 『논어(論語)』의 내원(來源) 중 하나이다.
606   『論語』「顔淵」편에 나오는 말이다.

를 끊어내어 버린다. (이렇게 하면) 아마도 거의 인륜(人倫)과 도리에 어긋남이 없고 하늘을 섬김에도 그 근본의 주요한 뜻을 얻게 될 것이다!

天道溯原 終
천도소원 끝

부록

1858년 이후 추가된 장

上卷 第二章 以五行爲證
상권 제2장 오행으로 증명하다

夫地之爲物也, 內藏金銀銅鐵諸類, 上生草木禽獸等物。草木遺子於土, 雨淋日 照, 得以長成, 則係水火土合而成之也。而禽獸則食草木者居多。且鹽與石本乎金, 而金之諸類, 混於飮食中者不一。此古人所以稱金木水火土五行也。

무릇 땅이라고 하는 것은 그 속에 금, 은, 동, 철 이런 종류들이 감춰져 있고, 초목과 짐승[禽獸] 등이 그 위에 살고 있다. 초목(草木)은 씨를 땅에 남기며 비를 맞고 햇빛을 받아 자라나니, 물과 불, 흙[水·火·土] 모두가 연합하여 키운 것이다. 그리고 짐승은 초목을 먹고 사는 것이 다수이다. 또한 소금과 돌은 본래 금(金)에 속하며, 금(金)의 여러 종류는 음식에 섞여 있는 것이 한둘이 아니다. 이것이 옛날 사람들이 금(金), 목(木), 수(水), 화(火), 토(土)를 (기본 원소로 삼아) 오행(五行)이라 불렀던 이유이다.

考字典曰"五行運行於天地間, 未嘗停息, 故名", 此就行字言之也。若究其實, 則必相合以成物而無相倚者, 方可謂之行。如水火土絶無相倚, 而必相合以成草木, 固可列爲三行。

자전(字典)을 살펴보면, "오행은 천지간에 운행하여 일찍이 멈춰 쉰 적이 없기 때문에 그렇게 명명한 것이다."라고 했으니, 이것은 곧 '행'(行) 자에 관련해 말한 것이다. 만일 그 실제를 구명하면, 반드시 서로 합하여 사물을 만들되 서로 의지하지는 않아야 비로소 그것을 '행'이라 부를 수 있다. 예를 들어 '수', '화', '토'는 결코 서로 의지함은 없으나 반드시 서로 연합하여 초목을 성장케 하니 진실로 삼행(三行)으로 열거할 수 있다고 하겠다.

> 而木乃生物也, 藉三行而成, 焉得與諸呆質並列, 爲五行之一哉?
> 然草木固藉三行而成, 而又必賴乎風。 蓋木生葉以吸風之精氣, 如人
> 之有肺以通呼吸然。 此西土古傳, 所以稱水火風土爲四行也。

그러나 목(木)은 곧 생물이며 삼행(水,火,土)을 바탕으로 성장하니, 어찌 여러 매질(呆質)들과 함께 나열하여 오행의 하나로 삼을 수 있겠는가? 그런데 초목은 본래 삼행을 바탕으로 자랄 뿐만 아니라, 또한 반드시 바람[風]에게 도움을 받는다. 대개 나무가 잎을 낳아서 바람의 정기(精氣)를 빨아들이는 것은 마치 사람이 폐로써 호흡하는 것과 같다. 이것이 서양에서 옛날부터 '수', '화', '풍', '토'를 사행(四行)[607]이라 부르는 까닭이다.

---

607 물, 불, 흙, 공기가 만물을 구성하는 네 가지 기본 요소라고 주장하는 학설. 4원소설(四元素說)은 그리스의 철학자 엠페도클레스(Empedokles B.C. 493?-433?) 주장한 가설로서 플라톤과 그의 제자인 아리스토텔레스의 지지를 받았다. 세상의 모든 물질은 물, 불, 공기, 흙의 4가지 원소의 조합으로 이루어져 있다는 의미의 '4원소설'은 이후 아리스토텔레스에 의해 '4원소 가변설'로 변형되었는데, 그 내용은 물, 불, 공기, 흙의 네 가지 원소 외에 물질의 특유한 성질인 건, 습, 온, 냉이 배합되어 만물이 형성된다는 것이었다.

夫西人遺金, 與華人遺風, 皆未妥。 若以木易風, 則爲金風水火土,
而五行之數以正, 而生尅之說可刪。 今卽五行爲萬物所必需者, 以證
神。

무릇 서양 사람이 금(金)을 빠뜨린 것과 중국 사람이 풍(風)을 빠뜨린 것은 모두 온당(穩當)하지 않다. 만약 목(木)을 풍(風)으로 바꾸면 금, 풍, 수, 화, 토가되어 오행의 숫자가 바르게 되고, 아울러 '상생'과 '상극'의 설도 제거할 수가 있다. 이제 오행(五行)이 만물에 꼭 필요한 것이라는 점에 즉해서 하나님(神)을 증명한다.

夫金之類不一, 而莫寶於鐵。 西人精醫學者, 知食物中有鐵氣, 其
精液入血, 是鐵爲人身所不可無者。 而其顯見之用, 不勝枚擧。 如耕
以鐵耜, 刈以鐵鎌, 煮以鐵鍋, 斬木以鐵斧, 鑿石以鐵鎚, 而且以鐵爲
器, 足以服猛, 以鐵爲兵, 足以禦害。 人執鐵具, 則高山叢林, 亦俯伏
於其足下。 人仗鐵材, 造靈機妙樞, 且日進於高明。 鐵之用實以益民
生, 奈何以鐵鑄殺人之利兵, 致養生護命之物, 反爲[608][609][610]生害命之
用哉?

무릇 금(金)의 종류는 한 가지가 아니나, 쇠보다 보배로운 것은 없다. 서양의뛰어난 의학자가 (음)식물에 철분[鐵氣]이 있어 그 영양소[精液]가 핏속에 들어가고, 이것이 사람의 몸에 없어서 안 되는 줄 알게 되었다. 그리고 그 명백한 용도는 너무 많아서 다 헤아릴 수 없다. 예를 들면 쇠 보습으로 밭을 갈고, 쇠 낫

---

608 '戕'은 '戕'의 俗字이다.
609 己는 已의 異體字이다.
610 『書·益稷』: "洪水滔天, 浩浩懷山襄陵, 下民昏墊, 予乘四載, 隨山刊木, 曁益奏庶鮮食, 予決
   九川, 距四海, 濬畎澮, 曁稷播, 奏庶艱食鮮食距川, 懋遷有無, 化居。 烝民乃粒, 萬邦作乂。"

으로 베고, 쇠솥으로 삶고, 쇠도끼로 나무를 베고, 쇠망치로 바위를 뚫는 것 같이 쇠를 연장으로 쓰면 맹수를 넉넉히 다스릴 수 있고, 쇠를 무기로 쓰면 상해를 넉넉히 막을 수 있다. 사람이 쇠 연장을 잡으면 높은 산과 숲 또한 그 발아래 엎드린다. 사람이 쇠붙이를 가지고서 빼어난 기구와 기묘한 물건을 만들면 날이 갈수록 고상하고 현명해진다. 쇠의 용도는 참으로 백성의 삶에 도움을 주거늘 어찌하여 쇠를 주조해서 살인의 예리한 무기를 만들어, 몸을 기르고 목숨을 지키는데 사용되던 물건을 도리어 생명을 상하게 하고 해치는 데 사용한단 말인가?

> 至於銅錫以備器用, 金銀以爲裝飾, 而其最大之用, 莫若以金銀爲貿易之通寶。凡此其正用也。而富者因之而驕, 貧者因之而貪, 是非金之害人也, 總由乎人心之邪而已。觀金之益如此之廣, 非有大知大能之神, 生金以備民用, 其能取之不盡, 用之不竭如是哉?

구리와 주석으로는 그릇을 만들어 사용하고, 금과 은으로는 장식을 하는 데, 그 가장 큰 쓰임새는 금, 은을 무역에 통용되는 통화[通寶]로 삼는 것이다. 무릇 이러한 것들이 그 올바른 쓰임새이다! 그런데 부자는 그것[金]으로 인해 교만해지고 가난한 자는 그것으로 인해 욕심을 부리는 것은 금이 사람을 해롭게 해서가 아니라, 모든 원인이 사람 마음이 사악해서 그럴 뿐이다. 금의 유익이 이렇게 큰 것을 살펴보면, 대지대능(大知大能)하신 하나님께서 금을 만들어 백성들이 사용하도록 준비하지 않으셨다면, 백성들이 그것을 이처럼 한없이 취하고 마르지 않도록 사용할 수 있었겠는가?

風乃空中之氣, 人賴之以得生也, 較飲食尤急。 蓋飢渴猶數日可耐, 而呼吸則須臾不可絶, 氣一絶而命卽絶矣。 草木之類亦然, 無風卽見枯槁, 特非若人之速亡耳。

바람(風)은 공중의 기(氣)인 데, 사람이 그것에 의존하여 생명을 얻음이 음식에 비해 더 긴급하다. 대개 배고픔과 갈증은 며칠 참을 수 있어도 호흡은 잠깐이라도 끊을 수 없고, 숨[氣]이 한순간이라도 끊어지면 목숨도 즉시 끊어진다. 초목 종류도 마찬가지인데 바람이 없으면 곧 시들지만, 다만 사람처럼 빨리 죽는 것은 아니다.

且雨露之恩澤, 亦仗風以爲之升降。 風附於水面, 水氣沁足。 若曝烈日則煖, 煖卽漲, 漲卽升而爲雲。 遇凉風則冷, 冷卽縮, 縮卽降而爲雨。 雨之散布於各處, 風之往來以運行之也。 畎畝賴以潤, 江河賴以成。 而五色之虹, 五彩之雲, 又隨出以供人之美觀。

또한 비와 이슬의 은택도 바람에 의지하여 오르내린다. 바람이 수면에 닿으면 물기[水氣]가 넉넉히 스며든다. 만약 태양이 뜨겁게 내리쬐면 그것이 따뜻해지고, 따뜻해지면 상승하여 구름이 된다. 찬 바람을 만나면 그것이 차갑게 되고 차갑게 되면 오그라들고, 오그라들면 비가 되어 내린다. 비가 곳곳에 내리는 것은 바람이 오가며 그것을 움직이기 때문이다. 밭고랑과 이랑은 그것에 의지해 기름져지고, 강과 하천도 그것에 의지해 넓어진다. 오색 무지개와 오색 구름 또한 그것에 따라 나와서 사람에게 아름다운 풍경을 제공한다.

而且藉風可以揚聲。格物理者，以兩鈴懸於櫃中，以器吸氣出櫃，使之盡空。動搖其櫃，使鈴相擊，而寂然無聲，則無風以揚之也。蓋物相觸，有微動如琴絃然。風乃因其動，揚及人耳以成聲，此言語之所由通，音樂之所由辨也。設若無風，則宇宙之人，言之者無聲，聽之者不聞，舉世皆成聾瘖矣。夫裹地球以輕軟微渺不見之氣，使之隨寒熱漲縮，致人得以呼吸，雨露得以運行，雲霞得以垂象，音聲得以聽聞。事如此之要，而得之如此之易，非全知全能之神經營之，其能至於此哉。

게다가 바람을 힘입어서 소리를 낼 수 있다. 사물의 이치를 연구하는 자가 상자 속에 두 방울을 매달아 놓고 기기(器機)로 공기를 빨아들여 상자 밖으로 내보내 진공이 되게 했다. (그리고) 그 상자를 흔들어서 방울을 서로 부딪치게 해도 고요히 소리가 나지 않았는데, 그것은 움직일 바람이 없었기 때문이다. 대개 물건이 서로 부딪치면 거문고 줄처럼 미세한 움직임이 있다. 바람이 그 일렁거림에 의해 흩날려서 사람의 귀에 도달하여 '소리'가 되는데, 이것이 말이 통하고 음악 소리가 구분되는 까닭이다. 만약 바람이 없다면, 천하[宇宙] 사람이 말을 해도 소리가 없고 듣고자 해도 듣지 못하여 온 세상은 다 귀머거리가 될 것이다. 무릇 지구를 감싸는 기는 가볍고 아주 작아서 눈에 보이지 않고 추위와 더위를 따라서 팽창하고 수축하여 사람을 호흡하게 하고, 비와 이슬을 내리게 하고, 구름과 노을을 드리워지게 하고, 소리를 들을 수 있게 한다. 이처럼 중요한 일들이 이처럼 쉽게 이루어질 수 있는 것은 전지전능하신 하나님이 그것을 경영하시지 않고서야 어찌 여기까지 미치겠는가?

至於水, 動物以之止渴, 植物由之滋潤, 此就雨露之淡水言也。然淡水悉本於鹹水。近時西人取鹹水烝之, 其氣水卽無鹹味, 可便航海之用, 人稱爲新法, 不知造物實早有此法。

물(水)로 말하면, 동물은 물로 갈증을 없애고 식물은 물 때문에 촉촉해지니, 이것은 비와 이슬의 담수(淡水)에 관해 말한 것이다. 그러나 담수는 모두 본래 해수[鹹水]에 속한다. 근래에 서양 사람들이 해수를 취하여 끓인 그 증기수[氣水]에는 짠맛이 없고 항해에 편리하게 사용할 수 있어 사람들이 새로운 방법이라 부르는데, 사실 만물을 창조할 때 일찍이 이런 방법이 있었음을 알지 못해서이다.

蓋海雖大, 居然一大鍋, 日雖高, 居然一烈火。海水本鹹, 烈日曝之, 則水熱而爲氣, 氣至半空, 化而爲雨。其鹽不能隨氣而上升, 故無鹹味。夫水由海上升, 隨風以散布於各處。自山嶺聚流爲溪, 溪幷爲江, 由江復入於海, 則水之運行, 實循環不己。[611]

바다가 비록 크다고 해도 분명 하나의 큰 솥이며, 태양이 비록 높이 있어도 분명 하나의 뜨거운 불이다. 바닷물은 본래 짜지만, 뜨거운 태양이 내리쬐면 물은 뜨거워져 수증기[氣]가 되고, 수증기가 공중[半空]에 이르면 변해서 비가 된다. 그 소금기는 수증기를 따라 위로 올라갈 수 없으므로 짠맛이 없어진다. 무릇 물은 바다에서 상승하여 바람을 따라 곳곳으로 흩어진다. 산마루에 모여 흘러내리면 시내가 되고, 시내가 합쳐서 강이 되고, 강에서 다시 바다로 흘러 들어가니 물의 운행은 참으로 순환하기를 멈추지 않는다.

---

611 『禮記·孔子閒居』: "天有四時 春秋冬夏 風雨霜露 無非教也"

> 江河聚天下之水利, 以運天下之財貨, 懋遷有無, 固爲大益。而海
> 乃萬國來徃之通衢, 且供漁鹽以爲萬國之食用, 其利更爲無窮。

강과 하천은 천하의 물의 이로움[水利]이 모여 있어, 그것으로 천하의 재화 (財貨)를 운송하여 있는 것과 없는 것을 서로 교역하니[612], 참으로 큰 유익이다. 바다는 곧 만국을 왕래하는 통로이며, 또한 고기와 소금을 만국에 먹거리로 제공하니 그 이익이 더욱 무궁하다.

> 且水具美觀, 淵泉時出, 江海恒流, 靜則如鏡面平鋪, 徹映天象, 動
> 則爲浪頭直竪, 雲撼山岳。而且春園晨露, 若圓珠, 秋夜濃霜, 皎如銀
> 沙, 冬日寒冰, 澄如水晶。皆足悅人之目。風雨霜露, 無非教也, 曷不
> 受其教而頌美造物之恩?

또한 물에는 아름다운 경치가 있으니, 깊은 샘이 때때로 솟아나고, 강과 바다는 늘 흐르는 데, 고요하면 하늘의 모습을 훤히 비추는 평평한 거울 표면과 같고, 움직이면 파도가 곧게 솟구치고, 구름이 산악을 뒤흔든다. 게다가 봄 동산의 아침 이슬은 마치 구슬 같으며, 가을밤 짙은 서리는 은빛 모래처럼 빛나고, 겨울철 차가운 얼음은 수정처럼 맑다. 모든 것들이 사람의 눈을 충분히 즐겁게 한다. 바람, 비, 서리, 이슬은 모두 '가르침'이니[613], 어찌 그 가르침을 받아 조물주의 은혜를 칭송하지 않겠는가?

---

612 『詩・小雅・天保』: "天保定爾, 俾爾戩穀, 罄無不宜, 受天百祿, 降爾遐福, 維日不足."
613 1906년본에는 '原行'이 '原質'로 되어 있다.

物之最熱者屢發光, 最明者屢發熱, 可知光與熱並發, 皆本乎火。
人身之溫熱, 實因風中之養氣, 與血中之炭氣, 呼吸交通而生火。天
氣之和煖, 實因太陽之光, 照地上之水土風諸物, 而蒸爲熱氣。人身
無火, 則血凝結, 而人卽死。天地間無火, 卽洋湖亦必凝爲寒冰。水
不復流, 風不復吹, 日不復明, 時不復運而天地宛如死矣。火之物, 其
可已乎?

사물 중에서 가장 뜨거운 것은 항상 빛을 발산하고 가장 밝은 것은 항상 열을 발산하여 '빛'과 '열'이 함께 발생하는 것을 알 수 있으니, 다 본래 화(火)에서 비롯된 것이다. 사람 몸의 온기[溫熱]는 사실 바람 속의 '산소'[養氣,O]와 혈액 속의 '탄소'[炭氣,C]가 호흡으로 교통하며 화(火)를 발생하기 때문이다. 날씨가 따듯한 것은 사실 햇빛이 땅 위의 수, 토, 풍 등을 비춰 증발(蒸發)해 열기(熱氣)가 되기 때문이다. 사람의 몸에 화(火)가 없으면 피가 응고[凝結]되어 사람이 즉시 죽게 된다. 천지간에 화(火)가 없으면 바다와 호수도 반드시 차갑게 얼어붙는다. 물이 다시 흐르지 못하며, 바람도 다시 불지 못하고, 해가 다시 밝지 못하며, 계절[時]도 다시 운행하지 못하니 천지는 완연히 죽은 것과 같다. 화(火)라는 물질이 작용을 그칠 수 있겠는가?

火之生也, 或鑽木以取, 或擊石以得。萬物各含火之精氣, 但隱而
不可見。其可見者, 或聚於太陽, 或藏於地中, 火之理可測而火之質
難知。其溫熱亮暗, 與射光之疾徐, 皆得分度表明, 但其光行最速, 所
仗之力, 未能究其底蘊耳。

불을 피우는 (방법은) 나무를 문질러 얻거나 돌을 부딪쳐 얻는다. 만물은 각각 화(火)의 정기(精氣)를 품고 있지만 감춰져 보이지 않는다. 그 볼 수 있는 것은 태양에 모여 있거나 땅속에 감추어져 있어, 화(火)의 이치(理)를 추측할 수는 있어도 화(火)의 성질(質)은 알기 어렵다. 그 '따뜻함', '뜨거움', '밝음', '어둠' 그리고 '발광속도'[射光疾徐]는 숫자[分數度數]로 나타낼 수 있지만, 광속[光行最速]이 의존하는 힘은 그 내막을 헤아릴 수 없다.

夫萬物莫奇於火, 亦莫美於火。其光固美, 且所以顯萬物之美, 卽如草木生於暗地者, 其色皆白, 而生於明處者, 備具五色。然於黑夜視之, 則同一黑色, 迨旭日東升, 而葉之青翠, 花之紅白, 果之黃綠, 無不一時畢呈, 以娛人目。一若神秉光爲筆, 繪其五色, 擧光爲燭, 以照其美景矣。故人誤以太陽爲神, 一若太陽能照地下之微芒, 而不足顯天上之大主。不知太陽具有明證, 人特自昧之耳。

무릇 만물 중에는 화(火)보다 기묘한 것이 없고 화(火)보다 아름다운 것이 없다. 그 빛은 진실로 아름답고 또한 만물의 아름다움을 드러내니, 곧 예를 들어, 초목이 어두운 곳에서 자란 것은 그 색이 다 흰색이지만, 밝은 곳에서 자란 것은 오색을 갖추고 있다. 그런데 캄캄한 밤에 그것들을 보면 다 검은색이지만, 아침 해가 동쪽에 떠오를 때에 이르면 잎의 푸르름과 꽃의 붉고 흼, 그리고 과일의 황록색이 한순간에 다 드러나지 않는 것이 없으니 이로써 사람의 눈을 즐겁게 한다. 이는 마치 하나님이 빛을 붓으로 삼아 오색을 칠하고, 빛을 등불 마냥 들어 이로써 그 아름다운 풍경을 비추는 것 같다. 그래서 사람들이 태양을 신으로 오해하는데, 이는 마치 태양이 땅속에 까끄라기를 비출 수 있어도 하늘에 큰 주인을 드러내기에는 부족한 것과 같다. 태양이 명백한 증거를 가지고 있다는 것을 모르니, 사람은 다만 스스로 어두워진 것일 뿐이다.

他若五行之序, 土居於末; 五行之物, 土居於下. 混言之, 則地球之體爲土, 析言之, 則土之爲類不一, 而各有妙用. 或化而爲石, 或陶而爲磚瓦磁器. 而其最要之用, 則以養草木穀果. 其性不同, 故種植者必相其土宜. 土之所宜, 而草木穀果, 無不繁殖. 非大知之神創造宇宙, 使兩者互相配合, 其能罄無不宜如此哉?

그 외에 오행의 순서로는 토(土)가 마지막에 있고, 오행의 물체로는 토가 아래쪽에 자리한다. 합쳐서 말하자면 지구의 몸체가 토(土)이고, 분석해 말하자면 토의 종류는 한 가지가 아니며 각각 정묘한 쓰임새가 있다. 혹은 돌로 변화거나 혹은 빚어서 벽돌과 기와나 자기(磁器)가 된다. 그러나 그 가장 중요한 쓰임새는 초목과 곡식과 과일을 자라나게 하는 것이다. 그 성질이 다르기 때문에, 씨를 뿌리는 자는 반드시 그 땅과 서로 알맞은 것을 살펴야 한다. 땅이 알맞으면 초목과 곡식과 과일은 번식하지 않는 것이 없다. 큰 지혜의 하나님께서 우주를 창조하시고 두 가지를 서로 배합하지 않으셨다면, 어찌 모두 이처럼 알맞을 수 있겠는가?[614]

至於五行互相配合, 亦足證造物主之經綸. 獨土不生草, 獨水不生魚, 必須水‧土‧風‧火相合, 始能成物. 此西人所以言萬物爲四行所成也. 夫行之爲四爲五, 於格物之學無關, 玆不具論. 但人見物之化爲水, 爲土, 爲氣者, 謂之還原, 以此諸類爲原質, 而名之曰行, 不知原之又原. 如水風皆可分爲兩氣, 土亦可分爲兩物, 此兩氣兩物, 皆純一無雜, 不能復分, 可謂之原行. [615]

---

614   여기서 '격물지학'은 주자학적 格物窮理를 뜻하는 것이 아니다. 19세기 중국에서는 서학 지식 유입에 따라 '格物窮理'의 전통이 점차 '格致'로 전환된 후 과도기를 거쳐 근대적 '科學'을 의미하는 격물지학이 된다.
615   1906년본에는 '原行'이 '原質'로 되어 있다.

오행의 상호 배합에서도 조물주의 경륜을 충분히 증명할 수 있다. '토'만으로는 초목을 자라게 하지 못하고, '수'만으로는 물고기를 만들지 못하니, 반드시 '수, 토, 풍, 화'가 서로 배합되어야 비로소 만물을 생성할 수 있다. 이것이 서양 사람들이 만물은 4행(수, 토, 풍, 화)으로 이루어진다고 말하는 이유이다. 무릇 행(行)이 네 가지 또는 다섯 가지라는 것은 격물지학(格物之學)[616]과는 아무런 관계가 없으니, 여기서는 갖추어 논하지 않겠다. 다만 사람들은 사물이 수(水), 토(土), 기(氣)로 변하는 것을 보고서 그것을 환원(還原: 근원에로 돌아감)이라 말하며, 이런 종류들을 원질(原質)이라 여겨 그것을 행(行)이라고 부르는 데, 하지만 그것은 근원 가운데 또 근원이 있음을 알지 못한 것이다. 예를 들어 '수'와 '풍'은 모두 두 기(氣)로 나눌 수 있고, '토' 역시 두 물질(物質)로 나눌 수 있는데, 이 두 기(氣)와 두 물질은 모두 순수하고 섞인 것이 없어서 다시 나눌 수 없으므로, 그것을 (행(行)에 대해) '원행(原行)'이라 부를 수 있는 것이다.

今西人煆煉諸物以辨其純雜, 已得原行[617]之六十餘之多。 然格物猶未盡, 不敢謂其數止是。 若問此原質何自而來, 則此數十類, 並非苟合而生物, 亦有相配相悖之別。 如養氣與淡氣合而生水, 與硝氣[618]合而生風, 與炭氣合而生火。 今數十原行, 各具此性, 或合或離, 若合符節。 非大造化工意愨創造世界, 先自無而化有, 備諸原質以成萬物哉? 聖經所云"天地以神之命而造, 有形由無形而出", 其信然哉!

---

616 윌리엄 마틴이 지은 『格物入門』에 '化學'이라는 용어가 나온다. 마틴은 화학이 무엇인지 다음과 같이 설명한다. "사물을 구성하는 물질들과 그들이 섞이는 힘을 조사한다. 그들을 순수한 원소로 분리하고 다양한 형태로 결합시킨다. 사물의 변화와 그 원리를 연구하여 그 가장 작은 입자를 밝혀낸다. 이것이 화학이라 불리는 것이다." 元素의 명칭인 養氣(산소, Oxygen), 淡氣(수소, Hydrogen), 硝氣(질소, Nitrogen) 등은 《格物入門》의 권 6을 참조하라.

617 정위량은 여기에서 '原質'과 '原行'을 혼용하고 있다. 모두 오늘날 元素를 의미하는 용어이다.

618 돌이나 대나무, 옥 따위로 만든 물건에 글자를 새겨 다른 사람과 나눠 가졌다가 나중에 다시 맞추어 증거로 삼는 물건

오늘날 서양 사람이 여러 물질을 제련[煆煉]함으로써 그 순수한 것과 뒤섞인 것을 분별하여, 이미 60여 종류의 많은 원행(原行)을 얻었다. 하지만 아직 연구[格物]를 마친 것이 아니므로 감히 그 수가 이것뿐이라고 말할 수는 없다. 만약 이 원질[619]들이 어디서 왔는지 묻는다면, 이런 수십 종류는 결코 억지로 합해서 사물을 낳는 것은 아니고 역시 서로 배합됨과 서로 배치됨의 구별이 있다. 예를 들면, 산소[養氣, O]는 수소[淡氣, H]와 결합해서 물[水]을 낳고, 질소[硝氣, N]와 결합해서 공기[風, atmosphere]를 낳고, 탄소[炭氣, C]와 결합해서 불[火]을 낳는다. 오늘날 수십여 종의 원행들은 각각 이런 성질이 있어서 합쳐지거나 나눠지는 것이 마치 '부절'(符節)[620]과 같다. 위대한 창조의 주[大造化工]가 세계를 창조하시고자 함에, 먼저 무(無)에서 유(有)를 만들어 내고, 여러 원질들을 갖춰서 이로써 만물을 만든 것이 아니겠는가? 성경에서 "천지를 하나님께서 명령하셔서 창조하셨으니, 유형의 것은 무형의 것에서 비롯되었다."[621]라고 하신 말씀은 진실로 그러하다!"

---

619 성경 위원회역본(委辦譯本) 히브리서 11: 3 참조하라.
620 天父: 1906년본에는 '聖父'로 되어 있다.
621 神子: 1906년본에는 '聖子'로 되어 있다.

第十章 論三位一體
하권 10장 삼위일체를 논하다

今夫耶穌之道, 其固有而至顯者, 非卽所謂神止一神乎? 然旣曰'神止一神矣', 又何以有天父[622]·神子[623]·聖靈之稱哉? 曰: "此誠道中秘奧之意, 固非世人可探索而得, 能講習而明者也。"

이제 저 예수의 도에 있어서 그 고유하면서 지극히 드러나는 것은 곧 하나님께서는 단지 한 분이시라는 것이 아니겠는가? 그런데 이미 하나님이 유일신이라고 말하면서 어째서 또 천부와 성자, 성령의 칭호가 있는 것인가? 대답한다. "이것은 진실로 도의 깊고 신비한 뜻이어서, 본래 세상 사람이 탐색해 얻을 수 있거나 배우고 익혀 알 수 있는 것이 아니다."

夫天下之理, 必先能明, 而後能信。苟不能明, 何以知其可信? 顧其所以可信者, 則有聖書以爲之據也。吾儕第當硏究夫聖書之所自

---

622 1906년본에는 이 부분이 "비록 깊이 그 이치를 알고 그 쓰임새를 상세하게 연구하는 자가 있어도 세미한 곡절은 여전히 실제로 알지 못하고 여전히 어두워 깨닫지 못하는 자와 마찬가지이다."로 되어 있다.

623 여기에서 '師'와 '牧'이 각각 가리키는 바가 무엇인지는 분명하지 않다. 師는 중앙관을 牧은 지방관을 각각 의미하는 것일 수도 있다. 1906년본에는 '牧'이 '親'으로 되어 있다. 그렇다면 師는 선생을 가리키는 것으로, '가르치는 선생과 기르는 부모의 직책이 매우 다르다.'라는 의미일 수 있다.

出, 使聖書而不出於 神也則已; 聖書而果出於 神也, 神豈有虛語乎?
是所謂三位一體者, 亦旣實有可據矣。 無論我之能明其理與否、能
悉其意與否, 我自當篤信而無疑焉。

대저 천하의 이치는 반드시 먼저 이해할 수 있어야 그 후에 믿을 수 있다. 진실로 이해할 수 없으면 그것을 믿을 만한지 어떻게 알겠는가? 생각건대 믿을 수 있는 까닭은 근거로 삼을 수 있는 성서가 있기 때문이다. 우리들은 단지 성서가 유래한 바를 마땅히 연구할 뿐이니, 만약 성서가 하나님에게서 나오지 않은 것이면 그만이지만, 성서가 참으로 하나님에게서 나온 것이라면 하나님께서 어찌 헛된 말을 하시겠는가? 이 이른바 삼위일체라는 것은 또한 이미 확실히 근거를 가지고 있다. 내가 그 이치를 이해할 수 있는지의 여부와 그 뜻을 다 알 수 있는지의 여부와 관계없이, 나는 스스로 마땅히 독실하게 믿어 의심이 없어야 한다.

且人世之事, 亦徃徃有細察之而不能明者, 況其爲天上之事哉? 如
吾儕見一輪船, 運用之妙, 顯呈於目, 知其內之機括有甚精也。 及問
其機括之所以然, 則吾不能知。 況器具之繁, 未經目睹, 雖有深明其
意者, 與吾詳究其用, 而吾亦仍此懵然罔覺耳。

또한 인간 세상의 일에도 왕왕 세심하게 살펴도 이해할 수 없는 것이 있으니, 하물며 그 천상의 일이겠는가? 예를 들어, 우리들이 한 화륜선(火輪船)을 보면, 움직이는 기묘함이 눈에 드러나 그 내부의 발동 장치에 매우 정밀함이 있음을 알 수 있다. 그러나 그 발동 장치의 원리를 물으면 나는 알 수 없다. 하물며 기구의 복잡함은 눈으로 직접 보지 못했으니, 비록 그 뜻을 깊이 아는 자가 있어 나에게 그 쓰임을 상세히 설명해 주어도 나는 역시 여전히 이를 어지러워해 깨

닫지 못한다.[624]

更譬之於燭, 有芯也、有蠟也, 然又必有氣以輔之也, 而後其燭能
燃。三者缺一, 即不成其爲燭。蓋合之則爲燭, 而分之則有三; 分之
雖有三, 而總之則無非是燭, 是若可分而仍不可分者也。且既燃之
後, 則必有光與熱, 熱不能離光而存, 光不能舍熱而顯。光也、熱也,
名雖異而實則一也。欲辨之則仍可辨也, 欲別之則無可別也。物猶
如此, 矧神也哉? 夫以物喩神, 意近乎褻, 特是難明之理, 或因此而
稍明焉, 亦未始非小補云爾。

다시 그것을 촛불에 비유해 보면, 심지와 초가 있어도 또한 반드시 공기가 있
어서 이들을 도와야 그 후에 촛불이 탈 수 있다. 세 가지 중에서 하나라도 빠지
면 곧 그 촛불이 되지 못한다. 대개 합하면 촛불이 되지만 나누면 세 가지가 있
으며, 나누면 비록 세 가지가 있어도 모으면 단지 촛불이니, 이것은 나눌 수 있
으면서도 여전히 나눌 수 없는 것과 같다. 또한 이미 이를 태운 후에는 곧 반드
시 빛과 열이 있으니, 열은 빛을 떠나 존재할 수 없고 빛은 열을 버리고 드러날
수 없다. 빛과 열은 이름이 비록 다르더라도 실제로는 하나이다. 이를 분별하
고자 하면 여전히 분별할 수 있으나, 이를 구별하고자 하면 구별할 수 없다. 사
물도 오히려 이와 같거늘, 하물며 하나님이랴? 대저 사물로써 하나님을 비유하
면 뜻은 더럽힘에 가깝지만, 다만 알기 어려운 이치가 혹 이 때문에 조금 밝혀
지니, 또한 애초에 조금의 도움도 없다고 할 수는 없다.

---

624 요한복음 14장 26절 "惟保惠师 , 即父神缘我名而遣之者." 요한복음15장26절 "我所遣之保
惠师 , 即真理之神 , 由父出者."

然則聖書之顯示於人者, 旣言神止一神, 而復言天父神子聖靈, 其故可思矣。循其名, 雖列之爲三, 似有彼此之分; 核其實, 仍合而爲一, 終無異同之別。事雖咸有所掌, 非若君相之分懸殊; 權雖均有所司, 非若師牧之職迥異。

그렇다면 성서가 사람에게 나타내 보이는 것이 이미 하나님이 오직 한 하나님임을 말하면서도 다시 천부와 성자[神子] 그리고 성령을 말하는 그 이유를 생각해 볼 만하다. 그 이름을 따르면 비록 셋으로 나뉘어서 피차의 구분이 있는 듯하지만, 그 실질을 조사해 보면 여전히 하나로 합하여 끝내 같고 다름의 구별이 없다. 일로는 비록 모두 관장하는 바가 있어도 임금과 재상의 구분이 현격한 것과는 같지 않고, 권한으론 비록 균등하게 맡은 바가 있어도 사(師)와 목(牧)[625]의 직책이 매우 다른 것과 같지 않다.

統天地人物而受造, 妙權衡者, 非各具一心, 合栽培化育以爲工; 善調理者, 非各存一意。故旨維一而不舛不錯, 機有萬而不擾不紛。至於神之所以救人者, 則選擇之意, 本於天父; 救贖之功, 歸於神子; 變化之能, 出於聖靈。天父未嘗出世以示人, 耶穌則降世以顯明神旨, 救人事畢, 復歸於天。聖靈則恒居世上, 以成救人之意。此三位者, 其榮華尊貴, 無或異也; 大小高下, 無或殊也。第卽其顯現於人者, 以爲之序, 則天父之尊居一。而耶穌則成一肉身以降世, 有神與人之性, 故耶穌言"父尊於我"。聖書又言"天父遣聖靈", 神子亦遣聖靈, 是聖靈乃從天父、神子而出者也

피조된 하늘과 땅, 인간과 만물을 통틀어, 권한을 신묘하게 행사하는 자는 각

---

625 1906년본에는 뒤에 '그러므로 위가 세 번째에 있다.(故位居於三)'라는 부분이 첨가되었다.

기 하나의 마음을 가지지 않고 마음을 합하여 재배하고 양육하는 것을 일로 삼으며, 일을 잘 처리하는 자는 각기 하나의 뜻을 두지 않는다. 그러므로, 뜻이 하나를 유지해 어그러지거나 뒤섞이지 않으며, 계획한 일이 만 가지가 있어도 어지럽거나 분분하지 않다. 하나님께서 인간을 구원하는 것에 이르러서는, 선택의 뜻은 천부께 근원하고, 구속의 공로는 성자에게 귀결되며, 변화의 능력은 성령에서 나온다. 천부께서는 일찍이 세상에 나타나 사람에게 보인 적이 없지만, 예수는 세상에 내려와 하나님의 뜻을 분명하게 밝히셨으며, 인간을 구원하는 일을 마치시고는 하늘로 다시 돌아가셨다. 성령은 세상에 항상 거하심으로 인간 구원의 뜻을 성취하신다. 이 삼위는 그 영화와 존귀에 조금도 다름이 없으며, 대소 고하에 조금도 다름이 없다. 단지 사람에게 나타나는 것에 따라 순서로 삼으니, 즉 천부의 높음은 첫 번째에 있다. 예수께서는 성육신을 통해 세상에 내려와 하나님과 인간의 본성을 지니셨으므로 말씀하시길, "아버지께서 나보다 존귀하다"고 했다. 또한 성서에서 말하길, "천부께서 성령을 보냈다"라고 했으며, 성자가 또한 성령을 보냈으니, 이 성령은 곧 천부와 성자를 따라 나온 것이다.

顧或者謂"吾人之求神也, 當若何以求之耶？ 或合而求之, 求一神乎？ 或分而求之, 求天父求神子求聖靈乎？", 則將應之曰："曰三位, 則分而求之也可; 曰一體, 則合而求之也亦無不可。" 且所以頌美者亦然。 或合讚一 神, 讚其鴻慈大德、正直公平, 凡爲選民, 莫不蒙其救贖。 或分讚三位, 讚天父恩威兼濟, 操萬世禍福之權衡; 讚神子慈悲罔極, 爲兩間協和之中保; 讚聖靈感應至捷, 牖一心覺悟之聰明。 以是知祈禱頌讚者, 固一而三、三而一者也。

그런데 어떤 사람이 말하길, "우리 사람이 하나님께 구하는 것은 마땅히 어떻게 구해야 하는가? 혹 합해서 구하여 한 하나님에게 구하는가? 아니면 혹 나누어서 구하여 천부에게 구하고 성자에게 구하고 성령에게 구하는가?"라고 한다면, 장차 응답하여 말하길, "삼위라고 했으니 나누어서 구해도 되며, 일체라고 했으니 합하여 구하여도 역시 안될 것이 없다."라고 할 것이다. 또한 찬미하는 방법도 역시 그러하다. 혹 합하여 한 하나님을 찬양하니, 그 큰 자비와 큰 덕으로 정직하고 공평하여 모든 선택된 백성으로서 그 구속을 입지 않는 자가 없음을 찬양한다. 혹 나누어 삼위를 찬양하니, 천부께서 은혜와 위엄을 함께 이루시어 만세 화복의 권세를 쥐었음을 찬양하며, 성자의 자비가 무궁하여 둘 사이에 화해의 중보자가 되심을 찬양하고, 성령의 감응이 매우 민첩하여 한 마음을 일깨워 깨닫게 하시는 총명을 찬양한다. 이로써, 기도하며 찬송하는 대상이 진실로 하나이며 셋이고, 셋이면서 하나이신 것을 안다.

> 要之, 大道無窮, 神之使我稍明此理者, 皆屬神之深恩。 我固不必精求其蘊而欲深知夫神之所未言, 惟誠信聖書所傳之道, 遵神之命, 賴救主之功, 受聖靈之感。 迨得救之後, 賦以新心, 自能領悟, 則我之知神, 猶神之知我矣, 而復何所歉哉?

요약하면, 대도는 무궁하니, 하나님께서 내가 이 이치를 조금이나마 알게 하신 것은 모두 하나님의 깊은 은혜에 속한다. 나는 진실로 그 깊은 속내를 정밀하게 구해 하나님께서 말씀하시지 않은 바를 깊이 알고자 할 필요는 없으며, 오직 성서가 전한 도를 진실하게 믿고, 하나님의 명을 따르며, 구주의 공덕을 의지하고, 성령의 감동을 받을 뿐이다. 구원 얻은 이후에 새 마음을 부여해 주셔서 스스로 깨달을 수 있게 되면, 내가 하나님을 아는 것이 마치 하나님께서 나를 아시는 것과 같을 것이니, 다시금 어떤 유감이 있겠는가?

해제⁶²⁶

1. 들어가며

『천도소원』의 저자 윌리암 마틴(W.A.P.Martin,1827-1916, 중국명 丁韙良)은 미장로교 선교사로서 1850년에 중국에 와 1916년까지 무려 66년간 선교사역에 종사했다. 그는 인디애나 주의 한 경건한 기독교 가정에서 태어났다. 그의 아버지는 순회전도자이며 경건한 목사로 윌리암 마틴 뿐 만 아니라 그의 자녀들이 모두 선교사 또는 목사가 되기를 희망했다. 이런 영향으로 윌리암 마틴은 20살에 인디애나대학을 졸업하고 바로 맥코믹의 전신인 뉴알바니 신학교에서 신학을 공부했다. 그는 졸업논문으로 "선교사를 위한 자연과학의 활용(The Uses of Physical Science for a Missionary)"이라는 글을 발표하기도 했다. 이런 경험은 훗날 그의 중국 선교에 영향을 미쳤다고 볼 수 있다.

그는 중국의 닝보(宁波), 샹하이(上海) 그리고 베이징(北京)에서 주로 전도와 교육 그리고 출판사업 활동을 전개했다. 그는 1864년 베이징으로 이주하면서 그곳에 선교사와 의사 그리고 엔지니어 등을 양성할 수 있는 학당을 세우고자 했다. 이를 위해 자연과학이나 철학 등에 관련된 서양 서적을 번역해 교과서로 사용했다. 뿐만 아니라 국제법에 관련해서 당시 국제법의 최고 권위자인 휘튼(Henry Wheaton)의 Elements of International law 를 『만국공법(萬國公法)』으로 번역 출판해 중국사회의 미래 발전에 큰 영향을 미치는 효과를 가져왔다. 베

---

626 이 글은 「기독교사상」729(2019.9)의 "『천도소원』(天道溯原)과 동아시아 기독교"의 내용을 수정한 것이다.

이징에서의 이러한 활동들을 통해 그는 이후 동문관(同文館)[627]에서(1865-1894) 그리고 베이징대학의 전신인 경사대학당(京師大學堂)에서(1897-1902) 교사와 총교습, 즉 교장직을 맡게 되었으며, 중국사회에 영향을 미치는 선교사로서 자리매김했다.

명말청초 천주교의 변증서로 마테오 리치의 『천주실의(天主實義)』가 있다면 청말 개신교의 변증서로는 마틴의 『천도소원』이 있다고 할 수 있다. 그 만큼 『천도소원』은 기독교 변증서로서 당시 동아시아 지식인들에게 기독교를 논증하는 책으로 소개되었다. 『천도소원』의 저자 윌리암 마틴은 60여년간 중국 선교를 하면서 동문관과 경사대학당의 총교습, 교장직을 수행할 정도로 중국 관료와 문인들과 많은 교류관계를 가졌다. 이런 배경의 영향에서 그의 선교 초기에 나온 『천도소원』은 중국문화에 대한 이해, 자연과학과 계시 등의 방법을 통해 중국 지식인들에게 기독교의 진리가 가장 진실하고 믿음만하다는 사실을 논증하였음을 볼 수 있다. 이에 『천도소원』의 저작 동기와 내용, 동아시아 문화적 요소 그리고 동아시아 기독교에 미치는 영향에 대해 살펴보고자 한다.

2. 『천도소원』 저술 동기와 판본

『천도소원』은 마틴이 닝보에서 처음 중국 선교를 하면서 기독교 교리를 변호하기 위해 쓴 변증서이다. 그는 교회에 출석하는 문인들에게 기독교교리를 변호하기 위해 저작하게 되었다고 말했다. 그의 자서전인 『화갑억기(花甲憶記)』에서 이렇게 말하였다. "기독교 교의를 변호하거나 논거를 제공하기 위한 저작이 필요하다고 느꼈기 때문에 나는 책을 직접 쓰기로 결심했는데 즉 3장에서 제시했던 『천도소원』이다. 나는 심중에 이 책의 주제와 대강에 대해 고려하면

---

627 동문관은 처음에는 중국인들에게 서양 언어를 가르쳐 통역 일을 맡게 하는 외교활동의 수행 목적에서 1862년에 세워진 기관이었다. 이후 중국에 서양 지식의 수용과 보급을 맡는 곳이 되었다.

서 다른 한편 이것들을 저녁 설교의 주제로 삼아 나의 관점을 나타낼 뿐만 아니라 청중과 함께 토론을 진행했다. 매일 아침 나는 전날 저녁 이미 열띤 토론을 거쳐 가공된 주제들을 정리해 형태를 갖추게 했다. 나는 어떤 권위도 따르지 않았고 교과서의 어떤 내용도 번역하지 않았을 뿐만 아니라 나의 강연에서 이들 교과서를 거의 언급하지 않았다. 내용과 형식 모두 우발적인 곳에서 나왔기 때문에 그 결과 또한 신선한 것이며 중국인의 홍미와 요구에 맞는 책이다."[628] 『천도소원』이 마틴 자신의 노력으로 만들어진 것임을 알 수 있다.

『천도소원』은 1854년에 초판이 간행되었으며 1858년에 재판 그리고 이후 아홉 차례의 인쇄본이 나왔다. 또한 이 책은 많은 교회학교의 교과서로 활용되었을 뿐 아니라 중국 관료와 문인들과의 교제에서도 환영 받는 베스트셀러였다. 1854년 초판은 문어체로 전체 3권으로, 상권은 여섯 장, 중권은 일곱 장 그리고 하권은 아홉 장으로 이뤄졌다. 두 편의 서문이 있는데 그 중 하나는 사명기진자(四明企眞子) 즉 범용태(范蓉塸)가 지은 것이다. 1858년 재판에서는 당전중(唐傳中)의 서문이 들어갔으며, 상권은 오행(五行)으로 증명함 한 장이, 하권은 삼위일체 장이 추가되어 초판 77쪽에서 재판 91쪽으로 늘어났다. 1860년 닝보에서 3판 그리고 1869년 상하이 미화서관(美華書館)에서 금속본 판본으로, 이후 여러 차례 간행되었으며 마지막으로 1912년에 화북서회(華北書會)의 요청으로 출간되었다. 문어체로 출간되었다는 것은 당시 정부 관료들의 수중에 이 책이 한 권씩 들어가게 하기 위한 것으로 그 영향이 어떠했는지 짐작할 수 있는 부분이라고 본다.

『천도소원』은 관화(官話)로도 번역이 되었는데, 1864-5년에 버든(J.S.Burdon) 선교사가 이 책을 북경관화로 번역해 『천도소원직해(天道溯原直解)』라는 제목으로 출간했다. 특히 관화본은 철저하게 도리에 맞으며 적절한 문장으로 깊

---

628   丁韙良, 沈弘译,《花甲憶記-一位美国传教士眼中的晚清帝国》, 广西师范大学出版社, 2005. 41. 본래 이 책은 마틴의 *A Cycle of Cathay, or China, South and North, with Personal Reminiscences(1896)*을 중문으로 번역한 책이다.

은 감탄을 가져올 뿐만 아니라 비독서인들에게도 읽혀질 수 있는 판본으로 만들어졌다.

『천도소원』은 중국 외에 조선과 일본에도 보급되어 오늘날까지 전해지고 있다. 일본 국회도서관과 하버드 옌칭 도서관에 나카무라 마사나오(中村正直)의 훈점(訓點) 『천도소원』(1875,1877,1880년본)이 있으며, 우리나라의 경우 국립중앙도서관에 나카무라(1880) 판본이 있으며, 연세대 학술정보원에는 비교적 많은 판본이 있는데, 마이크로피시(microfiche)로 1872년 상하이 미화서관의 판본이, 그 외 단행본으로 1889, 1893, 1903, 1911년판 중국성교서회(中國聖敎書會) 판본과 1890년 화북서회 판본이 있다. 또한 숭실대학교 박물관에는 1893년 중국성교서회 판본이, 고려대학교 중앙도서관에는 1899년 상하이 미화서관의 『천도소원관화』 판본을 소장하고 있다. 『천도소원』이 동북아 3국에 다양하게 보급되었음을 알 수 있다.

3.『천도소원』의 내용

저자의 서문에 해당하는 '인'(引)에서, 마틴은 이 책의 중심 내용이 천도(天道)로서의 기독교 신앙의 보편성을 강조하는 것이라고 말했다. 또한 그는 '천도'가 동서 어디에도 적용 가능하며, 사해(四海)에 두루 존재하는 보편적이고도 최고의 진리이지만, 중국의 유(儒)·불(佛)·도(道) 삼교(三敎)는 이를 갖추지 못했다고 보았다. 이와 같은 내용으로 볼 때, 그는 '기독교'라는 도(道)와 중국 자연신학의 개념에서 등장하는 천(天)을 결합한 천도(天道)라는 단어를 사용하여 기독교가 최고의 진리임을 드러내고자 했다고 말할 수 있다.

그렇다면 이 천도는 어디에서 왔는가? 마틴은 유가에서 "도의 큰 근원은 하늘에서 비롯되었다.(道之大原出于天)"라는 주장을 들어, 여기에서 말하는 '천'은 자연적 하늘이 아니라 기독교의 하나님(God)에 해당하는 것으로 천도가 바로 기독교의 하나님, 천에서 비롯되었다고 주장한다. 그리고 이 천은 진신(眞

神), 상제(上帝) 그리고 천부(天父)라는 다른 명칭을 가질 수 있다고 보았다.

이후 그는 기독교의 교리에 해당하는 하나님이 인간과 만물을 창조하시며, 인간에게 영혼을 부여함, 인간이 착한 본성을 잃어버림, 어리석은 사람이 귀신을 섬김, 지혜로운 사람도 하나님을 모름, 세상에 온갖 잘못된 가르침이 일어남, 예수가 강생하여 하나님의 진리를 선포하고 죄를 대속함, 하나님은 유일무이한 존재로 만물을 창조하고 다스리는 주이기 때문에 만물은 스스로 자립할 수 없다는 것과 사람은 잘못을 회개하고 진리로 돌아와 은사를 구해야만 마음이 편안해질 수 있다는 두 가지 진리를 선포함, 속죄의 세가지 효과, 믿는 사람이 구원을 받음, 서양 사람들이 진리를 탐구한 뒤에 믿게 됨, 사람들은 선을 택하여 굳게 지켜야 한다는 것을 논했다. 이어서 서양에서 동양에 선교하는 사람들이 일편단심으로 진리를 전하며, 절대로 사사로운 뜻이 없다는 것을 밝히고 있다. 또한 하나님을 경배하는 것이 가장 으뜸되는 일이라는 것, 그리고 참된 신과 거짓된 신을 구별해야 한다는 것을 논하고 있다.

위와 같은 기독교 핵심 진리에 대한 간략한 소개를 마치고, 마틴은 이어서 이 책이 상, 중, 하 세 권으로 이루어졌음을 밝히고 그 요지를 간략하게 설명한다. 상권은 하나님이 유일하시며 천지의 조화 주재자로서 물리를 깊이 통찰하는데 확실한 증거가 있음을 논증한 것이고, 중권은 하나님께서 이미 은혜의 조서를 내려 만국이 따르게 한 서적을 통해, 인심을 헤아리는 증거로 삼고자 했다. 그리고 하권은 이 은혜의 조서 중 가장 큰 실마리에 해당하는 성서를 상세히 변론하고 정밀하게 관찰해 스스로 명확한 증험을 갖추도록 하는데 목표가 있다고 논했다.

이를 좀 더 구체적으로 언급하자면 다음과 같다. 상권은 자연신학 논증으로 별과 별자리, 오행, 생물, 사람, 영혼, 금수와 곤충을 통해 주재자의 존재를 입증하고, 만물이 모두 주재자의 덕을 드러낸다고 논했다. 중권은 계시신학에 속한 역사문헌 논증으로, 인류에게는 진리의 가르침이 필수적임을 논하고 이 가르침을 예언, 하나님의 기적, 도의 유행, 교화, 도의 오묘함을 통해 입증하고 의심의 단서를 풀어 참된 도를 밝히고 있다. 또한 중권에서는 명말 서광계가 천주교의 선교를 허락해 달라고 올린 '상국서광계주류천주교소(相國徐光啓奏留天主敎疏)'와 중국 기독교의 첫 전래인 네스토리우스 일파의 중국 선교를 입증하는 '경교비문(景敎碑文)'을 부록으로 수록하고 있다. 하권은 성서의 계시에 의한 논증으로, 성서의 원문과 번역문, 영혼의 영생과 육신의 부활 및 최후의 심판, 시조의 범죄로 인한 인간의 원죄, 예수의 대속 구원, 성령에 의한 인간 본성의 회복, 믿음으로 구원을 얻음, 신자는 마땅히 성스러운 덕을 힘써 수양해야 함, 그리고 신자의 기도로 주기도문과 참회기도 및 아침저녁기도와 식사감사기도 문을 예시로 제시했으며, 신자는 마땅히 성례를 조심스럽게 지켜야 한다는 것과 마지막으로 삼위일체를 논했다.

이와 같이 『천도소원』은 자연신학적 논증뿐만 아니라 계시신학에 의한 논증을 통해 동아시아 지식인들에게 주재자 하나님의 존재와 덕, 그리고 참 진리로서 기독교 진리가 이 세상에 어떤 이로움을 가져왔는지 고찰하고 있다. 그러면 『천도소원』을 당시 지식인들이 어떻게 이해했는지 살펴보자. 이 부분은 이 책이 담고 있는 동아시아 문화 요소를 찾아보는 데서 시작해야 할 것이다.

4. 『천도소원』의 동아시아 문화 요소

마틴을 연구한 코벨(Covell. Ralph R)은 1854년 7월17일과 1855년 9월에 마틴이 선교부로 보낸 편지에서 3권의 책을 언급했다고 하는데, *Evidences of Christianity*(기독교 논증 즉 『천도소원』), 『자연신학』과 『계시신학』이 그것이다. 그의 연구에 의하면, 마틴은 『천도소원』이 순전히 자신의 작품이라고 이야기하지만, 마틴에게 영향을 준 신학적 배경이 무엇인지를 짐작하게 한다.[629] 『자연신학』은 윌리엄 페일리(William Paley)의 *Natural Theology*를 말하는 것

---

629 Covell. Ralph R, W. A. P. Martin, *Pioneer of Progress in China* (Texas: Christian University Press, 1978),126.

으로, 실제 『천도소원』 상권의 첫 세 장은 이와 유사하다. 그 외에도 스튜어트 (Dugald Stewart)의 *Outlines of Moral Philosophy*(1793)의 영향을 받았다고 볼 수 있는데, 여기서 언급된 인간의 지력(intellectual Powers) 즉 외부 지각과 기억, 상상, 판단 및 추리를 포함하는 개념은 『천도소원』에서 '영재(靈才)'로, 그리고 인간의 적극적이고 도덕적인 역량(The Active and Moral Powers of Man)은 '심재(心才)'로 말하고 있다. 이와 같이 『천도소원』이 나오게 된 신학적 배경을 살펴보면, 마틴은 18세기 스코틀랜드와 19세기 미국 대학들에서 유행한 자연신학 또는 상식철학의 영향을 받고 있음을 알 수 있다.

이러한 신학적 입장에서 전개된 논리는 상식과 도덕에 기초한 동아시아인들의 보편적인 이해를 얻는 데 유리했다. 『천도소원』은 기독교의 내용을 당시 중국의 지배층 문화의 형식에 융합시켜 기독교에 대한 반감을 경감시켰다. 예를 들어 천과 도의 관계, 그리고 이를 결합해 천도라는 용어로 기독교의 핵심 진리를 설명하고자 한 것이다.

천, 도 그리고 천도는 모두 중국고대경전에 다양하게 나타나는 용어이다. 주로 초자연적 역량을 지시하는 것으로 어떤 지고무상한 개념을 나타낸다. 마틴은 이를 응용해 지고무상한 천을 통해 지고무상한 기독교의 도(진리)의 지위를 확립했다. 또한 마틴은 천, 상제 그리고 리(理) 등의 개념을 통해 기독교의 하나님 또는 교리를 설명하고 있다. 예를 들어, 『논어論語』 3장의 "하늘에 죄를 지으면 기도할 바가 없다(獲罪於天, 無所禱也)"라는 글귀를 통해 기독교의 기도를 설명하고 있다.

마틴은 기독교 진리를 중국 전통문화에 적용시키고자 했다. 중국의 술어(術語)나 개념체계를 이용하려고 한 것은 즉 중국 고대사상 중에서 기독교와 공유할 수 있는 자연신학을 사용해 기독교의 진리를 논증, 소개하려고 한 것이다. 그런 면에서, 그는 중국의 술어가 가지고 있는 개념 등을 전면적으로 부정하는 것이 아니라 일부를 버리거나 보충하는 일종의 개조 방식을 통해 함께 고려하고자 했다. 또한 유·불·도 삼교 중 유교에 대해서는 주로 관용적인 태도에서 유교를 보충하거나(補儒) 유교를 뛰어넘는(超儒) 관점을 견지했으며, 불교와 도교에 대해서는 엄격한 자세를 견지했다. 예를 들어, 유교의 오륜(五倫)에 대해 긍정적인 태도를 보이며 기독교의 천륜을 보충할 수 있다는 관점에서 언급하거나 공자의 학설을 기독교의 선구자라고 여기며 유교 술어를 통해 기독교를 소개했다. 『천도소원』에 나타나는 이러한 동아시아적 문화 요소들은 당시 많은 동아시아 지식인들에게 기독교가 유교에서 진일보한 완전체라는 시각을 심어주어 기독교를 수용하는 데 공헌했다고 볼 수 있다.

5. 『천도소원』이 동아시아 기독교에 미친 영향

『천도소원』이 동아시아 기독교에 미치는 영향은 저자 마틴이 처음 이 책을 쓰게 된 닝보의 기독교 지식인들에게 미친 영향에서 찾을 수 있다. 재판 서문의 저자인 당전중은 무주(婺州, 지금의 절강성 금화(金華))의 교인으로 후보교유(候補教諭: 가르침을 기다리는 후보)인데, 1857년 5월에 마틴으로부터 『천도소원』을 받아 독서하며 기독교의 진리를 알게 되었다. 그는 천도의 까닭과 당위 모두 성경으로부터 비롯되는 것이라고 주장했다. 또한 사명(四明) 범용태는 서문에서 『중용』의 말씀은 예수의 가르침과 서로 위배되지 않을 뿐만 아니라 서로 잘 맞는다고 했다. 이런 가까운 곳의 기독교 문인과 지식인들은 대부분 『천도소원』을 읽고 난 후 기독교로 귀의하게 되었으며, 『천도소원』은 그들로 하여금 기독교와 중국전통문화의 결합을 자연스러운 것으로 여기게 했다.

앞서 언급했듯, 이 책은 기독교인뿐만 아니라 당시 중국 관료와 지식인들에게도 광범위하게 유통되었다. 마틴은 미국 공사의 통역(1858-60) 일을 하였고, 동문관 교사와 총교습(1865-1894)을 하였는데, 이 과정에서 관료, 문인 등과 교류하면서 이 서적을 유통시킬 수 있었다. 이홍장(李鴻章), 문상(文祥)등 관료 대신들에게도 이 서적을 증정했다. 또한 이 책은 과거시험장에서도 무료로 배포되었는데, 예를 들어 화중서회(華中書會)의 중심지인 한커우(漢口)에서는

1885년까지만 해도 무려 만 권 가까이 인쇄·유통되었다고 한다. 이런 광범위한 유통의 영향으로 중국 선교 100주년을 기해 열린 1907년 선교대회에서 이 책은 중문 전도서적 중 가장 환영받는 단행본으로 평가되었다.

확실히『천도소원』은 많은 지식인들을 기독교로 귀의하도록 공헌한 서적이라고 할 수 있다. 중국성서공회가 출판한『사생변도(師生辨道)』(A Dialogue on Christianity)에서 한 중국 목사는 자신이 어떻게 그리스도인이 되었는지 고백했는데, 한 친구가 편협한 유학자인 자신에게『덕혜입문』을 주어 읽었는데 마치 지혜의 보고를 느끼는 것 같았다가 다음『천도소원』을 받아 읽고 회심의 과정을 완성하게 되었다고 말했다. 존 다록(John Darroch, 중국명:寶樂安) 선교사는 이런 분명한 증거를 통해『천도소원』이 젊은 중국 학자들을 그리스도에게로 인도한다고 확신했다.[630]

또한『천도소원』은 중국에 처음 들어온 선교사들의 언어 교재로도 활용되었다. 미국 북감리회는 이 책을 선교사 훈련학교 교재로 활용했는데, 특히 순회설교자들을 위한 학습 과정의 승인시험(admission on trial)으로 이 책을 사용했으며, 그 외에도 주일학교 교재로 사용되었다.[631] 그리고 많은 중국지식인들이『천도소원』의 윤색 작업에 참여해 도움을 주었기에 부자연스러운 번역 형식의 책과는 다르게 희곡보다 더 듣기 좋아서 지식인들에게 쉽게 수용되는 서적으로 평가되었다.

한편 1888년 7월 The Chinese Recorder는 이 책이 한국어로 번역되는 중이라고 보고하였지만, 이후의 과정은 불투명하고 단지 조지 존스(한국명: 조원시) 선교사에 의해 자연신학 논증에 해당하는 상권 내용을「신학월보」에 "증거론"으로 편역해 소개하고 있다.[632] 하지만 현재까지도 완역의 결과물이 나오지 않

630   John Darroch, "Evangelistic Tracts and Literature", *The Chinese Recorder*(June,1911), 330.
631   M.C.Wilcox, "Courses of study for Chinese Preachers, etc.: Recommended to the Board of the Bishops of the Methodist Episcopal Church by the Central Conference for China, held in Nanking, November, 1903." *The Chinese Recorder* (July,1904), 377.
632   조원시, "증거론,"「신학월보」5(1907), 139-171.

고 있다. 아마도 『천도소원』과 『덕혜입문』이 각각 기독교 귀의에 공헌하는 정도가 다르다는 점에서 『천도소원』이 우리말로 번역되어 시중에 유통되는 단계에 이른 것이 아니라, 주로 한자에 익숙한 지식인들에게 원문 그대로 읽혔을 가능성이 더 큰 것으로 보인다. 실제 한성감옥에 수감되어 있던 구한말 지식인들은 감옥 안에 설치된 도서실에서 기독교 중문서적 중 『천도소원』을 대출해 독서했으며, 그들이 기독교로 개종하는 데 큰 영향을 미쳤다. 개화파 지식인 김옥균도 이 책을 읽고 기독교에 관심을 가지게 되었으며, 일본에서 기독교인이 된 이수정도 이 책을 읽고 개종할 수 있었다고 한다. 이와 같이 『천도소원』은 기독교를 변증하는 형식이나 내용에서 당시 지식인들의 요구에 부응하는 모습을 지니면서, 지식인들의 기독교 귀의에 영향을 미쳤다.

결론적으로 『천도소원』은 동아시아 문화에 기독교가 전파되고 수용되는 모든 과정에서 중요한 역할을 했다고 볼 수 있다. 『천도소원』은 이성과 도덕 위에 세워진 동아시아 문화에 기독교를 자연신학적 변증, 역사문헌적 변증, 그리고 성서 계시신학적 변증의 틀을 세워나가는 데 공헌했다. 이런 변증 과정에서 동아시아 문화에 깊이 스며들어있는 용어와 개념을 빌려 기독교가 서양인들만의 종교가 아니라 동아시아인의 종교임을 주장하고자 했다. 다시 말해, 천도가 곧 동과 서를 아우르는 기독교 진리이며, 이것은 성서의 계시에 의해서만 완성될 수 있음을, 그리고 바로 이런 도(진리)를 믿을 때 모두가 함께 구원받을 수 있음을 이 책은 밝히고 있다. 따라서 마틴의 『천도소원』은 동아시아 문화에 기반을 두고 있는 한국 기독교가 다시금 고찰할 가치가 있는 서적이라고 본다. 100여 년 전 한 선교사에 의한 결실이 지금 우리가 어떤 신학을 만들어가야 할지 그 길을 제시한다고 생각한다.

색 인